所有企业均可上市 时间老人告诉一切

企业境内外上市融资与管理 丛书

企业境内外融资上市
必修课

全球资本市场风险与监管

——危机、拯救、新生与前景

Risk and Regulation of Global Capital Market

— Crisis , Retrieval , Rebirth and Prospect

◎ 刘李胜 刘传葵／主 编

◎ 刘 铮 袁秀明／副主编

经济科学出版社
Economic Science Press

图书在版编目（CIP）数据

全球资本市场风险与监管：危机、拯救、新生与前景/
刘李胜，刘传葵主编. —北京：经济科学出版社，2012.4
（企业境内外上市融资与管理丛书）
ISBN 978 - 7 - 5141 - 1608 - 3

Ⅰ. ①全… Ⅱ. ①刘…②刘… Ⅲ. ①资本市场 - 市场风险 -
研究 - 世界②资本市场 - 市场监管 - 研究 - 世界 Ⅳ. ①F831.5

中国版本图书馆 CIP 数据核字（2012）第 029836 号

责任编辑：王长廷　袁　澂
责任校对：刘　昕
版式设计：代小卫
责任印制：邱　天

全球资本市场风险与监管
——危机、拯救、新生与前景
刘李胜　刘传葵　主　编
刘　铮　袁秀明　副主编
经济科学出版社出版、发行　新华书店经销
社址：北京市海淀区阜成路甲 28 号　邮编：100142
总编部电话：88191217　发行部电话：88191540
网址：www.esp.com.cn
电子邮件：esp@ esp.com.cn
北京密兴印刷厂印刷
787 × 1092　16 开　23.75 印张　420000 字
2012 年 6 月第 1 版　2012 年 6 月第 1 次印刷
ISBN 978 - 7 - 5141 - 1608 - 3　定价：76.00 元

导　言
危机中的全球资本市场风险与监管

　　本书通过对目前全球金融市场热点事件以及重要政策的深度剖析，洞察全球金融动荡的本质原因，全方位解读国际资本市场的风险与监管的必要性，为我们揭示国际资本市场动荡不定的内幕与影响，使我们能够认清国际以及国内资本市场动荡的本质，提早警惕与化解，并防患于未然。

　　很显然，进入 21 世纪以来，经济全球化、金融全球化步伐不断加快，推动着世界经济不断向前发展。但是，伴随着世界经济的增长，国际资本市场的风险不断增加，全球金融市场动荡不定，金融危机、债务危机等此起彼伏，成为威胁全球经济稳定增长的关键因素。

　　全球金融风险增加、金融市场不稳定与金融自由化密不可分。20 世纪 80年代以来，随着发达国家金融管制的放松，金融自由化成为一种潮流。美国国会在 80 年代初通过了解除对金融行业严格管制的两个法案，更在 1999 年废止了分业经营的法案，发达国家相继放松金融管制。

　　在这种背景下，发展中国家也先后展开了以自由放任为特点的金融深化和发展改革。特别是 80 年代后期至 90 年代以来，东亚和东南亚国家为了更好地实施出口导向战略，拉美国家为了得到国际经济组织和西方国家的援助，以摆脱债务危机，转轨国家为了加快市场化步伐，都实施了金融自由化改革和金融开放政策。

　　这些国家或地区原本期望通过金融自由市场化改革能够带来经济繁荣。但是，自布雷顿森林体系崩溃以后，国际金融动荡伴随着金融自由化进程而日益加剧，大大小小的金融危机频繁发生，破坏程度不断加深。在发达国家，80年代中期以后，美国经历了一场储蓄信贷协会危机，90 年代初出现了欧洲货币体系危机，日本则因泡沫经济诱发了严重的金融危机，并且经济十几年萎靡

不振；发展中国家 80 年代初的拉美债务危机、90 年代中期的墨西哥金融危机，以及由于过早、过度地开放金融市场爆发了严重的亚洲金融危机。拉美国家多年来一直是美国推行新自由主义的试验场。比如，阿根廷金融危机很快发展成为债务危机以至经济危机，对经济发展造成严重伤害，甚至引发社会动荡。一系列惨痛的现实促使人们展开反思，尝试在理论上分析金融自由化与金融不稳定及金融危机之间的内在联系，提出了"金融约束"等一系列金融发展理论，发展中国家金融自由化改革的实践步伐也趋于审慎。

美国实施一系列金融自由化政策的结果是：金融市场几乎没有监管，信息极不透明，欺诈成风。2002 年安然事件发生后，美国政府、媒体都强调安然公司等只是几个"坏苹果"，只要识别出来并进行处理就行。事实上，安然等公司当时几乎所有的做法和行为方式都是华尔街通行的，只是由于各种偶然因素遇到了无法控制的困难而被抛弃而已。在 2008 年这次金融危机当中，暴露出来的情况再次验证了这一点。

金融自由化环境导致金融机构为了追逐利润而过度竞争，并转向投机业务和金融创新，增大了金融体系的风险。为获取高额利润，投资银行不遗余力地开发一系列高杠杆率的金融衍生产品。激烈的竞争也促使银行开展高回报、高风险的业务，在住房次级抵押贷款市场尤为明显。在监管缺失的情况下，美国贷款发放机构为追求短期效益，抢占市场份额，降低了住房抵押贷款标准，并进行了一系列"创新"，导致次级按揭规模迅速膨胀，掠夺性贷款不可避免地发生，众多低收入家庭陷入了债务链条。

美国的金融自由化不仅弱化了监管，增大了金融系统性风险，而且导致社会财富向金融部门集中，虚拟经济与实体经济脱节日益严重。根据国际清算银行保守估计，2006 年年底，美国境内的股票、债券、外汇、大宗商品期货和金融衍生品市值约为 400 万亿美元，为当年美国 GDP 的 36 倍左右。

2008 年，发端于美国 2007 年的次级债的金融危机迅速蔓延全球，演变为一场全球性的金融危机，对世界经济构成重创，是 20 世纪 30 年代大萧条以来最为严重的金融与经济危机。危机爆发后，各国（地区）政府为挽救本国经济，均实施了宽松的货币政策、扩张性财政政策，以及非常规的直接干预等政策，采取了降息、注资、降税等一系列的救市措施，对金融机构和金融市场施以援助，希望避免全球经济的大崩溃或更深度的衰退。我国政府还通过加快经济结构调整，培育战略性新型产业，扩大内需等措施来应对危机，促进中国经济稳定发展。

此次金融危机中，引起人们广泛关注的一个现象是美国私人部门的债务问题。20世纪70年代危机之后，美国的投资一直增长乏力，于是政府采取一系列措施刺激消费，美国家庭大量借贷消费，其后果是美国家庭部门的欠债越来越多，超过了美国国内生产总值的90%和美国家庭部门可支配收入的130%。正是这种脆弱的金融状况给此次金融危机的爆发和急剧发展奠定了基础。

金融危机发生后，为了稳定金融市场和提振经济，在利率陷入"流动性陷阱"之后，美国推出了两轮量化宽松政策。在流动性严重不足，市场极度恐慌的情况下，第一轮量化宽松推出，通过为金融机构提供援助，向市场注入流动性，使投资者的信心得到一定恢复，从而避免了美国大型金融机构倒闭潮。为巩固经济的复苏和降低失业率，美国推出了第二轮量化宽松政策，虽然效果不甚明显，但是美元加速贬值，从而增加了美国的出口，并通过铸币税向全球转嫁危机来实现财富再分配。第三轮量化宽松是否推出取决于美国经济增长状况、就业率和通货膨胀率。在经济复苏良好，就业率有所改善和通胀风险逐步扩大的背景下，第三轮量化宽松推出的可能性不大。

受2008年美国金融危机影响，欧洲主权债务问题日益凸显。2009年12月，世界三大评级机构下调了希腊主权债务信用评级，从而揭开了轰轰烈烈的欧洲债务危机的序幕。继希腊债务危机之后，葡萄牙、爱尔兰、西班牙、意大利、法国甚至德国也深深陷入到欧洲债务危机的泥潭里。随着欧债危机的发展和持续升级，对全球政治、经济造成了巨大的负面影响。目前欧盟虽然遇到一些困难和挑战，世界上也不乏唱衰欧洲的声音，但欧盟在克服困难，战胜危机，维护和推进欧洲一体化成果方面有着高度的政治共识。我们相信，欧洲的困难是暂时的，欧盟和欧洲各国政府和人民有能力、有智慧、有办法解决主权债务问题，实现经济复苏和增长。一个团结、稳定、繁荣的欧洲，必将为实现世界经济强劲、可持续、平稳增长作出宝贵贡献。欧盟是世界上最大的经济体和中国第一大贸易伙伴，随着中欧关系发展和中欧合作规模持续扩大、水平不断提高，欧盟对中国的重要性也将进一步上升。

同样，在欧美资本市场动荡的影响下，我国金融市场也出现了较大的波动性。而且，我国地方政府债务问题暴露的风险，以及中小企业融资困境的问题，也威胁着我国金融市场和经济的安全。中国政府正在采取各种有效的措施，应对各种挑战，保证经济的稳定增长。

在这里，我们要感谢日信证券研究所和有关各位金融专家为本书撰稿，并提供专业性的帮助。日信证券研究所是一支以证券研究服务市场的新生力量，其宏观、策略研究团队一直对宏观经济及国内外资本市场进行比较深入的研究，为我国资本市场发展提供了不少有重要价值的观点和意见。本书撰稿作者

中，袁秀明、宋淮松均来自日信证券研究所。同时，刘铮、李华翌、王欣、方旭等系从事境外证券交易所和投资银行业务的年轻专家，他（她）们以全球视野对中国资本市场稳定发展以及风险监管提供了自己新的研究成果，在许多重大问题上，都具有真知灼见和创见。这些年轻的专家致力于带领和指导更多中国企业在境外和境内资本市场成功上市，为中国企业快速成长和中国经济稳定持续发展作出贡献。

在目前全球应对金融危机，提振经济的关键时刻，希望本书的写作和出版，能够发挥其有益的作用。

刘李胜　刘传葵

2012 年 5 月 28 日

于北京金融街

目　录

CONTENTS

全球资本市场风险与监管
Risk and Regulation of Global Capital Market

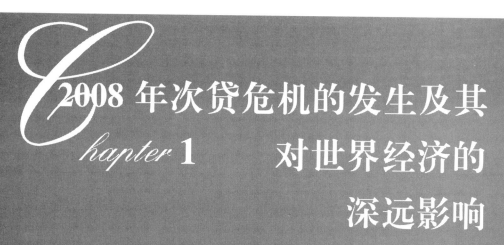

2008 年次贷危机的发生及其对世界经济的深远影响

2008 Subprime Crisis and Its Far-reaching Influence to Global Economy

1932 年 8 月，一位记者问英国经济学家凯恩斯："历史上有类似'大萧条'这样的事情没有？"他回答说："有的，那叫黑暗时期，前后共 400 年。"所幸的是，"大萧条"并未持续百年，然而，它也并非百年一遇，因为，70 多年后，一场巨大的经济危机再次爆发，其规模和影响与"大萧条"足可匹敌。

这就是尚未完全离我们而去的次贷危机。

2007 年在美国爆发的次贷危机，是在次级抵押贷款过度发放以及过度衍生化的背景下，由于外部环境发生突变所引发的危机。它通过信贷市场与资本市场，最终演化成对国际金融稳定、世界经济增长产生极大冲击的全球性金融危机。就目前来讲，本次危机对世界经济的负面影响远超 20 世纪 70 年代以来历次经济危机，仅次于 20 世纪 30 年代的"大萧条"。因此，对美国次贷危机进行深层次解析是非常必要的。

第 1 节　次贷危机发生的背景与过程

一、何为次贷

次贷，即"次级抵押贷款"（Subprime Mortgage Loan）。在美国抵押贷款市场，根据借款人的信用条件，将其分为次级（Subprime）和标准级（Prime）两大类。次级抵押贷款是一些抵押贷款机构向信用程度较差和收入不高的借款人提供的贷款。与传统意义上的标准抵押贷款的区别在于，次级抵押贷款对贷款者信用记录和还款能力要求不高，贷款利率相应地比一般抵押贷款要高很多。那些因信用记录不好或偿还能力较弱，而被银行拒绝提供优质抵押贷款的人，会申请次级抵押贷款。

次级抵押贷款是一种高风险、高收益的金融产品。通常来讲，次级市场的贷款利率比标准级抵押贷款高 2%～3%。由于抵押贷款的市场服务对象是贷款购房者，因此，在美国房价持续上涨的时期，购房者的抵押品价值不断上升，市场对贷款购房者的信用标准便进一步降低，甚至出现了"忍者贷款"——即给那些没有收入、没有工作、没有固定资产的人的贷款。

次级抵押贷款为低信用民众购买房屋提供了很大的便利，也为美国"人人有其屋"的梦想增添了工具。在我们回头审视次贷危机的时候，很容易将这一点忽略。然而，不幸的是，次级抵押贷款的过度发放以及过度证券化，不仅进一步推动了注定不可持续的美国房价的上升，催生了大量的不真实需求，而且也使金融市场的系统性风险大增。这一切及其造成的恶果，我们在后面将会详加阐述。

二、次贷危机概述

在房价高涨的时候，由于抵押品价值充足，贷款不会产生问题；但当房价下跌时，抵押品价值不再充足，按揭人收入又不高，就面临着贷款违约、房子被银行收回的处境，这进而引起按揭提供方的坏账增加，按揭提供方的倒闭案增加，金融市场的系统风险增加。

2007 年，市场上关于美国房地产泡沫的担忧开始增加。2007 年 3 月 13 日，美国房地产市场第一次引起股市恐慌，道·琼斯指数下跌 242 点。同日，美国第二大次级抵押贷款机构——新世纪金融公司（New Century Financial）因无力偿还举债，濒临破产。美国次级住房抵押贷款问题开始浮出水面。同年 6 月，贝尔斯登涉及抵押贷款的对冲基金发生巨额亏损并因此申请破产，次贷危机终于爆发，市场恐慌情绪大规模蔓延。2007 年年底至 2008 年年初，花旗、美林、瑞银等全球著名金融机构皆因次级贷款出现巨额亏损，市场流动性压力骤增，美联储被迫干预。2008 年 3 月份，美联储紧急注资并大幅降息。2008 年 9~10 月间，美国两大住房抵押贷款融资机构——房利美和房地美陷入困境。美林证券和雷曼兄弟先后被收购和清算，高盛和摩根士丹利等被迫改组为银行控股公司。随后，美国国际集团（AIG）被美联储出资 850 亿美元接管。美国次贷危机到此升级为金融危机。

世界其他国家（地区）试图建立防火墙，但最终失效。美国金融危机开始传染全球，欧洲发达国家首当其冲。一方面，英国、德国、比利时等国的一大批大型金融机构频频出现巨额亏损，各国政府不得不通过注资对其进行救助；另一方面，以冰岛为代表的一些国家开始濒临破产。此外，危机也开始在新兴市场国家蔓延，东欧国家和亚洲的韩国、巴基斯坦等国家巨量资金急速外流，外汇储备大量减少，拉美国家汇率和股市剧烈波动。至此，全球金融危机爆发。

金融危机发生后，迅速向实体经济蔓延。2008 年 10 月美国经济开始跳水，第四季度经济增长率为 -6.8%，创 27 年单季最大降幅，经济陷入严重衰

退之中；失业率也不断攀升，2009 年 8 月达到 9.7%。① 欧元区也迅速陷入全面衰退之中，日本经济于 2008 年第四季度，出现 35 年来单季最大幅度萎缩；2008 年第四季度和 2009 年第一季度，新兴市场经济由于外需剧烈减少，资金加速外流，经济受到巨大冲击。全球经济危机全面爆发。

次贷危机和金融危机爆发后，各国政府纷纷实施了量化宽松的货币政策、扩张性财政政策以及非常规的直接干预三大类政策，采取了降息、注资、降税等一系列救市措施，对金融机构和金融市场施以援手，希望避免全球经济的大崩溃或更深度的衰退。2008 年 11 月 5 日，我国国务院常务会议决定出台"4万亿"投资的措施来保增长。尽管这些措施当时起到了一定效果，但是，时至今日，这些举措的功效与副作用还处于争论之中。

三、次贷危机产生的背景

如果将时间拉长，就能看出，次贷危机是美国经济泡沫的一次总破灭，而互联网泡沫和之后的宽松货币政策则是造成美国次贷危机的直接催化剂。但是，在技术上，我们也因次贷危机而第一次认识到了金融创新巨大破坏力的一面。正如英国《金融时报》首席评论员所说："我们正在经历证券化金融市场这个新世界的首个危机。"由此，对金融市场的监管问题也再次引起激烈争论。

1. 货币政策当负首责

互联网泡沫破灭和"9·11"事件后，为避免美国经济陷入衰退，美联储采取了宽松的货币政策，造成资产价格虚增，这是次贷危机爆发的根本原因所在。

20 世纪 90 年代的克林顿时代，美国经济在低通货膨胀率、低失业率的条件下实现了 8 年多的高速增长。到 1999 年年底，国内生产总值从 1990 年的5.57 万亿美元增加到 9.26 万亿美元（按现值美元计算），同期国民收入从约4.5 万亿美元增加到近 7.5 万亿美元。然而，由于网络经济特别是电子商务泡沫的破裂以及汽车业的不振，从 2000 年第三季度起，美国经济呈现出整体快速下滑的趋势。而 2001 年美国的"9·11"事件使美国经济再受打击。为了避免出现经济衰退和萧条，美国联邦储备银行连续 27 次降低银行利率，从 2000年至 2004 年，利率基本上处于下降通道。联邦基金利率持续下行，其结果就是货币增发和流动性提高。

---

① 数据来源于 Wind 资讯。

低利率政策降低了人们的储蓄意愿，提高了人们通过贷款进行投资的意愿，其结果就是资产价格的上升。在低利率的带动下，美国的企业与家庭开始大量贷款对房地产进行投资，于是房地产市场出现了供销两旺的局面。由于房地产市场的财富效应，导致 2000 年以来美国房地产价格出现全面迅速上涨，为历史所罕见。2004～2008 年，4 年多美国平均房价涨幅已超过 50%，而过去半个多世纪美国全国平均房价涨幅仅为 5.5%。

根据耶鲁大学希勒教授的统计可以看出①，2000 年后美国住房价格的上升和下降与货币政策保持了较为紧密的关系（见图 1-1 和图 1-2），宽松货币政策推动住房价格达到了历史高点。

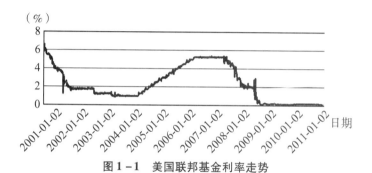

图 1-1　美国联邦基金利率走势

资料来源：美联储。

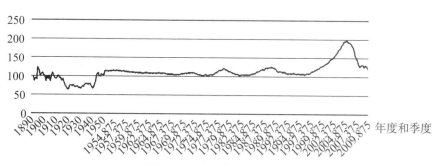

图 1-2　美国房屋价格指数

资料来源：http：//www.econ.yale.edu/~shiller/data.htm.

由于房价的不断上涨，房屋作为抵押品的价值也增大，即使发生了贷款购

---

① 参见罗伯特·希勒：《终结次贷危机》，中信出版社 2008 年版。

房者违约的情况，贷款方仍可以将房产收回并在市场上轻易出售。这种低利率引起的房价上涨情势，使无收入、无工作、无资产的"三无者"也可得到房屋抵押贷款债券，这也正是次级抵押贷款在美国风行的原因所在。

然而，这种由于宽松货币造成的资产价格上扬注定是不可持续的。美联储前主席格林斯潘曾警告说，美国房地产市场的繁荣最终将不可避免地降温，利用住房市场生财的人其个人消费能力也将下降。投资者低估房地产市场的风险最终将会受到惩罚，因为"历史不会赋予所有事件以圆满的结局"。"房地产热"已经扭曲了美国的经济，格林斯潘认为应通过提高利率的方式来减少这一现象给美国经济带来的损害。

为了抑制房地产泡沫，从 2004 年 6 月 ~ 2006 年 8 月，美联储改变其低利率政策，先后加息 17 次，利率逐渐从 1% 提高到 5.25%。住房抵押贷款利率的上升不仅抑制了住房市场的需求，也导致了部分借款人的还款压力迅速增大，甚至丧失还款能力，违约现象频发。

有两个指标反映房地产市场金融健康程度：一个是抵押贷款的逾期率，指的是借款人逾期 30 天或以上未偿还贷款本金或利息的笔数占抵押贷款总数的比例；二是丧失抵押品赎回率，指的是借款人未按合同约定还款而丧失抵押品赎回权的笔数占抵押贷款总数的比率。根据美国抵押贷款银行协会公布的数据可以看到，自 2005 年以来，这些指标均处于不断恶化的状态。截至 2008 年第四季度，均达到了 10 年来的最高点：美国次级抵押贷款逾期率为 21.88%，而次级抵押贷款的丧失抵押品赎回权率达到 13.71%。与此同时，美国房地产市场价格指数开始下滑，泡沫开始破裂，截至 2009 年 1 月底，价格指数下滑至 146.4。

住房抵押贷款市场的违约是第一张倒下的多米诺骨牌。加息之后，美国许多次级抵押贷款的借款人无法偿还每月高昂的贷款，银行就只能被迫收回价值远远低于贷款金额的房产，最后累及一些贷款机构出现亏损或者破产。由此引发了一系列的连锁反应，越来越多的金融机构出了问题，大家都开始恐慌，最终造成了市场信心动摇，美国房市开始大面积下跌。2007 年 4 月，次贷危机终于爆发。

2. 金融创新显现副作用

次贷危机同样清晰地显示了过度金融创新所带来的副作用。20 世纪 90 年代，金融自由化成为一种潮流。在这种大环境下，孕育出了次级债券等多种金融创新产品。毋庸置疑，金融创新对于完善金融市场、活跃交易等有着重大作用，然而，过度的金融创新却也可能成为某些利益集团操纵人们行为的工具，并在游戏结束之后伤害到所有人。

次贷危机因此而被放大。次贷产品的过度衍生，造成了风险的跨市场传递。投资银行通过从贷款发放机构购买次级贷款，进行结构化处理和设计，将次级贷款进行证券化，形成衍生品资产抵押证券（MBS），进而形成衍生品担保债务凭证（CDO），并向市场发售，使次级贷款的风险链条通过住房抵押贷款二级市场，由次贷机构内部向多元化机构延伸，进一步加剧了次贷风险。

次级贷款衍生产品的投资者成为风险链条中的风险最终承担者。近年来，以对冲基金为主的大量投资者进入次贷衍生品市场。由于投资需求的增大，使得此类产品的价格下降，与其较高的风险形成不对称形态。另外，由于广泛使用杠杆，加大了此类产品的市场波动性，并使风险加倍扩大。大量对冲基金采用"信用套利"策略，以信用为支持，购买次级贷款衍生产品，通过信用互换进行对冲，风险进一步扩大。

3. 道德风险问题丛生

美国住房抵押贷款市场中，各种代理机构存在着严重的道德风险。例如，作为独立代理机构的经纪商，既不代表贷款公司的利益，也同借款人的利益不一致。经纪商虽然为借款人提供服务，但是和借款人之间并不存在有效的法律协议。借款人和贷款公司可能单方或者同时向经纪商支付费用，具体的收费模式通过利益相关人之间的协商决定。经纪人对贷款公司和借款人不存在明确的责任，行业与政府也不能有效地约束其行为。尽管很多贷款公司出于风险管理的考虑，要求如果经纪商的欺诈行为被证实，经纪商则需要回购出售的住房抵押贷款。然而，在实际操作中，即使存在欺诈行为也难以验证；或者经纪公司是有限责任公司，净资产很少，鲜有具备回购贷款的能力。因此，借款人与住房抵押贷款市场的连接端口——经纪商本身就存在着潜在的道德风险。

贷款公司或银行是住房抵押贷款产业链中连接两层的关键机构。一方面，他们审核经纪商提供的贷款申请，但由于贷款质量不会对经纪商带来任何经济利益，经纪商不承担任何责任，他们没有关心贷款质量的动力，而贷款公司需要通过经纪商来实现贷款发放才能出售贷款获利；另一方面，他们接受贷款投资机构的审查，贷款投资机构关心贷款质量，如果贷款质量很差，投资机构将会终止合作，贷款公司将会缺乏贷款来源。但是，这是建立在贷款投资机构对贷款质量有效审查之上的。与之相比，贷款公司对贷款的质量具有信息上的优势。另外，贷款投资机构的审查也是有成本的。理论上讲，要杜绝贷款公司的道德风险，需要支付很高的信息租或者审查成本。

主要包括政府特许投资机构和投资银行等在内的贷款投资机构——其中政

府特许机构主要指房利美和房地美——也有很多问题。这些企业从贷款公司和银行购买标准类和优质类的住房抵押贷款并进行证券化。投资银行则从贷款公司和银行购买不符合政府特许机构（GSE）购买标准的住房抵押贷款并进行证券化，这类贷款主要包括 A 级巨额贷款、Alt－A 和次级贷款等。贷款投资机构本质上就是证券化机构，购买的住房抵押贷款都通过证券化进行了销售。因此，他们关心的是证券化产品的销售，而证券化产品的销售取决于产品的外部评级，作为独立盈利机构的外部评级机构本身就存在着严重的道德风险，其公正性很容易受到侵蚀。因此，贷款投资机构与外部评级机构相互勾结，使得低质量的贷款证券化产品充盈着资本市场。

证券化产品投资机构主要包括各类基金、银行和国外投资机构等。它们作为住房抵押贷款市场链条上的最后一环，风险厌恶程度也最高，最关心金融产品的质量，但是由于金融衍生工具的创新、金融产品的质量、买卖双方存在极度的信息不对称，往往依赖于外部评级机构的评级。另外，在经济景气的时候，投资者在潜在的高利润的刺激下，容易过度自信，忽视金融产品的风险。

信用评级机构对风险的低估和独立性的弱化也在这场次贷盛宴中表露无遗。根据国际通行的惯例，构建证券化产品过程中需要引入信用评级，帮助投资者进行投资决策，帮助发行方降低融资成本、扩大发行规模，帮助监管部门实施监管。美国的三大评级机构——穆迪、标准普尔和惠誉已经建立了对证券化产品的评级框架：首先，对抵押资产进行预测，并选择和设置评级模型及相关参数；其次，在证券发行前对其风险特性进行综合评估，确定评级结果并发布；最后，还要进行跟踪评估。以上三个层次都涉及对法律监管体系、基础资产质量、产品及交易结构、特殊目的实体的运营和管理等方面加以评估。

三大评级机构的现有评级方式对金融市场存在潜在风险，主要因为以下三个方面。

评级机构本身固有的道德风险：评级机构 90％ 的收入来源于发行方支付的评级费用。这使得评级机构有动机为发行机构提供高于实际水平的评级，据统计，评级机构近年来的主要收入来源于对证券化产品的评级。投资银行在构建证券化产品时，往往购买评级公司的咨询服务，寻求获得较高评级的方式。因此，评级机构在证券化过程中成为投行的利益相关者，其独立性受到侵蚀。

评级制度存在严重的缺陷：证券化产品的评级方法和数据对监管部门、公众和使用者都极不透明，外部人员难以了解评级的数据来源和核心评级方法，这使得市场和监管当局对评级机构的约束力十分有限。另外，评级机构所使用的评级模型过度依赖基础经济数据和假设，缺乏长时间完整周期的验证，一旦房价、利率等关键要素出现大幅变化，蝴蝶效应就会产生。

缺乏严密审慎的跟踪评级：由于跟踪评级制度不够严密，评级机构对潜在风险的预警严重滞后。据有关信息，在2006年年初，标准普尔已经发现次级贷款借款人的违约率要比普通抵押贷款高出43%，但却没有就此风险及时给出预警或者风险关注。直到2007年7月，标准普尔、穆迪和惠誉才下调了900多只按揭贷款抵押债券的评级，并成为次贷危机的导火索。

总的来讲，住房抵押贷款市场中各类金融机构构成了一根相互连接的链条，每一节都存在潜在的道德风险，而且随着金融创新的发展，各类衍生品被不断创造出来，这根链条越接越长，市场中的风险也越来越大。

4. 监管缺失造成风险膨胀

监管当局对次贷相关机构监管的缺失是次贷危机最终爆发和造成巨大破坏作用的另一个重要因素。随着金融创新工具的不断涌现，银行、证券、保险、信托等行业的界限越来越模糊，使已有的分业监管模式失去了效力，这必然增加了整个金融业的系统性风险，因而政府的不力监管就成了危机爆发的重要因素。《1999年金融服务现代化法案》的出台标志着美国金融业进入混业经营时代，但到目前为止，美国实际上仍然实行分业监管，各监管机构并没有高度协调配合，致使监管出现漏洞；对投资银行的监管不到位，对次级贷款等金融衍生品的监管也不够重视，监管标准不仅单一，而且明显滞后。

这些弊病主要表现在以下方面：

各国监管机构长期忽视对对冲基金的监管。欧美国家对对冲基金的监管比较宽松，监管原则在一定程度上以市场为主导，更多地强调监管的非强制性、市场参与个体的差异性和市场规则的自发性，认为市场自律是对冲基金监管的主要方式，不主张对对冲基金进行等级注册，使对冲基金在信息披露、投资策略等方面享有较大的自由度。

忽视表外业务监管，缺乏资本约束。相当一部分证券化产品不体现在资产负债表中，市场无法得到关于金融机构经营及投资策略的充分和准确信息，因此一旦出现问题，短期内市场无法评估问题的严重程度。另一方面，金融机构为避免市场声誉的损失，往往会承认其转移资产的特殊目的，使原本会计上成立的风险隔离在事实上失效。另外，监管机构过分相信金融机构自我管理能力，错误地认为应尽量避免监管；监管机构间的竞争削弱了风险监控的力度。

场外交易成为监管真空，风险不断积累。由于场外衍生品交易不存在场内交易的清算支付体系，需要以担保的方式控制和防范交易对手的信用风险，主

要是提供变现能力强的担保品,如现金和债权,采用紧盯市值方法定期调整。然后,担保品的变现能力往往受到市场环境变化的左右,尤其是当出现极端市场环境的情况下。而次贷产品经过证券化过程所衍生的各类证券或产品多通过场外交易转手,大大提高了监管的难度,造成了无法监管的局面。

次贷危机的形成和爆发是多重因素导致的结果,它深刻反映了现代经济的脆弱性和金融市场的复杂性,也对更加合理的机制设计、监管的作用、行为金融的发展等课题提出了更多要求。

第2节　次贷危机如何演化成全球金融危机

次贷危机产生以后,美国市场遭受了至少五次冲击波,次贷危机也随着冲击波逐渐演变为金融危机,影响了美国经济的基本面,并向全球金融系统蔓延,造成了世界经济的不稳定。

一、次贷危机的五次冲击

第一波:始于 2007 年 8 月份。此时危机开始集中显现,大批与次级住房抵押贷款有关的金融机构纷纷破产倒闭,美国联邦储备委员会不得不向金融系统累计注资 1 472.5 亿美元。9 月 18 日,美联储宣布降息 0.5 个百分点,被迫进入"降息周期"。美国抵押贷款风险开始浮出水面。

第二波:2007 年年末至 2008 年年初,花旗、美林、瑞银等全球主要金融机构出现严重亏损,市场流动性逐渐干涸,美联储以及一些西方央行不得不加大降息力度,美联储再次向市场注入 2 000 亿美元资金。

第三波:2008 年 3 月份,美国第五大投资银行贝尔斯登濒临破产,迫使美联储紧急注资,并大幅降息 75 个基点。

第四波:2008 年下半年,美国两大住房抵押贷款融资机构——房利美和房地美陷入困境。7 月 23 日,美国财政部宣布斥资 3 000 亿美元救助"两房",并于 9 月 7 日宣布接管"两房"。接下来,美林证券被收购,雷曼兄弟被清算,华盛顿互惠银行被美国联邦存款保险公司接管,高盛和摩根士丹利等改组成为银行控股公司,美联储还出资 850 亿美元接管美国国际集团。大型金融机构频频出现重大危机,次贷危机由此进入了更加动荡的阶段。欧洲、日本、韩国、俄罗斯、澳大利亚等国家和地区的金融机构和金融体系的问题日益严重，危机开始向全球金融危机转变。

第五波：2009年，花旗和美国银行相继被国有化。美国汽车行业巨头面临破产。以美国为代表的主要国家陆续实行量化宽松的货币政策。

二、危机的四次升级

第一阶段：次级按揭贷款及证券化产品的危机。

此阶段由2007年2月汇丰银行（HSBC）美国附属机构报告的105亿美元次级按揭贷款亏损开始，持续至2007年第三季度。其中包括2007年4月2日，美国最大的次级贷款放款公司之一的新世纪金融公司破产；2007年5月，瑞士银行（UBS）关闭在美国的次级按揭贷款业务机构；2007年7月，贝尔斯登停止客户赎回属下管理的两只次级按揭类对冲基金；2007年8月，另一个美国最大的按揭贷款机构——美国家庭抵押投资公司破产；接下来还有众多的金融机构报告次级按揭相关业务的亏损。该时期的危机呈现两个特点：第一，问题的表现是局部性的，还局限于次级按揭贷款业务机构以及专业性的次级贷款投资者；第二，次级按揭相关产品在金融系统中的具体分布情况还不被公众所知。

第二阶段：次贷危机引发流动性危机。

这一阶段从2007年第四季度到2008年3月17日贝尔斯登被摩根大通收购。其间，越来越多的金融机构报告次级按揭相关产品的亏损，例如，花旗银行亏损407亿美元，瑞银集团亏损380亿美元，美林证券亏损317亿美元等等。此时，市场开始意识到次级按揭问题的严重程度要远超预期。民众逐渐开始担心投资者如果抛售次级按揭类产品，此类资产价格将会大幅跳水，都希望在市场价格开始下跌前卖出所持相关资产。其中杠杆类投资机构表现尤甚。正是出于这种信念，次级按揭类产品市场急速下滑；与此同时，银行为了修补资产负债表纷纷进行再融资。这个行动导致了市场流动性的紧张，短期资产的流动性价差大幅增加。该阶段市场的三个特点可以概括为：第一，投资者开始抛售低品质资产套现；第二，投资者仍寄希望于美联储可以通过降息来补充市场的流动性；第三，央行降息政策和相关贴现窗口的措施在一定程度上的确补充了市场的流动性。

第三阶段：流动性危机转化为信用危机。

该阶段由摩根大通公司收购贝尔斯登开始，到2008年9月15日雷曼兄弟申请破产保护为止。贝尔斯登被收购，使得投资者对流动性的担心迅速转换成对流动性和信用危机的双重担心。民众意识到一些深陷次级抵押贷款问题的金

融机构有可能因资产大幅度贬值和流动性问题而破产。而金融机构又纷纷收紧信用放款，这促使面临基金赎回压力的投资机构及其他一些银行类投资者进一步抛售资产套现。这一时期，市场的几个特点是：第一，全球金融机构持续遭遇损失和减记资产，并不断裁员；第二，流动性价差继续攀高的同时，各类信用价差也普遍大幅度攀升至历史高位；第三，投资者因流动性压力，开始抛售一些优良资产；第四，市场对政府和央行政策的有效性开始怀疑，投资者的恐慌情绪加剧了市场的波动。最近 10 年来金融衍生品的高速发展，使得金融机构之间的联系更加紧密，金融系统的整体风险不断增加。

第四阶段：全球金融体系的危机。

2008 年 9 月 15 日雷曼兄弟的倒闭将危机升级到第四个阶段。美国政府拯救雷曼兄弟的失败使得市场的信心彻底崩溃。短期货币市场陷入瘫痪，危机由金融领域迅速扩展到实体经济领域，亏损的投资主体由机构投资者迅速蔓延到普通民众。在美国市场上，投资者最初担忧证券公司和银行可能需要对次级抵押贷款市场相关资产作出更多冲减，而现在更多的迹象表明，汽车、信用卡及商业抵押贷款领域，以及地方性银行及小规模的储蓄机构也开始受到冲击。民众的极度心理恐慌使得金融系统的功能丧失，引发实体经济的衰退，企业破产、失业增加、消费锐减，美国经济迅速陷入金融危机的深渊。同时，由于美国经济在世界经济中所处的核心地位，金融危机的影响迅速蔓延到全球。世界经济无一幸免，陷入了急速的衰退之中，全球范围内失业上升，市场需求下降，经济增长率降低。全球金融危机至此全面展开。

第 3 节　金融危机对世界经济的影响

一、金融危机引发美国严重经济危机

1. 美国金融体系遭受巨大创伤

首先，众多的次级抵押贷款机构由于收不回贷款遭受严重损失，甚至被迫申请破产保护。其次，众多投资机构由于买入或持有大量由次贷衍生的证券产品而遭受持续的重大损失。而最为严重的则是美国曾经以投资银行业务为傲的新金融盈利模式几乎瓦解，随着贝尔斯登被收购、雷曼倒闭、美林被收购以及高盛、摩根士丹利重组变成银行控股公司，美国五大投行逐一告别历史舞台。这一巨大的变化实际上改写了美国的金融史，也将在未来重塑美国的金融体系。高盛和摩根士丹利变成商业银行性质的机构，意味着它们将接受严格的监管，大举使用杠杆或借贷等方式开展高风险、高衍生业务的时代结束。同时以加州银行为代表的多家存贷款银行也纷纷倒闭，传统金融机构也损失巨大。

次贷相关债券的总损失量相对于欧美的债市总量而言并不多，但对市场的冲击和影响至今无法准确估量，因为它动摇的是证券化之后的信用基础，让整个金融体系都在反思证券化的评级体系、杠杆作用和多层转移的信用链条。次贷危机和由此引发的房地产价格进一步下跌，严重冲击了住房金融市场，不仅是次级抵押贷款，甚至是优质抵押贷款的风险也进一步上升。随着房价的下跌、抵押贷款利率的提高，市场普遍担心可能爆发更大规模的与住房抵押贷款有关的债务危机。而住房金融市场的危机必将蔓延整个债券市场，加之各种相关金融衍生产品和被普遍使用的杠杆的放大作用，美国债券市场及相关信用、利率衍生产品市场将遭遇进一步的动荡，引发新的金融机构亏损与破产，进而导致全球金融动荡和美元危机。

2. 美国经济陷入深度衰退

受金融危机影响，美国实体经济遭受严重冲击，主要表现在以下几方面：

国内生产总值（GDP）显著下滑。持续的金融动荡和经济前景的不明朗加剧了房地产市场的调整力度，预期房地产市场持续恶化的担心充斥市场。多家大小企业和金融机构的倒闭为美国就业市场带来了严重影响，失业率持续攀升。美国 2009 年第一季度 GDP 环比下滑 5.7%，是 1982 年衰退以来最大幅度的经济滑坡。

作为美国支柱产业的美国汽车工业受到深度影响。从 2008 年第四季度开始，美国汽车"三巨头"通用、福特和克莱斯勒相继宣布出现运营困难，甚至濒临破产。而美国政府在大额救助金融机构的同时，对汽车企业的拯救力度较为有限。面临困境的汽车企业如果得不到及时救助，会带来大面积的汽车企业倒闭，引发大规模的失业问题，将把失业率推向历史新高，而失业的进一步恶化势必将严重影响已经疲软的消费市场。这种担心反过来又对金融市场产生了严重的负面影响。

消费市场受到很大抑制。急剧恶化的就业情况直接影响到消费市场，使原来支持美国 GDP 增长的私人消费短期内没能做出任何改善。

总体来看，受次贷危机影响，美国信贷市场、债券市场和股票市场作为间接融资和直接融资的主要渠道，遭遇扩张"瓶颈"，导致美国企业受到较强的资本约束，缺乏发展的金融支持，实体经济受到明显冲击。美国进入了真正的经济危机和经济衰退。同时，由于次贷所涉及的直接和间接资产规模巨大，且美国金融市场信用缺失严重，次贷违约连带其他类型的个人消费贷款、企业消费贷款的连环违约，造成美国经济基本面出现严重的趋势性恶化。

二、全球金融体系遭受重创

1. 欧洲金融遭受重创，经济陷入衰退

自 2007 年开始，欧洲银行业和金融市场受到次贷危机的严重冲击，法国银行业首当其冲，法国巴黎银行、兴业银行相继卷入次贷风波，随后，英国、德国银行业也噩耗频传。英国北岩银行遭挤兑，诺森罗克暂时被收归国有；德国国有银行萨格森银行因次贷巨亏而被迫贱卖，第三大国有银行西德意志银行次贷业务亏损巨大并最终被贱卖；冰岛银行系统因金融危机而陷入崩溃，该国三大银行均被政府接管……，因多家金融机构爆出巨额损失，投资者信心遭受严重打击。欧洲中央银行一系列大规模的注资救市行为增加了投资者对次贷危机的担忧，甚至出现了政府救助危机。

随着美国经济陷入衰退，进口需求大幅放缓，欧洲进出口贸易受到严重影响。德国 PMI 出口订单指数下降至 12 年来新低，欧洲央行公布的信贷调查结果显示银行对企业的贷款标准提高，信贷收紧给企业资金周转带来很大压力，直接抑制企业的投资行为。欧洲经济进入衰退，欧元区和和欧盟 27 国经济环比均持续下降。

2. 日本经济面临外需萎缩和内需不足

日本经济同我国类似，增长主要靠出口和投资拉动。因此，在危机中，日本经济首先表现出来的就是出口的降低和投资的低迷。金融危机的全球扩散导致国际贸易急速萎缩，同时，美国新一轮经济刺激方案中的"美国货"条款，加重了全球范围的贸易保护主义。另外，欧美经济的衰退，加大了日元的升值压力。日本工业产出连续数月出现萎缩，2009 年同比降幅高达 30% ~ 40%，2008 年日本的出口增速显著下滑，全年增速为负。外需下降大幅降低了企业的盈利能力，加上信贷市场紧缩，企业的现金流问题严重，企业的景气指数持续下行。另外，日本居民的收入压力增大，消费者信心指数创 26 年最低。

3. 新兴市场国家普遍受到冲击

一些新兴国家的经济增长主要靠国内需求拉动，在此次危机中受损较小。而大多数新兴市场经济主要依赖于投资和进出口贸易，此次金融危机对这些新兴市场的影响是十分恶劣的。危机向新兴市场的广泛传递，主要通过经常项目渠道和资本项目渠道：第一，对于经常项目渠道的传导。发达国家经济的衰退、消费的下降，严重打击了新兴市场的出口贸易和制造业，进而影响到这些国家的经济增长；第二，对于资本项目渠道的传导。全球性金融危机，一方面带来流动性的紧缩，投资需求受到抑制。与此同时，由于发达国家金融系统的不稳定，一些避险资金进入新兴市场，进行短期的风险资产的炒作，使得新兴经济体资本市场的不确定性因素增大，其结果就是，新兴市场在短时间内遭遇到资金的大规模流进流出，给资本市场带来了巨大的风险。

但也应当看到，2007 年以来，新兴市场国家对全球经济增长的贡献率高达 50%，成为全球经济的主要推动力，这在一定程度上缓解了美国等发达经济体的衰退对世界经济造成的负面影响。

4. 我国经济受到全面影响

美国次贷危机对我国经济的影响主要表现在通胀压力、外汇储备、外贸出口、金融业和房地产五个方面。

助推国内通胀：美联储下调联邦基金利率，一方面致使短期撤回的资本重新回到中国，推动国内资本品价格的上升，产生更大的投机泡沫；另一方面给中国的货币政策运用、宏观调控带来很大困难。

使外汇储备面临贬值风险：国家统计局的数据显示，2008 年上半年我国外汇储备新增 2 806 亿美元，使外汇储备净值达到 1.8088 万亿美元。截至 2008 年 6 月，我国持有美国国债高达 5 038 亿美元，成为美国国债的最大持有国。随着美元在次贷危机中的贬值，我国美元外汇的安全性遭受到巨大考验。

对我国金融业的影响：从对外国投资的情况来看，工商银行、建设银行、中国银行在次级债中的投资占资产比重小于 1%，有海外投资的 6 家中资银行次级债亏损 49 亿元人民币，其损失不会影响银行的正常营业。中国商业银行共持有美国雷曼公司 20 562 万美元贷款，雷曼的破产对中资银行的影响也很有限。总体来看，由于中国金融业相对封闭，金融危机对我国金融业的直接影响并不大。而从证券市场的情况来看，危机下，股市跌幅巨大，沪市从最高点的 6 124.04 点跌至最低点 1 802.33 点，跌幅达 70.57%。其中一个原因是这几

年热钱通过各种渠道进入中国股市，金融危机引发的国外资产组合调整以及对中国新兴市场重估使热钱从中国撤资，推动了这次股市下跌。

对外贸出口的影响：中国是高储蓄低消费的国家，经济过度依赖国外需求，而美国占我国出口贸易中的 50%。美国国内需求下降极大地抑制了中国的出口，影响中国经济发展。据花旗银行测算显示，若美国经济放缓 1%，中国经济增长将会放缓 1.3%。美国需求下降还导致对外需求降低，使中国的产能过剩问题更为突出。人民币在次贷危机期间升值压力增大，也进一步抑制了中国的出口，增加了国内就业压力。2007 年中国进出口总额为 21 738 亿美元，外贸顺差为 2 622 亿美元；2008 年中国进出口总额为 25 616 亿美元，比上年增长 17.8%，其中进口 11 331 亿美元，出口 14 285 亿美元，顺差 2 954 亿美元；2009 年中国对外贸易进出口总值 22 072.7 亿美元，比上年下降 13.9%，略高于 2007 年的对外贸易进出口总值。2009 年中国进口 10 056 亿美元，出口 12 016.7 亿美元，外贸顺差为 1 900 多亿美元，比上年下降约 1 000 亿美元。

对经济增长和就业的影响：中国的经济增长率 2006 年为 11.1%，2007 年为 11.9%，2008 年第四季度降低到与上年同期相比增长 6.8%，2008 年全年的经济增长率下跌到 9.6%，2009 年中国政府为保证经济增长率不低于 8% 而付出了巨大的努力，但是中国的经济增长率仍然降低到 8.7%。大量中小型加工企业倒闭，也加剧了失业的严峻形势。

第 4 节　各国应对危机的措施

各国政府为应对这场始料未及的国际金融危机，政府间通过多次协调，采取联合行动，纷纷出台多项力度空前的应对措施。从 2008 年 9 月 15 日雷曼兄弟宣布破产，到 10 月中旬的仅仅一个月时间里，各国政府救市金额累计注资高达近 3 万亿美元。欧美等发达国家的救市重点聚焦于金融体系，因为金融作为现代经济的心脏，担负着向实体经济输送"新鲜血液"的重任，如果造血功能出现问题，对整个经济的影响将不堪设想。新兴市场国家的救助重点则主要是实体经济，由于新兴市场国家的金融体系并非十分发达，因此避免了金融过度创新所带来的危害，金融体系本身并没有出现大的问题，外来的危机主要通过外需锐减等途径冲击新兴市场国家的实体经济。

各国应对金融危机的措施主要有以下几个方面。

一、重建市场信心

在 2009 年 3 月的中国"两会"上，温家宝总理坦言，实现 GDP 增长 8% 的目标确实有难度，但同时也重申"信心比黄金更重要"，提出"心暖则经济暖"。实际上，国际上许多国家的领导人也试图通过承诺或提供信心来打破民众的过度恐慌情绪，重建民众的信心。布什总统尚在任时曾反复强调，美国经济的基本面还是好的，美国的银行体系是安全的，人们应该对此持有信心。2009 年 1 月，奥巴马刚接任美国总统就果断出击，仿效罗斯福总统的"炉边谈话"进行信心喊话。奥巴马经济团队将经济刺激计划承诺的创造就业岗位目标从 300 万调升至约 400 万，并信心十足地推出创造就业和提振经济的计划，试图以此重拾市场信心。

二、实行宽松的货币政策

各国央行灵活运用各种货币政策工具，调节市场流动性，提高信贷供给刺激经济复苏。一是大幅降低利率。如 2007 年 9 月 18 日，美联储决定，将联邦基金利率即商业银行间隔夜拆借利率由原来的 5.25% 降到 4.75%，以应对愈演愈烈的信贷危机。以此为标志，美联储由此前 4 年的加息转入了新一轮的降息周期，多次下调基准利率，成为全球降息频率最高、力度最大的央行之一。欧洲中央银行 2009 年 3 月 5 日宣布，将主导利率由此前的 2% 降至 1.5%，为欧元诞生以来的最低水平。自 2008 年秋季以来已累计下调主导利率 2.75 个百分点。日本中央银行于 2008 年 10 月 31 日开始降息，当天将银行间无担保隔夜拆借利率由 0.5% 下调至 0.3%，12 月份又从 0.3% 下调至 0.1%。中国人民银行 2008 年 11 月中旬宣布大幅降息，调整幅度也创下了近 11 年来之最。二是大举提供贷款。如 2008 年 9 月，日本央行连续向货币市场注入流动性资金，以缓解日本货币市场中各家金融机构短期资金拆借的压力。到当月末，累计支援货币市场的流动性总额已经达到了 12.5 万亿日元，约合 1 180 亿美元。2009 年 1 月 8 日，日本央行向金融机构提供 1.22 万亿日元的低息贷款后，又于 1 月 20 日再提供 1.29 万亿日元的低息贷款，以增加信贷资金。随后又于 3 月 17 日决定拟采取措施提高金融机构的自有资金比率，促使金融机构积极向企业放贷。2008 年年底，美联储和财政部联合出台了一项总额为 2 000 亿美元的刺激消费信贷计划，随后美联储又宣布准备将该信贷额度规模扩大到 1 万亿美元。

2008 年 10 月 7 日，俄罗斯宣布将向银行业注入总额 9 500 亿卢布的资金。10月 8 日，英国政府表示，英伦银行将提供 2 000 亿英镑短期信贷额，增加各银行的资金流动性。三是巨额回购债券。如 2009 年 3 月 18 日，美联储宣布采取"定量宽松"的货币政策，将在未来半年购买总额 3 000 亿美元的长期国债，以及额外花 7 500 亿美元购买相关房产抵押证券。此举就是被称为美国"印钞票"的救市计划。英国央行于 3 月 5 日也宣布将采取"定量宽松"的货币政策，计划购买 750 亿英镑国债和企业债券。我国的货币政策也自 2008 年 11 月起明确转型，由从紧转为适度宽松，通过不断下调存款准备金率、存贷款利率，适当调减公开市场操作力度，以及引导金融机构扩大信贷投放、调整优化信贷结构等手段，保持银行体系流动性合理充裕，加大金融对经济的支持力度。危机爆发后的近 200 天时间里，我国新增人民币贷款超过 6 万亿元，如此规模为以往信贷史所罕见。

三、竞相采取积极财政政策

由于财政政策的作用更加立竿见影，所以，为及早摆脱这场空前的危机，各国政府频繁使用财政工具进行调节。一是大手笔出资救市。如美国在 2008年出台 7 000 亿美元救市计划的基础上，2009 年 2 月份又开出了一个被奥巴马称为"美国经济走向复苏的一个重要里程碑"的总额为 7 870 亿美元的一揽子刺激经济计划。欧盟于 2008 年 11 月 26 日出台了总额高达 2 000 亿欧元的经济刺激计划，这一数额相当于欧盟国内生产总值的 1.5%。欧盟第一大经济体德国在 2008 年 11 月份推出了一项总额为 320 亿欧元、相当于德国国内生产总值1.3% 的经济刺激计划后，2009 年又推出另一项为期两年、金额为 500 亿欧元的经济刺激计划，使该国经济刺激计划总规模超过 800 亿欧元，是德国有史以来规模最大的经济刺激行动。日本于 2008 年 10 月 30 日公布了总额为 26.9 万亿日元的经济刺激计划后，又于 2009 年 12 月 12 日宣布了一项总额约为 23 万亿日元的经济刺激计划。亚洲第三大经济体印度 2008 年 12 月 7 日宣布追加2 000 亿卢比（1 美元约合 50.39 卢比）投资刺激经济增长。"金砖四国"之一的俄罗斯于 2009 年 1 月 16 日宣布在当年将斥资 1.5 万亿卢布（1 美元约合35 卢布），落实本国应对金融危机的各项措施。二是减税救市。如英国政府于2008 年 11 月 24 日公布了总额为 200 亿英镑、以减税为核心的一揽子经济刺激计划，其金额相当于英国国内生产总值的 1%。为挽救房市，美国国会通过一揽子住房援助法案。该法案除了帮助房利美和房地美走出困境外，还将向购房者提供总计 150 亿美元的购房退税，以此促进房地产业的发展。三是收购救市。如 2008 年 10 月 14 日，美国政府动用 7 000 亿救市计划中 2 500 亿美元直接收购 9 家大型金融机构的股权。此外，英国政府执行其银行拯救方案，向三大银行注资 370 亿英镑，将其部分国有化，以确保银行系统的健康。四是担保救市。如爱尔兰政府为本土银行存款和债务提供 2 年担保，以消除市场对银行系统即将崩溃的担心。澳大利亚政府为澳大利亚金融机构的所有存款提供为期 3 年的担保。

四、配套使用行政法律手段

一是实行政府接管。如 2008 年 9 月 7 日，美国政府接管房利美和房地美这两大深陷困境的住房抵押贷款融资机构，以霹雳手段遏制信贷危机继续扩大。在雷曼兄弟公司和美林以及美国国际集团出问题之后，美国国会还通过了一项 7 000 亿美元的救援计划，准备收购不良资产并对出问题银行注资，部分收归国有。二是鼓励并购重组。如在美联储的力促下，濒临破产的美国第五大投资银行贝尔斯登被摩根大通收购。2009 年 1 月份，奥巴马公布了一项规模达 2 750 亿美元的楼市救助计划，帮助面临丢掉自住房的近 900 万户美国家庭进行债务重组和再融资。三是强化保险措施。如根据美国法律规定，如果一家银行破产，存款在 10 万美元以下的储户都将获得美国联邦储蓄保险公司的全额赔付。危机爆发不久，美国政府出台了向贷款购房居民提供为期 5 年的抵押利率冻结计划，减轻了浮动贷款利息购房者的利息负担。美联储也规定禁止对未按期还款的购房者采取处罚或其他措施，使得大量欠款者房屋免遭法院拍卖。四是动用外汇救市。如 2008 年 10 月 8 日，韩国政府宣布将动用 2 400 亿美元的外汇储备救市，涵盖所有银行及金融机构。

五、各国政府间的政策合作

鉴于此次危机已蔓延至全球，所以各国携手行动，共同应对。一是联合降息。如 2008 年 10 月 8 日，全球 6 家主要央行有史以来首次联合降息。美联储、欧洲央行、英国央行、瑞士央行、加拿大央行和瑞典央行，联合宣布将基准利率均下调 50 个基点。此后，欧美等发达国家频繁掀起联合降息浪潮。二是货币互换。如 2008 年 9 月 18 日美国与欧洲中央银行以及日本、英国、瑞士和加拿大的中央银行达成货币互换协议，为它们提供高达 1 800 亿美元的资

金，用于缓解金融市场流动性短缺。2008年9月24日美国通过建立临时货币互换协议的方式，向澳大利亚、丹麦、挪威和瑞典央行提供总额300亿美元的资金，以缓解全球美元短期拆借市场的压力。2009年4月2日，G20集团伦敦金融峰会后，西方五大央行随即联合宣布又一项货币互换协议：如果需求增加，将通过这一新货币互换协议，向美联储提供相应的欧元、日元、英镑和瑞士法郎。随着金融危机不断恶化，西方央行之间也不断扩大货币互换规模，以此稳定金融市场。三是贷款互助。如2008年10月13日，为了对全球银行体系提供流动性，美国宣布无限制提供美元给英格兰银行、欧洲中央银行以及瑞士国家银行。这项举动让这些央行可无限制借贷美元给银行。四是共同投资。如2008年11月26日，欧盟委员会批准了一项旨在迅速提振经济的开支计划，该计划涵盖欧盟的所有27个成员国，总额达2 000亿欧元（约合2 600亿美元）。2009年3月9日，欧盟委员会宣布：欧盟将在2013年之前投资1 050亿欧元支持欧盟地区的"绿色经济"，促进就业和经济增长，保持欧盟在"绿色技术"领域的世界领先地位。五是会商改革。如2008年10月12日，欧元区15国领导人在法国巴黎举行了有史以来的首次峰会，并通过了以各国"自救"为基础的危机应对联合行动计划，为欧元区各国的救市行动勾勒出由各国政府担保银行债务和存款的统一框架。已有多个欧洲国家根据上述计划出台了本国的救市方案，总额近2万亿欧元。G20集团则先后于2008年11月15日在华盛顿、2009年4月2日在伦敦两次召开金融峰会，专门探讨如何在金融危机的背景下推动全球协同合作、共同抵御金融危机。特别是在4月2日结束的伦敦峰会上，与会领导人就国际货币基金组织增资和加强金融监管等全球携手应对金融经济危机议题达成多项共识，同意为国际货币基金组织和世界银行等多边金融机构提供总额1万亿美元资金，其中，国际货币基金组织的资金规模将扩大至现在的3倍，由2 500亿美元增加到7 500亿美元，以帮助陷入困境的国家。

总的来看，面对这场被格林斯潘称为"百年不遇"的危机，世界各国的救市力度也是空前的，随之全球经济出现了一些积极的信号。2009年5月份美国消费者信心指数继续回升，从3月份的26.9升至54.9，超出了最乐观的预测，说明悲观情绪有所减轻。5月美国新房开工量环比增加17.2%，成为房地产复苏的一个积极信号。据全英房屋抵押贷款协会2009年6月3日公布的调查显示，英国5月消费者信心指数升至53，为2008年11月以来最高水平（4月为51）。日本内阁府的调查显示，5月的家庭消费者信心指数从4月的32.4上升到35.7。对经济前景的期待也推动了股市的回暖，物价特别是资源价格大幅下挫势头逐步减弱而趋向回稳。

　　然而，由于各项救市措施发挥作用有一定的滞后性，世界经济下滑的脚步并没有被轻易制止。令人担忧的还有，全世界的"救市"行动从原来的一味降息、出台刺激计划、加强政府投资等，向着一些更加危险的方向发展，如竞相使本币贬值，扩大财政赤字，购买有毒资产，明争暗斗地实行贸易保护等，这些措施使世界经济发展面临着更深的考验，时至今日，其破坏性影响还没有消除。

第5节　次贷危机的启示

一、危机给留给我们的启示

　　作为当前最为严重的一场金融危机，次贷危机所暴露出来的问题是多方面的，也给世人带来了诸多启示。

　　首先，政府不仅不能在金融市场中缺位，还必须加强对金融体系的宏观监管。在金融资本的推动下，金融自由化似乎已经成为一个不可阻挡的潮流，在市场力量看来，政府在这一潮流中管得越少越好。但正如次贷危机所揭示的，任由金融机构在自身利益的驱动下不受约束地超前创新，一时或许能给金融行业带来相当丰厚的利润，最终却使得整个金融机构面临严重挑战，到最后整个国民经济还会跟着遭受重大损失。由于金融处于现代经济中的关键地位，政府必须对这一领域时刻予以关注，而不能在市场的名义下退让。

　　其次，重新思考美国在国际金融体系中的作用。过去20年来的主要金融危机，多数发生在发展中国家，无论是墨西哥债务危机，还是东南亚金融危机，或者是俄罗斯金融危机，都是如此。而且在上述危机中，美国无一例外地扮演了救火队员的角色。这些情形强化了美国是国际金融体系稳定者的角色认知。但次贷危机肇始于美国这一事实，打破了过去的传统，促使人们认真思考美国的作用。美国的金融非但没有想象中的那么完美，而且由于其在国际金融体系中的独大地位，一旦发生问题，其产生的负面影响将会更大。为防止类似的情况发生，美国一方面必须自觉地加强自身约束，另一方面也要和其他国家一样接受外界的审视和检查，不能再拥有不受控制的霸权地位。

最后，加强经济政策之间的协调，注意经济政策的前瞻性。楼市泡沫的破裂仅仅是美国次贷危机发生的直接导火索，其根本原因在于美国货币政策短期内的剧烈变化。2001年，为应对"9·11"恐怖袭击事件以及同时可能发生的股市崩溃对美国经济的打击，美联储决定大幅降低联邦基金利率直至2003年降到1%。如此低的利息大大刺激了美国民众购买房产的热情，但却增加了通货膨胀的隐忧。于是，从2004年开始，美联储又逐渐把联邦基金利率加至最高峰时期的5.25%。短时间内的利息急剧增加成为压垮楼市的最后一根稻草。显然，美国相关决策部门无论是在降息时，或者是加息时都或多或少忽略了对房地产市场的影响，只把刺激经济增长以及抑制通货膨胀作为最主要目标。但恰恰是被忽视的房地产市场成为危机发生的第一张多米诺骨牌，进而迅速波及其他领域。由此可见，即便美国这样成熟的国家都无法避免经济决策的重大失误，那么对其他国家而言就要更加注意这方面的问题了。

二、次贷危机对我国金融机构的启示

1. 对房产抵押贷款的准入条件应严格控制

美国次贷风波中首当其冲遭遇打击的就是银行业，重视住房抵押贷款背后隐藏的风险是当前中国商业银行特别应该关注的问题。在房地产市场整体上升的时期，住房抵押贷款对商业银行而言是优质资产，贷款收益率相对较高、违约率较低，一旦出现违约还可以通过拍卖抵押房地产获得补偿。目前房地产抵押贷款在中国商业银行的资产中占有相当大比重，也是贷款收入的主要来源之一。然而一旦房地产市场价格普遍下降和抵押贷款利率上升的局面同时出现，购房者还款违约率将会大幅上升，拍卖后的房地产价值可能低于抵押贷款的本息总额甚至本金，这将导致商业银行的坏账比率显著上升，对商业银行的盈利性和资本充足率造成冲击。从长远看银行系统抵押贷款发放风险不可忽视，必须在现阶段实施严格的贷款条件和贷款审核制度。本次美国次贷危机的源头就是美国房地产金融机构在市场繁荣时期放松了贷款条件，推出了前松后紧的贷款产品。

中国商业银行应该充分重视美国次贷危机的教训。第一应该严格保证首付政策的执行，适度提高贷款首付的比率，杜绝出现零首付的现象。第二应该采取严格的贷前信用审核，避免出现虚假按揭的现象。建立和完善个人征信系统，改变商业银行信贷人员仅仅凭借款人身份证明、个人收入证明等比较原始的征询材料进行判断和决策，以及银行和客户间信息不对称的现实状况，减少各种恶意欺诈行为，加强已放贷款的监督管理。第三完善个人信贷法律，加强对失信、违约的惩处，从法律上保障银行开办消费信贷业务的利益。借款人不能按时归还贷款本息时，银行通常会把标的房产作为第二还款来源。但是由于中国法律对居民居住地房屋有保障条款，收回房地产有法律风险和道德风险，银行资产难以回收。随着抵押贷款的增加，这类问题更加突出。一旦购房人无力还贷，这些住宅抵押品又无法过户转让，银行很难进行充分处置，住房抵押形同虚设；规范抵押贷款放贷市场，防止恶性竞争导致抵押贷款质量下降。

2. 既要金融创新，又要控制风险

一段时间以来，我国的金融机构和监管当局一直在加快住房抵押贷款证券化进程，分散市场风险，这也是金融创新的一种。由于中国住房抵押贷款证券化进程缓慢，长期以来发放住房抵押贷款的资金来源主要靠居民银行存款。因此，一旦长期居高的储蓄率下降，就可能导致银行面临资金短缺危险。加快住房抵押贷款证券化，发行抵押贷款债券，引进抵押贷款投资者可以有效解决银行资金问题，并减少风险积聚。在金融创新的同时，监管当局必须清醒地认识到潜在的风险，做到未雨绸缪，在审核金融新产品时提出更高的要求。对发起机构、受托机构、信用评级机构，分别提出不同的信息披露标准。同时建立投资者查阅基础资产具体信息的途径和方法。

3. 我国的金融机构在全面盈利的情况下要清醒认识到风险

放款就有坏账的可能，而且损失的出现往往是滞后的。短贷长投的现象在中国的各家金融机构中屡见不鲜，而金融机构的准备金是否充足就成为一个重要的问题。这里就涉及金融市场统计数据的真实性的问题。目前的数据显示银行对房地产市场的贷款并不是很多，但是可以想见，中国房地产市场规模如此巨大，贷款规模也一定是巨大的。对于监管层来说，如何正确认识金融市场的风险程度，并采取行动降低风险，是非常重要的。

4. 金融监管当局要警惕为应对经济周期而制定的宏观调控政策对某个特定市场造成的冲击

在次贷风波爆发之前，美国经济已经在高增长率、低通胀率和低失业率的平台上运行了 5 年多，有关美国房市“高烧不退”的话题更是持续数年。中国与美国房市降温前的经济图景存在一定相似性。本次美国次贷危机的最大警示在于，要警惕为应对经济周期而制定的宏观调控政策对某个特定市场造成的

冲击。导致美国次贷危机的直接原因在于美联储加息导致房地产市场下滑。

当前，中国面临着一定的通胀压力，如果央行为了遏制通胀压力而采取大幅提高人民币贷款利率的对策，那么就应该警惕两方面影响：第一是贷款收紧对房地产开发企业的影响，这可能造成开发商资金断裂；第二是还款压力提高对抵押贷款申请者的影响，可能造成抵押贷款违约率上升。而这两方面的影响都最终会汇集到商业银行系统，造成商业银行不良贷款率上升和作为抵押品的房地产价值下降，最终影响到商业银行的盈利性甚至生存能力。

5. 把资产价格纳入中央银行实施货币政策时的监测对象

因为一旦资产价格通过财富效应或者其他渠道最终影响到总需求或总供给，就会对通货膨胀率产生影响。即使是实施通货膨胀目标制的中央银行，也很有必要把资产价格的涨落作为制定货币政策的重要参考。

美国三轮量化宽松货币政策
Chapter 2 实施背景与影响

Background and Influence of Three Times Quantitative Easing Monetary Policy in USA

2007 年次贷危机全面爆发后，美国实施了极为宽松的货币政策来稳定金融市场和提振经济。首先，美国选择调整利率。从 2007 年 9 月到 2008 年 12 月，美联储先后 10 次降息，联邦基准利率由 5.25% 下降到 0.25% 的水平。由于降息没有了空间，从 2008 年年底开始实施量化宽松（Quantitative Easing, QE）货币政策。到目前为止，美联储已经实施了两轮的量化宽松货币政策。美国的量化宽松货币政策虽然稳定了美国金融市场，对经济有一定的提振作用，但是美国的失业率仍然较高。另一方面，量化宽松货币政策的负面影响也在不断显现。首先，美国的核心通胀正在不断攀升，不断接近美联储的目标值；其次，量化宽松货币政策也导致美联储的负债激增；最后，量化宽松货币政策导致美国与其他国家的贸易摩擦不断增多，量化宽松货币政策也被各国指责为美国不负责任的行为。

因此，美国是否推出第三轮的量化宽松货币政策，以什么样的形式推出，会带来什么样的影响，也受到了广大投资者的关注。我们首先将分别分析第一轮量化宽松货币政策（QE1）和第二轮量化宽松货币政策（QE2）推出的具体背景和影响，进而分析量化宽松对美元与美元指数的影响，最后分析第三轮量化宽松货币政策（QE3）推出的可能性。

第 1 节　量化宽松货币政策的含义及特征

一、量化宽松货币政策的含义

量化宽松货币政策是在名义利率为零或者接近于零，常规货币政策工具失效的背景下，通过保持宽松货币政策承诺、调整央行资产负债表的规模和结构、购买长期资产等特殊手段，增加货币供给，缓解金融体系流动性压力，旨在消除通缩压力，稳定金融市场，刺激经济增长的非常规货币政策。

二、量化宽松货币政策的特征

量化宽松货币政策的首要特征是：面对流动性陷阱，主要经济体的中央银行在较短的时间内，迅速将政策利率（基准利率）降低至历史低点或接近于零的水平。从政策工具的角度分析，可以说量化宽松货币政策所要解决的问题是，在传统货币政策工具——基准利率开始失效的情况下，如何进一步发挥货币政策的作用。流动性陷阱的出现，意味着传统货币政策工具中的价格型政策工具已无法发挥作用，需要运用数量型政策工具，实现货币政策的目标。正是基于此，将主要经济体中央银行创新"非常规"货币政策工具，释放大量流动性，遏制经济快速下滑的货币政策称为量化宽松货币政策。

第二个重要特征是：创新大量货币政策工具。鉴于传统的货币政策工具已无法发挥作用，主要经济体中央银行开始突破传统，大量创新货币政策工具，如购买资产抵押证券（MBS）、设立商业票据融资便利（CPFF）、购买长期国债等，以此实现货币政策目标。正是因为创新了大量货币政策工具而呈现浓厚的"非常规"色彩，彰显了量化宽松货币政策与传统货币政策的区别。

第三个重要特征是：量化宽松货币政策要完成的任务有别于传统货币政策。如前分析表明，传统货币政策的任务是，在市场经济条件下，中央银行通过运用利率政策工具，影响市场利率，调节投资和消费，实现货币政策目标，其核心环节是运用政策利率工具，影响市场利率。量化宽松货币政策要完成的任务：一是履行中央银行"最后贷款人"职责，救助濒临破产的金融机构，防范系统性金融风险，维护金融稳定；二是购买金融机构和社会民众的有价证券，直接向市场注入大量流动性，有效化解市场流动性不足的问题；三是购买长期国债，解决财政刺激经济资金（财政支出）不足的问题，促进扩大财政支出，发挥财政支出对民间投资、消费支出的撬动和替代作用；四是增加信贷可得性，引导市场利率下降，促进投资和消费增长，推动经济金融复苏。

第四个重要特征是：配合财政政策发挥作用。正常情况下，传统货币政策传导机制主要反映政策自身如何发挥作用，即货币政策自身相对完整的传导机制。货币政策与财政政策协调配合的重点体现在两个方面：一是扩张性货币政策配合扩张性财政政策，以缓解或消除扩张性财政政策实施中的"挤出效应"；二是严禁中央银行通过各种方式向财政透支。而量化宽松货币政策面临市场悲观情绪弥漫，市场需求严重下滑，急需扩大财政支出以撬动、替代私人需求不足，阻止经济快速下滑，通过直接购买长期国债，解决扩大财政支出的资金不足问题，实质上是中央银行变相向财政透支而呈现鲜明的"财政货币化特征"。

第2节 第一轮量化宽松货币政策（QE1）的背景和影响

一、QE1 提出的背景

1. 实行零利率政策，但市场流动性紧缺依然严重

针对危机的扩散和经济的低迷，从 2007 年 9 月开始到 2008 年 12 月底为止，美联储连续 10 次降息，将联邦基金目标利率从 5.25% 下调至 0.25%，共下调 500 个基点，在一年多的时间里几乎走完了所有的降息之路，利率调整政策力度之大、速度之快，十分罕见。但是极度恐慌的市场已经陷入了"流动性陷阱"。所谓"流动性陷阱"，是指当一段时间内即使利率降到很低水平，市场参与者对其变化不敏感，对利率调整不再作出反应，导致货币政策失效。美联储的零利率并没有改善市场流动性短缺的状况，美国银行的超额准备金的大幅度提升说明了银行惜贷情况明显，金融机构流动性短缺。从 2008 年 8 月起的 5 个月内，超额准备金从 1 875 亿美元飙升至 767 318 亿美元，[①] 在使银行体系内流动性短缺的同时，也造成了整个美国国内的流动性不足，M2/GDP 在 2008 年第二季度创出了 8.2 的历史新低。

2. 大型金融机构获得救助，但是金融市场风险依然巨大

金融危机发生后，为了稳定金融市场，帮助大型金融机构渡过难关，美国政府进行了一系列的救助措施（见表 2 - 1），但是，市场风险依然巨大，美国 10 年期国债利率持续下滑，从 2007 年最高的 5.23% 下滑到 2008 年的 3.5%[②]，国债利率的持续走低说明了市场风险的巨大。

---

①② 数据来源于美联储。

表2-1 美国拯救大型金融机构的措施

2008年7月	美国证券交易委员会（SEC）紧急推出限制"裸卖空"的禁令，杜绝对19家主要金融机构股票的卖空
2008年9月	美国政府正式接管发生巨额亏损、陷入全面危机的房利美和房地美，政府持有"两房"各79.9%的股份，同期，美联储向陷于破产边缘的美国国际集团（AIG）提供850亿美元有效期24个月的紧急贷款
2008年9月	美联储批准危机后幸存的摩根士丹利和高盛集团两大投行转型为银行控股公司，使其有权申请设立可吸收存款的分支机构，还可与其他商业银行一样永久享受从美联储获得贴现窗口融资和紧急贷款的权利，获得更稳定的融资渠道
2008年10月	美国财政部、美联储和联邦存款保险公司联合制定总额高达2500亿美元的银行业注资计划，其中半数用于购买美国9大银行优先股
2008年11月	美联储批准信用卡巨头美国运通公司转型为银行控股公司

资料来源：Bloomberg，日信证券研究所。

3. 投资者信心不足

金融危机全面爆发后，随着美国贝尔斯登、雷曼、美林等大型投资银行相继倒在金融危机中，恐慌情绪开始在市场上蔓延，最先受到影响的就是经济的晴雨表——股市。美国道·琼斯指数从2007年10月份的13 930.01点一路下降到2009年2月份的7 062.93点，下降近50%，纳斯达克指数从2007年11月的2 089.1点一路下降到1 116.99点，下降也近50%。[①] 美国股票市场缩水近一半，已经到了崩盘的边缘。美国道富投资者信心指数下滑到2002年以来的最低位82.1，也反映出投资者信心严重缺乏。

二、QE1 的实施

QE1启动：2008年11月25日，美联储宣布，将购买政府支持企业（GSE）房利美、房地美、联邦住房贷款银行与房地产有关的直接债务，还将购买由"两房"、联邦政府国民抵押贷款协会所担保的资产抵押证券（MBS）。

---

① 数据来源于Wind资讯。

这是联储首次公布将购买机构债和 MBS，标志着首轮量化宽松货币政策的开始。美联储提出，最高将购买价值 1 000 亿美元的 GSE 直接债务，采购将在 11 月 25 日的后一周进行。美联储还称，最高还将购买 5 000 亿美元的 MBS，这方面的采购预定于 2008 年年底前启动。①

QE1 扩大（第一轮量化宽松正式启动）：2009 年 3 月 18 日，机构抵押贷款支持证券 2009 年的采购额最高增至 1.25 万亿美元，机构债的采购额最高增至 2 000 亿美元。② 此外，为促进私有信贷市场状况的改善，美联储还决定在未来 6 个月中最高再购买 3 000 亿美元的较长期国债证券。

QE1 结束：2010 年 4 月 28 日，美联储在利率会议后发表的声明中未再提及购买机构抵押贷款支持证券和机构债的问题，这标志着联储的首轮量化宽松货币政策正式结束。加上 2009 年 3 月至当年秋天结束前所购买的 3 000 亿美元较长期国债证券，美联储在首轮量化宽松货币政策的执行期间共购买了 1.725 万亿美元的资产，这就是说首轮量化宽松总计为金融系统及市场提供了 1.725 万亿美元的流动性。③

三、QE1 的效果

1. 避免了美国大型金融机构的倒闭潮

美国通过第一轮量化宽松货币政策，累计向金融市场投放了将近 1.7 亿美元的流动性，避免了许多大型金融机构因为资金的短缺而不得不破产清算的风险。尽管在之后的 2009 年，美国仍有大量的中小银行倒闭，但是，这些小银行的规模不足以对美国金融市场的稳定性构成比较大的冲击。QE1 实施之前，美国倒闭的大型金融机构多达 6 家，而在 QE1 之后的 2009 年，受金融危机影响的大型金融机构也只有桑恩柏格房贷公司，其资产规模只有 365 亿美元，不及雷曼兄弟的 1/20（见表 2 - 2）。2009 年 6 月份，美国纽约银行、高盛、摩根大通、花旗银行等先后归还了政府的援助金，8 月份美国国际集团归还了大部分援助金，随着富国银行最后归还援助金，美国所有大型金融机构的援助金已经基本归还完毕。

---

①②③　数据来源于美联储。

表 2 - 2　　　　　　　QE1 前后倒闭的大型机构对比

美国金融危机中倒下的大型金融机构	
QE1 之前	QE1 之后
● 房地美和房利美被美国政府接管 ● 第五大投资银行贝尔斯登破产 ● 第四大投资银行雷曼兄弟破产 ● 第三大投资银行美林公司被收购 ● 最大的商业保险提供商美国国际集团被政府接管 ● 全美第六大银行华盛顿互助银行破产	● 三大汽车巨头接受政府援助 ● "巨型"抵押贷款商桑恩柏格房贷公司被政府接管

资料来源：Bloomberg，日信证券研究所。

2. 市场流动性得到一定程度的缓解

QE1 推出之后，美国金融市场的流动性得到了一定程度的改善，M2 从 2008 年年底的 82 672 亿美元上升到 2010 年 3 月份的 85 795 亿美元，上升幅度达到 4%。流动性的改善不仅缓解了金融机构的风险，同时也为经济注入了活力，M2/GDP 的值也稳步上升到 8.6 左右，体现出流动性不足得到了一定的改善[①]。但是由于危机对银行业重创，银行避险情绪依然巨大，因此，银行超额准备金仍然不断攀升，一直到 2010 年 2 月创出 1 161 851 亿美元的新高后才逐渐回落。

3. 投资者信心逐渐恢复

QE1 向市场投放将近 1.7 万亿美元的流动性，与此同时，还通过各种手段来援助处于危机中的大型金融机构，随着大型机融机构的不断恢复以及先后归还援助金，投资者的信心也逐渐恢复。美国道·琼斯指数触底反弹，从 2009 年 3 月的最低点 6 626.94，上升到 2010 年 3 月底的 10 927.07，上涨幅度达到 65%，道·琼斯指数重上 10 000 点之上。美国道富投资者信心指数到 2009 年 7 月创出 119.4，基本恢复到了危机前的水平。与此同时，美国的经济增长数据也好于预期，同样提振了投资者的信心，在金融危机的洗礼下，投资者变得更加谨慎。因而，不断回升的信心指数说明了投资者对美国市场的乐观。图 2 - 1~图 2 - 6 是相关指标数据分析。

---

① 数据来源于美联储。

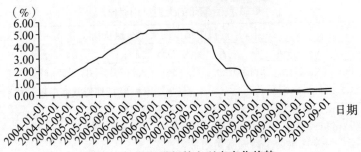

图 2 - 1　美国联邦基金利率变化趋势

资料来源：Wind，日信证券研究所。

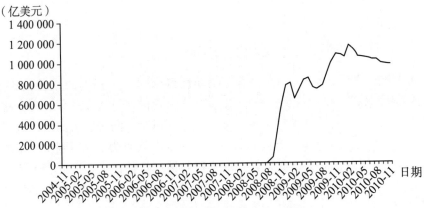

图 2 - 2　美国银行业超额准备金情况

资料来源：Bloomberg，日信证券研究所。

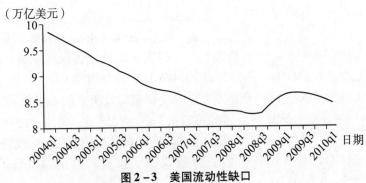

图 2 - 3　美国流动性缺口

资料来源：Wind，日信证券研究所。

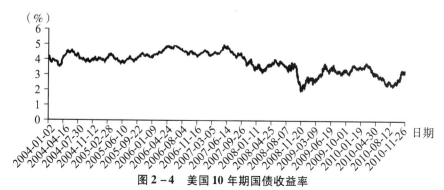

图 2 - 4　美国 10 年期国债收益率

资料来源：Wind，日信证券研究所。

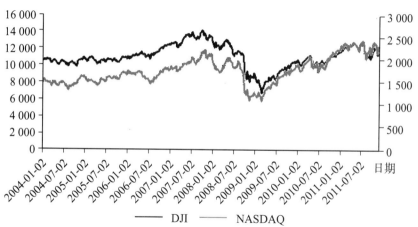

DJI　　　NASDAQ

图 2 - 5　美国道·琼斯、纳斯达克 100 指数

资料来源：Bloomberg，日信证券研究所。

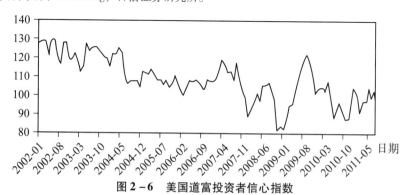

图 2 - 6　美国道富投资者信心指数

资料来源：Bloomberg，日信证券研究所。

第3节　第二轮量化宽松货币政策（QE2）的背景和影响

一、QE2 提出的背景

1. 美国经济发展势头良好，但复苏逆转隐忧犹存

美国经济复苏较为强劲，核心指标绝对值和同比增速基本恢复到危机前水平，但环比增速有所下滑，给经济复苏带来一定隐忧。

经济总量方面，2010 年 9 月末美国 GDP 规模为 13.26 万亿美元，基本恢复到危机前 2007 年年末 13.36 万亿美元的水平，2010 年前三季度，实际 GDP 增速从 2.4% 持续走高到 3% 和 3.1%，已达到比较正常的 2% ~ 3% 的水平。但实际 GDP 环比增速从 2009 年年末的 5% 持续降至 2010 年第二季度的 1.7%，第三季度虽然提升到 2.5%，但仍低于 2002 ~ 2007 年间危机爆发前平均 2.73% 的水平。[①]

物价水平方面，自 2009 年第四季度美国经济开始复苏以来，其物价水平也随之走高。2010 年 1 ~ 5 月，CPI 和 PPI 分别在 2% 以上和 4% 以上，基本恢复到危机前的正常区间，但 2010 年下半年以来，在 PPI 仍保持在较正常水平的情况下，CPI 却快速走低到 1% 左右，特别是核心 CPI 更是持续降至 2010 年 11 月的 0.8%，较 2% ~ 3% 的正常区间差距进一步扩大。[②]

2. 美国就业复苏滞后于经济复苏属正常现象，但失业率过高隐患较大

受金融危机影响，美国失业率从危机全面爆发时期的 6.6%，持续升至 2009 年 10 月的 10.1%，创 1984 年以来最高水平，其后在美国经济刺激计划作用下，失业率水平逐步降至 2010 年 7 月的 9.5%，2010 年 11 月小幅回升至 9.8%，处于历史较高水平。[③] 历次危机后经济复苏与就业复苏的变动规律表

---

①②③　数据来源于 Bloomberg。

明，就业复苏具有明显的滞后性，一般较经济复苏晚 1～2 年，如美国 20 世纪
30 年代以来共发生过三次房地产泡沫危机，第一次和第二次危机中，失业率
下降时间较 GDP 增长周期和古典周期见底时间晚 2～3 年，较实际 GDP 恢复到
危机前时间晚 2 年左右。据此推算，本轮金融危机后美国失业率要实现趋势性
下降，最快也要 1 年，即 2011 年年末，因此当前美国失业率较高属合理现象。
尽管如此，鉴于前两次危机中，失业率从高点回落 13 个月，降幅分别为 1.6
和 2.5 个百分点，而本轮危机后，失业率自高点回落 13 个月以来，降幅只有
0.5 个百分点，就业增长速度过慢，将对下一阶段消费增长乃至经济复苏形成
较大制约（见表 2－3）。

表 2－3　　　　　　　美国三次危机 GDP 周期与就业周期变化对比

类别	GDP 增长周期 见底花费时间	GDP 古典周期 见底时间	危机创造的最高 失业率水平	危机后失业率 持续上升的时间
第一次危机	1 年	1 年 3 个月	10.1	3 年 8 个月
第二次危机	1 年	半年	7.8	3 年
本轮危机	1 年	1 年	10.1	持续上升 1 年 1 个月 后继续高位 1 年

资料来源：CEIC，日信证券研究所。

3. 美国传统政策调控空间缺失，对非传统货币政策依赖度大幅提高

美国政府要有效刺激经济金融发展，非传统数量型货币政策成为其唯一
选择。这是因为：一方面，金融危机以来，美国连续大幅降息，联邦基金利
率从危机前的 5.25% 迅速降至危机爆发时期的 0.1%～0.2%，并维持至今，
其传统的价格型货币政策调控空间基本丧失。另一方面，美国利用美元具有
国际货币的地位，大量向全球举债，成为全球最大的净债务国，致使其财政
政策无法继续发挥应有的调控作用，截止到 2011 年，美国财政部的外债总额
创出 14 825 308.00 亿美元的新高，财政扩张难度加大。2010 年 12 月 18 日美
国政府通过了总额 8 580 亿美元的减税议案，延长危机初期推出、目前已到期
的减税与救济措施。另外，由于风险抵御资产规模很低，包括外汇储备、特别
提款权和黄金储备在内的储备资产不到总外债规模的 0.1%，短期外债与储备
资产的比率虽然从危机期间的 66 倍降至 2010 年 6 月末的 36 倍，但仍处于全

球很高水平，财政风险居高不下。①

二、QE2 的实施

QE2 的推出：2010 年 4 月份之后，美国的经济数据开始令人失望，经济复苏步履蹒跚。2010 年 8 月，美联储主席伯南克酝酿推出 QE2。2010 年 11 月 3 日，美联储在结束为期两天的利率会议后宣布启动第二轮定量宽松计划，总计将采购 6 000 亿美元的资产。与此同时，联储宣布维持 0 ~ 0.25% 的基准利率区间不变。联邦公开市场委员会（FOMC）会后发表的政策声明显示，联储将在 2011 年第二季度前采购 6 000 亿美元的债券，每个月的采购额约为 750 亿美元，以进一步刺激美国经济复苏。②

QE2 的结束：2011 年 6 月 22 日，美联储宣布将按照计划在 6 月底结束去年推出的 QE2，并维持将到期的国债本金进行再投资即购买美国国债的政策。随着美联储 6 月 30 日向美国财政部购买了 49.09 亿美元于 2016 年 12 月 31 日 ~ 2018 年 6 月 30 日到期的国债之后，QE2 正式宣布结束。

三、第二轮量化宽松货币政策对美国经济的影响

随着美国第二轮量化宽松货币政策的逐步实施，一方面，促进了经济复苏，但成效有限；另一方面，有效改善了其经济失衡状况，并将金融危机损失和各类债务转嫁给其他国家。

1. 经济复苏有所巩固，但是效果有限

美国推出 QE1 的第一个目的就是巩固经济的增长，从 GDP 的变化情况看，还是起到了一定的效果，但是效果不大。GDP 同比增速仍然处于下滑的趋势中，但是下滑速度明显放缓，到 2010 年第四季度，同比增速开始起稳回升，截止到 2011 年第三季度，GDP 同比增速达到 3.9%。GDP 环比增速从 2011 年第一季度开始转向升势，到 2011 年第三季度达到 1.1%，为 2011 年最高值。

2. 通过本币贬值，促进经济再平衡

第二轮量化宽松货币政策的推出，会加大美元贬值幅度，在一定程度上改

---

①② 数据来源于美联储。

善贸易失衡格局。美国贸易实际运行情况表明，美元升值会提高贸易逆差；反之则减少贸易逆差。根据 IMF 的测算，美元贬值 10% 左右可以使美国贸易赤字占 GDP 比重下降 1 个百分点左右，因此，美国的量化宽松货币政策必然会带来美国出口的改善。美国实施第一轮量化宽松以来，美国出口总额基本恢复到了危机前的水平，加上第二轮量化宽松的影响，美国出口形势持续改善，出口总额不断增加，到 2011 年 1 月份，出口总额高达 1 739.81 亿美元，创出近 10 年历史新高，之后出口并没有停止上升的步伐，截至 2011 年 9 月，出口总额首次超越 1 800 亿美元，再次创出新高。从出口同比增速来看，第二轮量化宽松的出台及时阻止了增速的下滑，并将增速稳定在 1.5% 以上。

3. 通过征收铸币税，向全球转嫁危机损失和各类债务并实现财富再分配

首先，美国铸币税的主要承担者是世界其他国家。当前美国无论是个人、企业还是政府，都处于净负债状态，因此，量化宽松货币政策带来的铸币税将转嫁给其他国家美元货币资产持有者。从美国个人负债情况看，1980 年以来，美国以消费信贷为主体的个人负债始终超过个人储蓄，同时，美国家庭也始终处于净负债状态，1980 年以来负债率一直在 10% 以上。

其次，美国金融危机损失将主要通过向全球征收铸币税方式转嫁出去。金融危机以来，美国经济损失最大，截至 2010 年 9 月末，全球金融危机损失高达 1.825 万亿美元，其中美国损失超过 1 万亿美元，占全球损失的 60% 强，[①] 加之美联储资产中，44% 左右是其危机期间向金融机构购买的按揭证券资产，未来这些资产损失将不断暴露。而美国财政状况严重失衡，无法依靠财政资金分担损失，只有利用自身特有的国际货币地位，采取增发货币、向全球美元货币资产持有者征收铸币税的方式，转嫁其金融危机带来的巨额损失。

最后，美国将通过向全球征收铸币税方式实现财富再分配。美元贬值和通货膨胀，将直接影响国际贸易价格、总量和结构，在增加美国财富的同时，减少其他以美元计价出口商品和服务的国家的财富。图 2 - 7 ~ 图 2 - 10 是相关数据分析图。

---

① 数据来源于 IMF。

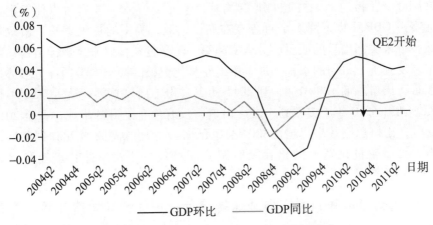

图 2-7　美国实际 GDP 同比和环比增速变动

资料来源：Wind，日信证券研究所。

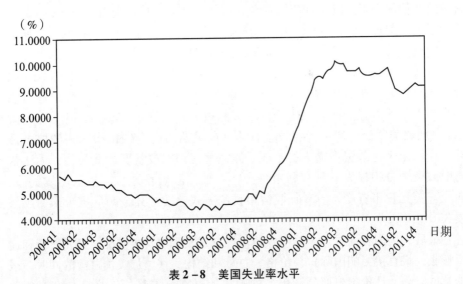

表 2-8　美国失业率水平

资料来源：Wind，日信证券研究所。

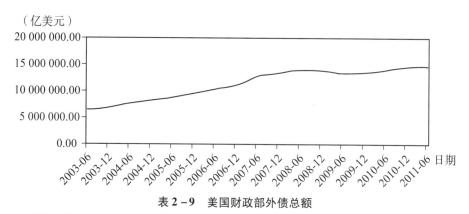

表 2 - 9　美国财政部外债总额

资料来源：Bloomberg，日信证券研究所。

——— 美国出口总额　　——— 美国出口同比

图 2 - 10　美国出口总额及同比增速

资料来源：Wind，日信证券研究所。

第 4 节　量化宽松货币政策对美元指数的影响

　　美元指数是综合反映美元在国际外汇市场汇率情况的指标，用来衡量美元对一揽子货币的汇率变化程度。它通过计算美元和对选定的一揽子货币的综合的变化率，来衡量美元的强弱程度，从而间接反映美国的出口竞争能力和进口成本的变

动情况。如果美元指数下跌，说明美元对其他的主要货币贬值。美元指数期货的计算原则，是以全球各主要国家与美国之间的贸易结算量为基础，以加权的方式计算出美元的整体强弱程度，以 100 为强弱分界线。美元指数的构成如表 2 - 4 所示。

表 2 - 4　　　　　　　　　　　　美元指数的构成

币别	指数权重（％）
欧元	57.6
日元	13.6
英镑	11.9
加拿大元	9.1
瑞典克朗	4.2
瑞士法郎	3.6

资料来源：Bloomberg，日信证券研究所。

从经济学的角度讲，美元指数的变化取决于市场对美元的需求和美元的供给。对美元的需求主要包括进出口和投机需求等，而美元的供给主要取决于美联储的货币政策和市场上货币的流通速度。而美国推出量化宽松货币政策正是向市场提供了更多的美元，也就是增加了供给。而市场对美国经济的预期主导了美元需求的变化。当美国经济预期提高时，美元的需求也会相应地增加。但是，经济增长不及预期时，对美元的需求也会急速下降。另外，全球其他国家的经济状况也与美元息息相关。当其他国家出现危机时，为了避险，大部分资金也会涌入美国，从而提高了美元的需求。

2008 年年底，美联储宣布将实施量化宽松货币政策，量化宽松货币政策主要通过两方面来影响美元指数的变化：一方面，量化宽松的推出有利于提振投资者对美国经济增长的信心，许多的资本开始看好美国经济，美元的投机需求不断增加，短时间内增加美元的需求，而消费者对美国经济的看好也增加了进口的需求；另一方面，随着流动性的不断注入，供给增加的速度将快于需求增加的速度，从而导致美元贬值。

在 QE1 期间，美元指数的变化可以分为三个阶段。首先是 2008 年年底到 2009 年 3 月的上升，其原因在于这段时间内美元主要用于购买两房的债务，量化宽松开始推行，而这段时间内由于市场流动性极度紧缺，反而促进美元指数的上升。其次是 2009 年 3 月到 2009 年的 10 月份，由于美联储决定将机构抵押贷款支持证券 2009 年的采购额最高增至 1.25 万亿美元，机构债的采购额最高增至 2 000 亿美元以及未来 6 个月中最高再购买 3 000 亿美元的较长期国债证券，量化宽松不断深入，从而带来了美元供给的飙升，与此对应的是美元指数的下降。最后一个阶段是 2009 年 10 月到 2010 年 6 月，大型机构在美联储注资的帮助下逐渐恢复，并先后归还了美联储的援助金，第一轮量化宽松的任务完成后，美国也通过各种手段回收多余的流动性，从而导致美元供给减少，美元指数回升。

2010 年 11 月伯南克宣布推出第二轮量化宽松，到 2011 年 6 月前购买 6 000 亿美元的国债。QE2 期间，美元指数的变化可以分为两个阶段。首先是 2010 年 11 月~2011 年 1 月，美国推出 QE2 使得市场对美国充满信心，美元需求大增，从而使得美元指数上升。其次是 2011 年 1 月到 2011 年 6 月，由于美供给大于需求，导致美元贬值，美元指数下降（见图 2 - 11）。

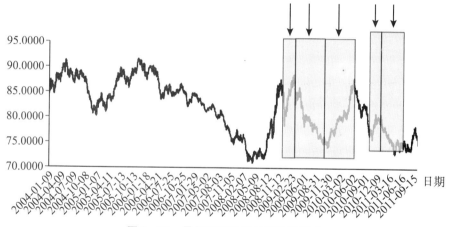

图 2 - 11　量化宽松对美元指数的影响

资料来源：Wind，日信证券研究所。

第 5 节　第三轮量化宽松货币政策（QE3）推出的可能性

金融危机之后，美国先后推出了 QE1 和 QE2，QE1 的主要目的是向流动性极为紧缺的市场注入流动性，以挽救那些处于破产边缘的大型金融机构。而 QE2 是在美国经济复苏存在隐患，通缩风险加大的背景下提出的，其主要目的是为了提振经济，增加就业率。而倘若美国推出 QE3，应该也只有一个目的，就是继续刺激经

济，降低失业率。但是，很明显 QE3 的推出会带来通胀的风险。因此，美国是否将会推出 QE3 要取决于以下几个方面：美国经济增长状况、就业率和通货膨胀率。

一、美国经济恢复良好

金融危机之后，美国始终保持零利率政策，再加上量化宽松货币政策的作用，GDP 保持上涨的趋势，虽然 2009 年出现一定程度的下滑，但是 2010 年开始恢复，2008 年第四季度 GDP 总量为 140 817 亿美元，而截至 2011 年第三季度，总量达到了 151 809 亿美元，增长近 8%，体现出量化宽松起到了一定作用。从环比增速来看，从 2008 年第四季度最低的 -8.4% 不断恢复，在 2009 年第四季度恢复到 4% 以后，开始稳定，2010 年到 2011 年第三季度平均增长 4.45%，可以说，美国经济已经基本恢复到危机前的水平，并保持稳定增长。[①]

从美国的采购经理指数（PMI）看（见图 2-12），经历了一段时间的上涨后，虽然有所回落，但是指数一直处于 50 之上，也说明美国制造业在不断扩张。2011 年 11 月份，PMI 增至 52.7%，环比增加 1.9 个百分点，超过市场的平均预期。[②]

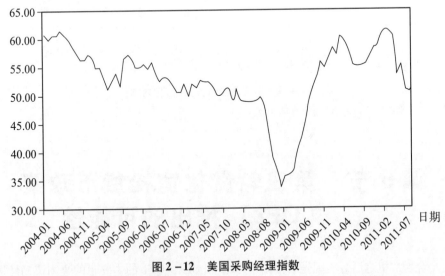

图 2-12 美国采购经理指数

资料来源：Wind，日信证券研究所。

[①②] 数据来源于 Wind 资讯。

从对美国经济影响最大的消费来看（见图 2 - 13），2011 年 11 月份，消费者信心指数环比增长近 3.6%，创出了金融危机以后的次新高，反映出美国消费者对经济的乐观预期。

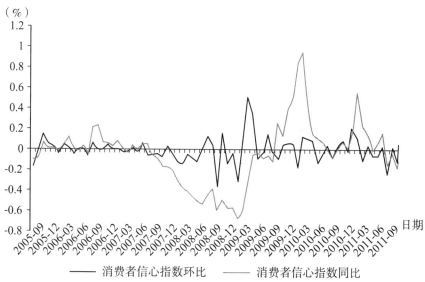

图 2 - 13　美国消费者信心指数同比、环比增速

资料来源：Wind，日信证券研究所。

二、失业率不断改善

金融危机爆发后，美国的失业率一直处于高位，即使是推出两轮量化宽松货币政策也没有多大的改善，失业率一直保持在 8% 左右，但随着美国经济刺激就业的方案的不断深入，美国就业率得到一定程度的改善，失业率从 2009 年 10 月最高的 10.1 下降到 2011 年 11 月的 8.6。就业的改善还表现在失业率环比增速上，事实上，从量化宽松货币政策推出之后，失业率环比就呈现出回落的趋势，2008 年 12 月达到了近 7%，之后失业率环比增速持续下降，到 2011 年 11 月份，失业率环比增速降到了近些年的最低点 - 4.4%。无论从失业率的绝对值上还是环比增速上看，美国的就业水平处在不断改善中。

但是，美国的失业率仍将处于高位（见图 2 - 14），这是由于美国的经济本身，与什么样的货币政策关系不大：第一，美国目前创造就业的能力不足。众所

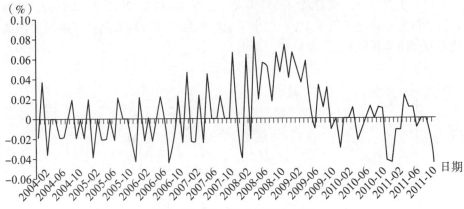

图2-14　美国失业率环比增速

资料来源：CEIC，日信证券研究所。

周知，与失去就业并存的还有一个创造就业的问题，如果一个国家创造就业的能力大于失去就业的能力，那么一个国家的失业率也不会上升。而目前，美国创造就业的能力就显得相当的疲软，企业投资和企业家信心的不足可以说是导致创造就业不足的关键所在。金融危机已经重创了美国的金融机构，在各大主要银行负债累累的情况下，众多美国企业已经很难从金融机构那里再获得资金支持，这就使得美国企业更难过日子，想通过扩大生产增加就业，某种程度上已成为空中楼阁。然而，在金融危机爆发之后，许多经济学家就提出了建议，即在政府的经济刺激政策中，不应该只专注于银行，更要拿出相当的资金来救助中小企业，以此来满足就业的需要。但是，当时的美国政府并没有采纳，而是将大量的资金用在了给"金融机构"救火上面，由此带来了整个就业状况不佳的被动局面。第二，将大量低端服务外包业务抛向海外，而减少了本国的就业岗位。目前，在美国从事服务行业的人数已经占美国就业人数的80%，然而，在目前信息技术不断发展以及全球化的大背景下，很多美国企业把许多业务从主要业务中分离出来，拿出去外包，因此，一旦全球金融危机爆发，必将直接影响所能够提供的服务外包业务，不但影响自身的就业状况，也导致大量从事外包业务的公司破产。同时，美国企业还把很多技术含量不高，但是工作量很大的业务，外包给一些发展中国家的企业，如中国、印度，这也使得美国有大量的人员失业。据有关人员估计，美国未来的20年中，将会因为服务外包业务导致4 000万人的失业。第三，美国高工资、高收入的经营模式也是美国就业状况不佳的一个主要原因。美国企业奉行的高工资、高收入的管理模式，以及强势的工会，使得大量的中小企业难以满足如此高的工资水平和标准，许多企业在迫不得已的情况下选择了裁员或者是减产的办法来维持企业运转，这样也直接导致了整个社会的就业状况不佳。

三、通货膨胀压力显现

理论上讲，是否推出下一轮宽松的货币政策，最为关键的就是是否存在通货膨胀的隐患。而在两轮量化宽松结束后，虽然美联储向金融市场注入了大量的流动性，却没有造成严重的通货膨胀，其中的主要原因是：首先，以美元为主导的国际货币体系是根源。全球经济一体化的大背景下，没有一个国家和地区能够"独善其身"。布雷顿森林体系解体后，金汇兑本位制度被牙买加体系所取代，核心是美元霸权主义，美国可以利用这一优势，转嫁金融风险和通货膨胀压力。其次，美国国内的经济复苏仍面临不确定性，内需正处于提振阶段，无法完全消化国内流动性。2011 年伊始，虽然美国经济复苏动力强劲，但投资需求仍显不足，货币乘数小，无法对冲吸收量化宽松货币政策带来的过剩货币。再次，美国流动性通过热钱进入新兴市场国家。为应对通货膨胀压力，很多新兴市场国家采取提高存款准备金率和提高利率等货币政策工具，被迫对美元升值，给国际热钱制造了赚取利差的投机空间。从美国国内看，消费信贷处于负增长。虽然美国资金成本很低，但借贷消费较之过去变少，资本的逐利本性导致美国资本向外流出到发展中国家和新兴市场国家寻求更高收益。最后，美国推行的贸易保护主义，一方面让他国为其生产低端的劳动密集型产品；另一方面，却通过国际投资和国际贸易向他国输出过剩产能，2011 年 1 月美国经常项目逆差 127. 23 万亿美元，是 2010 年 6 月以来的高峰值。这些都使得美国将通胀压力转嫁给了他国。

美国通过种种手段把通胀压力转嫁到了其他国家，但是随着欧洲和新兴国家危机的不断暴露，美国资本开始回流到美国，从而推高了美国的通货膨胀率。随着欧洲债务危机的不断恶化和中国的紧缩政策，美国 CPI 同比增速开始不断上升（见图 2 - 15），2011 年 9 月创出金融危机以来的新高 3.91％，显示出较大的通胀压力。

四、结论与预测

从历史上美国货币政策的使用来看，货币政策基本上被用于经济衰退阶

段，货币政策能够促进经济走向复苏。但是，在复苏阶段，货币政策的效果明显下降。与此同时，副作用也逐渐扩大。因而，一般情况下，当经济复苏趋势确定时，货币政策也会及时退出。

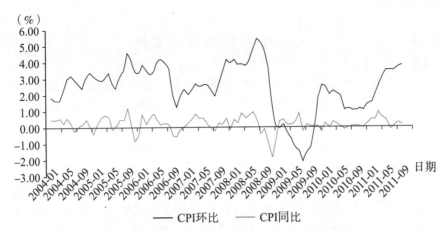

图 2-15　美国消费者物价指数同比、环比增速

资料来源：Wind，日信证券研究所。

美国量化宽松货币政策推出的主要目的在于，在金融危机爆发后，稳定金融市场和提振经济的需要，其中，QE1 的核心目标就是稳定金融市场，从结果上看，是比较成功的。而 QE2 推出的目标是提振经济，从结果上看，却没有太大的效果，尽管 QE2 的规模远远小于 QE1。而我们之所以讨论是否会推出QE3，其核心也在于 QE3 的推出能否为美国经济带来更大的发展，能否降低美国的失业率，与此同时，不会产生通货膨胀。

我们注意到，美国持续维持联邦基金利率在最低位，在经济衰退的时候就会产生"流动性陷阱"，而如今，随着美国经济的不断恢复，美联储已经考虑是否加息的问题。如果美国提前加息，势必会使得大量的逐利资金涌入到美国，从而使得美国国内自动实现了流动性宽裕（见图 2-16）。因此，从美国对两轮量化宽松货币政策的效果进行分析来看，美国不太可能会推出下一轮的量化宽松政策。如果在美国加息前，欧洲债务危机全面爆发，也会使得大量避险的资金流入到美国，不仅会挽救受到影响的金融机构，也为美国市场增加了流动性。

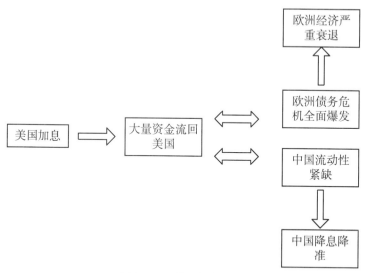

图 2 – 16　美国加息分析

第 6 节　美国量化宽松货币政策分析的模型检验

一、量化宽松货币政策稳定金融市场的效应检验

美国量化宽松货币政策的首要功能是稳定金融市场，这也是避免实体经济恶化的前提。现代研究表明，随着虚拟经济与实体经济的相关性越来越大，虚拟经济对实体经济的影响也在不断扩大，形成了"螺旋式"关系。一个信贷创造能力被破坏的金融体系与现金流困难的实体经济结合在一起，会产生"金融加速器机制"，形成巨大的宏观经济风险。首先，由于金融体系的破坏，外部融资额外成本的上升，以及资产价格的暴跌，均使得实体经济受到冲击，现金流发生困难，从而影响消费、投资、总需求，进而总产出、就业均受到冲击。而实体经济的恶化将进一步增加金融机构的不良资产，降低资产价值，加剧对资产波动的担忧，于是形成一种反馈效应。这种反馈效应作用到金融体系，破坏金融体系功能，再作用到实体经济部门，进一步加剧实体经济的恶

化，不断循环，放大了宏观经济风险。

从最终结果来看，美国第一轮量化宽松货币政策一定程度上起到了稳定金融市场的作用。下面将利用美国的数据，通过模型的辅助来对量化宽松稳定金融市场的功能进行实证研究。10 年国债利率被选取为衡量金融市场稳定性的指标，其原因有三方面：第一，10 年国债利率反映了市场的风险溢价，其大小度量了金融市场的风险程度，国债利率被称为货币市场的"金丝雀"，对货币市场的风险因素有较大的敏感性，被公认为衡量货币市场风险的重要指标。第二，10 年国债利率与资产价格密切相关，而资产价格的波动直接决定了金融机构所受到的资产减值冲击程度以及影响到资产抛售，因此与金融市场的不稳定性关系紧密。第三，10 年国债利率与金融机构的再融资困难程度直接相关，因为再融资利率为无风险的利率加风险溢价，一般无风险利率的变动比较稳定，而在金融危机时期风险溢价的波动性较大，利差的变动直接决定了再融资利率。M2 作为衡量美国量化宽松的指标。因为 M2 中包括了政府债券而不包括其他商业票据，而量化宽松的核心就是购买政府债券。两组数据的时间跨度均为 2008 年 12 月到 2010 年 3 月。

（1）通过 Eviews 对 M2 和 10 年国债利率（i）进行平稳性检验，结果如图 2 – 17 和图 2 – 18 所示。

Null Hypothesis：M2 has a unit root
Exogenous：Constant
Lag Length：0（Automatic based on SIC，MAXLAG = 3）

		t-Statistic	Prob.[*]
Augmented Dickey-Fuller test statistic		– 1. 671841	0. 4243
Test critical values：	1% level	– 3. 959148	
	5% level	– 3. 081002	
	10% level	– 2. 681330	

Null Hypothesis：D（M2）has a unit root
Exogenous：Constant
Lag Length：0（Automatic based on SIC，MAXLAG = 3）

		t-Statistic	Prob.[*]
Augmented Dickey-Fuller test statistic		– 3. 286258	0. 0361
Test critical values：	1% level	– 4. 004425	
	5% level	– 3. 098896	
	10% level	– 2. 690439	

图 2 – 17　M2 的平稳性检验结果

Null Hypothesis：I has a unit root

Exogenous：Constant

Lag Lenth：0 （Automatic based on SIC, MAXLAG = 3）

		t-Statistic	Prob. *
Augmented Dickey-Fuller test statistic		− 2.782974	0.0841
Test critical values：	1% level	− 3.959148	
	5% level	− 3.081002	
	10% level	− 2.681330	

Null Hypothesis：D （1） has a unit root

Exogenous：Constant

Lag Length：0 （Automatic based on SIC, MAXLAG = 3）

		t-Statistic	Prob. *
Augmented Dickey-Fuller test statistic		− 5.189727	0.0013
Test critical values：	1% level	− 4.004425	
	5% level	− 3.098896	
	10% level	− 2.690439	

图 2 - 18　i 的平稳性检验结果

从检验的结果可以看出，M2 与 i 都是一阶单整的。

（2） 对 M2 和 i 进行回归，其中 i 为被解释变量，M2 为解释变量，结果如图 2 - 19 所示。

Dependent Variable：I

Method：Least Squares

Date：12/14/11 Time：13：34

sample：2008M12 2010M03

Included observations：16

	Coefficient	Std. Error	t-Statistic	Prob.
C	− 28.71512	7.465965	− 3.846136	0.0018
M2	0.003794	0.000885	4.288258	0.0008

图 2 - 19　M2 的回归结果

从最小二乘法的结果看，M2 的 t 值比较显著，因此 M2 的变动可以用来解释 i 的变化，从而也说明美国量化宽松政策对稳定金融市场有一定的效果。

（3）残差单位根检验。由于结果是根据两个单整的序列回归而成，所以可能存在伪回归问题，为了更准确地验证两组数据的协整关系，对回归结果的残差进行了单位根检验，结果如图2-20所示。

Null Hypothesis：E has a unit root
Exogenous：Constant
Lag Length：0（Automatic based on SIC，MAXLAG=3）

		t-Statistic	Prob.*
Augmented Dickey-Fuller test statistic		-3.286858	0.0346
Test critical values：	1% level	-3.959148	
	5% level	-3.081002	
	10% level	-2.681330	

图2-20　对回归结果的残差进行的单位根检验

从结果来看，残差项是平稳序列，说明 M2 与 i 的回归不是伪命题，同时说明，10 年国债利率与 M2 存在长期均衡关系，也说明美国的量化宽松政策在稳定金融市场方面有一定的作用。

二、量化宽松货币政策提振经济的效应检验

量化宽松货币政策对经济的刺激可以分为两个方面，一方面是对经济增长的刺激，另一方面是对就业水平的刺激。量化宽松货币政策提振经济的实证研究也分为两个部分。首先是对经济增长的刺激的实证。PMI 被选为代表经济增长的指标，其主要原因有：第一，美国是最早建立 PMI 指标体系的国家。美国的 PMI，由美国供应管理协会（ISM，原为美国采购管理协会）负责。美国供应管理协会是美国最大的采购与供应管理研究、教育机构。每月该协会进行问卷调查，将其结果绘制成图表，发布 PMI 指数和商业报告。第二，PMI 体系完善，它是对标准行业分类（SIC）中 9 个类别 62 个不同的行业小类、超过370 个服务业企业的采购与供应经理调查的结果汇总而成。这些行业也是根据SIC 目录而变化的，并基于各行业对 GDP 的贡献而定。服务业 PMI 指标主要包括：商业活动、新订单、库存变化、库存灵敏度、进口、价格、就业和供应商配送等。第三，PMI 已成为美国经济运行监测的及时、可靠、权威的先行性指标，得到了美联储、中央银行和商业银行、金融与投资公司以及政府与商界

的经济学家与预测专家的普遍认同和采用。M2 仍然就作为量化宽松政策的代表指标。两组数据的时间跨度均为 2008 年 12 月到 2011 年 9 月。其检验结果如下：

1. 量化宽松与经济增长

（1）通过 Eviews 对 PMI 进行平稳性检验，结果如图 2 – 21 所示。

Null Hypothesis：PMI has a unit root

Exogenous：Constant

Lag Length：0 （Automatic based on SIC，MAXLAG = 8）

		t-Statistic	Prob. *
Augmented Dickey-Fuller test statistic		– 2. 820756	0. 0663
Test critical values：	1% level	– 3. 646342	
	5% level	– 2. 954021	
	10% level	– 2. 615817	

Null Hypothesis：D(PMI) has a unit root

Exogenous：Constant

Lag Length：0 （Automatic based on SIC，MAXLAG = 8）

		t-statistic	Prob. *
Augmented Dickey-Fuller test statistic		– 4. 755638	0. 0006
Test critical values：	1% level	– 3. 653730	
	5% level	– 2. 957110	
	10% level	– 2. 617434	

图 2 – 21　PMI 的平稳性检验结果

从检验的结果可以看出，PMI 是一阶单整的。

（2）对 PMI 与 M2 进行回归，其中 PMI 为被解释变量，M2 为解释变量。结果如图 2 – 22 所示。

从最小二乘法的结果来看，M2 的 t 值显著性比较差，也说明了 M2 对经济增长的贡献比较小。

（3）残差单位根检验。由于结果是根据两个单整的序列回归而成，所以可能存在伪回归问题，为了更准确地验证两组数据的协整关系，对回归结果的残差进行了单位根检验，结果如图 2 – 23 所示。

Dependent Variable：PMI
Method：Least Squares
Date：12/14/11 Time：15：39
Sample：2008M12 2011M09
Included observations：34

	Coefficient	Std. Error	t-Statistic	Prob.
C	– 33.83199	35.86848	– 0.943223	0.3526
M2	0.009938	0.004130	2.406022	0.0221

图 2 – 22　PMI 的回归结果

Null Hypothesis：E1 has a unit root
Exogenous：Constant
Lag Length：0（Automatic based on SIC，MAXLAG = 8）

		t-Statistic	Prob. *
Augmented Dickey-Fuller test statistic		– 1.709487	0.4173
Test critical values：	1% level	– 3.646342	
	5% level	– 2.954021	
	10% level	– 2.615817	

图 2 – 23　残差单位根检验结果

从结果来看，残差项是非平稳序列，说明 M2 与 PMI 的回归是伪命题，同时说明，PMI 与 M2 不存在长期均衡关系，也说明美国的量化宽松政策在提振经济方面的效果很不明显。

2. 量化宽松与失业率

（1）通过 EVIEWS 对失业率（r）进行平稳性检验，结果如图 2 – 24 所示。

Null Hypothesis：R has a unit root
Exogenous：Constant
Lag Length：1（Automatic based on SIC，MAXLAG = 8）

		t-Statistic	Prob. *
Augmented Dickey-Fuller test statistic		– 3.395517	0.0186
Test critical values：	1% level	– 3.653730	
	5% level	– 2.957110	
	10% level	– 2.617434	

图 2 – 24　r 的平稳性检验结果

从检验的结果可以看出，r 是平稳的。因此，r 的一阶单整也是平稳的。

（2）对 r 与 M2 进行回归，其中 r 为被解释变量，M2 为解释变量。结果如图 2 - 25 所示。

Dependent Variable：R
Method：Least Squares
Date：12/14/11 Time：15：58
Sample：2008M12 2011M09
Included observations：34

	Coefficient	Std. Error	t-Statistic	Prob.
C	9. 239249	2. 944288	3. 138025	0. 0036
M2	4. 97E-06	0. 000339	0. 014649	0. 9884

图 2 - 25　r 的回归结果

从最小二乘法的结果来看，M2 的 t 值不显著性，也说明了 M2 对失业率基本没有影响。

三、量化宽松与美元指数

数据跨度区间同上。

（1）通过 EVIEWS 对美元指数（USD）进行平稳性检验，结果如图 2 - 26 所示。

Null Hypothesis：USD has a unit root
Exogenous：Constant
Lag Length：0（Automatic based on SIC，MAXLAG = 4）

		t-Statistic	Prob. *
Augmented Dickey-Fuller test statistic		- 1. 547744	0. 4906
Test critical values：	1% level	- 3. 788030	
	5% level	- 3. 012363	
	10% level	- 2. 646119	

Null Hypothesis：D（USD）has a unit root
Exogenous：Constant
Lag length：0（Automatic based on SIC，MAXLAG = 4）

		t-Statistic	Prob. *
Augmented Dickey-Fuller test statistic		- 3. 975856	0. 0070
Test critical values：	1% level	- 3. 808546	
	5% level	- 3. 020686	
	10% level	- 2. 650413	

图 2 - 26　USD 的平稳性检验结果

从检验的结果可以看出，USD 是一阶单整的。

（2）对 USD 与 M2 进行回归，其中 USD 为被解释变量，M2 为解释变量，结果如图 2 - 27 所示。

Dependent Variable：USD
Method：Least Squares
Date：12/14/11 Time：16：09
Sample（adjusted）：2008M12 2010M09
Included observations：22after adjustments

	Coefficient	Std. Error	t-Statistic	Prob.
C	86.00600	67.20011	1.279849	0.2152
M2	-0.000562	0.007921	-0.070968	0.9441

图 2 - 27　USD 的回归结果

从最小二乘法的结果来看，M2 的 t 值显著，并且系数为负，说明了 M2 对美元指数存在负相关的关系。

（3）残差单位根检验。由于结果是根据两个单整的序列回归而成，所以可能存在伪回归问题，为了更准确地验证两组数据的协整关系，对回归结果的残差进行了单位根检验，结果如图 2 - 28 所示。

Null Hypothesis：E2 has a unit root
Exogenous：Constant
Lag Length：0（Automatic based on SIC，MAXLAG = 4）

		t-Statistic	Prob. *
Augmented Dickey-Fuller test statistic		-1.553345	0.4878
Test critical values：	1% level	-3.788030	
	5% level	-3.012363	
	10% level	-2.646119	

图 2 - 28　残差单位根检验结果

从结果来看，残差项是非平稳序列，说明 M2 与 USD 的回归是伪命题，同时说明，USD 与 M2 不存在长期均衡关系，也说明美元指数不仅受到货币供给的影响，还受到投资者预期等其他因素的影响。

四、量化宽松与通货膨胀

数据跨度区间同上。

（1）通过 Eviews 对通货膨胀率（P）进行平稳性检验，结果如图 2 - 29 所示。

从检验的结果可以看出，P 是一阶单整的。

（2）对 P 与 M2 进行回归，其中 P 为被解释变量，M2 为解释变量。结果如图 2 - 30 所示。

Null Hypothesis：D（P）has a unit root
Exogenous：Constant
Lag Length：0（Automatic based on SIC，MAXLAG = 8）

		t-Statistic	prob. *
Augmented Dickey-Fuller test statistic		- 4. 348915	0. 0017
Test critical values：	1% level	- 3. 653730	
	5% level	- 2. 957110	
	10% level	- 2. 617434	

Null Hypothesis：P has a unit root
Exogenous：Constant
Lag Length：0（Automatic based on SIC，MAXLAG = 8）

		t-Statistic	Prob. *
Augmented Dickey-Fuller test statistic		0. 876679	0. 9939
Test critical values：	1% level	- 3. 646342	
	5% level	- 2. 954021	
	10% level	- 2. 615817	

图 2 - 29　P 的平稳性检验结果

Dependent Variable：P
Method：Least Squares
Date：12/14/11 Time：16：32
Sample：2008M12 2011M09
Included observations：34

	Coefficient	Std. Error	t-Statistic	Prob.
C	106. 2209	6. 531020	16. 26407	0. 0000
M2	0. 012914	0. 000752	17. 17077	0. 0000

图 2 - 30　P 的回归结果

从最小二乘法的结果来看，M2 的 t 值非常显著，说明了 M2 对通货膨胀存在高度正相关。

（3）残差单位根检验。由于结果是根据两个单整的序列回归而成，所以可能存在伪回归问题，为了更准确地验证两组数据的协整关系，对回归结果的残差进行了单位根检验，结果如图 2 - 31 所示。

Null Hypothesis：D（E3）has a unit root
Exogenous：Constant
Lag Length：0（Automatic based on SIC，MAXLAG = 8）

		t-Statistic	Prob. *
Augmented Dickey-Fuller test statistic		- 4. 955521	0. 0003
Test critical values：	1% level	- 3. 653730	
	5% level	- 2. 957110	
	10% level	- 2. 617434	

图 2 - 31　残差单位根检验结果

从结果来看，残差项是平稳序列，说明 M2 与 P 的回归不是伪命题，同时说明，P 与 M2 存在长期均衡关系。

五、模型检验结论

通过对量化宽松稳定效应、提振经济效益、美元指数和通货膨胀率的模型检验可以得到以下结论：

第一，量化宽松货币政策在稳定金融市场方面能够发挥一定的作用，这也符合传统的经济理论，即在经济衰退时期，货币政策作用明显。随着经济的不断发展，虚拟经济与实体经济联系越来越紧密，金融市场的稳定性也越来越重要，可以说金融市场是否稳定是经济能否从危机中复苏的首要前提。

第二，量化宽松货币政策在提振经济方面效果不是很明显，这其中既包括经济增长方面也包括失业率方面。索洛增长模型证明，能够引起长期经济增长的只有技术的不断进步。因此，美国推出第二轮量化宽松货币政策来提振经济，其效果不大，但是凭借美元的霸主地位，美国推高其他国家的通胀，从而实现了世界财富的再分配。

第三，美元指数的变化不仅受到量化宽松政策的影响，同时也受到投资者预期变化带来的美元需求的变化，即使是量化宽松，美元的供给也是平稳而有限的增长，但量化宽松带来的投资者预期的变化却可以在短时间内发生巨大的波动，所以量化宽松长期内导致美元指数下挫，但是短期内却有可能带来美元指数的上升。

第四，量化宽松对通货膨胀的影响显著，虽然短期内美元可能流出美国去其他国家投机，但长期内，美元还是会回流美国，从而造成流动性的过剩，引起通货膨胀。

第7节　美国量化宽松货币政策对全球经济的影响

实施量化宽松货币政策是一把"双刃剑"，因为一方面它可以向市场注入大量资金，使市场利率保持在较低的水平，促使银行放贷，从而刺激投资和消费，有助于经济复苏。但是，另一方面却埋下通胀的隐患，在经济增长停滞的情况下，有引发严重滞涨的可能性，而且也将导致本国货币大幅贬值，在刺激本国出口的同时，恶化相关贸易体的经济形势，产生贸易摩擦等。对于美国这个世界经济霸主而言，实施这种激进的政策对其本国和全球经济的影响更是不可忽视的。

一、量化宽松货币政策为全球通胀埋下隐患

美国实施量化宽松的货币政策会促使全球商品价格上涨，特别是能源等大宗商品价格上升，从而给各国带来通货膨胀的压力。譬如2001年"9·11"事件后，为了刺激当时低迷的经济，美国17次降息，持续实行宽松的货币政策，造成国际上流通的美元过剩，引起原油、铁矿石、粮食等国际大宗商品价格大幅上涨，世界各国都不同程度地出现了通货膨胀。比如，欧元区物价上涨的73%来自于这一外部冲击。中国也出现了10多年来罕见的通货膨胀，2007年8月中国的CPI同比上涨6.5%，远远高于3%的预期政策目标。[①] 究其原因，输入型通货膨胀在其中起了重要作用。

---

① 数据来源于Wind资讯。

二、量化宽松货币政策使其他经济体贸易条件恶化

美国实施的量化宽松货币政策促使美元走软和美元指数下降，其后果是除了促进商品价格上涨外，还将导致其他货币对美元的大幅升值。事实上，美联储宣布巨额注资计划当日，世界主要货币就针对美元大幅升值，其中欧元升值3.5%，日元升值2.4%，英镑升值1.6%，加元升值1.7%[①]。这极大地削弱了相关贸易体对美国的出口能力，尤其对于那些处于金融危机漩涡中的出口导向型新兴经济国家而言，美联储这种政策将会对其造成雪上加霜的负面影响，并有可能引发贸易摩擦。

三、量化宽松货币政策降低相应
持债国家的外汇资产价值

起源本次金融危机虽然于美国，但是由于美国强大的经济实力和美元独一无二的国际地位，美债一度因避险功能而大受欢迎，包括中国在内的多国政府的外汇资产中，美国国债占有重要地位。2009年美联储大举购买美国国债推升美国国债价格，降低其收益率，在3月18日，美联储宣布收购1.15万亿美元国债和抵押贷款债券，于是美国基准10年期政府债券收益率当日就从3.01%骤降至2.5%[②]，创1981年以来最大单日跌幅，这导致相应持债国家的外汇资产存在巨大的贬值风险。对于美国而言，美元贬值和国债收益率降低都可能导致巨额外资从美国流出，对于当时仍处于金融危机漩涡中的美国经济而言，也是不得不面对的残酷现实。

四、量化宽松货币政策容易引发资产价格泡沫

美国量化宽松货币政策，必然导致利率下降和美元贬值，降低美元资产持有者的收益。为了规避这一风险，美元持有者通常会采取行动，将美元兑换成其他有升值趋势的货币，例如日元、人民币，然后进行货币市场或者资本市场投资，购买国债、股票、债券等金融工具，或者进行房地产投资。由于美元是

---

①② 数据来源于 Bloombarg。

主要的国际结算货币和国际储备货币，持有美元资产的经济主体范围十分广泛，政府、企业、个人和金融机构都持有美元，他们抛售美元的行为将进一步增加美元的国际供给，壮大热钱的规模及冲击力度，受到热钱青睐的股票市场和房地产市场很容易出现价格泡沫。有研究表明，只要美国实行扩张性货币政策，G7 国家的其他 6 国股票市场价格就会显著上涨，美国的货币政策是导致这 6 个国家资产价格波动的重要力量。

五、美国量化宽松货币政策不利于欧洲与新兴市场国家的经济增长

在通常情况下，一国的央行为了确保货币政策目标的顺利实现，往往会采取汇率干预以及对冲政策措施来冲销外部冲击的不利影响，为本国的 GDP 和价格设置"防火墙"。由于各国的对外开放程度、经济结构和宏观经济管理水平不同，通过汇率和利率来传递的流动性，国际溢出效应在各国非常不确定。研究表明，发达国家获得了比较显著的美国货币政策溢出效益，只要美国实行宽松（或紧缩）的货币政策，G7 的其他 6 个发达国家的货币数量就会增加（或减少），GDP 也会出现上升（或下降）的波动。在美国实行宽松的货币政策、增加货币数量的情况下，日本的 GDP 和物价变化不大；欧元区的 GDP 和物价则呈现出较大波动。发展中国家由于实行外汇管制，金融市场国际化程度较低，它们的 GDP 很难获得有利的输出效应。同样是美国实施扩张性货币政策，拉美国家的 GDP 与美国的货币政策之间呈现负相关关系，其传导途径为：美国货币扩张→拉美国家利率下降→资本流出→总需求减少→GDP 减少。

进入 2011 年，由于许多国家经济复苏尚未稳定，还难以退出宽松的货币政策，国际流动性过剩及输入性通胀使其陷入进退维谷的境地。因此，G20 其他国家对美国的量化宽松政策表示强烈不满。巴西总统卢拉认为美国是在将热钱引向新兴市场国家，以后者的通货膨胀为代价替美国埋单。德国总理默克尔也直截了当地批评美国是在人为地让美元贬值，可能引发汇率大战。法国总统萨科奇谴责美国利用美元的中心货币地位滥发货币，扰乱其他国家的金融稳定，呼吁改革国际货币体系。中国政府也要求美国不能为一己之利而背弃其国际货币储备国的责任。

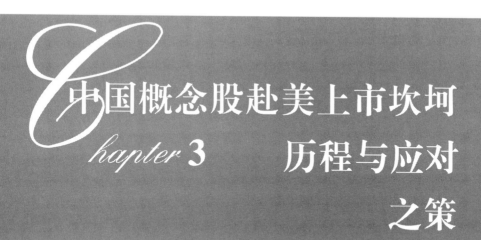

中国概念股赴美上市坎坷
Chapter 3　　历程与应对
之策

The Rough Course and Countermeasure for China
Concept Stock Coming to US Capital Market

近年来，随着美国股市上市制度的放松以及对中国公司的欢迎，中国概念股纷纷登陆美国股市。但是，中国概念股赴美上市的历程是复杂的，既受到追捧，也遭到无情抛售，经历了大起大落过程。从开始备受追捧，股价被炒上天，到一家美国研究机构发布质疑报告，随之中国概念股票被不断做空，股价一落千丈，潘多拉魔盒一夜之间被打开。随后，中国概念股票一直深陷监管机构调查、对冲机构做空、律师事务所联合诉讼的泥淖而无法自拔，甚至一些业绩优良、国内的龙头企业也受到质疑而出现股价大跌。中国企业赴美上市的热潮也逐渐降温，不少企业都推迟了其首次公开募股（IPO）计划。当财务造假、信息披露不及时、股价腰斩这些词汇围绕在曾经光芒无限的中国概念股票身旁时，不禁要问：中国概念股票到底怎么了？本章在回顾中国概念股票赴美上市历史的基础上，详细分析了其赴美上市的动因、幕后推动力量。对中国概念股票遭遇滑铁卢的原因作了深入细致的分析，同时对于目前的融资上市困境分别从微观方面和宏观方面提出了应对之道。

第1节　中国概念股票历史回顾

一、漫漫征程——中概股赴美上市之路

中国概念股主要是指相对于在国内上市的股票，在海外市场上市融资的中国企业股票，其主要业务在国内，而没有在国内上市的股票。从上市市场来看，主要集中于中国香港、新加坡和美国。而美国，由于其高度发达的金融市场，较低的进入门槛，正吸引着越来越多的中国企业赴美国上市融资。早在1996年，广深铁路的ADR（美国存托凭证）便在纽约证券交易所上市，成为中国内地第一家在美国上市的企业。21世纪以来，中国企业赴美上市出现了四次高潮。2000年，新浪、搜狐、网易等中国首批互联网企业在美国上市，掀起了中国企业赴美上市的第一波高潮。2004年，以盛大、百度、携程为代表的网络游戏公司在美国上市，成为中国企业赴美上市的第二波高潮。2004年，共有10家中国企业在美国IPO上市，累计融资20亿美元。赴美上市的第三波高潮出现在2007年，全年共有30家中国企业在美IPO上市，融资金额高达62.6亿美元，当年上市的知名公司有巨人网络、完美时空、江西赛维、海

王星辰、中国英利等。进入 2010 年下半年，中国公司赴美上市融资活动又一次活跃。当当网、优酷网在 2010 年 12 月 8 日同一天上市，引燃了中国企业赴美上市的第四波激情。2010 年在美国 IPO 上市企业达到 41 家，成为赴美上市企业最多的一年，融资额达到了 35 亿美元（见图 3 - 1）。其中最引人注目的是优酷网，其在上市当日股价大涨 168.59%，公司市值达到了 34.27 亿美元，创下了 5 年以来美国 IPO 首日涨幅之最。2011 年以来，中国企业赴美上市的热情得以延续。2011 年 3 月 30 日，中国互联网软件服务公司奇虎 360 以 193 倍的市盈率在纽交所上市。中国最大的社交网站运营商之一人人公司在 5 月 4 日登陆纽交所，成为全球首家社交网站上市公司。8 月 17 日，经历 10 个月的准备后，土豆网也成功上市，收盘时价格为 25.56 美元，较发行价下跌了 11.86%。

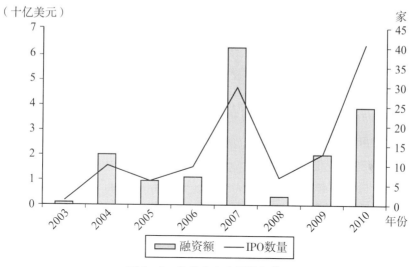

图 3 - 1 赴美上市中概股规模

资料来源：CVSource.

可以看出，以视频网站为主，电子商务等为辅的中国 IT 企业无疑是登陆美国市场的主力军团。在 IT 企业成群结队奔赴纳斯达克的同时，中国媒体、教育、医疗卫生、新能源以及消费服务行业的企业也迈开大步前往大洋彼岸的资本市场。根据中国公司美国 IPO 报告的统计，中国赴美 IPO 公司主要集中于以下 5 个行业：TMT（Technology，Media，Telecom，即科技、媒体和通信）、教育、医疗卫生、新能源和消费品及消费服务。2010 年 TMT 是赴美 IPO 上市

的最大行业，无论是从 IPO 数量上，还是募集资金和总市值上都占据了半壁江山（见图 3 – 2、图 3 – 3）。其中蓝汛通讯和优酷网的上市具有特别的意义。两家公司都没有盈利，而且短时间内也很难盈利，但都凭借未来良好的发展潜力，获得投资者的看好，IPO 表现强势。自从 2006 年新东方上市之后，在美国上市一直是中国教育行业的主要目标，中国教育企业不仅有非常好的类比公司可以比较，更重要的是能够获得比其他地方融资更高的市盈率水平。中国医疗

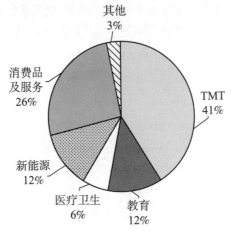

图 3 – 2　2010 年中国赴美上市分行业 IPO 个数

资料来源：2010 年中国公司美国 IPO 报告。

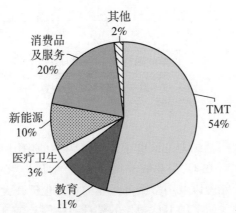

图 3 – 3　2010 年中国赴美上市分行业融资额

资料来源：2010 年中国公司美国 IPO 报告。

卫生行业里，医疗器械是美国投资者最为看好的领域。2010年8月上市的康辉医疗到2010年年末股价上涨超过了60%。新能源在美国也受到了投资者的追捧，太阳能、水电、风电在美国都有不错的表现。消费行业成为TMT后在美国另一集中化的行业。其细分行业不仅包括创新型的消费服务领域，而且涵盖了传统的餐饮服务类公司等。

二、大放异彩——中概股受追捧

中国概念的股票在美国市场大放异彩，受到众多机构投资者和个人的追捧，与中国改革开放以来经济飞速发展是分不开的。相比发达国家GDP每年1%～3%的增速，"金砖"国家特别是中国长时期8%以上的增长，无疑对美国投资者产生了强大的吸引力。由于地域的限制，加之中国受管制的资本账户，对于想在中国高速发展中分得一杯羹的美国投资者来说，中国概念股票在美国上市无疑让他们看到了分享中国成长果实的机会。相比而言，中国公司更具发展潜力，美国已有数百年的资本主义历史，企业大都进入了稳定发展时期。而中国的优质企业正处于高速发展的成长阶段，并且得益于中国经济的整体发展，中国企业的快速发展前景是可以期望的。有资料表明，目前中国企业和美国企业的增长空间差别非常大，其中美国企业的增长率大部分在5%～15%，而中国企业的增长率达50%～100%。两相之比，投资者更乐意追捧"中国概念"股，由此也反过来刺激了中国企业赴美上市的热情。

首先，在全球经济普遍面临波动频繁、增长乏力的大背景下，拥有13亿人口、GDP增长连续10年超过8%的中国市场无疑成为最大亮点。与之相关的教育、餐饮酒店、传媒娱乐、医疗健康等行业，均受益于潜在消费需求的可观增长，消费板块的崛起也成为2010年中国公司赴美上市的一大趋势。与此同时，以互联网为主的TMT行业在中国历经10余年发展，已日益成为传统产业的重要补充与有力竞争者，在基于互联网和新需求不断创新商业模式的同时，也孕育出大量迅速成长、实力雄厚的创新公司。中国的TMT行业企业在2010年摆脱了近年来靠网络游戏和户外广告公司作为赴美上市主力的单调局面，网络视频、电子商务、软件外包及网络垂直媒体行业企业交相辉映，部分企业还开创了细分行业的中国乃至全球首家IPO，因行业与商业模式的创新而带来的关注是主要原因。

其次，中国中产阶级的崛起与城镇化进程的加快，为美国资本市场带来了广阔的想象空间，而资金面的推动力量亦不容小视。金融危机爆发以来，美国

政府虽然推出了包括降息、减税、大规模基础设施建设投资在内的一系列经济刺激计划，但国内的生产和就业状况改善的步伐依旧缓慢，失业率高企、收入增幅缓慢的现状仍未取得明显改观。大量用于刺激经济复苏的资金选择通过各种渠道流入证券市场，寻求更为稳妥的投资升值空间；市场普遍期待的乐观情绪，亦需要通过耀眼的投资题材进行引导和提振，甚至人民币继续升值的普遍预期，也使汇率差额利润成为颇具诱惑力的投资理由。

三、风方突变——中概股遭遇滑铁卢

在中国公司高歌猛进美国资本市场的同时，中国概念股票却遭遇了滑铁卢。2010年，中国企业遭遇了走向海外资本市场近20年以来最大面积、最为严厉的挑战。一场对含有中国因素上市公司，特别是通过反向收购方式，在美上市公司的财务和治理质疑，自2010年下半年开始愈演愈烈，2011年来呈加深和扩大趋势。2010年12月11日，在美国上市一个多月的麦考林连续遭到5起美国投资者集体诉讼，起诉内容大致相同，均称麦考林违反了美国《1933年证券法》，未能正确披露与IPO相关的登记声明和招股说明书，以及未在IPO之前展开充分地尽职调查。此后，麦考林股价出现暴跌，一度跌幅达50%。2010年12月3日，绿诺科技收到美国证交会退市通知，理由是其向美国证交会递交的2009年年报营收与向中国审计机构递交的1 100万美元营收严重不符，从而涉嫌财务造假被勒令退市。被退市的在美上市的中国企业不止绿诺科技一家。2010年4月，福麒国际接到纳斯达克第一份通知，警告其尽快修改财报。随后，5月份又遭遇第二次点名，催促其尽快提交修改后财报。进入8月、9月，纳斯达克传票不断，并警告福麒国际若不提交财报将勒令其退市。面对纳斯达克的不断催促和警告，福麒国际却一再推迟时间，最终在2010年9月30日，福麒国际因未能及时提交财报，接到纳斯达克的退市通知，股价大跌。2010年10月14日，同心国际因为不能及时提交年报，被纳斯达克勒令退市，股价暴跌，并转至粉单市场交易。据统计，2011年前11个月，累计从美国主板市场退市的中国概念股达到28家，这意味着，10家中概股公司中，就有1家离开。迅雷等公司IPO计划也因此受到影响而暂缓，纳斯达克和纽交所的中概股指数也一度跌至低点，中概股可信度遭到了普遍质疑。纽交所的情况也大同小异，多家中国企业上市"破发"。与此同时，美国证券交易委员会（SEC）发出了投资者警示，美国评级机构惠誉、穆迪对中概股发出了评级预警。2011年6月14日，美国证券交易委员会宣布，针对涉嫌多处财务欺诈的中国智能照明、中国世纪龙传媒两家公司启动诉讼程序。在此之前，美国最大的非银行券商盈透证券就已宣布，禁止客户以保证金的方式买进 132 家中国公司的 159 只股票。图 3 - 4 是 i 美股中概指数 2011 年的走势。

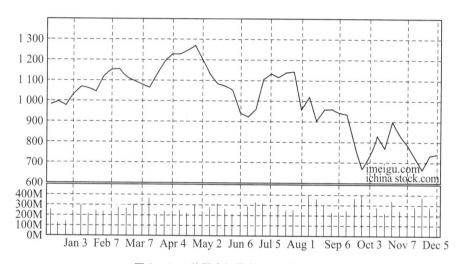

图 3 - 4　i 美股中概指数 2011 年的走势

资料来源：i 美股网站。

第 2 节　中概股赴美上市
成本效益分析

　　中国企业赴美国上市，能够获得多方收益。美国资本市场高度发达，且上市门槛较低，上市速度较快，企业不仅能迅速融得发展所需资金，而且通过全球的路演和上市能大大提高企业的知名度，有利于企业长远发展。中国企业赴美上市，除了企业家的积极争取外，背后还有多方的推动力量。风险投资、离岸公司、私募股权基金、投资银行、会计师事务所等力量为了自身的利益在中国企业赴美上市高潮中起到了推波助澜的作用。赴美国上市虽然有诸多优点，但上市成本却较为高昂。除了支付给投资银行等中介机构的手续费外，上市后的信息披露所需的成本也不容小觑。

一、上市公司利益

海外上市，特别是赴美上市，对中国公司有着非常大的吸引力。

首先，美国拥有健全的资本市场，体系庞大、条块结合、功能完备、层次多样。美国既有纽约证券交易所、美国证券交易所、纳斯达克证券交易所这样统一、集中的全国性市场，又有太平洋、中西、波士顿、费城这样的区域性交易场所。还有一些像美国场外柜台交易系统和粉单市场这样的场外交易市场。这种多层次的资本市场体系是中国内地市场所不具备的。再者，美国上市的门槛较低，中国赴美上市的企业大多是民营企业通过反向收购的方式进入，往往不符合在中国上市的条件，选择在美国上市，可以迅速实现上市融资，因此备受青睐（见表3-1）。高科技企业在美国估值普遍偏高，对于一些网站类的企业，即使有着很高的点击率，发展潜力巨大，但其仍处于亏损状态，在国内无法达到上市标准。

表3-1　　　　　　　　非美国企业在美国三大证券交易所
原始股首发的上市标准比较

	NASDAQ 小型资本市场	NASDAQ 全国资本市场	美国证交所	纽约证交所
资产状况	股东权益达500万美元，或股票市值达5 000万美元，或持续经营的业务利润达75万美元（最近3年中的2年或最近1年）	股东权益达1 500万美元（准则1）股东权益达3 000万美元（准则2）不适用（准则3）	股东权益达400万美元	不适用
税前盈利		100万美元（准则1）不适用（准则2）7 500万美元（准则3）	75万美元	1亿美元（最近2年内每年不少于2 500万美元）
最低公众持股量	100万	110万	50万	250万
公众股份总市值	500万美元	800万美元（准则1）1 800万美元（准则2）2 000万美元（准则3）	300万美元	1亿美元

续表

	NASDAQ 小型资本市场	NASDAQ 全国资本市场	美国证交所	纽约证交所
最低招股价	4 美元	5 美元	3 美元	无要求
做市商数量	3	3（准则 1）3（准则 2）4（准则 3）	3	无要求
公众持股人数	300 个	400 个	400 个或 800 个	5 000 个
经营年限	1 年或市值 5 000 万美元	不适用（准则 1）2 年（准则 2）不适用（准则 3）	无要求	无要求
公司治理	有要求	有要求	有要求	有要求

资料来源：日信证券研究所根据网络资料整理。

其次，在美国创业板上市可以成为美国上市公司，利用美国股市融资发展业务，这是最直接的好处。土豆网于 2011 年 8 月 17 日登陆纳斯达克，发行价 29 美元，发行 600 万份 ADS，融资 1.74 亿美元。2011 年 5 月 12 日，凤凰新媒体登陆纽交所，以 11 美元的价格发行 1 277 万份 ADS，融资 1.4 亿美元。2011 年 5 月 12 日正兴集团登陆纽交所，发行价 6 美元，融资约 7 740 万美元。2011 年 5 月 11 日，世纪佳缘登陆纳斯达克 IPO，发行价 11 美元，募资 7 810 万美元。2011 年 5 月 5 日，网秦登陆纽交所上市，发行 775 万份 ADS，发行价每 ADS11.5 美元，本次 IPO 融资约 8 900 万美元。2011 年 5 月 4 日人人 IPO，发行价 14 美元，本次 IPO 一共募集资金 8.5 亿美元。2010 年 4 月 21 日，世纪互联以 15 美元的发行价在纳斯达克上市，发行 115 万 ADS，IPO 融资 1.56 亿美元。

再次，提升国际竞争力和品牌知名度。在美国市场上市筹资，能使我国企业获得国际化的技术以及市场信息，与国际顶尖互联网企业交流学习，进一步提升企业的国际竞争力。同时，在国际市场筹资，还能够向市场传递我国企业的高价值信号，有助于我国互联网企业扩大国际影响力，提升知名度。通过上市前的路演以及上市的广告效应，企业知名度在境内外都有所提高。

最后，有利于企业的发展。赴美上市后发行的股票可以实行管理层股票期权计划，稳定企业的管理层，有利于保持稳定发展。同时，股票的上市满足了企业老板套现的需求。通过上市资本运作，公司资产价值将成十倍甚至数十倍增加，公司原始股东和创业者的价值也会得到最大地体现。企业上市后，为了

满足监管的要求，必须进行治理结构的调整和完善，有利于企业的长远发展。

二、背后的推动力量

中国企业蜂拥到美国上市融资，除了企业自身的利益诉求以外，其背后的推动力量也不可小觑。资本的本质都是逐利的，只要有利可图，市场的力量便会指引其追逐利益。企业背后的力量也是错综复杂，各方的利益诉求也不尽相同，但企业上市以获得超额回报却是其共同的追求目标。归纳起来有以下方面：

第一，VC/PE 的套现需要。根据 CVSource 的统计，2010 年在美国上市的43 家中国企业中，35 家具有 VC/PE 投资机构的股东背景。由于融资渠道匮乏，通过 A 股 IPO 审核困难，二级市场估值偏低等原因，国内新兴行业企业在过去几年内，仍将美国作为首选上市地点，进行私募融资时也相应将运作规范、更具备投资经验的美元 VC/PE 投资基金作为首要目标。作为存续期普遍以 10 年为限的美元 VC/PE 投资基金，其对企业进行投资 3~5 年后，即需要通过上市、并购等方式套现退出，以便向基金投资人（LP）回馈投资收益；而 2010 年赴美上市、具备 VC/PE 股东背景的中国企业，其进行首轮私募融资的时间多为 2005~2007 年，历经培育与发展，目前已逐渐步入退出准备期。更有甚者，搜房网、当当网首轮私募融资距今均已超过 10 年，优酷网、安博教育的总计私募融资规模均超过 1.5 亿美元，VC/PE 股东的退出压力可想而知。2008 年爆发的全球金融危机使美国资本市场出现长期冰冻，导致 2008年、2009 年赴美上市的中国公司数量分别仅有 17 家和 7 家，退出严重受阻。因此，当 IPO 机会窗口在 2010 年第四季度出现时，众多美元 VC/PE 基金也将其视为难得的时机，推动业已成熟的中国企业尽快上市，以便于未来早日套现。以美国知名风险投资基金红杉为例，其在中国投资的 8 家企业 2010 年实现赴美上市，不仅创造了红杉进入中国 5 年来的最佳成绩，也创造了在华投资的境外 VC 单年 IPO 数量的历史纪录（见图 3-5）。

第二，离岸公司的牵线搭桥。这些离岸公司往往由中国国内投机者在英属百慕大群岛、美属维尔京群岛等地注册成立，它们在中美两国寻找资源进行搭桥，即在中国寻找有上市意愿的企业，在美国寻找有上市资格但业绩已经没落、股价在 1 美元以下的"壳资源"。这些"卖壳人"并不收取上市业务费用，甚至帮助"买壳者"垫付相关费用，但做成壳交易后，上市企业必须转送 10%~30% 的股权给"卖壳人"，而在炒高客户股价后，"卖壳人"于高点减持套现获利。他们摸准了中国地方政府渴求政绩的心态，批量给地方政府发

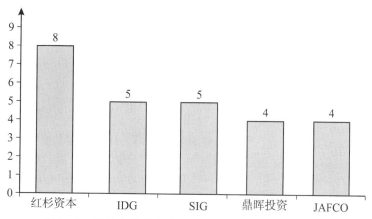

图 3 - 5　2010 年赴美上市企业前五大风投支持公司个数

资料来源：2010 年中国公司美国 IPO 报告。

邀请上市函，得到回函后，在这些官员的陪同下，再到各地物色对象，因为有政府背景的支持，中小企业都非常放心，一些企业当场签下合作意向书。他们甚至在国内专门招聘线人，为其物色对象，即便是不景气的中国公司，在美国借壳上市也不难，他们跟券商、会计公司、律师关系密切。他们联系券商做承销商，券商则先让会计公司为企业做账，使财务报表得以润色。财务报表越光鲜，就越能受资本市场青睐，对自己的回报也就越大。

第三，中介公司的推波助澜。这其中，会计师事务所、投资银行、律师事务所等中介机构起到了推波助澜的作用。买到壳资源并在正式上市之前，企业需要申请在美国公众公司会计监督委员会（PCAOB）注册的审计公司进行审计。但 PCAOB 调查发现，许多在美上市的中国公司都使用了飞腾、柯邦宁等一些几乎不知名的小型美国审计公司，而且这些公司又将审计项目工作转包给中国或其他地方的会计师。由于距离问题和语言障碍，中国会计师所提供的一些报告美国审计师根本就看不懂，于是美国审计师对于中国会计师提供的信息怠于认真审查，导致含有大量水分的企业上市材料蒙混过关。经过审计机构审计之后，上市公司进入投资银行保荐程序。[①] 包括一些美国机构在内的承销商除了获得大笔上市承销费用之外，还能获取中国企业相当份额的股权，甚至能够决定上市企业关键职位的任命，因此，他们会千方百计地粉饰客户的业绩，以谋求投资者的信任，而在推高目标公司股价之后，投资银行会全身而退。一

———————————

① 引自，《沪港经济》2011 年 3 月号《中国赴美上市企业面临诚信危机》。

般情况下，投资银行都能拿到 7% 左右的佣金收入。

三、上市成本分析

登陆美国资本市场的道路一般有两条：一条是首次公开发行；另一条是反向收购上市。据美国《巴伦周刊》报道的数据，近年来已有 350 多家中国企业利用反向收购方式在美上市，而美国公众公司会计监督委员会（Public Company Accounting Oversight Board，PCAOB）披露的数据是反向收购上市的公司几乎 100% 是中国企业。

资料显示，目前约有 300 多家中国企业在等待着从柜台交易市场（OTC）升到主板市场。相对于 IPO，反向收购上市方式具有独特的吸引力。一方面，借壳不需要经过复杂的登记和公开发行手续，5~6 个月的时间即可通达美国资本市场，而 IPO 至少需一年时间。另一方面，借壳的费用也低得多，即购买美国一家空壳公司大概只需 15 万~35 万美元，而 IPO 的前期费用至少 1 000 万美元。

公开发行融资成本与企业的融资金额、资产规模、业务范围等因素有关。依据美国资本市场相关规定，在美国公开发行融资所需要支付的费用主要包括承销费、律师费、审计费、印刷及其他费用等（见图 3–6）。1997~2010 年 8 月，中国企业在美国公开发行融资的平均成本为 6.80%。其中，平均承销费率为 5.28%，占全部发行费用的 77.6%，平均律师和审计师费率为 0.62% 和 0.33%，占全部发行费用的 9.2% 和 4.9%。

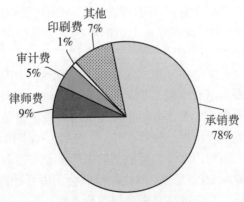

图 3–6　赴美上市企业成本

承销费是支付给证券承销商的费用，它是公开发行融资的主要费用开支。承销费用主要根据股票发行的规模及被认购的前景、是否全额包销、发行过程的复杂程度、企业后续融资需求等来确定。从中国企业在美国公开发行融资的历史看，中国企业在美国公开发行融资的承销费用率平均值为5.28%，中位值为5.89%。律师费用在整个公开发行融资费用中居第二位，在美国公开发行融资所涉及的法律问题主要包括公司发展历程、公司股权结构、相关法律文件等。中国企业在美国公开发行融资的律师费用率平均值为0.62%，中位值为0.35%。审计费主要包括建立一个符合上市公司规定的会计制度，及对公司财务数据进行审计所需要的费用。中国企业在美国公开发行融资的审计师费用率平均值为0.33%，中位值为0.11%。印刷费也是赴美公开发行融资过程中必不可少的一项开支，印刷商不仅负责印刷、分发、管理等，通常还会协助上市公司完成当前文件的归档工作。中国赴美公开发行融资的印刷费从几万到几十万美元不等，平均印刷费占上市融资总金额的0.11%。除以上常规费用外，在美公开发行融资企业还需支付市场推广费、交易所注册费以及一些预算外的额外支出等。中国企业赴美公开发行融资历史成本数据显示，这笔费用平均占融资总额的0.46%。总体来看，由于美国资本市场严格的法律监管和良好的融资环境，中国企业赴美公开发行融资成本相对较为容易控制。除去承销费、律师费、审计费等直接成本外，企业公开发行融资的隐形成本较低。另外，由于美国证券市场采用的是"备案制"，相比中国证券发行的核准制，企业公开发行融资的时间成本也较低。据当当网支付给大摩等主、副承销商的费用是1 811.5万美元，佣金率6.66%，剩余所有费用为322.9万美元。[①]

除了发行融资阶段的成本外，上市后，企业还要支付相关维持费用。上市公司需要提交季度报表、年度报表，需要会计师、审计师、律师、公关公司、投资人关系公司等的帮助，需要付出相关费用。上市公司业绩必须保持一定增长，由于有投资人介入，投资需要回报，投资人对上市公司业绩成长有很大的期望。上市公司将受政府和市场监管，公司要透明化，合法化，要付出相关监管成本。值得注意的是，虽然IPO和反向收购的进入门槛有很大差距，但其上市后的监管标准却相差不大。

由此可以看出，虽然赴美上市的门槛较低，但其上市成本也是价格不菲的。同时，在美国上市的公司在上市以后还要付出大量的被监管成本。

---

① 王猛：《财经"浑水"摸鱼吓住了谁》，载于《看世界》2012年第1期。

第3节 中概股遭遇滑铁卢的原因分析

一、导火索——部分公司财务造假

2010年11月10日，一家名叫浑水（Muddy Waters Research）的公司发布了一份长达30页的研究报告①，质疑绿诺科技伪造客户关系、夸大收入以及管理层挪用上市融资等，绿诺科技的股价很快大幅下跌，随后一家美国律师事务所对绿诺科技发起了集体诉讼。该律师事务所称绿诺科技向美国证券交易委员会递交的2009年年报与公司向中国审计机构递交营收存在严重不符。最后，在绿诺科技承认两份客户合同造假的情况下，纳斯达克向其发出了退市通知。浑水对绿诺科技的关注是从2010年9月份开始的。因为当时浑水公司看到了《巴伦周刊》上的一篇文章中提及绿诺"已经换了3个审计师、4个首席财务官，并两次调整以往的财务报表数字"。

2010年12月11日，在美国上市一个多月的麦考林连续遭到5起美国投资者集体诉讼，起诉内容大致相同，均称麦考林违反了美国《1933年证券法》，未能正确披露与IPO相关的登记声明和招股说明书，以及未在IPO之前展开充分的尽职调查。此后，麦考林股价出现暴跌，一度跌幅达50%。麦考林在美遭集体诉讼并非个案。这些公司被起诉的主要原因是：在IPO之后发布的财务状况与招股说明书中的财务状况显著不同，这导致了公司股价下跌和投资者的损失。

进入2011年之后，因各方调查而导致股价下跌甚至停牌、退市的中国公司更为密集。据不完全统计，仅2011年3月和4月两个月，被停牌、退市的中国公司就达到15家。其中，2011年2月8日刚刚转入美国主板市场的盛世巨龙（AMEX：CDM），3月22日即被全美证券交易所宣布暂停股票交易，并将根据公众需求对企业进行评估，以决定是否适合继续上市交易。美国证券交易委员会官员表示，已成立工作小组，处理美国上市海外公司的欺诈行为，包括参与借壳上市的公司。

据i美股不完全统计，2011年以来一共有26家中国公司从美国三大市场

---

① 王猛：《财经"浑水"摸鱼吓住了谁》，载于《看世界》2012年第1期。

退市，几乎占到了中国概念股总数的1/10。而退市方式主要包括退至美国粉单市场，退到OCTBB继续交易，以及完成私有化主动要求摘牌等三种。表3－2和表3－3列示了被美国证券市场调查和部分遭受诉讼和争议的中国公司。

表3－2　　　2011年3～4月美国证券市场被调查的部分中国企业

公司名称	交易代码	停牌时间	上市时间	被调查原因	调查结果
东南融通	NYSE：LFT	2011－05－17	2007－10－44	涉嫌财务造假	停牌
万得汽车	NYSE：WATG	2011－05－06	2007－11－08	未满足信息披露要求	退市
西安宝润	NASDAQ：CBEH	2011－04－20	2009－06－29	未满足纳斯达克信息披露要求	停牌
多元环球水务	NYSE：DGW	2011－04－20	2009－06－24	将有重大信息要公布	停牌
富维薄膜	NASDAQ：FFHL	2011－04－20	2006－12－18	不符合纳斯达克上市规则	退市
瑞达电源	NASDAQ：CRTP	2011－04－18	2009－07－30	未及时提交年报	停牌
旅程天下	NYSE：UTA	2011－04－13	2009－05－28	将有重大消息披露	停牌
普大煤业	AMEX：PUDA	2011－04－12	2009－09－22	实体股权变更和高息抵押融资遭质疑	停牌
数百亿	NASDAQ：SDAY	2011－04－08	2010－03－16	未能满足信息披露条件	停牌
多元印刷	NYSE：DYNP	2011－04－01	2009－11－09	财报遭质疑	退市
福麒国际	NASDAQ：FUQI	2011－03－29	2007－10－23	未能及时提交年报	退市
智能照明	AMEX：CIL	2011－03－28	2010－06－18	未能达到全美交所上市标准	停牌
纳伟仕	NYSE：NIV	2011－03－25	2009－03－13	财务报告造质疑	停牌
盛世巨龙	AMEX：CDM	2011－03－22	2011－02－08	财务报告造质疑	停牌
盛大科技	NASDAQ：SDTH	2011－03－16	2007－05－21	不符合交易规则	停牌
艾瑞泰克	NASDAQ：CAGC	2011－03－14	2009－09－21	未满足信息披露条件	停牌
中国高速频道	NASDAQ：CCME	2011－03－12	2010－06－03	未能向股东及时提供信息	停牌
新兴佳	NASDAQ：CTEK	2011－03－02	2010－12－15	未及时提交完成的财务重组相关情况	退市

资料来源：Ashir Group，Inc.

表 3 – 3　　　　　　　　部分遭受诉讼和争议的中国公司

被质疑原因	中国公司
财务造假	中国高速频道、中国阀门、东方纸业、绿诺科技、麦考林、网易、中国人寿、前程无忧、侨兴环球、晶澳太阳能、诺亚舟教育、福麒珠宝、圣火药业
信息披露不透明	中国高速频道、艾瑞泰克、中国阀门、中国人寿、中华网、新浪、中航油、巨人网络、神州矿业、学而思、蓝汛、大连傅氏、天一医药、杨凌博迪森、江西赛维、侨兴环球、分众传媒、晶澳太阳能、第九城市、空中网、华奥物种、新华财经

资料来源：日信证券研究所根据网络资料整理。

　　应该说，赴美上市的中国企业中有一部分企业质量是非常优秀的。但是，还有部分非优质企业在各方利益的驱使下仓促赴美上市。这些通过借壳上市的企业，大都存在着过度包装、财务报表造假、信息披露不充分等问题。国内的企业长期处于国内相对宽松的执法环境中，为了避税而形成了两本账的现象比较普遍。而这些问题在美国市场严厉的监管环境下便暴露无遗，致使中国概念的股票普遍遭受质疑。这些有问题的企业被调查、被攻击的原因往往集中于信息披露不及时、报送美国证监机构的利润额与报送中国税务部门的数据差距较大，审计师、财务师拒绝在财务报告上签字负责而辞职或被解聘，导致公司无法向交易所递交相关文件。

二、美国经济增速回落

　　进入 2011 年以来，美国经济复苏乏力，特别是，3 月份日本地震和海啸对美国经济影响较大，进一步放缓了美国经济复苏的步伐。同时，中国经济也面临着较大的通胀压力，中国央行多次提高存款准备金率，多次加息，以抑制通胀，经济也出现了放缓迹象。在这种情况下，5 月份美国股市开始下跌。此时泥沙俱下，原来在一片涨声中被推高的中资概念股股价，被发现已严重高估，于是过高估值的股价开始下挫。此时，中资概念股中不合规的问题相继暴露，市场出现了对中资公司的信任危机，股价开始大幅度下跌。事实上，经济本身的内在扭曲、矛盾是导致泡沫出现的一大原因。过多的流动性追逐仍处于盈利预期阶段的企业，泡沫出现是必然的。资本的支持为互联网发展带来新一轮的繁荣，然而超出实际收益过高的估值与盲目的融资以及投资者的过度热捧，由于整体经济状况的变化，最终还要带来市场估值的修正。互联网、信息技术产业的小周期波动取决于经济发展大周期的波动。经济增速下滑是美国股市、中国股市以及在美中国概念股股价暴跌的基础性因素。道·琼斯指数 2011 年走势见图 3-7。

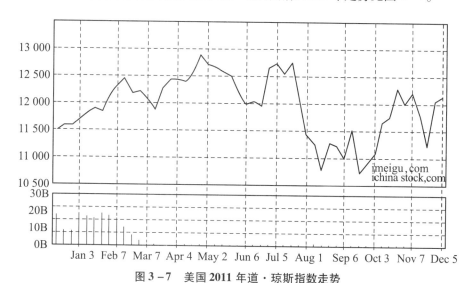

图 3-7　美国 2011 年道·琼斯指数走势

资料来源：i 美股网站（财经类网站）。

三、互联网泡沫的破裂

众多互联网企业蜂拥赴美上市，不禁让人忆起 10 年前纳斯达克市场互联网企业上市狂潮。当时，美国股市凭借高科技网络公司的迅速发展而高涨，许多网络公司纷纷上市，靠发行股票赚到巨额利润，纳斯达克指数在不到两年半的时间从 2 000 点涨到了 5 000 点。从 2000 年到 2001 年间，股指下跌，美国纳斯达克市场从 5 000 多点跌到 1 200 多点，导致了巨额财富蒸发，IT 行业的市值蒸发超过了 5 万亿美元，教训极其惨烈。当年，有 500 多家网络公司倒闭，裁员人数超过 10 万人。

从 2010 年底开始，优酷、当当，一直到奇虎 360、人人、网秦、世纪佳缘、凤凰新媒体、土豆网、淘米网等，毫无疑问，中国互联网企业迎来了第 4 波上市潮。与此同时，互联网创投方面也屡屡浮现出出手阔绰的投资者，比如京东商城第 3 轮融资高达 15 亿美元，拉手网完成 1.1 亿美元融资。2011 年第三季度披露金额超过 2 000 万美元的投资案例中，近 80% 为互联网企业。

伴随着中国互联网企业赴美上市，其泡沫也越吹越大（见表3-4）。人人网的市盈率曾达到了惊人的440倍，市值高达74.82亿美元。目前人人网的股价已经下跌到了3.47美元，市值萎缩到了13.6亿美元。英国《每日电讯报》年初就曾指出，中国的互联网经济可能随着购买热潮使其价值脱离现实，形成泡沫。现在互联网企业扎堆上市和超高估值及市场人士的盲目热捧，都与2000年第一次互联网泡沫破灭前相似。2000年泡沫破裂后，由新浪、搜狐、网易等引发的中国企业赴美上市潮由沉寂了数年之久，如今历史重演。尽管此次尚未达到那样的疯狂就以下跌告终，但教训值得汲取。中概公司涉假风波是此次泡沫破裂的导火索，又恰逢阿里巴巴公司与雅虎、软银关于支付宝的股权之争，直接导致了泡沫的破裂。

表3-4　　　　　　　　互联网赴美上市 IPO 首日表现

公司	收盘价（美元）	涨跌幅（%）
优酷	34.38	168.59
当当	24.5	53
奇虎360	34	134
网秦	9.3	-19.13
人人	18.10	28.64
世纪佳缘	10.52	-4.36
凤凰新媒体	14.75	34.09
土豆	25.56	-11.86

资料来源：日信证券研究所根据网络资料整理。

四、联合绞杀——各方资本逐利

在对中国概念股票的猎杀中，已经形成了一条完整的产业链。某些研究机构、做空机构、律师事务所受利益驱动均参与其中。在这条产业链中，各方分工明确。首先，做空机构卖空问题公司的股票。然后再由浑水等研究公司抛出针对问题公司的负面研究报告，而往往推荐以"强力卖出"，导致股价大跌。随后，有些律师事务所接踵而至，对问题公司进行集体诉讼，索取巨额赔偿。这样一系列的操作往往引来监管机构的注意，监管机构一旦介入，股价进一步大幅下跌。有些对冲基金却在股价连续下跌中坐收渔利。在这种利益挖掘模式下，在美上市的部分问题中国公司自然而然成了做空者的猎杀目标。Muddy Waters 和 Citron 正是此次围猎的始作俑者，而 Muddy Water Research 是最为活跃的一个机构。这家名为浑水的研究机构，主要由两个精通汉语和中国文化的美国人操作。他们通过做空获利，股价下跌越多越赚钱。浑水公司的创始人卡森·布洛克，今年 35 岁。[①] 2005 年，布洛克在法学专业毕业之后，便来到了中国。浑水公司的网站介绍称，布洛克是一个熟悉法律的企业家，而浑水的研究团队则是那些熟悉中国商业规则的人。目前，美国存在大量的证券法律律师，其中专门代理证券诉讼案件的律师事务所超过 200 家，他们常年关注各上市公司的财务报告与信息披露是否存在疑点和误导信息，并代表因股价下跌蒙受损失的消费者向上市公司发起集体诉讼。只要能够胜诉，律师事务所即可因此拿到巨额律师费。律师收取费用的比例可高达 30% ~ 50%。研究机构写好报告后，不仅自己卖空相应股票，而且暗中通过关系将报告兜售给对冲基金，对冲基金则大量卖空股票。在研究报告披露后，联合打压股价，造成股价大幅下跌，各机构从中渔利。其实围猎者的目标主要是那些借壳上市的中国传统企业，由于在美国买壳不需要门槛，任何公司只要向美国证券交易委员会提交经审计的最新财务报告就可买壳交易。对于许多习惯造假上市圈钱的中国公司来说，这一制度无疑是天赐良机，它们便通过反向并购上市。可通过这种方式上市的中国企业，大多是奔着圈钱而去，其急功近利的操作无疑会留下破绽，被美国的一些研究机构捕捉，成了被围猎的目标（见图 3 – 8）。

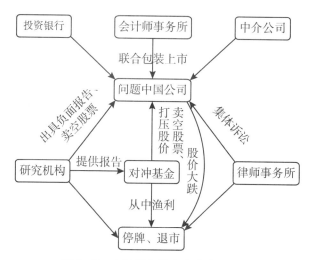

图 3 – 8　中国概念股在美遭猎杀示意

---

① 《中概猎人记：浑水公司浮出水面》，http://stock.hexun.com/2011/hsgs/.

五、水土不服——企业文化不同、法律不了解

在中国的企业文化中，企业的财务情况、重大决策、重大人事变动等方面都是倾向于保密的。在一些企业内部，对公司重大信息的知情权往往只控制在少数高管的范围内，对这些信息的披露经常具有选择性，甚至有意无意地忽略。这样的管理文化就容易导致中国在美上市公司在信息披露方面出现不及时、不真实、不全面的情况，不符合美国市场的监管要求。在美国投资者看来，规范的财务报告是企业运作的基石和前提，而及时、准确、全面的信息披露则是上市公司面对股东应负的责任。特别是在 2001 年安然公司爆出丑闻后，投资者和监管机构对上市企业的要求越来越严格，甚至到了苛刻的地步。与之相比，我国的企业文化与美国的要求存在较大的差距。

美国资本市场有两百多年的历史，经历了各种危机风波，已建立起较为成熟的立法和监管体系。为了保护投资者的利益，在美国上市的公司，处于多方位的监管之中。不仅美国证券交易委员会、各交易所实施监管，还有审计事务所、律师事务所、对冲基金、媒体、个人投资者进行监督。一旦上市公司出现问题，轻则受到舆论谴责，重则被告上法庭，甚至被监管直至勒令退市，这是一个强大的全民监管体系。与中国的资本市场不同，做空是美国资本市场的制约机制，股票下跌也能赚钱，做空者帮助市场揭露会计欺诈问题，成为上市公司天然的"监督者"。有些在美上市的中资公司财务管理不严谨，也给市场做空者带来可乘之机。

美国联邦证券法律体系较为复杂，主要由以下立法构成：《1933 年证券法》、《1934 年证券交易法》、《1935 年公共事业控股公司法》、《1939 年信托契约法》、《1940 年投资公司法》、《1940 年投资顾问法》、《1970 年证券投资者保护法》、《2002 年公众公司会计改革和投资者保护法》等。在众多的立法中，被认为是美国自 20 世纪 30 年代以来对上市公司影响最大、最重要的是《2002 年公众公司会计改革和投资者保护法》，即《萨班斯－奥克斯利法案》。其中，该法案最核心的第 404 条款规定："企业年度报告应包括一份内部控制报告，该报告应说明公司管理层就财务报告的制定和维护内部控制结构及程序的责任，并对截至发行人最近财年末发行人财务报告内部控制结构和程序的有效性做出评估。对于本条款要求的内部控制评估，由注册公共会计事务所根据核证业务标准进行。"该条款内容不多，但却被称为最难操作、最复杂、合规成本最高的条款，因为财务相关报告和管理层内部控制报告这两者本身非常复杂和繁琐。《萨班斯－奥克斯利法案》在实施过程中，大部分条款在 2002 年颁布时即已生效，而美国证券交易委员会却将企业遵循第 404 条款的时间一再推迟，比如年销售收入 5 亿美元以下的在美上市外国公司最晚可于 2007 年 7 月 15 日再提交内部控制报告，充分说明了企业遵循该条款的难度。因此，这一条款使计划赴美和已经在美的中国上市公司增加了巨额的内部控制成本，却往往仍容易出现纰漏达不到标准而被起诉。

第 4 节　中概股之涅槃重生

一、短期应对策略

面对中国赴美上市公司的种种质疑，中国公司首先要提高自身的信息披露质量。中概企业受到质疑很多情况是由于信息披露不及时、不充分造成的。真金不怕火炼。对于批评质疑予以及时地反击，市场就会给予积极的回应，做空机构的图谋就难以得逞。中国企业要充分认识及时完整的信息披露是自己应负的责任，也是股东享有的权利，要切实避免信息披露过程中的随意性和滞后性，加快建立健全高质量的信息披露体系，主动按照美国法案规定的标准适时进行披露。要熟悉美国财务报表信息条例、非财务报表信息条例，以及其他一系列作为信息披露指南的财务会计规定。提高信息披露质量，不仅是要符合美国监管机构的要求，更是我国上市公司合规化经营，提高国际竞争力的必由之路。另一方面，中国的公司也应主动拿起法律武器来捍卫自己的利益。诚然，我国在美国上市的公司存在着这样或那样的问题，这些问题也成为各方力量的攻击点。但是，这其中也不乏研究机构为了自己的利益而对中国概念股票恶意中伤，利用中美两国语言不通、信息不对称的特点，子虚乌有、捕风捉影地攻击中国公司，造成上市公司的困境。这时，上市公司应该主动拿起法律武器，维护自身权利。拿出足够的证据来证明清白，实际上就是对做空机构的反击。此外，应当聘请一些独立的、权威的审计机构，来对公司财务信息进行审计，尤其是聘请美国的专业的证券律师来对做空机构行为的违法性做分析，必要的时候该起诉就起诉，让做空机构知道他们不能够擅自地、随便地去做空任何公司。

对于一些优质的企业，通过股票回购来提振投资者信心也是可行之路。优质企业受整体概念的拖累，股价也大幅下挫，股票价值也被大幅低估，企业可

通过股票回购提振股价，稳定投资者信心，保障公司稳定运作。而且，作为资本运作的手段，企业在股价低估的时候进行回购，成本较低，等投资者信心回复，股价上涨时可获得超额投资收益。根据 ChinaVenture 投中集团的数据显示，2011 年共有 64 家中概股先后 69 次推出股票回购计划，披露金额总计 30.4 亿美元。2011 年在美上市的中国概念股不断受到利空消息以及做空机构的侵袭，为保证自身利益，多家中国企业分别在 3 月份、6 月份以及 8 ~ 10 月份三次掀起回购高潮。

PPP 策略在目前成为很多中概企业面临困境的选择。盛大网络董事会通过其董事长兼首席执行官陈天桥对盛大的私有化计划，以约 7.36 亿美元的价格收购其尚未持有的 31.6% 股份，从而实现对盛大的 100% 持股。与此同时，康鹏化学、大连傅氏国际、泰富电器、中消安等一批在美国上市的中国公司纷纷选择了私有化这条路。因为美国证券市场实施宽进严出制度，纽交所和纳斯达克均有严格的退市标准——纽交所上市公司总市值少于 100 万美元，纳斯达克上市公司总市值少于 3 500 万美元或股价连续 30 个交易日低于 1 美元。从 2011 年以来，已经有 20 家中国公司因为触及上述退市标准被迫退市。此外，还有 36 家公司触及这一退市标准，有 10 家接近退市标准。如果短期内不能摆脱低股价和低市值的困扰，这些公司也很有可能进入退市程序。处于危局中的企业有两条主要出路：要么私有化离开美国资本市场，要么落入粉单市场（垃圾股市场）。但是，这两个选择均须付出高昂的成本。粉单市场交易量很小，企业融资诉求难以实现，却要支付各个方面的相关费用。私有化不仅价格不菲，同时也面临很多不确定因素。如投票通不过，流通股东对溢价不满意，私有化失败；溢价太高，大股东支付的成本高于转板收益；如回不来 A 股上市，私有化成功了，但没了融资平台。根据目前境内监管部门的要求，红筹回归 A 股，首先要满足下列三个条件：红筹架构全部拆除、处理好控股权转回境内复杂的持股结构问题以及税收问题。据 Wind 统计，截至目前，成功"去红筹化"并登陆境内市场（包括香港）的公司约为 17 家；其中有 2 家为二次过会，分别为二六三和海联讯；同济同捷上会被否，南都电源则是在新加坡退市后再度成功登陆 A 股市场的唯一一家。

二、长期应对策略

1. 公司微观层面

首先，要熟悉并掌握美国相关监管法律法规，改善内部控制管理制度。中国企业必须学习和熟知美国资本市场的监管规则。与国内企业前紧后宽的监管制度完全不同，美国推行的是前宽后紧的资本市场监管模式。这一模式的核心是对企业上市所设置的门槛并不高，但对企业上市后的运作要求则相当严苛，特别是对企业的财务信息披露，美国监管层设定了非常详细的标准要求。例如，在纳斯达克市场上，企业预测的信息误差与实际结果之间只能在 ±5% 上下浮动，如果误差大于 10%，相关监管机构就会发出警示性函件，并展开市场调查。为此，中国企业必须摒弃在国内"不按规矩出牌"的思维习惯，静下心来学习和熟悉美国资本市场的游戏规则，通过做足"本土化"的功夫，提升在海外市场的竞争能力。在美国上市的中国公司要严格遵守美国上市公司法律和相关规则，特别是按照《萨班斯－奥克斯利法案》的要求，重视企业内部控制，建立完善有效的内部控制机制；明确股东大会、董事会、监事会、经理层的权力、责任以及利益关系。提高企业员工的职业道德修养，加强对事故责任和财务舞弊的处罚力度；组建专门的内部控制委员会，负责企业的内部控制体系建设，从控制环境、风险评估、活动管理、信息沟通、过程监督等方面加以完善；定期对内部控制进行自我评价，将评价的结果量化，及时发现和解决内部控制系统中出现的问题。此外，还可引进成熟的或聘请专业机构设计专门的商业性内部控制系统解决方案，聘请独立的审计师和法律顾问对公司各项报告出具审计和法律意见。虽然按照美国监管法案的要求，建立内部控制管理制度会给我国企业带来较高的运营成本，但这样做不仅规避了美国上市的法律风险，而且我国上市公司员工经过专业的培训和学习，对国际内部控制的认识和风险防范意识均能得到不断提高，从而培育企业长久的竞争力，促进企业可持续发展。

其次，企业要能在市场上站稳脚跟，获得长期的发展，最终还是要靠业绩取胜。上市只是融资的手段，而不是企业经营的目的。企业业绩增长，给股东带来更多回报，就能得到市场的认可。股价一时受打压其实并不可怕，踏踏实实做好实业才是硬道理。在证券市场上挂牌上市，会使企业得到许多好处，这既有直接融资带来的巨大利益，也能达到提高企业知名度的社会效应。但由于证券市场有着严格的准入制度和资源条件的限制，不可能满足所有企业的上市需求，部分企业为了达到早日挂牌上市的目的，采取虚报信息的手法，因而严重影响了这些上市企业的信誉。虚报瞒报、过度包装等财务造假行为是美国监管机构对中国企业每点必中的"死穴"。之所以如此，与国内资本市场非规范性运作高度关联。在中国资本市场上，内幕交易、上市圈钱司空见惯，说谎造假成为了上市企业心照不宣的潜规则。从制度层面看，中国监管层对于上市公

司信息披露缺失所产生的压迫成本太低，对信息造假者的惩罚力度太轻。显然，当企业将国内造假恶习带到美国资本市场而遭遇非常严厉的监管制度时，最终必会付出惨重的代价。

2. 国家宏观层面

强化赴美上市企业监管。公司海外上市时，中外双方监管者的协作很重要。在现阶段，对赴美上市的中国公司的监管主要依靠美国的证监机构。而美国的证券市场实行低门槛的进入政策，致使部分问题企业有了可乘之机。一旦这些问题企业在美国上市，就面临着严格的监管措施，往往使这些企业应接不暇，要付出大量的合规成本，还要面对做空机构的联合冲击，最后可能是得不偿失。这些问题公司停牌退市对整个中国概念的公司来说影响并不大，但其带来的影响却非常恶劣。中国公司 10 多年来辛辛苦苦创出的好名声将毁于一旦，造成了中国概念的股票从人人追捧的时代骄子变成了人人喊打的过街老鼠。这给未来中国企业赴美上市融资无疑蒙上了一层阴影，并且对中资公司贴上了一张造假的标签，这就对中国企业造成了巨大的无形损失。中国监管部门对海外上市企业监管的缺失使造假更为容易。因此，应加强中美双方监管方面的合作。

当然，监管部门无须对海外上市企业管得过紧过死，而更多的是要加以引导和规范，使上市公司符合在美上市的要求。双方的合作应集中于对投资银行、会计师事务所等中介机构的监管上。部分投资银行、会计师事务所为了自身的利益，帮助部分问题企业粉饰报表、提供虚假信息，造成了市场的混乱。美国的一些小型的审计机构由于与中国远隔重洋，不了解中国情况，便将业务外包给中国的审计机构，这样，由于信息的不对称为中国部分问题企业财务造假提供了便利。如果中介机构能够把好关，坚持行业自律，指导企业提供真实的信息，市场就会对企业有真实的评价。优质、发展迅速的中资企业必能得到市场的承认。目前由于有主权、国家利益等顾虑，中国尚未允许 PCAOB 的调查人员进入中国调查中概股的问题。中美双方应采取措施，进一步增强互信和沟通，加强合作，强化两国在资本市场审计监管领域的合作。帮助上市公司提升会计信息质量，进一步保护投资者利益，维护两国资本市场的健康稳定发展。

深化金融市场改革，切实解决中小企业融资难问题。我国中小企业之所以扎堆赴美上市融资，归根结底是因为在国内很难融到资。中国的直接融资市场发展程度较低，而且面临着严格的上市审批制度，上市门槛也非常高。即使是符合创业板的上市要求，很多中小企业也是望尘莫及，更何况还有漫长的等待审批的时间成本。此外，中国的直接融资平台缺乏一批有高度职业伦理观和创新能力的机构群体，即使近年新增了小额贷款、创业板、私募投资基金等融资方式，也难以改变中小企业融资难的困境。近些年来，虽然我国间接融资的比率有所降低，但仍是我国目前主要的融资方式。而地方股份制银行的客户群和国有五大行客户群体同质化现象却十分严重，中小企业融资难度很大。目前我国的存贷款利率还没有市场化，仍然处于管制状态，中小企业的风险水平和较低的银行利率不相匹配，成为其融资难的主要因素。加大对中小企业的政策扶持力度，拓宽其生存空间，提高其发展质量对我国经济的发展具有重要的意义。

目前，资本在我国还属于稀缺品，我国的资本市场容量还不足以为所有想上市的企业提供融资支持。因此，鼓励企业赴海外上市融资是必要的。同时，建设好我国多层次的资本市场，吸引优质的中资企业在国内上市，在满足发展迅速的公司融资需求的同时，让国内的股东更好地分享公司发展的成果。另一方面，可以看到，中国企业赴海外上市的进程中，中国的金融业参与度不够。中国金融业被国际市场边缘化，导致中方企业在美国上市的推进过程中缺少中国团队的帮助。因此，中国金融业与国际市场的接轨是十分必要的。相比而言，中国的金融业更加了解中国公司和中国的企业文化，能够为中国企业赴海外上市带来更好的服务。同时，这也为中国金融业积极进军国际化市场，参加国际化竞争，不断发展完善，提供了良好的契机。

加强法制化建设，营造守法、诚信的市场氛围。这次中概股危机也提醒中国的企业要获得长足发展，就必须遵守规则，诚信经营。随着我国市场化推进，法律法规不断完善，应该说，我国企业的守法意识得到了一定的提升，但我们必须承认的是，国内市场上无论是上市公司还是非上市公司诚信经营的意识还不够高。为了逃避税收，规避监管，采取各种方式粉饰报表，企业甚至两本账的现象也普遍存在。这与我国的法律制定不完善、执法力度不够高是分不开的。营造良好的市场氛围，加大对违法行为的打击力度，加快我国退市制度的建立，切实保护中小股东的权益，才能使我国资本市场呈现出良性的发展态势。经济的良性发展，离不开合理规则的制定和对规则的尊敬与遵守。

第 5 节　留给我们的启示

经过此次事件，无论是美国的投资者，还是中国概念的公司、监管机构都应有所反思。

对于美国的投资者来说，经历了中国概念股票的大红大紫，也经历了其惨淡经营，应该对中国概念的股票有更加清醒的认识，对其价值也有了更新的评估。诚然，中概股应分为好的中概股和非好的中概股。好的中概股有着良好的经营业绩，巨大的发展潜力，并且得益于中国经济的腾飞，理应受到市场的承认。经过此次"涉假风波"的大浪淘沙，中资概念股板块也会出现分化。那些违规上市的公司以及财务造假公司，可能遭遇停牌和摘牌，那些不具增长潜力的公司也会被淘汰。局部泡沫破灭其实是好事，业绩真正出色、诚实守信的公司经过此轮考验，将得到投资者的信任与欢迎。投资者应该理性对待资本市场特别是互联网公司的泡沫。没有业绩支持的股价不合理上升必然伴随着巨大的风险，互联网企业虽然业绩增长潜力巨大，投资者应重新评价现阶段普遍处于亏损状态的互联网企业的价值。另外，动辄上百倍的市盈率也显然是不合理的，是难以维持的，应特别警惕其蕴涵的风险因素。

对于准备赴海外上市淘金的中国公司来说，要做的便是"三思而后行"。首先要衡量赴海外上市的成本和收益。如果融得的资金难以弥补巨大的成本，而上市的繁琐程序和上市后信息披露影响了企业的正常经营，那就得不偿失。其次，赴海外上市要戒除在国内自由散漫的习惯，积极了解国外的上市规则，对自身必须高标准、严要求，切实推进企业治理结构的改革，提高信息披露的准确度和完整性，摒弃造假圈钱的恶习。最后，要正确处理资本运作与发展实业的关系，防止不顾实业发展而非理性资本运作。踏踏实实做好实业，才是企业长远发展之道。

对于中美的监管者来说，探讨如何加强合作是当务之急。对于中概股的监管，美方应首先承担起责任。因为上市规则是美国制定的，投资者推高股价也发生在美国，批准上市也是美方做出的，不能有了问题就推给中方。当然，中美双方要切实加强合作，提高上市公司质量，保证投资者的利益。一方面，投资银行、会计师事务所等中介机构在中国企业海外上市的过程中扮演者重要的角色，强化对中介机构的合规性监管，对提高公司信息披露水平起着关键性的作用。另一方面，应鼓励熟悉我国情况的本土投资银行、会计师事务所借助中国企业海外上市潮参与国际化的竞争。这里的前提条件是中国的各上市机构也要摒弃在国内合谋帮助企业造假圈钱的恶习。此举不但可以解决中外信息不对称的问题，更可以促进我国金融业的现代化和国际化。最后，在确保我国核心利益得到保证的前提下，积极推进跨境审计方面的合作。此举在促进我国企业规范化经营的同时，还能够对我国的审计行业起到示范作用。伴随着我国的金融业发展和资本市场国际化，审计工作合规化及跨国合作也是大势所趋。

我们有理由相信，这次事件只是中国企业海外上市浪潮中的一支小插曲。首先，中国的经济发展稳健迅速，已然成为世界经济发展的"火车头"。中国经济的腾飞直接带动着一大批企业业绩的稳定增长。其次，中国现阶段正处于经济结构调整、产业升级换代的过程中，高新技术产业和战略性新型产业得益于政策的支持必将在未来得到快速发展。中国拥有13亿人口，而消费却长期处于被压制的状态，随着中国经济结构逐步调整，消费日益振兴，中国巨大的市场必将为企业业绩长期稳定增长提供最大的支持。最后，不破不立，虚假泡沫的破裂必将促进稳健发展。涉假风波短期内确实对我国海外上市企业产生了很大的影响，使得一些有问题的企业不得不面临停牌退市的命运，中国企业整体也受到拖累，但从长远来看，无疑是促使了长期存在的问题浮出水面，暴露于公众面前，迫使企业诚信经营，努力经营实业，以业绩的真实增长来重新获得市场的认可，实现良性发展。此次危机不会动摇美国股市和中国互联网产业的基本面，互联网公司市值大涨的基础不仅是多数公司清晰的盈利模式，更因为互联网已经彻底渗透到社会生活的各个方面，做好产品和服务是企业生存的长久之道，其价值根基也更牢靠。随着美国经济好转和股市繁荣，那些估值偏离的新上市公司很快会走向价值回归之路。

　　总之，一些中国概念股企业在美国股市遭受"滑铁卢"，并不能影响中国政府一贯支持企业利用境内境外两个市场、两种资源的基本政策，也不能削弱中国企业"走出去"，到国际资本市场上市融资，打造有国际竞争力企业的热情，也不能减少国际投资者对新兴市场企业的浓厚兴趣和信心，更不能动摇国际资本市场"所有企业都可以上市，时间说明一切"的基本理念。但是，它提示境外上市企业和国际投资者：要更加注重上市公司的质量，更加警惕资本市场特别是互联网上市公司的股价"泡沫"，更加注意上市地国家（地区）对外经济战略和策略变化，更加强调国际监管的协调和配合。

欧洲主权债务危机的影响、发展与启示

Chapter 4

The Influence, Development and Inspiration of Debt Crisis in Europe

受 2008 年美国金融危机影响，欧洲主权债务危机爆发。随着欧债危机的发展和持续升级，对全球政治、经济造成了巨大的影响。2009 年 12 月，世界三大评级机构下调了希腊主权债务信用评级，从而揭开了轰轰烈烈的欧洲债务危机的序幕，继希腊债务危机之后，葡萄牙、爱尔兰、西班牙、意大利、法国甚至德国也深深陷入到欧洲债务危机的泥潭里面。本章通过对欧洲主权债务危机的开端、发展和现状的描述，试图厘清欧债危机的发展脉络。通过对欧洲债务危机发生根源的剖析以及其对世界经济、中国经济的影响分析，我们得出一些对欧盟以及对中国地方政府债务管理的一些启示。中国地方政府债务问题是否可能像欧洲债务危机一样从局部区域爆发，最后波及整个中国，使中国的地方政府债务出现不可控性，这是个值得我们警惕的问题。本章最后分析了欧洲债务危机下欧元区的发展方向。

第 1 节　欧洲主权债务危机开端、发展、现状

一、欧洲主权债务危机的开端

2009 年 12 月全球三大评级公司下调希腊主权债务信用评级，引致希腊债务危机的爆发，该事件标志着欧洲债务危机的开端。2009 年 12 月 8 日，惠誉将希腊信贷评级由 A - 下调至 BBB +，前景展望为负面，引发了希腊股市大跌，并使国际市场避险情绪大幅升温。9 日，危机扩散向其他"欧猪国家"（PIIGS，是指：葡萄牙、爱尔兰、意大利、希腊和西班牙，这 5 个国家依照首字母组合而被称为"PIIGS"）。标准普尔将西班牙主权信用评级前景从稳定下调至负面，还暗示由于公共财政恶化，葡萄牙主权信用评级也可能被下调。16日晚间，国际评级机构标准普尔宣布，将希腊的长期主权信用评级下调一档，从"A -"降为"BBB +"。标准普尔同时警告说，如果希腊政府无法在短期内改善财政状况，有可能进一步降低希腊的主权信用评级。22 日，穆迪宣布将希腊主权评级从 A1 下调到 A2，评级展望为负面。三大评级机构在 12 月同时对希腊主权债务信用评级的下调，使希腊暴露出来一系列问题。

希腊主权债务问题产生的根源在希腊加入欧元区的时候就存在了。2001

年，当时希腊刚刚加入欧元区。根据欧洲经济共同体部分国家于1992年签署的《马斯特里赫特条约》规定，欧洲经济货币同盟成员国必须符合两个关键标准：即财政预算赤字不能超过国内生产总值的3%、政府负债低于国内生产总值的60%。当时希腊距这两项标准相差甚远，同时欧元本身也刚刚面世，就面临贬值的倾向，所以希腊不符合标准这对希腊和欧元区联盟都不是一件好事。这时希腊便求助于美国投资银行"高盛"，高盛为希腊设计出一套"货币掉期交易"方式，为希腊政府掩饰了一笔高达10亿欧元的公共债务，降低了预算赤字和负债率，从而使希腊在账面上符合了欧元区成员国的标准（屈绍辉，2010）。

这一被称为"金融创新"的具体做法是，希腊发行一笔100亿美元（或日元和瑞士法郎）的10～15年期国债，分批上市。这笔国债由高盛投资银行负责将希腊提供的美元兑换成欧元。到这笔债务到期时，将仍然由高盛将其换回美元。如果兑换时按市场汇率计算的话，就没有文章可做了。事实上，高盛的"创意"在于人为拟定了一个汇率，使高盛得以向希腊贷出一大笔现金，而不会在希腊的公共负债率中表现出来。假如1欧元以市场汇率计算等于1.35美元的话，希腊发行100亿美元可获74亿欧元。然而高盛则用了一个更为优惠的汇率，使希腊获得84亿欧元。也就是说，高盛实际上借贷给希腊10亿欧元。但这笔钱却不会出现在希腊当时的公共负债率的统计数据里，因为它要10～15年以后才归还。这样，希腊有了这笔现金收入，使国家预算赤字从账面上看仅为GDP的1.5%。而事实上2004年欧盟统计局重新计算后发现，希腊赤字实际上高达3.7%，超出了标准。最近透露出来的消息表明，当时希腊真正的预算赤字占到其GDP的5.2%，远远超过规定的3%。

除了这笔借贷，高盛还为希腊设计了多种敛财却不会使负债率上升的方法。如将国家彩票业和航空税等未来的收入作为抵押，来换取现金，这种抵押换现方式在统计中不是负债，却变成了出售，即银行债权证券化。高盛深知希腊通过这种手段进入欧元区，其经济出现问题的可能性非常大，最终可能会出现支付能力不足。高盛为防止自己的投资打水漂，便向德国一家银行购买了20年期的10亿欧元CDS"信用违约互换"保险，以便在债务出现支付问题时由承保方补足亏空。

2009年12月，希腊债务危机爆发后并没有引起希腊政府部门的高度重视，希腊总理珀潘德里欧在印度首都新德里对记者表示，希腊控制赤字的计划是"可信的"，所以希腊政府没有采取有力的财政举措以控制预算赤字和处理存在的债务问题。这些导致市场对希腊政府的信心不足。

二、欧洲主权债务危机的发展

希腊主权债务危机爆发后不久，希腊在债务危机上越陷越深，采取的财政紧缩和发行国债也没有取得好的效果。继希腊之后，欧洲其他国家也开始陷入危机，西班牙的财政赤字问题、葡萄牙的信用评级下降、爱尔兰银行的高级债务评级的下调，三个事件标志着欧洲债务危机不再局限于希腊，债务危机影响的范围越来越宽，程度越来越深。

首先是希腊本身的债务问题越来越严重。希腊债务危机爆发后，虽然在2009年12月16日希腊发行了20亿欧元国债，2010年2月4日发售了5年期国债113亿美元，同时在3月24日希腊政府为了获得资金援助，推出了总额48亿欧元的额外赤字削减计划，但是危机还是没有得到解决。希腊财政部部长称，希腊在2010年5月19日之前需要约90亿欧元资金以渡过危机。2010年4月23日希腊正式向欧盟与IMF申请援助，5月3日，德国内阁批准224亿欧元援希计划，5月10日，欧盟批准7 500亿欧元希腊援助计划，IMF可能提供2 500亿欧元资金救助希腊。

为配合援助计划的实施，希腊必须实施紧缩的财政政策，但是紧缩的财政政策受到了国内民众的反对。2011年7月4日希腊《论坛报》发表的民意调查结果显示，29.6%的民众认为政府应立即收回养老金改革法案，19%的民众认为这简直是一场灾难，35.2%的民众认为改革有必要，但欠公平。希腊多个工会宣布将在8日再次举行全国性大罢工，并进行示威游行抗议政府的养老金改革计划。

一系列对希腊援助措施和紧缩财政政策的实施让市场恢复了一定的信心，8月12日，希腊财政部公报指出，上半年希腊财政赤字同比下降46%，从2009年的178亿欧元降到96亿欧元，财政净收入同比增长了7.2%，预定的目标为13.7%。这些数据显示，希腊实施紧缩政策后经济步入"正确轨道"。但是，希腊债务危机并没有得到根本性的解决。

其次，希腊债务危机的爆发，蔓延到了欧洲其他国家。2010年11月份，爱尔兰危机爆发。爱尔兰危机的根源是房地产泡沫破灭及银行业健康状况的严重恶化。根据爱尔兰财政部的估计，从2008年到2012年，爱尔兰国内银行的贷款损失将达到700亿~800亿欧元，相当于爱尔兰国内生产总值的一半，可见银行业的状况十分恶劣。另外，因爱尔兰政府在2008年9月全球金融危机最严重时，为稳定市场信心，仓促决定对所有银行债务进行政府担保使政府债务庞大，再加上政府担保的隐性债务，爱尔兰政府公共债务占 GDP 比例高达 1 300%。这些状况使市场担心爱尔兰政府偿还债务的能力，从而出现恐慌。

在爱尔兰债务危机初期，由于国内民众主权意识高涨及对紧缩政策的抵制，爱尔兰政府表示银行业及政府财政健康无须救助，也不必救助。但是后来市场形势急转直下，其 10 年期国债收益率上升至 7.93%，爱尔兰政府最终被迫接受欧盟、国际货币基金 850 亿欧元的紧急援助。其前提条件是，爱尔兰政府必须实行严厉的紧缩计划，包括新招的公务员减薪 10%、在职员工的养老金削减 8%、裁减 6% 的公务员（计 18 500 人）、提高所得税（增收 9 亿欧元）、削减包括福利在内的开支 40 亿欧元、出售部分资产。通过这些措施使政府赤字从占 GDP12.2% 降至 9.4%。① 严厉的紧缩措施导致爱尔兰国内爆发了大规模游行抗议活动。

尽管如此，欧盟与国际货币基金组织对爱尔兰进行了救助，这次救助计划宣布后，市场不仅没有反弹，还出现了恐慌向葡萄牙、西班牙传染的势头。因为投资者非常忧虑存款持续流失会耗掉欧盟和国际货币基金组织对爱尔兰的 850 亿欧元紧急援助。爱尔兰银行在 2010 年第三季度流失了 100 亿欧元的企业存款，而非居民存款在 2010 年 9 月达 2 030 亿欧元，超过了国内居民的存款 1 660 亿欧元，也大于爱尔兰的国民生产总值，② 其中来自英国等非欧元区的存款就高达 1 790 亿欧元，这些存款是在 2008 年 9 月爱尔兰政府宣布对银行债务进行担保后被吸引进来的。现在客户开始担心爱尔兰银行业的健康状况及欧元的前景，纷纷转移存款，使爱尔兰银行业存款流失加剧。

于是，爱尔兰银行为吸引存款，将 12～18 个月的存款利率提高至 5%，比德意志银行高一倍，同时不得不大量使用欧洲央行的紧急流动性机制。爱尔兰的 GDP 占欧元区不到 2%，但该国商业银行向欧洲央行借款占欧元区的 1/4。爱尔兰商业银行透过爱尔兰央行获得的紧急流动资金已达 400 亿欧元。③

由于银行业的问题如此严重，投资者开始担心爱尔兰的银行被国有化，私人投资者股权被稀释，导致银行股大跌。救助计划本身无法保证存款人不把存款转到欧元区其他成员国。于是，评级机构标普将爱尔兰政府债务从 AA 降至 AA－，风险从爱尔兰传递到了葡萄牙、西班牙。

葡萄牙的银行业虽然好于爱尔兰，但经济增长率极低，政府预算赤字庞大，情况有点类似于爱尔兰。市场开始预期葡萄牙最终不得不走上爱尔兰那样被救助的道路，于是投资者开始抛售葡萄牙国债和银行股，其国债收益率达到

①②③　数据来源于 Bloomberg。

了加入欧元区以来最高。在欧洲中央银行入市购买葡萄牙国债的情况下，其10 年期国债收益率在 1 月 10 日达到 7.2%，而且收益率在 7% 以上水平持续超过 10 天。[①] 同时银行股的股价更跌至 17 年来的新低，葡萄牙已到了十分关键的时候。但是，若葡萄牙接受救援，救援基金就会大量被消耗，其救助其他国家的能力就会被大大削弱。因为，除了葡萄牙外，比利时的公共债务也很高，而且政府无力解决。如若，欧盟既救葡萄牙又救比利时，那么欧盟应对其他债务危机国的手段就非常有限了。

欧盟国家中西班牙的状况也很不乐观。如果西班牙也需要救助，情况将十分严峻，因为西班牙是欧元区第四大经济体，其国民生产总值比希腊、爱尔兰、葡萄牙三国的总和还大，而其公共部门加上私营部门的债务总量庞大，而且，如西班牙债务状况恶化，其风险还将传染到意大利。根据欧洲商业经济商业研究中心（CEBR）预测分析，爱尔兰、希腊、西班牙、葡萄牙、意大利五国的债务如果要降至可持续水平，就要求消费者开支削减 15%，政府开支削减 10%，这在政治上显然不大可行。

就西班牙的情况而言，表面上看西班牙的情况比希腊、爱尔兰、葡萄牙要好一些。首先，它的公共债务占 GDP 不到 60%，低于欧盟的平均水平，甚至低于德国。其次，它的大银行还很强大，它的跨国企业出口竞争力也比较强。最后，西班牙政府的紧缩措施也比较可信赖。西班牙政府目标是将预算赤字从 2009 年占 GDP 的 11% 降至 2011 年的 6%。

但是西班牙既有爱尔兰的银行问题，也有希腊的竞争力问题也有葡萄牙的低增长问题。西班牙的储蓄机构在房地产泡沫中有大量贷款，这些贷款形成的不良资产规模巨大，但银行业仍有大量不良资产尚未清理、拨备。西班牙的其他银行也会死债缠身，仅未来 4 个月西班牙银行业就有 300 亿欧元债务到期。[②] 随着西班牙债务收益率上升，银行的融资成本也相应攀升，这又会削弱银行的盈利能力。此外，西班牙地方政府债务也很严重。西班牙的 17 个自治地区就占了西班牙公共开支的一半，加太罗尼亚、马德里的财政状况已十分危急。除了大型跨国企业外，中小型企业竞争力弱，过去两年西班牙已有约 2 600 家房地产、建筑业企业倒闭。另外，西班牙劳工市场僵化，失业率达 20%，私营部门负债率高，经济增长低迷。

西班牙的经常账户赤字占 GDP 超过 4%，需依赖海外融资。银行业严重依赖批发市场，成本较高，但占银行资产 12% 的储蓄机构已不能在批发市场融

①② 数据来源于 Bloomberg。

资。西班牙的银行体系未来两年中每年要滚转 1 000 亿欧元的债务，融资压力很大。由于批发市场融资成本高，使银行的盈利能力下降，以至于像 Santander 这样的大银行都不得不以 5% 的高息吸收 12～18 个月的长期存款。市场对西班牙的信心已出现了动摇，10 年期国债收益率在持续攀升，至 1 月 10 日收益率达 5.54%。

要使投资者恢复信心，西班牙需要进行大胆的结构改革，包括：清理银行、改革养老金制度、恢复企业竞争力、改革劳动市场，推动经济增长。降低债务的最好办法是增长，如经济停滞不前或萎缩，在融资成本上升的情况下，债务只会越清越多。

从这些事件的发生可以看出，开端于希腊的债务危机影响到欧洲更多国家，如果不能实施很好的治理，甚至可能威胁到整个欧洲的经济发展，进而造成全球经济衰退。

三、欧洲主权债务危机的现状

2011 年 10 月公布的数据显示，欧元区经济下滑幅度正在逐步加深。欧债危机导致市场信心遭受重挫，企业订单数量持续减少，欧元区 10 月私营部门活动进一步疲软。欧元区 10 月制造业采购经理人指数（PMI）初值从 9 月的 48.5 降至 47.3，服务业 PMI 初值由 9 月份的 48.8 降至 47.2，且两项数据均不及市场预期。分国家来看，9 月份制造业 PMI 尚在荣枯分界线之上的德国在 10 月亦跌至萎缩区间，法国 PMI 有微幅好转，但意大利则出现了大幅下滑，由 9 月的 48.3 暴跌至 43.3。另外，欧元区 17 国 8 月零售销售环比回落 0.3%，回落符合市场预期，同比数据回落 1.0 个百分点，其程度略超市场预期回落 0.7% 的水平。分种类看，食物、饮料与烟草类销售环比较 7 月有所上升，非食物类销售环比降幅较大。分国家看，德国零售销售 −2.9% 的环比负增长，为各国最差，德国消费市场在其经济增速下滑后，表现出了低迷的状况。

综合先行指标 PMI 以及零售销售来看，素有欧洲经济发动机之称的德国经济已现熄火兆头，意大利等"欧猪"国家则由于债务危机导致的财政紧缩等政策使经济下滑幅度更甚。10 月份之后，债务危机持续恶化，各国领导人的投鼠忌器，伴随着评级机构的煽风点火以及股市的大起大落，导致欧元区经济下滑幅度逐步加深。

1. 希腊债务危机现状

希腊2011年经济衰退程度较预期更为严重,希腊财长预计2011年希腊经济负增长5%,衰退程度超过2009年、2010年,也比IMF和欧盟预计的更为严重(欧盟和IMF之前预计希腊经济2011年负增长3.8%)。预计希腊2011年财政赤字占GDP的比重将超过之前设定的7.6%的目标。

2011年4月,希腊爆发更加严重的主权债务危机,高达3 000亿欧元的债务,相当于其GDP的113%,许多人都怀疑希腊这个国家就快破产了。几经周折之后,在接受了严苛的附加条件前提下,希腊终于迎来欧盟和国际货币基金组织的援手。同时,希腊也再发短期国债,以期顺利渡过危机。

10月27日,欧盟27国领导人与银行业达成协议,银行同意减计50%希腊国债,欧元区与国际货币基金组织同意再向希腊提供1 000亿欧元援助,同时欧元区将把援助基金规模提高至1万亿欧元。新援助计划的实施必然要求希腊实施紧缩的财政政策,在此情况下,希腊提出要让公民自己来选择是否支持新援助计划的实施,也就出现了全民公投。

对于希腊而言,如果没能在2011年12月中旬以前获得第一轮援助计划中的第六笔80亿欧元援助贷款,希腊就不得不宣布破产。而政府的当务之急就是加紧与"三驾马车"——欧盟委员会、国际货币基金组织和欧洲央行进行相关磋商。2011年9月27日,希腊财长称,"三驾马车"官员预计将在该周初重返希腊,开始与希腊新政府就第六笔贷款发放以及第二轮援助计划细节进行磋商。

先看一看希腊究竟有多"债台高筑":2010年的希腊政府债务占GDP比重为143%,而当年的财政赤字占GDP比重高达10.5%,赤字总额为240亿欧元。2010年希腊的名义GDP增速为-2.1%,名义GDP总额为2 302亿欧元。[1]

如果将债务总额比喻为一个庞大的雪球,那么每年的高赤字就相当于"滚雪球",让希腊的债务负担越来越庞大。根据2010年5月希腊与国际贷款方达成的减赤目标,希腊承诺,2011年的预算赤字需要从2009年的历史最高水平15.4%降低至GDP的7.4%,并在2015年将预算赤字水平降低至GDP的1.1%。[2]

但是,2011年前8个月,希腊政府的财政赤字不降反升,从上年同期的148亿欧元增加到了2011年的181亿欧元。考虑到希腊2011年GDP很可能缩水3%~5%,这无疑让2011年的减赤目标成了镜花水月。[3] 希腊政府在削减赤字方面的迟缓让欧盟(尤其是德国)十分不满,因此到11月底尚未同意拨

---

①②③　数据来源于Bloomberg。

付最新一期 80 亿欧元的援助款项。如果这笔 80 亿的资金不能很快到账，希腊将无力支付开支，而会被迫违约。

为了确保得到下一笔援助拨款，希腊社会党政府 9 月 18 日公布了 2011 年预算案，重申其对国际借贷机构的财政承诺，希腊承诺将预算赤字削减至 GDP 的 7.4%。同时，高赤字、高负债加上经济衰退的事实，让一笔笔贷款本质上只是帮助希腊"拆东墙，补西墙"，并不能解决希腊的本质问题——偿付能力。

由于债务的利息成本远远超过名义 GDP 增速，希腊已处于"庞氏骗局"中，即新债只能用来偿还旧债的不可持续状态。同时，第二轮贷款所要求的削减赤字等苛刻条件很有可能会进一步遏制希腊的经济增长，让希腊在这场"庞氏骗局"中越陷越深。

尽管取消公投的决定清除了一项重大风险，但这并不足以让希腊的国际债权人发放第一轮救助计划的第六笔款项，更不必说启动第二轮救助计划和私人部门参与（PSI）部分了。

自从欧盟和国际货币基金组织 2010 年 5 月确定希腊 1 100 亿欧元救助方案以来，截至目前，已发放 5 笔款项，共计 650 亿欧元，其中来自欧元区成员国的为 471 亿欧元，来自 IMF 的为 179 亿欧元，剩余 450 亿欧元贷款计划于 2012 年 6 月发放完毕。[①]

根据摩根士丹利在近期一份报告中的估算，为了让希腊在 2014 年中期之前拥有足够资金，考虑到希腊的预算赤字、债券、贷款分期付款和其他负债，希腊的融资需求总额预计约在 1 655 亿欧元。

考虑到私有化收益、债务掉期和展期的减记以及第一轮援助计划的剩余贷款和第二轮援助计划的款项，摩根士丹利的计算结果显示，希腊的融资缺口在 200 亿欧元左右。

由于第一轮救助仍然难以填补希腊的"债务黑洞"，对于已经难以从市场融资的希腊，欧元区于 2011 年 7 月 21 日通过第二轮援助希腊计划，同意向希腊提供总额 1 090 亿欧元的援助，贷款的利率也由之前的 4.5% 下调到 3.5%，还款期限最长拉大到了 30 年。

2011 年 11 月 23 日，希腊央行表示，希腊处于第二次世界大战后最关键的时刻，可能被逐出欧元区，希腊必须集中一切努力满足 2011 年 10 月协议达成的目标，否则，可能步入无法控制的下滑轨道，而且会影响近几十年来已取得的成就，导致希腊离开欧元区，令其经济、生活水平、社会与国际地位倒退数十年。

---

　　① 　数据来源于 Bloomberg。

2011 年 11 月 30 日，希腊总理在一封致全球债权人的信中表示，希腊需要留在欧元区，且意识到需要进行大刀阔斧的改革，并承诺坚持债务削减计划。

2. 意大利的债务危机现状

2011 年 11 月 10 日，意大利 10 年期国债收益率突破 7% 临界点，使意大利成为继希腊、葡萄牙与爱尔兰之后欧元区第四个被迫接受援助的国家。市场一般认为，如果国债收益率超过 7% 并继续上扬，该债券的发行国将需退出信贷市场，因此相关债券在长期内将不再具有投资可持续性。同时意大利面临着必须向外请求援助，如果援助不成功，中国作为意大利第一大贸易伙伴、第一大出口市场、第二大进口市场，意大利的债务危机对我国的进出口都有负面影响。如果意大利债务重组，将给欧元区经济带来灾难性打击，使欧元区重新陷入经济衰退，进而影响全球经济稳定。

意大利总负债目前已达到 1.9 万亿欧元，比希腊、葡萄牙和爱尔兰三国负债总和还多，未来 3 年意大利至少需要 6 500 亿欧元才能保证债务安全，而目前欧洲援助基金（EFSF）虽然要扩大到 1 万亿欧元的规模，可是目前到位只有 4 400 亿欧元，而且就算扩容到 1 万亿美元，对意大利的债务总额来说也还是规模偏小，一旦意大利债务危机爆发，作为全球第三大债券市场，第八大经济体，其救援难度远远高于希腊。意大利 2010 年年底债务总额/GDP 比率已经超过 119%，而且从 2007 年开始，一直保持高速上扬态势。而自 2011 年 6 月开始，意大利经济景气指数从 99.30 迅猛下滑到 10 月的 89.30，下降了 10 个百分点。[①] 失业率也从 8 月开始呈现上升态势，9 月失业率至 8.3%。

目前欧元区对意大利国债收益率超过 7% 的有两种方案处理。第一，欧洲央行为了促进意大利实施国内改革，稳定意大利的债券市场，维持意大利局势不至于崩溃，只有扩大对意大利国债的购买规模，在 2011 年 11 月 4 日的上一周，央行购买了 95 亿欧元的主权债，但是也没能阻止国债收益率超过 7%，现在只有继续加大对意大利国债的购买规模，但是购买得越多，欧洲央行扩大资产负债表的压力越大，而这又会破坏央行的独立性和整个欧洲的流动性，购买国债应该由 EFSF 来做。第二，欧洲货币联盟甚至欧元区存在解体的可能，或者部分成员国退出欧元区。由于欧元区的南北文化和财政差异，希腊、意大利、西班牙、葡萄牙均是南部国家，这些国家相比北部债权国比利时、芬兰、德国等国家要懒惰，在财政上表现多为赤字。7% 的警戒线使得投资者对意大利主权债务市场迅速失去信心。

---

① 数据来源于 Wind 资讯。

由于意大利的经济总量大，国债规模也是整个欧元区最大者，要央行和IMF或者EFSF来对意大利来进行经济援助存在力不从心的问题，虽然2011年11月28日意大利《新闻报》表示，IMF已备妥6 000亿欧元的纾困方案，以防意大利债务危机恶化，不过最终还是要靠意大利自身经济实力的增强，从而具备偿还能力才能从根本上解决意大利的债务危机问题，只有采取新举措进行结构改革，实现预算平衡才能更好地解决债务危机。

3. 法国银行业问题

希腊和意大利主权债务危机拖累法国银行，2011年第三季度法国主要银行盈利大幅缩减，法国10年期国债收益率创下欧元问世以来最高纪录，国际评级机构标准普尔误降法国AAA评级，法国风险会否加大再次引起普遍关注。

法国巴黎银行、兴业银行、农业信贷银行和法国人民储蓄银行集团2011年三季报显示，四大银行第三季度净利润骤减至24亿欧元，而上年同期四家银行的盈利接近70亿欧元，其中巴黎银行减值幅度最大，第三季度净利润骤减至5.41亿欧元，较上年同期减少72%，法国农业信贷银行、兴业银行和人民储蓄银行集团三季度净利润分别下滑36%、30.6%和59.9%。

四大银行都将盈利大幅下降原因归咎于减记所持希腊国债。受减记所持希腊国债总值60%的拖累，三季度法国巴黎银行减值损失达到21.4亿欧元，法国农业信贷银行减值损失为6.37亿欧元，法国人民储蓄银行集团和兴业银行减值损失分别为5.07亿欧元和3.33亿欧元。

救助希腊削弱了法国银行的实力，意大利债务危机升级也令法国备受压力。法国是意大利最大的债权国，根据国际清算银行公布的数据显示，截至2011年二季度末，法国银行业持有意大利债券风险敞口为4 102亿欧元，是德国的两倍多。随着意大利债务危机发酵，法国2010年期国债收益率11月10日超过3.4%，较德国10年期国债收益率高168个基点，创下欧元问世以来历史新高，反映了市场对法国持有大量意大利国债的担心。而在一年前，法国较德国10年期国债收益率差只有45个基点。

标准普尔公司误降法国AAA评级，又发表声明予以更正。法国媒体认为，这不是一个小事故，而是表明标准普尔正在研究给法国降级。虽然法国金融监管局应法国政府要求已就此事展开调查，但法国能否保住AAA评级仍前途未卜。

2011年12月9日，历经十几个小时的挑灯夜战和艰苦谈判，被称为"拯救欧元关键一役"的欧盟峰会如期结束。从会议发表的声明看，尽管各方未能实现全面修订欧盟条约的最优目标，但达成了涵盖除英国外其他欧盟国家的新

财政协议，并就包括欧洲金融稳定基金（EFSF）和欧洲稳定机制（ESM）等在内的危机援救机制作出更明确安排。

虽然欧盟峰会没有就修改欧盟条约和成立财政联盟获得 27 个成员国一致同意，但是欧盟 23 个国家（欧元区 17 国加 6 个非欧元区国家）同意缔结政府间条约，即新的财政协议，以强化财政纪律，这个次优方案的达成标志着欧洲在向从根本上解决危机的道路上迈进了坚实的一步。

第 2 节　欧洲主权债务危机产生的原因

欧洲主权债务问题实际是美国 2008 年金融危机的延续和深化。一般来说，经济繁荣期，私人部门的负债相对较高，而每次危机之后，政府的财政赤字都会出现恶化。美国次贷危机引发全球经济衰退，也点燃了欧洲暗藏于风平浪静海面下的巨大债务风险。为抵御经济系统性风险，欧洲各国的救市开支巨大，部分国家多年财政纪律松弛、控制赤字不力，使得目前欧元区 16 国平均赤字水平超过 6%，各国财政赤字过高和债务严重超标直接引发了本次债务危机。图 4-1 和图 4-2 显示 2010 年欧元区和"欧猪五国"的债务和赤字情况。

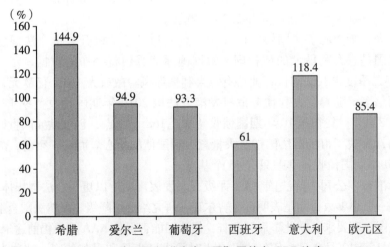

图 4-1　欧元区和"欧猪五国"国债占 GDP 比率

资料来源：Wind，日信证券研究所。

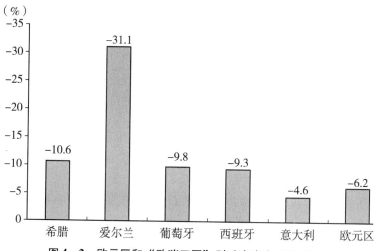

图 4-2　欧元区和"欧猪五国"财政赤字占 GDP 比率

资料来源：Wind，日信证券研究所。

一、欧洲主权债务危机产生的诱导因素

欧元面世不久就大幅升值成为主权债务危机的诱因。1999 年欧元诞生之初，其兑美元的比价先从 1.01 贬值到 0.85 的低点，而后一路升值到 2008 年 7 月的 1.58，期间累计升值达 86%，比起欧元诞生之日也升值了 50% 多。欧元的大幅升值，其直接后果就是欧债受到投资人的欢迎，相应的举债成本也变得十分低廉。像高盛等投行，就曾帮助希腊政府做假账，美化财政状况，以便利举债。而自欧债危机爆发以来，由于市场对欧洲经济前景的担忧加剧，欧元又大幅贬值，其兑美元的比价一度下跌至 2010 年 6 月份的 1.20 附近，为近四年来的最低点。

二、欧元区国家利率过低导致借贷过度

欧元区长期实行低利率政策，使希腊等国能够尽享获得低廉借贷，促进国内经济增长，掩盖了其劳动生产率低但劳动力成本高等结构性问题。经济繁荣时期这些问题被经济增长的数据所掩盖，经济危机下这些问题日益凸显，希腊和西班牙等欧元区边缘国家这些问题更加严重，经济衰退导致越来越难偿还债务，最终引发大规模违约。

值得一提的是，《金融时报》主笔大卫·马什在《欧元的故事》一书中提到，欧元低利率导致出现两种不同的结果：德国利用低利率的环境进行经济结构调整，而西班牙、爱尔兰等国家则利用低利率在此期间大肆举债，引发房地产泡沫。2008 年金融危机之后，完成了经济结构调整的德国变成了欧洲经济表现最好的国家，而西班牙等国家房地产泡沫被戳破，经济一蹶不振。

欧洲银行业的信贷扩张事实上也很疯狂，致使其经营风险急剧增加，这特别表现在其杠杆乘数（即总资产与核心资本之比）甚至超过受次贷冲击的美国同行。尽管欧盟在 2011 年 7 月 23 日公布的压力测试显示，在 91 家受测的欧洲银行中，只有 7 家未能达标。但由于在测试中未将备受瞩目的 PIIGS（希腊、爱尔兰、意大利、葡萄牙和西班牙）国家主权债务违约考虑在内，并且最低核心资本率的设定也较为宽松，该结果远未消除对欧债危机向欧洲银行业蔓延的担忧。

三、财政和货币政策的不一致

欧元区在设立之初就存在制度设计缺陷——欧元区虽有统一的央行与货币政策，但没有统一的财政政策。这种制度架构上的"先天不足"为危机的产生埋下了种子。当某些成员国遇到外部冲击时（如金融海啸），它们难以根据其自身的经济结构和发展水平等特点，制定相应的货币政策。比如，当希腊遇到问题时，对外不能通过货币贬值来刺激出口，对内不能通过货币扩张来削减政府债务。这种分散的财政政策和统一的货币政策使得各国面对危机冲击时，过多地依赖财政政策，而且有扩大财政赤字的内在倾向。加之欧元区各成员国多年来对《稳定与增长公约》关于政府财政的规定几乎置若罔闻，致使各国债台高筑，积重难返。同时财政政策的溢出效应反过来又会干扰统一货币政策的运作。

2008 年时任国际货币基金组织主席的卡恩说："我所知道的国家中，还没有哪一个国家有自己的货币，却没有财政部长来管理经济的。虽然我们的央行非常强大，但摆在我们面前的问题是，没有真正管理经济的人。"而欧洲 50 论坛主席、法国前财长艾德蒙德（Edmond）对《第一财经日报》记者说，他之所以创建欧洲 50 论坛，是因为在建立欧元之时，他就深知，欧元建立后欧洲一定会出现危机。欧元的存在让欧元区 17 个国家可以共享相同的货币政策，彼此之间的贸易往来可以不必再为汇率波动而担心，但欧洲却未能有一个统一的财政部，从而导致欧洲一体化进程受阻。

欧元区过去十年的经济和货币政策实践，并没有使各国财政政策和地区政治形成统一。当面临危机时，欧洲央行为减少一些国家的流动性风险，只能通过不断地举借新债来偿还旧债，而核心国家也因央行持续的财政支付转移而蒙受损失。欧洲央行又不能如美联储或各国央行那样充当最终贷款人的角色，导致欧洲央行无法通过开动印钞机的方式来解决债务问题。

同时，欧洲央行一直奉行较为保守的货币政策。尽管自债务危机爆发以来，欧洲央行开始购买债券并维持自2010年5月份以来的1%的市场指导利率，但是其目标通货膨胀率始终锁定在2%以下。这种在危机时刻对物价水平稳定性的追求，在一定程度上抑制了欧元区的消费与投资，给经济复苏造成不利影响。

四、高福利政策导致政府负担沉重

欧洲是长期的高福利社会，各政党之间为了赢得选民的选票当选，通常会承诺公众社会福利的提升，政党的争斗导致政府财政负担进一步增大，成为此次危机的直接原因。欧洲的高福利和人口老龄化、经济增长缓慢使得各国政府预算压力不断扩大，财政负担增大，而且短期内高福利政策难以改变。

高福利制度开始于"二战"结束之后，当时欧洲国家以高税收来支撑高福利制度，在一定程度上缓解了社会矛盾，推动了经济增长和社会繁荣，但是其长期负面影响也是不可忽视的。高税收和高劳动力成本，使得欧洲国家产业资本不断流向新兴市场。欧洲国家的传统制造业除德国外逐步萎缩，去工业化进程加速，产业出现"空心化"进而导致税基下滑，就业机会减少，政府财政收支缺口不断增加。同时，高税收又抑制了投资和创新的动力，让欧洲国家的竞争力逐步下滑。

而欧洲是全球人口老龄化相当严重的地区。以法国为例，据统计，法国6 500万人口中，有接近20%的人是65岁以上的老年人。完善的养老体系使养老金成为一笔巨额的支出。如果欧洲各国改变现有的福利制度，则会引起社会动荡，而如果政府依然为不断增多的老年人大幅支付养老金，财政压力则相当大。

欧债危机发生后，各债务危机政府一方面为了获得援助面临"减赤"压力，一方面在国内要安抚选民和维系经济增长，整个欧元区政策可谓首鼠两

端、举步维艰。"欧元之父"蒙代尔曾说:"由于医疗的改善,欧洲很多国家人均寿命达到 82 岁,这就给养老金体系施加了很大的压力,所以,福利制度需要调整,所有国家都要进行调整,不仅仅是南部的国家,还包括德国。如果不提高退休年龄,那么未来就难以避免这样的债务危机再次出现。各国不可能通过不断地发债来购买福利,这种方式是不可持续的。"

五、欧元区国家之间发展不平衡

欧盟各成员国经济发展不均衡,"强国恒强,弱国愈弱"这种局势也导致债务危机首先在发展较差的国家爆发。欧盟的经济长期由德国、法国两大强国主导和领航,"欧猪五国"(葡萄牙、意大利、爱尔兰、希腊、西班牙)既没有经济的基础动力,也没有主导的支柱产业,在整个欧盟经济中处于边缘化的状态。但货币政策统一和货币统一迫使弱国也要跟上整个联盟的发展步伐,这些弱国就只有通过应用财政政策调控工具,来拉动就业和经济增长,做到指标上不掉队,这种内部经济发展不平衡也是债务危机发生的原因。

欧盟内外部的结构性矛盾也是导致国家之间发展不平衡的原因。一方面,欧元区内部劳动生产率和竞争力差异的扩大,德国、爱尔兰等出口大国与希腊等危机国之间存在巨额经常项目失衡。德国和爱尔兰基本一直处于经常项目顺差,两国 2010 年经常项下盈余仍高达 GDP 的 5%,而希腊、西班牙等危机最为严重的国家则出现了巨额贸易赤字和经常账户赤字。另一方面,迫于政党和工会组织的压力,希腊等国多年来过度提高工资和养老金等社会福利待遇水平,随着人口老龄化加速,这不仅给政府带来巨大的财政压力,也提高了单位劳动成本,使希腊在与亚洲低成本国家的竞争中不断处于劣势,长时间的积累导致政府债务和对外债务不断攀升。通过用 1999 ~ 2008 年部分欧洲国家的单位劳动成本和财政赤字占 GDP 比重的散点图,结果发现劳动力成本相对较高的国家,财政赤字也较高。随着经济全球化和贸易一体化进程的加速,面对亚洲市场的竞争,以往传统的劳动密集型制造业优势尽失。

第3节　欧洲主权债务危机造成的影响

一、对欧元币值稳定和地位的影响

欧元自启动以来，凭借欧元区雄厚的经济实力，已迅速成为仅次于美元的第二大国际货币，并成为仅次于美元的主要国际储备货币，占比超过20%。而如今，由于欧洲主权债务危机不断发酵，欧元面临很大压力。虽然欧洲中央银行没有正式宣布实行量化宽松货币政策，但是市场预期为了解决危机，欧洲中央银行可能也会被迫实行量化宽松政策，将来欧元也会像美元一样面临贬值的压力、通胀的压力，对欧元资产的安全性带来很大影响。

受希腊等国家面临的主权债务问题影响，欧元汇率从2009年12月起一路下跌，至2010年4月27日，欧元兑美元汇率报收一年来的最低点，较2009年12月初下跌了12.8%。如果不能够有效解决希腊等国家的债务问题，市场信心难以恢复，会进一步打压欧元汇率。国际社会普遍认为，欧元已经被希腊等国的债务问题拖入自诞生以来的最困难时期。

二、欧元区经济受打击

债务危机直接导致欧元区政府债券收益率攀升，融资成本大幅上升。而企业债券和信用违约掉期（CDS）价格的制定，经常把国债收益率作为无风险收益率参考，这直接导致企业在债券市场的融资成本提高。

主权债务的信用危机会传导到市场，给整个国家的宏观经济运行蒙上阴影。在该国从事主要业务的企业的信用评级也将受到拖累，致使其融资成本提高，实体经济因之受损。

最后，政府的财政恶化，使政府的融资需求提高，进而有可能在资本市场对私人部门产生"挤出效应"，抑制民间投资，减缓经济增长。

据经济学家罗格夫（Rogoff）和莱因哈特（Reinhart）估算，如果一国债务GDP比率达到90%，那么该国增长前景就相当堪忧了。希腊的负债率已经超过了120%，意大利大约为100%，IMF估计，负债率每升高10个百分点将

导致经济增长率下降0.2个百分点,因此,40%~50%GDP幅度的债务增幅将令西欧部分国家长期经济增长率腰斩,将对整整一代人的生活标准带来严重打击。

以希腊为例,我们从其国债的持有国和地区的分布可以看出,2005~2009年欧盟地区(不包括希腊)占比达50%,是受希腊债务问题影响最深的地区,而美国和亚洲地区因为持有的债权很少,所以受到的直接影响非常小。

此外,欧盟地区的银行也认购了希腊绝大多数的债券。希腊对国外银行发售的3 000亿欧元的公司和银行债中,欧洲地区的银行持有的债券规模超过90%,法国、瑞士和德国认购规模较大,希腊债务危机的爆发使得欧盟各国及其银行将受到直接冲击。

三、对全球经济金融产生的负面影响

IMF在2011年4月20日和21日先后发布的《全球金融稳定报告》和《世界经济展望报告》中,均表达了对发达国家主权债务风险的担忧。IMF在《世界经济展望报告》中说,短期主要风险是,如果不加控制,市场对希腊主权债券流动性和偿还能力的担忧,可能会演变成一次充分的主权债务危机,并形成某种蔓延之势。

1. 世界经济受影响有限,不会出现系统性风险

欧洲债务问题将深刻影响金融市场、市场预期和经济复苏,未来全球经济仍存在较大不确定性。但总的来说,本次危机不会对全球金融机构和经济复苏产生致命冲击,不大可能出现大范围加速衰退的系统性风险,全球经济受其影响有限。其一,此次债务国经济总量占欧元区比重还不到10%,而且欧元区预算赤字占GDP的比例平均为6%,远远低于美国和日本两位数的赤字水平。其二,本次债务危机与金融衍生产品导致的次贷危机不同,其杠杆率较低,传染性不强,希腊债务的主要债权方——西方发达国家,在处理债务危机上有比较成熟的经验,而且由于全球宽松的货币政策,欧洲的商业银行不缺乏流动性,欧洲银行不太可能出现巨大损失。

2. 全球主要经济体的经济退出策略将受影响

此前,受益于新兴经济体的快速增长和全球经济的缓慢复苏,各国已开始考虑经济刺激政策的退出策略。但目前各经济体面临政策两难,各国经济增长

趋势刚刚确立，全球经济复苏基础不牢固，仍需持续的经济刺激政策维系经济增长和就业。另一方面，新兴市场由于资本流入的增加带来的通胀或通胀预期增强而不得不考虑紧缩政策，欧洲国家持续扩大财政支出又会恶化债务问题，债务危机短期内也难以解决，因此各国退出策略必将受严重影响。

3. 加大全球高通胀风险

次贷危机发生以来，大部分国家的政府为救援金融业和刺激经济大量举债，财政状况严重恶化。债务国为应对债务偿付能力不足，要么通过财政平衡，要么通过债务货币化来削减债务负担。在私人的资产负债表尚未完全改善和经济复苏的动力依然来源于政府支出的情况下，缩减政府支出，减少赤字甚至增加盈余以应对主权债务违约风险，只会阻碍经济复苏的步伐。如果债务国通过货币化来应对主权债务危机，那么主权债务危机终将演变为通胀危机。尤其是美联储为美国政府赤字的融资，所释放的过量美元，将使全球基础货币暴增，资产价格泡沫和通胀危机不断。

4. 对全球经济复苏产生的负面影响

在刚刚经历经济衰退、私人部门经济增长动力不足的情况下，欧洲国家纷纷紧缩财政支出，这会影响欧洲地区的经济复苏进程。根据国际货币基金组织的预测，2011 年欧元区经济增长会比 2010 年低于 0.2 个百分点。这还是过于乐观的，因为欧洲债务危机还在不断发酵，市场还在动荡，为了显示政府整顿的决心，他们必须拿出比较让人信服的财政紧缩计划才能挽回市场信心。

在经济衰退、通货紧缩的压力下，财政上的作为能力下降，会对经济复苏前景产生一定负面影响。有关研究表明，资产泡沫破灭以后，很多金融机构、企业、家庭部门都面临着财务状况恶化的问题，在很长一段时间中，他们不是积极扩张资产，而是利用盈利去弥补财务损失，因而会有很长时间的不增长，这时维持经济增长就主要依靠政府的财政刺激，这也就是为什么日本在过去一二十年中政府债务急剧膨胀的原因。现在，日本的政府债务占 GDP 比重在发达国家是最高的，达到了 200%。

5. 造成全球金融市场动荡

市场波动率指数（VIX）在 2010 年 5 月达到最高，受第二轮欧洲主权债务危机影响又有所上升。这些都使市场恐慌情绪增加，导致大量的资本回流传统的美元市场，寻找避风港，导致美元的走强。2010 年 5～6 月，欧元汇率一

度从 1.4 跌至 1.2，最近一段时间又有所走软。主要发达国家实行宽松的货币政策，造成市场流动性较多，但是由于实体经济并没有真正复苏，导致大量流动性在市场上空转，形成了局部的流动性过剩，造成金融市场动荡加剧。比如现在大宗商品价格的上升，完全不是经济基本面能够解释的，更多是因为在流动性泛滥的情况下，大量资金进入大宗商品市场，造成大宗商品价格金融属性特征明显，出现剧烈波动。另外，最近受欧债危机影响，利率有所上升。

6. 欧债危机对美国经济产生不利影响

欧洲主权债务危机显然不仅仅是欧元区的事，它还会影响到欧洲以外的经济体，欧债危机影响美国经济的主要渠道有两个：双边贸易和美国银行业对欧债的风险暴露。

此次危机给美国对欧出口造成不利影响。受债务危机拖累，欧洲经济复苏放缓，对外需求降低，加之自 2011 年年初以来，欧元对美元贬值 15% 以上，这两个因素的叠加必然使美国对欧出口锐减。但是，考虑到美国对欧元区常年保持逆差，而其中出口占美国 GDP 的 1% 左右，这种负面因素对美国经济增长的影响有限。事实上，根据经合组织的一项研究，在其他条件不变的条件下，欧元贬值 10%，只会在次年使美国 GDP 下滑 0.1 个百分点。此外，对比世界银行与国际货币基金组织在欧债危机期间发布的两次世界经济展望，美国 2010 年和 2011 年经济增长率的预期均被提高。这充分表明了两个权威机构在欧债危机的背景下，仍对美国经济前景保持乐观。

尽管欧债危机对美国经济的整体影响十分有限，但给涉入其中的美国银行带来巨大的违约风险，大大降低了其资产质量。据巴克莱资本在 2011 年 2 月 10 日公布的报告，美国 73 家大型银行对爱尔兰、西班牙、希腊和葡萄牙的债务风险敞口共计 1 760 亿美元，但因多数交易已受担保（如回购协议），因此风险有限，且占美国各大银行全部海外敞口 5% 左右。[①]

但是，具体到深陷欧债的少数美国大型投资银行，形势却异常严峻。如摩根大通在 "欧猪五国" 的风险敞口为 363 亿美元，约为其核心资本的 28%。而摩根士丹利在五国的风险敞口为 324 亿美元，占其核心资本的比重高达 69%。市场不仅对这些当事者的资本结构担忧，更可能对出现在美国银行业的 "多米诺骨牌效应" 感到恐慌。事实上，自 2011 年 4 月以来，随着欧债危机的影响逐渐发酵，以上两家公司的股价在一个季度内下跌了近 20%。受其拖累，

---

① 《美国银行业对欧主权债务风险敞口有限》，载于《中国证券报》2010 年 2 月 12 日。

同期的道·琼斯指数也出现宽幅波动，并结束了近一年来的上涨行情，在一个季度内下跌了10%以上。这在一定程度上反映了市场的忧虑正在从银行业向实体经济扩散。

第4节　欧洲主权债务危机对中国的影响

一、对中国进出口的影响

由于欧盟是我国第一大贸易伙伴，因此，欧洲主权债务危机发生对我国进口产生不利影响。

首先，欧债危机导致欧洲经济增速趋缓，影响未来我国的出口增长。我国对欧盟的进出口总额超过了美国的进出口总额，对欧出口约占出口总量的20%，欧盟陷入债务危机必将严重削弱其购买力和国内需求，我国对欧洲的出口肯定会受到冲击。不过，由于对欧洲的出口主要集中在一些发达国家，希腊、西班牙、葡萄牙等并非很大的出口市场。未来如果欧债危机继续拖累欧洲经济，将降低我国出口的外部需求，而且贸易保护主义抬头倾向不可避免，从而增加我国和欧盟的贸易摩擦。另外，为了缓解主权债务危机，寻找新的经济增长点，欧洲各国不得不收缩其财政政策，降低赤字占 GDP 比重，把重点转移到对外贸易领域。欧元区国家可能把中国视为贸易保护的对象，缩小对中国贸易逆差，减少对中国产品的需求，我国的外贸出口将受到较大程度的打击。

其次，欧债危机会导致欧元持续贬值，人民币兑欧元汇率不断上升，人民币不断升值直接降低了中国出口产品的竞争力，增大出口企业成本，减弱我国产品在欧洲市场的竞争力，在其他因素不变的情况下，仅汇率因素就会使对欧出口减少10%。

最后，欧债危机给世界经济蒙上阴影，从而间接地影响中国的对外贸易。这种机制主要表现在危机对我国主要贸易伙伴，如美国、日本的影响。由于欧元贬值，使得美日的出口竞争力受到削弱，不利于经济的恢复，美日经济复苏乏力，直接导致中国出口的下降。

二、对中国资金面的影响

欧洲债务危机爆发对中国的金融市场短期内也有一定影响。受投资者对债务危机忧虑增强影响，短期内中国资本市场受到冲击，但这种影响目前来看仅仅是短期的，市场下跌后风险将自然释放。对于中国银行业来说，由于中国金融体系相对比较封闭，大型商业银行没有参与希腊等国的融资，因此，此次危机对我国银行业的负面影响相对比较小。

但是，也应看到，中国经济正在逐渐走向开放，国际金融市场波动会影响我国跨境资金的流动。跨境资金特别是短期资本的进出可能对中国的资本市场造成一定影响：一方面市场上存在着人民币升值的预期，且中美利差短期内难以改变，危机爆发可能导致大规模的短期国际资本流入中国，进一步加大中国国内的冲销压力，从而加剧流动性过剩与资产价格泡沫；另一方面欧债危机持续刺激避险资金对美元的需求，推升美元指数导致海外热钱回流美国本土，A股市场面临海外资金撤离引发的指数震荡下跌。这两方面的作用都可能影响中国的资金的流入流出。

三、对中国外汇储备的影响

由欧洲主权债务危机进而形成的欧元危机给人民币汇率水平带来了正反两方面的影响：一方面，希腊爆发危机以来，欧元对美元的汇率跌幅已经超过10%，欧元对美元贬值，而人民币名义盯住美元，这在一定程度上缓解了人民币对美元名义汇率的升值压力；另一方面，债务危机可能导致大规模短期国际资本流入，加大人民币升值压力，而人民币升值又会吸引套利资金流入，进一步增强升值预期。此外，近期美国政府不顾世界舆论反对，坚持要求人民币升值，很可能将中国列为"汇率操纵国"。总之，人民币升值的外部压力会显著增强。

在影响人民币汇率的同时，欧元币值不稳定，会影响我国储备资产安全。2007年发生的次贷危机使美国政府采取了史无前例的扩张性财政货币政策，导致美元中长期贬值的可能性加大。因而，中国外汇资产多元化的方向就是增持更多的欧元资产，欧元汇率的变动就会影响中国大额欧元储备的估值。扣除汇率、资产价格波动这些估值效应的账面损益，储备余额变化与国际收支平衡表上反映出来的由于交易导致的储备变动可能形成差异，甚至差异较大，因为欧元贬值，美元走强，有可能导致大量的账面汇兑损失，而当欧元反弹，市场回暖，情况则可能逆转，这无疑加大了中国外汇储备多元化的难度。

第5节　欧洲主权债务危机的解决方案

一、欧洲金融稳定基金（EFSF）

欧洲债务危机爆发后，欧盟以及欧洲央行为了能更好地对那些发生债务危机的国家进行及时有效地救助，建立了EFSF。EFSF是"European Financial Stability Facility"的缩写，意思是"欧洲金融稳定基金"。为了保护各成员国的金融稳定，欧盟与国际货币基金组织于2010年5月成立了"欧洲金融稳定机制"（ESM），并且成立了"稳定基金"。当欧元区成员国出现金融困境或者重组银行需要贷款的时候，欧洲金融稳定机构可以在德国债务管理局的支持下通过发行债券或其他融资工具来提高贷款支持基金，同时也可以以此来购买主权债务。债务信用将由欧元区成员国根据各自在欧洲央行的已存资金比例，按比例担保。

德国是欧元区第一大经济体，它在EFSF中的资金份额中占比接近50%。欧洲金融稳定工具最初的规模只有4 400亿欧元，随着爆发债务危机国家数目的增长和欠债规模的增大，4 400亿欧元已经不能覆盖欠债国的债务，要求规模扩大到1万亿欧元（1.39万亿美元）。扩容有两种操作方案：一个方案是将目前的欧洲金融稳定工具用于为问题国家发行新国债进行一定比例的担保；另一个方案是设立一个或几个"特殊目的工具"（SPV），从而为欧洲金融稳定工具融资，不过就算扩容到1万亿欧元，其规模总量也仅够覆盖欧洲问题五国2012～2015年的债务，而2016～2020年问题五国到期债务总量为7 620亿欧元。因此，当前的金融稳定工具的规模仍只立足于解决短期问题。

为保证EFSF有效运行并能使被援助国受到一定约束，在同意将欧洲金融稳定机构AAA级借贷额度扩大一倍之后，欧盟各国现在正讨论EFSF贷款的适用条件。其中最关键的部分为债权人设置一个"出血"（Haircut）额度——即在援助行动中，债权人必须分担一定程度的损失。

因为"出血"对于维护欧洲金融体系本身的稳定性是不可或缺的。

二、紧缩的财政政策

债务危机爆发后，为了获得国际资金的援助，希腊、西班牙、葡萄牙等国采取了激进财政紧缩政策，这种财政紧缩政策可能使这些国家经济重新陷入衰退。根据 IMF 最新预估，2010 年，希腊、西班牙、爱尔兰和葡萄牙四国实际 GDP 增长率为 -2%、-0.4%、-1.5% 和 0.3%，是欧元区成员国中表现最差的几个国家。标准普尔公司在 2011 年 4 月 27 日、28 日接连降低希腊、葡萄牙和西班牙的主权信用评级更是助长了恐慌情绪。

实际上，欧洲主要债务国家都面临着经济发展与财政紧缩的内在矛盾，一方面债务的长期解决仍需要依靠自身经济发展，通过持续累积的外汇储备进行债务的偿还，受到人力资本以及资源等限制致使经济发展的内在动力减弱；另一方面，受债务问题的制约，债务国家主要通过紧缩的财政政策减少赤字，刺激经济的财政政策空间有限，同时因为货币政策统一于欧洲央行，财政政策是各国唯一能用的调节工具。从目前欧元区各国财政赤字/GDP 调整计划看，核心国家中法国有一定压力，"欧猪国家"总体压力较大，特别是希腊和葡萄牙，考虑到"欧猪国家"2012 年经济将会衰退，减赤对他们压力将很大。以下是各国实行的财政紧缩政策。

希腊政府于 2010 年 5 月份宣布了大规模财政紧缩计划并引发全国性大罢工和示威活动；2011 年 4 月 15 日宣布新的 500 亿欧元国有资产私有化和福利缩减计划；6 月初，采取 64 亿欧元的额外举措，包括增税和降低所得税免税额等；内阁批准了一项标准十分严格的 5 年期紧缩财政计划，希腊政府拟利用该计划，削减支出 284 亿欧元，并通过新的财政收入措施到 2015 年实现预算赤字低于 GDP1% 的目标。

爱尔兰政府于 2010 年 11 月 28 日公布了一份 4 年期的财政紧缩计划，拟削减财政赤字 150 亿欧元（约合 200 亿美元），2011 年年内缩减赤字 60 亿欧元，政府支出缩减 40 亿欧元，所有公务人员工资减少 5%，并降低社会福利。

西班牙计划在未来 3 年内削减财政预算 500 亿欧元，2013 年财政赤字率降至 3%，西班牙政府通过了 2011 年财政预算紧缩方案，包括对富人征税和缩减支出 8%，政府人员支出缩减 5%，并于年内冻结工资，将退休年龄提高到 67 岁，同时政府将烟草税提高至 28%，并计划出售西班牙 30% 的博彩业和国家航空当局少量权益。

葡萄牙计划将财政赤字率由 2009 年的 9.3% 降至 2010 年的 7.3%。

意大利计划在两年内削减财政预算 260 亿欧元，2012 年财政赤字率降至3%，2011 年 9 月 7 日，参议院批准了意大利政府的新紧缩财政提案，规模超过 500 亿欧元，并将增值税税率从当前的 20% 上调至 21%，以增加税收收入。另外，将对超过 50 万欧元（70 万美元）的收入加征 3% 的富人税，并将在2014 年将私营部门女性工作人员的退休年龄从 60 岁提高至 65 岁。

为了应对标准普尔下调法国信用等级导致的投资者对法国的信心不足问题，法国总理菲永公布了财政紧缩计划，计划未来四年内削减 650 亿欧元预算开支，包括 2012 年减少开支 70 亿欧元，以保证法国在 2012 年经济增长预测由 1.75% 下调到 1% 之后，为了能够遵守减赤承诺，确保 AAA 信用评级。菲永重申，法国将遵守承诺，力争在 2016 年实现零赤字。法国预算部长佩克莱斯表示，法国在 2012 年大选前不会出台第三个财政紧缩计划，政府有能力驾驭局势。

三、建立统一的财政计划

欧洲主权债务危机的发生关键的原因在于欧元区统一的货币政策而不同的财政政策，因此，为解决这一矛盾，实行统一的财政政策，实现财政一体化是解决问题的关键环节。

2011 年 12 月 9 日，在欧盟峰会上，除了建立财政联盟，德国对几乎所有短期内可执行的救助方案都表示反对，态度很明显，即不建立财政联盟就不予以救助。但财政联盟的建立需要长时间推进，而欧洲现在最需要解决以及迟迟未能解决的问题还是资金来源的问题。乐观估计即欧元区各方有一定的妥协，建立财政联盟的基本框架，但在 2012 年第一季度具体进一步执行财政联盟建立时，各方又必将进行进一步的博弈，引起国债市场波动，而此时又逢欧元区主权债务到期高峰，在没有足够救火火力的机制干预以及德国坚持其强硬立场的情况下，无法排除欧元区各国将 "自扫门前雪"，甚至走向分裂的深渊。

2012 年 1 月 31 日，欧盟国家领导人举行峰会。峰会达成两个共识：财政统一进程更进一步，赋予欧洲正义法庭裁决某个国家是否违反规定的权力；欧盟同意建立长期欧洲稳定机制（ESM），2012 年 6 月正式发挥作用，但其是否扩容将在 3 月的峰会再次讨论。财政统一可能是解决未来再次发生债务危机的良方，同时给予欧洲正义法庭裁决权，杜绝了成员国违犯《马斯特里赫特条约》（以下简称《马约》）而不受惩罚事件的再次发生，增强条约对各国财政纪律的约束力。ESM 是欧盟建立的债务危机的防火墙机制，它的建立对阻止

危机的蔓延有积极作用，担保规模在 1 万亿欧元以上。

四、欧元区解体

欧洲债务危机如果各种措施都不能挽回，欧元区可能会回到欧盟建立前的状态，也就是欧元区解体。欧元区解体存在法律、制度上的障碍，经济成本也会非常巨大，但是如果要维持欧元区，维持的成本也是非常高的，估计每年转移支付到周边经济体的资金大约为德国 GDP 的 4%～5%。

欧洲金融市场一体化进程中，历史上虽然没有出现欧元解体这种最恶劣的局面，但是与解体类似的退出是存在的，如 1992 年的英镑、里拉危机，但是，目前的情况与类似的退出有着本质的不同。希腊的退出，可能复制先前新兴市场危机的典型情况，即发生货币大幅贬值、国内通胀失控从而出现经济崩溃的局面，这对于债权、债务国双方均不利。

欧元区解体受到损害最大的国家不是希腊而是德国，欧洲一体化推动德国成为欧洲的制造国，这也使得德国成为发达国家里为数不多的过去 10 年外贸份额没有下降的国家。欧元区一直是德国的主要顺差来源，欧元区成立以来，德国对"欧猪"国家的顺差迅速扩大，因而德国是解体后受影响最大的国家。在德国强力支持下欧元区解体的可能性比较小，以下是不会解体的主要原因。

第一，无论是德国还是希腊或者其他国家，如果要退出欧元区，其代价巨大。

法国前财长艾德蒙德和法国前总统密特朗以及现任总统萨科齐的顾问雅克（Jacques）同为《马约》起草者，他们表示：不会让任何国家离开欧元区，而且《马约》上也不允许国家退出欧元区，退出没有路径。而法兴银行法国首席经济学家麦克（Michel）则用数字测算出了"退出"的成本：

德国离开欧元区，会使制造业受损和金融部门严重损失。如果德国选择离开欧元区，重启德国马克。那么，首先，德国马克会升值 30%，制造业严重受损，市场份额减少，经济损失总量占 GDP 的比重将达到 10%～15%。其次，德国金融部门将会面临巨大困境。因货币更换后，银行的负债将会以新货币（即德国马克）计价，德国居民会储蓄马克。而银行部门的资产将会以欧元计价，即银行部门买入的债务（从法国或意大利买的）会以欧元计价，资产负债表会出现巨大缺口，使德国不得不重新调整银行的资本结构，这会造成巨大损失，损失额可能占 GDP 的比重达到 20%～30%。另外，根据德国复兴信贷银行（Kfw）的测算，如果没有欧元，德国在过去两年年均经济增长将比现在减少 2.0% ~2.5%，大概为 500 亿~600 亿欧元。

希腊要离开欧元区，其代价是政府、金融部门和公司统统违约。如果希腊启用新货币，新货币贬值至少 50%，会刺激出口，但金融部门陷入艰难局面。当然，在此情况下，因为以欧元计价的债务实在太高，希腊政府会更愿意选择违约，金融部门也必须重新资本化。因为希腊政府要违约，给银行体系带来的打击会非常大，银行体系负债会以欧元计价，资产以欧元计价，银行体系、公司也很可能会对他们以欧元计价的债务违约。这对希腊经济的打击也是巨大的。

第二，欧洲经济增长乏力，与各国政治有很大关系，但经济增长潜力仍在。

作为欧元区第三大经济体的意大利，是欧元区经济最脆弱也是最关键的一环，如果意大利出大问题，不仅欧洲经济将崩溃，甚至会拖垮全球。然而，法国和德国各界人士都觉得意大利是个富裕国家，本身并不缺少经济增长的潜力。意大利人对前政府的抵触情绪相当强烈，无论是身在 OECD 的高管，还是意大利的经济学家，还是经营着世界品牌的商人，都对当时的贝卢斯科尼政府感到绝望。意大利国际事务研究所所长保罗（Paolo）说："意大利的经济情况很关键，但没到令人绝望的程度，而意大利的政治形势并不是那么关键，却已经到了令人绝望的程度。意大利的核心问题是领导层根本无能力应对危机。"

其实意大利被降级，多数也是政治方面的原因，而不是经济方面的原因"。

第三，长期来看，欧洲统一财政是大势所趋，但经历的时间可能较长。如果欧洲货币和财政统一起来，欧元区很难解体。

关于财政统一，几乎都认为欧洲未来会走这一步。法国前财长艾德蒙德说，"我们应该朝着这个方向迈出第一步，这可能需要 10 年的时间，但我们必须开始这么做，因为没有一个货币，是可以没有一个统一的财政机构而单独存在的，所以我们要建立财政统一。"法国前总统顾问雅克认为统一财政是欧元区的唯一出路。蒙代尔说："欧洲需要建立一个新机制来促进他们的财政赤字的削减，因为他们需要加深政治的融合，不仅仅是在金融方面，而且要在政治方面进一步地融合。"

但是，欧洲财政统一毕竟还需要很长时间，也注定不会一帆风顺。而解决眼下欧债问题的方法可以扩大 EFSF 的规模，可以是提前 ESM 的时间，或者为问题国家国债作担保，而最终解决债务问题的关键，还是调整经济结构，做出实质性改革，提高核心竞争力，以使经济获得持续稳健的增长。

第6节 欧洲主权债务危机给我们的启示

一、对欧盟各国的启示

欧洲主权债务危机发端于希腊，之后蔓延到欧洲各国，无论是经济实力较弱的希腊、葡萄牙等国家，还是经济实力较强国家德国、法国，都受到不同程度的影响。虽然目前欧债危机还远未结束，但是还是有许多值得我们思考的地方。

首先，欧洲主权债务危机的发生表明，2008 年开始的金融危机并没有走远，各国应提高警惕，严防新一轮的金融危机的出现，根据自身不同国情，推行财政紧缩计划，逐步削减财政赤字，摸索出摆脱债务危机的不同路径和模式。

其次，各国要缓解危机、避免危机再次发生，必须从根本上进行结构性改革。各国应推进自由化改革，通过发展教育促进人力资本积累、加快技术创新等提高劳动生产率，增强出口竞争力，同时要改革劳动力市场，降低名义工资，减少欧元区外亚洲低成本国家的冲击，恢复欧元区内外部总供求平衡和贸易平衡，以软着陆的方式实现经济复苏。

再次，审慎的产业政策是保持宏观经济稳定的基础。陷入危机的主要国家都过于依赖某个或者某几个受危机影响严重的周期性产业。如希腊依靠旅游和船运业，西班牙依靠旅游业、爱尔兰依靠房地产业等，这些产业受到 2008 年金融危机的冲击，影响很大，所以各国应在产业发展和宏观稳定上取得有效平衡，在经济发展中发挥自身优势，扬长避短，积极发展特色产业。

最后，欧盟国家应加强政治、经济等方面的一体化步伐。在本次债务危机中，欧元区内部长期存在的制度性缺陷和政策错位迅速暴露。欧盟各国应加快完善欧洲货币、财政及政治一体化机制，加强政策协调与沟通，强化和补充现有机制，加强金融监管协作，提高欧盟稳定性和危机应对能力。要建立一个长期内在财政、货币、政治上合作的有机整体，在短期内能及时解决金融突发事件的机制。

二、对中国的启示

中国远离欧洲，中期内也不可能发生主权债务危机，但欧洲主权债务问题对我国当前经济运行中存在的一些问题具有重要的警示作用。从 2008 年年底开始，为应对美国金融危机的冲击，我国出台了大规模的刺激经济政策，相应放宽了有关信贷和地方融资的政策，地方债务的规模以前所未有的速度增长，地方债务短短几年间迅速增加到 10.7 万亿元人民币的规模，这种快速增长蕴涵着巨大的风险。尽管我国现行的体制确保地方财政不会出现破产，仍在可控的范围内，但也应该从当前欧元区国家主权债务问题中吸取教训，采取相应措施控制风险。

1. 建立健全银行治理结构和严密的内控制度

目前，地方政府多是依托地方融资平台向银行贷款，中国地方债务 79% 来源于银行贷款，而政府融资平台公司的很多建设项目本身不直接产生经济效益，其还款来源主要是地方政府的财政收入和土地收入；如果财政收入状况差，地方政府的债务风险将主要集中在银行体系。因此，银监会应切实加强对金融机构的公司治理结构和内控制度的指导和管理，加强对地方融资平台项目的业务管理和风险警示。

2. 以立法形式加强对地方政府预算管理，合理控制地方政府债务规模

以立法形式加强对地方政府预算管理，增强透明度，清理地方融资平台，合理控制政府债务规模，加强风险管理。应该及时对全国整体财政及债务状况作全面清查和评估，并随时更新，对地方政府债务规模要进行限额管理和风险预警，对经济实力不同的地区限定不同融资标准，让融资公开化、透明化，要切实从财政和金融两方面防范偿债违约风险。

3. 使地方政府事权和财权相匹配，增加地方财政收入

近年来，在中央和地方分税制度体系下，地方政府事权和财权不匹配，税收收入不能保证各地事权的施行，各级地方政府多以卖地收入作为财政收入的重要补充，但这种"土地财政"具有不稳定性和不可持续性。因此，有必要通过培育地方税税种如物业税等方式，促进地方财政收入的稳定增长。

4. 欧元危机为人民币国际化提供了有益启示，创造了新的契机

由于缺乏与统一的货币政策制度配套的财政政策制度，财政方面的自主控制造成了欧元体系的失衡，因此，人民币国际化需要完善货币、财政政策的制度建设。我国还可利用欧元信誉危机，积极推动与以欧元部分结算贸易的国家在双边贸易中使用本币结算，增加人民币的国际使用量，逐步推动人民币的区域性贸易结算功能。

5. "亚元" 的成立时机尚未成熟

关于亚洲成立共同货币区乃至 "亚元" 的呼声在亚洲金融危机以后越来越高。蒙代尔在其最优货币区理论指出，只有成员国在要素自由流动、经济趋同等情况下，加入共同货币区才会带来福利增进，条件不成熟却勉强加入得不偿失。希腊在经济发展水平与其他国家有较大差距时强行创造条件加入欧元区并引发本次危机就是很好的例子。因此，亚洲国家发展差异更大，在目前急于推出 "亚元" 为时尚早。

6. 应积极制定相关政策措施，防止欧洲债务问题对中国的冲击

一方面，我国出口企业应做好应急准备，将出口萎缩带来的损失减到最小。2011 年的出口明显增速下滑，外贸顺差越来越小，政府应该扩大内需，减少对外需的依赖，防止经济增长下行过快；另一方面，尽管中国目前的资本账户并未完全开放，但是因为中国经济增长还是全球增长最快的国家之一，热钱不断涌入，这些已使中国的资产出现泡沫，相关部门也要加强观测和预警，管理资本流入，采用有效手段化解可能的风险。

7. 要全面审视中国的主权债务问题

虽然中国财政赤字和公共债务占比一直处在国际警戒线之下，2009 年财政赤字 GDP 占比低于 3%，总债务占比低于 20%，远低于国际警戒线的 60%，但是如果把地方债务和不良贷款这两部分统计进来，总债务/GDP 就会接近 50%。同时，地方债务是最难统计的数据，历史上早有验证，加上隐性负债，中国可能早超过 60%。同时由于地方政府收入来源有限且不稳定，在医疗和教育方面又要加大开支，地方政府的财政赤字压力持续扩大，地方政府债务的无序扩张，一旦出现违约风险，将会对经济实体的复苏和经济社会协调发展产生间接但是巨大的影响，所以中国应从外汇储备、外债负担以及整体债务状况

等方面更加全面地审视中国的债务问题。

8. 地方政府债务问题应该引起高度重视

金融危机爆发以来，各地纷纷推出大规模救市措施，地方政府债务迅速扩张，有研究估计地方债务总额相当于 GDP 的 16.5%。这些债务一旦出现违约风险，将会影响市场信心甚至国家经济安全，特别是部分地区经济实力不强，可是融资额过大，甚至有年财政收入只有 40 万的镇融资却过亿元，每年利息就过千万，如果不加控制，地方债务会恶性膨胀。当然，国有企业和金融机构的不良资产等临时性负债风险也不容忽视。当前，要明确自身债务水平，制定相关措施，确保债务安全，促进宏观经济平稳较快发展。

第7节　结论与展望

欧洲主权债务危机从其发端希腊危机开始，就备受全球关注，时下最热门的话题和课题都无疑和欧债危机有关，因为欧盟的经济发展影响到全球经济的发展。那么，欧债危机的前景到底如何，现在只能说"变幻莫测"。

2011 年 10 月底，欧盟峰会上所达成的几项成果：EFSF 通过杠杆扩充规模、银行业重组、希腊债务减记规模扩大、意大利财政改革，好像给全球吃了一颗定心丸。然而，希腊一意孤行要进行全民公投的决定，又给欧洲局势蒙上阴影，使欧洲经济的发展充满变数，由此感受到，由 17 个成员国组成的欧元区要形成合力不是那么容易。

此次的欧洲危机与以往的债务危机都有所不同。曾经被资本市场认为最为安全的主权债务，如今沦落为被投资者纷纷抛弃的对象，风险陡增。而欧洲危机的情况，也比以往更加复杂，可以说欧洲主权债务危机是一场各国的政治危机、主权债务危机、银行危机、竞争力危机的综合体现。

2011 年 12 月 12 日，欧盟峰会通过了一项决议，由于英国的反对，因此协议将由欧元区 17 国和欧元区外 10 个欧盟国家当中最多 9 个形成。决议的内容包括：同意对欧元区违反赤字限定的国家进行自动制裁，除非 3/4 的成员国反对行动；同意把强调预算平衡的新财政协议写入各国宪法，借此促进进一步的财政纪律；与此同时，欧盟成员国也同意为 IMF 注入 2 000 亿欧元，并且提前启动欧洲稳定机制。但是形成这些决议都是长期的协调，对具体增加 EFSF 的

资金问题没有协商，对 ESM 发放执照让其独立进行融资也予以了否决，对于增加 IMF2 000 亿欧元的资金，在资金的来源上没有落实，这次协议对解决迫在眉睫的到期债务问题也无能为力。

欧债危机导致欧洲的前景可能出现以下几种场景：

首先，维持欧元区目前的状态并进一步协调完善。不过由于财政政策不统一，货币政策统一的情况下，各国经济发展的不平衡导致希腊、葡萄牙、爱尔兰这些国家未来经济增长缓慢，在长期内要偿还现在巨额的主权债务很可能都不现实，在短期内要解决到期的债务更为艰难，同时这些国家为了获得援助实行紧缩的财政政策导致经济增长更加放慢。所以要维持目前的状态代价是比较小，可是对于债务国来说，要保留在欧元区国家中可能是比较困难的。

其次，欧元区可能部分解体，以德国、法国为核心的一些经济状况比较好的国家结合起来，继续实行统一的欧元。这些国家因为经济增长速度趋同，同时经济面状况比较好，而能维持一个比较平稳的局面，但是希腊、葡萄牙、爱尔兰这些退出欧元区的国家很可能就会经济崩溃，主权债务问题更加严重。

最后，欧元区可能完全解体，每个国家就像没有形成欧元区一样，仍然发行本国货币、行使本国财政政策。这对每个国家的自主性有所增强，但是也存在一个和部分解体一样的问题，希腊、葡萄牙、爱尔兰这些债务问题的国家由于欧元区不再存在了，获得援助的可能性越小，这些国家首先出现债务违约，爆发债务危机甚至经济危机，最后很可能导致欧洲出现大面积的经济危机，甚至出现政治危机，这是我们所不愿看到的，但是很可能又是必须面对的。因此，如果没有外部援助的话，爱尔兰、葡萄牙、希腊都可能在短期内面临技术违约，同时欧洲的银行渠道将面临着巨大的风险，流动性缺乏和经济增长乏力会造成欧洲经济危机进一步陷入恶性循环，欧洲发展前景黯淡。

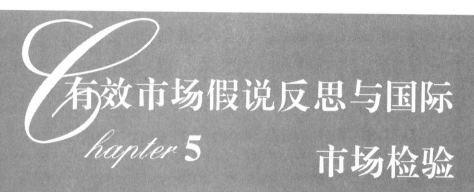

有效市场假说反思与国际市场检验

Chapter 5

Reflection of Efficient Market Hypothesis and
International Market Examination

1987年10月19日，世界各国股票指数在美国道·琼斯工业指数的引领下，全线下跌。道·琼斯指数本身更是创下了继1914年12月12日之后的最大单日跌幅，下跌幅度超过20%，继而引发了全球金融市场的恐慌，伴随而来的是20世纪80年代末的经济衰退。2000年3月初，美国纳斯达克指数攀升到了历史最高5 048点位，互联网界一片欢欣鼓舞，庆祝IT历史上这一标志性的时刻。然而，在接下来的交易日里，纳斯达克指数出现了小幅下挫，市场分析师却表现出了空前的冷静，认为这是再创高位前的小幅回调盘整。3月13日，大批投资者开始抛售微软、思科、戴尔等一系列IT界的领头羊的股票，纳斯达克当日跌幅达4%，诸多分析师因此大跌眼镜。然而，噩梦仍未就此结束。在接下来的几天里，基金、机构投资者开始纷纷清仓出局，仅仅用了几天时间，指数就犹如受到了地心引力一般飞流直下，以4 580的收盘点位，给投资者交上了一份投资答卷。

看到这些案例，我们不禁要问：是什么引起了投资者的恐慌？如果说投资者都是理性的，以追求自我利益最大化的原则进行投资，为什么还会出现许多譬如忽视风险、追涨杀跌等天真的投资行为？在股价已经数倍偏离其价值的时候，人们为何依然趋之若鹜？上述种种投资者的行为，都与有效市场假说——这个被学术界称为现代经济学奠基石的理论，有着千丝万缕的内在联系。

自1970年法玛（Fama）首次正式提出了有效市场假说（Efficient Market Hypothesis）之后，该假说就对现代经济学思想产生了深远的影响。正如保罗·萨缪尔森所说："如果说金融学是社会科学王冠上的一颗明珠，那么有效市场理论将占去它一半的光彩。"与此同时，该理论也招致许多来自学术界的争论。虽然在过去的40年间，有不少反对该假说的研究及论述涌现，假说仍然被大多数经济学家视为现代经济学的基石。纵观其中的原因，很可能是因为该理论不单逻辑清晰，理论框架完善，而且用来证明该理论的实证方法与理论的阐述相得益彰。然而，相对而言，在另一方面，那些反对的证据要么表述不清，要么支撑该反对证据的假设不足。

因此，本章尝试从一个客观平衡的角度出发，对市场有效性假说做一个回顾，包括理论本身以及较为著名的检验方法。当然，我们的意图是要论及世界主要国家及经济体的金融市场形态，并结合现阶段我国证券市场的国情，从有效市场假说的角度出发，来谈谈该理论对我国股票市场的启示和指导意义。

第 1 节　有效市场假说的起源

正如中国古代思想家孟子所言："天将降大任于斯人也，必先苦其心志。"法国数学家路易斯·巴舍利耶（Louis Bachelier）的经历正是 2000 多年前这一句哲言的最好诠释。1900 年，巴舍利耶在他的博士论文《投机理论》（Theory in Speculation）中，第一次较为全面地论述了股票具有的随机特征，并运用统计方法分析了股票收益率，从而发现股价波动的数学期望值为零。这一著作为后来对于有效市场研究奠定了理论基础。然而，由于种种原因，他的这一具有前瞻性的论述未能引起当时学术界的关注。直到 20 世纪 50 年代，才有为数不多的研究著作涉及股价随机性的研究。随着美国战后经济的发展，金融市场尤其是股票交易领域迎来了黄金时期。在这一阶段，关于股价的研究自然而然地成为学者的宠儿。1965 年，美国芝加哥大学布斯商学院的尤金·法玛（Eugene Fama）教授在金融分析家期刊（Financial Analyst Journal）上发表了一篇名为《股票市场中价格的随机漫步》的文章，文中首次提出了有效市场（Efficient Market）的概念，并于 1970 年在总结自己与前人诸多对于股价随机特性研究的基础上，系统地提出了有效市场假说。

法玛认为，有效市场应该具有一些基本的特性：在这个市场上，充斥着大量的理性投资者，他们都以追求自身利益最大化为投资目标。此外，股票价格能够反映市场上过去或者现在可以获得的，以及虽然未发生但投资者可以预期的所有信息。投资者获取这些信息的成本是一致的。也就是说，如果价格能够充分反映市场内的所有可以得到的信息，那么这一个市场就被称为是有效的（Efficient）。有一点需要读者注意的是，尽管在大多数涉及有效市场假说的研究中所说的价格或者研究价格的对象都是股票价格，但是我们需要明确的是有效市场假说本身并不仅仅只对股票价格有效，它的适用范围包含了所有的证券产品，包括债券、股票、期货、掉期等。基于价格对信息的反映程度这个标准，有效市场假说包含了三种市场的有效形态。分别是：弱式有效市场，中强式有效市场以及强式有效市场。

在继续本章的论述前，有一点需要读者明确：简单地去评价一个理论的正确与错误，这种主观的二维论，在社会科学研究方面，难免会显得过于武断，并缺乏严谨性。因此，本书认为，如果存在一条评判一个理论好坏优劣的标

准，那么，该标准必须从理论本身出发，也就是检验该理论是否能最大限度对其描述的社会现象给以解释。另外，有一点需要说明的是，市场有效性假说的提出距离今天已经过去了将近40年时间，虽然理论的本身并没有太大的改变，但是在此期间，用于检验该理论的实证研究方法却得到了快速的发展，在研究广度与深度上都较前期的方法有所提升。因此，本书将论述重点集中在涉及有效市场假说的中心概念上。此外，有选择性深入讨论那些堪称经典的研究方法。

第2节　有效市场假说的基本内容

一、有效市场假说的三种市场形态

1. 弱式有效市场

法玛于1970年时认为，如果一个市场具有弱式有效性的特点，那么股价应该包含所有过去的信息。换一种说法，即信息的集合仅仅反映了过去的股价走势。这就是说，在一个具有弱式有效性特征的市场上，股价将服从一种随机特性（或称随机漫步），那么投资者将无法从技术分析层面获取超出市场回报的超额收益。利用过去的股价走势，试图去预计或者推算该股票未来的走势，将变得徒劳无功。具体而言，连续的股价变化（或者常说的特定研究期的连续收益）是相互独立的，并且这一变动在统计学上是以同等概率分布。简而言之，法玛的这一论断表明，股价是无法被预测的。

基于这一点，许多评论学者可能会说，在一个弱式的有效市场上，投资者的投资策略将变得无关紧要。因为既然该市场形态成立，那么市场将会具有自动保护投资者的功能，以防止他们天真的投资行为。言下之意，就是说投资者可以像投掷飞镖一样来简单而随机地构建他们的投资组合，而不需要那些所谓基金经理人来从事证券分析之类的工作，因为股价是随机的，谁也无法预测。这一种说法看似有理，却忽略了一些重要的概念，因而是片面的。正如我们所知，当我们在投资证券的时候，除了简单的一个买入价格，我们对风险的忍受程度以及分散投资的程度都是我们作为投资者需要考虑的问题。许多伟大的投资客，譬如巴菲特（Buffett）或者说彼得林奇（Lynch），他们并不一定比我们在选择股票方面知道得更多，但是他们却是明确地知道如何在风险、回报以及分散化三者之间做出一个最完美的平衡。

2. 中强式有效市场

弱式有效市场是有效市场假说最基本的一种形态，而中强式有效市场则是介于弱式与强式之间的另一种市场形态。在中强式有效市场里，资产的价格并不仅仅包含了过去的所有信息，同时还包含了当前阶段所有可以获得的公开信息。换一种说法，譬如股价这样的资产价格将会对新发布的信息作出及时与充分地反应，使得投资者将无法通过技术分析或基本面分析的任何一种途径获取超额收益。这里所说的基本面分析，是相对于技术分析的另一种投资策略。与技术分析把研究对象侧重于股价不同，基本面分析主要是针对公司的一些公开财务信息方面的分析，譬如股利政策，董事会的变动或者资本结构的改变等等。正如法玛所言，如果想在一个中强式的有效市场中获取超额收益，唯一的方法就是内幕交易。

3. 强式有效市场

强式有效市场作为有效市场假说三种市场形态的最终表现形式，因其需要满足的条件最为严格，因而屹立在有效市场假说金字塔的顶端。根据要求，一个市场若要符合强有效市场形态，资产价格必须包含所有的信息，这一信息集合包括所有公开的和未公开的信息类型。如果这一市场的极端形式成立，投资者无论如何也将无法获得超额收益，哪怕是运用内幕信息。因为强有效市场形态要求满足的条件过于苛刻，读者很容易凭直觉就对这一市场形态的存在提出质疑，包括法玛自己也在其 1991 年发表的文章中承认，这一市场形态在现实世界中并不存在，因为总有人能够获得一些不为其他投资者所知的内幕信息，从而利用这些信息获利。这一证据的存在，很显然，违背了强式有效市场所需要满足的条件。一些比较广为人知的例子包括博伊斯基（Boesky）或者贾拉特南（Rajaratnam）这样的内幕交易者。虽然美国证券监督委员会对禁止内幕交易的行为作出了明确规定并施以重罚，这些交易商仍然从内幕交易中获取了数以百万计的超额收益。对这一类违法内幕交易者的评判很显然已经超出了本书的论述范围，但是诸如博伊斯基和贾拉特南的存在，证明了市场本身并不是强有效的，而不管证券监督机构是否有对内幕交易行为加以制止。

二、有效市场假说的相关实证研究

法玛把对于有效市场假说的实证研究进行了重新分类，取代了原来单纯的以三种市场形态来命名研究方法的惯例。这一重新分类为：检验投资回报的可预测性、事件研究，以及内幕消息检验。分别对应于弱式、中强式、强式的检验方法。在继续本书的论述之前，读者可以思考这么一个问题："因为有效市场假说是完全建立在没有交易费用这个大前提上，而这个条件在现实世界中是不能成立的，那么这是否表明该理论是没有现实指导意义的？"诚然，有效市场假说建立在一些假想并看似完美的前提上，但正如经济学上另一个著名的理论——莫迪里阿尼和米勒假说一样，很多时候，我们只是研究这些在理论世界中的完美理论，从而试图通过这些研究找出这些理论在现实生活中的一个镜像，或者说我们研究这些假想理论，只是想给我们生活的不完美市场提供一个参考标准，而不是简单地因为这些理论建立在完美假设上就急于否定或者拒绝它们。

1. 回报可预测性检验

首先，我们来探讨对于有效市场假说最基本的形式——弱式有效市场的检验方法。大体而言，因为如果弱式有效市场成立的话，股价将遵从随机漫步模型而变得不可预测，所以这一类研究方法的本质都是对收益或者说回报的可预测性与否的检验。然而，如何去评价一个投资者或者我们常说的基金经理人对于股价的预测能力呢？詹森（Jensen）给出了一个可行的标准。他认为，可以通过考察任意特定时期内的某一特定资产组合的实际收益回报与其预期回报之间的差额来衡量。相应的预期回报我们可以通过基于无风险利率、系统风险以及市场资产组合（Market Portfolio）的资产定价模型（CAPM）来获得。法玛和布鲁姆（Blume）基于这一标准，进行了对于弱式有效市场的检验。

法玛和布鲁姆检验了一系列滤嘴（Filters），以此来判断诚如机械交易等技术分析派交易策略是否能比简单的买进卖出策略获得超额利润[①]。具体而言，如果这一策略确实能够获利，即表明未来的收益与过往股价之间存在着某种可以预知的关系。然而，该研究的结果证明了另一种情况——滤嘴策略不能

---

① 所谓滤嘴，是指在股价涨幅（跌幅）超过某个百分比 x 之后，选择执行买入（卖出）指令，并在该股票跌幅（涨幅）大于某一特定百分比 y 之前一直持有。

持续地打败简单买入持有策略。特别是当考虑交易费用的时候，这一结果变得尤为明显。从而，反证了弱式有效市场的成立。

此时，也许有人会提出质疑：如果说技术分析毫无用处的话，为何像拉瑞·威廉姆斯（Larry Williams）这样的投资大师依然乐此不疲地寻找各种所谓交易信号？并且许多证据都倾向表明这些信号的盈利性。也许会有人把它解释为运气使然。本书认为，这其实是人们存在着一些对有效市场与获利交易这两个概念之间的误解。交易是一门完善的学问，有着其自身的方法论，这些交易哲学不仅仅包含技术分析层面的知识，还覆盖了譬如资金管理、交易心态锻炼等多方面的内容。因此，人们能在证券交易中获利的证据实则并没有与有效市场理论相悖，更不是所谓运气因素。这是因为，类似拉瑞·威廉姆斯这样的投资者掌握了一套全面的交易哲学，并且金融市场永远是一场零和游戏，因而交易对于他们而言，变得比常人更有优势。

2. 事件研究

法玛、费舍、詹森和罗尔（Fama，Fisher，Jensen and Roll）四个人于1969 年进行了第一个事件研究案例，用以检验市场的中强型有效性特征。他们选择以股票拆分这一事件作为研究对象，研究了股价在拆分前后对于消息的反应程度。根据麦金森、斯马特和吉特曼（Megginson，Smart and Gitman）的定义，股票拆分是指上市公司增发新股给现有股东的一种行为。法玛等人发现股票的最高平均收益发生在股票拆分之前的几个月。如此一来，我们就很有理由推断股票拆细这一事件本身为股价上涨提供了某种催化功能。

然而，事情并非如此简单。在考察了这些分拆股票在拆分前后的平均收益率之后，法玛等人认为这并非结论。研究表明，股票拆分常常发生在上市公司利润持续增长的阶段。因此，股价上涨的真正原因来源于投资者坚信该公司在未来一段时间之内潜在收入增长，从而这一积极的期望反映在了股价之上。因为公司的股价等于未来收入的贴现。通过这一机制，我们可以知道，是暗含在股票拆分事件内部的信息而不是拆分事件本身使得投资者可以获得超额收益。在拆分之后，股票收益率回归到了市场平均水平。结果是，中强式有效市场再次得到了证明。

在研究中强式有效市场的时候，其他一些或许能引起学者兴趣的问题，包括股价对新信息的反应速度与全度。此外，学者在检验市场有效性的时候，遇到的一个所谓"联合假说悖论"，也应该引起我们的关注。这是由于我们在检验市场有效性的时候，不可避免地使用到某种资产估值模型所引起的，譬如

CAPM 模型。由于该悖论客观存在，使得我们很难对市场有效与否下定论。因为实验结果很可能受到模型局限性的影响而有失偏颇。因此，我们可以考虑在进行研究的时候，同时采用多种资产模型，并对结果进行一个横向比较，从而降低"联合假说悖论"引起错误的概率。

3. 内幕消息的检验

根据法玛的定义，对于强有效市场的检验即为检验譬如公司内部人员或共同基金管理人等内幕交易者能否利用内幕消息获利的检验。虽然不乏研究表明美国市场为强有效性，但是更多大量的证据反映内幕交易者在相关股票交易上获取了大量的超额收益。典型的研究内幕交易的文献为马洛尼和穆尔赫林（Maloney and Mulherin）对于美国挑战者号航天飞机爆炸事件的研究。在该文献中，作者提供了与挑战者号爆炸事故可能有关的 4 只股票的股价与成交量在爆炸前后的所有数据。作者试图通过该研究揭示市场对爆炸事件能够做出迅速地反应。具体而言，如果交易者真能通过交易内幕消息获利，除了真正导致挑战者爆炸事故[①]的那一家公司之外，其余三家相关配件生产公司股票的收益率应该超出市场收益。然而，事情并非如此。其余三家设备供应公司的股价收益率并没有像人们预料的那样高出市场收益。相反，若以当日的道·琼斯指数作为比较标准，三家非肇事公司的平均收益甚至与该指数收益相差甚远。

人们也许会反驳说，这项研究不足以证明市场就是强有效的，因为该研究只涉及了爆炸当天的数据，而当观察期放大之后，情况也许会截然不同。诚然，这是极有可能的，并且该实验也遭遇了前文所提到的联合假说悖论问题，因为其不可避免地使用了某种资产定价模型。然而，抛开这些不足，该研究本身仍然具有不少指导意义。譬如，在研究事件的选择上，挑战者号爆炸属于公开与内幕消息之间的交集范围，并且人们可以准确的记录事件的发生时间，这两个特征对事件研究能否准确、成功的实施显得尤为重要。

除此以外，做市商在市场中所扮演的角色也值得研究。在挑战者号爆炸这一事件中，由于市场具有充分的流动性，投资者在买卖股票的时候没有任何困难。这一充足的市场流动性很有可能是做市商的功劳。因为当买卖双方中的任一方出现购买力不足的时候，做市商必须提供资金，以维持这种平衡状态。换一种说法，优秀做市商的存在也许是市场成为强有效性的一个重要前提条件，

---

① 挑战者事故调查委员会当时调查了 4 家可能导致挑战者爆炸的设备供应商，最后确认了其中一家生产的燃料箱"〇"形环与事故直接相关。

因为他们的存在使市场的充分流动性得到了保证。不幸的是，历史上的股灾都向我们证明了低流动性与巨大成交量可以同时存在，而足够优秀的做市商是不存在的。1987年的黑色星期一就是一个很好的例子。

三、行为金融学与高频交易

有效市场假说自提出的40年来一直饱受争议，而最具有挑战性的一项研究来源于我们称之为行为经济学的学科。有效市场假说的中心假设之一为，假定市场上的投资者都是理性的，并且他们都能够理性全面地处理收到的信息。然而，事实往往并非如此。我们可以很容易联想到发生在1987年黑色星期一的股灾：股市连续蒸发了高达25%的市值。另一个例子是美国的IT泡沫。很显然，有效市场假说都没有能对这两个例子做出合理解释。为什么股价可以如此巨大地偏离它的内在价值仍然继续上涨，直到以一种跳水似下跌的方式来结束？丹尼尔、赫什利弗和苏布拉马尼亚姆（Daniel，Hirshleifer and Subrahmanyam）通过融合心理学上的两种行为——过度自信与自我归因试图来解释这一种现象。在他们的理论中，他们认为投资者往往对内幕消息过度反应，却对公共信息反应不足。不管这一种行为金融学在多大程度上解释了我们所列举的两个例子中的投资者的不理智行为，我们坚信泡沫的存在与市场有效性有着本质上的相悖。

除了泡沫的存在以外，套利行为也可以作为反驳市场有效性的另一个有力证据。对于这个问题，可以通过自身在期货交易方面的经验加以说明。具体而言，如果市场有效性成立，市场上将不存在任何的套利机会，或者说即使存在，套利机会也会在投资者能够察觉并试图获取超额收益之前被消除。然而，实际观察证明事实并非如此。在期货市场，投资者、特别是那些所谓的机构投资者，拥有的能够快速运行的计算机或高速因特网接入，确保了他们能够定位到交易中的微小价格偏离，从而利用这一偏离在不同的指数之间进行套利获得超额收益。高频交易就是一个很好的例子。杜赫（Duhigg）关于高频交易的研究也证实了我们的这一说法。

市场有效性的支持者也许会立马以这样的高频交易会产生巨大的手续费，从而会蚕食掉所获超额利润作为理由反驳。无可否认其可能性。但是，我们应该注意到，高频交易目前已经占据了美国股票交易量60%的份额，并且正在向海外与其他市场迅速扩张。虽然高频交易对市场的作用与影响机制尚不清楚，但是高频交易在客观上确实提高了市场的流动性。而这一点反过来却促进了有效市场的形成。

第3节　世界主要国家及经济体的市场形态

在进行有效市场假说研究的时候，美国常常被选为研究的对象，并且许多研究都表明，现阶段美国的证券市场处于中强式有效性水平。这是因为，美国的资本市场发展较早。以 1811 年由经纪人按照《梧桐树协议》（Buttonwood Agreement）发起建立纽约证券交易所为标志，美国的资本市场发展至今已经经历了 200 年的风雨，经历了工业革命后每一次世界经济的繁荣和衰退。相对于其他资本市场而言，美国市场有着先天的经验优势，市场本身已经在运行、监管以及违规者处罚等各方面，都形成了完善的法律法规体系。而 1933 年成为美国资本市场从幼稚开始走向成熟的一个分水岭。在此之前，市场上充斥着各种投机行为，金融寡头可以轻易地操纵市场。在这一时期，股票欺诈并不是一件不光彩的事情，而是众所周知地成为整个股票体系的一部分，美国股票市场上的许多知名人士都或多或少地参与操纵、逼仓、坐庄、内幕交易等行为，并获取了大量的收益。1929 年美国股市大崩盘后，引起了社会的恐慌，美国经济也开始进入大萧条时期。为了走出困境，时任总统罗斯福于 1933 年推行了一系列新政，而对股票市场各种投机操作行为的规范问题，也在这个时候被推到了风口浪尖。同年，著名的《1933 年证券法》获得国会通过，该法为美国股票市场成立的 100 年来首部全国性的法律，规范了信息的披露行为。第二年，《1934 年证券交易法》的颁布，又促成了美国证券交易委员会（SEC）的成立。此后，各种行为得到法律明文规范，违法行为遭到严惩，美国的股票市场开始走向了一条规范稳步发展的成熟道路。除此之外，美国投资者的投资平均水平相对较高，对风险的规避做得较好，与有效市场假说中的理性经济人假设最为接近，也被认为是美国市场成为中强式有效市场的条件之一。具体而言，在投资理念上，美国投资者侧重于进行长期投资，譬如价值投资策略，一旦买入，大都长期持有，以获取公司效益增长时所派发的红利。另外，投资者还热衷于投资共同基金，通过购买基金来投资股票，把资金交由专业的理财人员管理，可以很大程度地规避风险，达到资产保值增值的目的。

在大洋另一端的欧洲，以英国为代表的老牌资本主义市场亦被认为是中强式有效市场的典范。与中国同处于东方的日本，在第二次世界大战后，因为效仿西方，资本市场也得到了充分发展。相关研究通过选取英国富时 FTSE350 与日经 Nikkei225 的成份股数据表明，一月效应①在英国与日本市场上已经被消除，意味着市场有效性的进一步加强。

在诸如美国、英国、日本等监管体系完善的证券市场上，投资者以一种理性的方式进行投资，股价遵从随机漫步模型，股价呈现出物理学上所谓的布朗运动不可预测性的特征。这是因为，每一个理性投资者买卖股票的投资行为，都好像为股价的移动提供了一个小小动量，不停地撞击着股价运动的方向，而市场中存在着不计其数的投资者，当他们以自身利益为优先考虑标准进行投资时，这一动量的方向必然没有规律可循，因而呈现出了一种随机性。然而，相比于欧美发达国家较为完善的证券市场而言，我国的证券市场发展较晚，在市场内部与外部都呈现出与成熟市场较大的差别。

第4节　有效市场假说与中国证券市场

一、中国证券市场内部特点

就市场内部而言，我国的证券市场投资者表现出了"以散户为主，投资知识缺乏"两大特点。与发达国家的市场多以"机构投资者为主，个人投资者通过购买基金投资股票"的模式不同，我国证券市场散户投资者占绝大多数，投资者呈现出极度分散的特点。此外，在大多散户投资者中，工薪阶层或退休人群等相对弱势群体占有很大的比重，投资人结构老龄化特点较为严重。由于我国的社会保障制度方面尚未健全，许多类似投资者皆以正常收入或退休金投资股票，这直接导致投资者抗风险能力下降。另一方面，我国在投资者教育方面做得还远远不够，就发达国家而言，开展投资者教育是证券监督机构的一项经常性工作，长期性地对投资者普及投资知识，这种做法被认为对成熟市场的发展与形成起到积极的作用。以美国为例，美国对投资者教育工作，主要由

---

①　一月效应指统计上认为一月份投资收益为正且大于其他月份的现象。该现象的存在表明股价走势遵从一定的规律，与有效市场假说相悖。

SEC 和各大交易所进行。SEC 开展投资者教育的重要理念是，"良好的投资者教育是对投资者权益的最好保护，投资者教育是投资者权益保护的内容和重要途径"。它的所有活动安排都是围绕这个理念来进行的。相比之下，我国的证券市场，投资者教育对大多数投资者而言仍然是一个新概念，投资者对价值投资理念、风险规避、资金管理等成套投资体系缺乏认识，投资手法上多以短期投机为主，长期买入持有的投资者很少，因而我国的证券市场换手率较高。

二、中国证券市场外部特点

由于我国的证券市场成立时间较短，在探索与发展的道路上，难免会遇到许多新问题、新困难。就现阶段我国的证券市场而言，各类违法现象还较为严重，诸如证券欺诈、操纵市场、内幕交易等行为依然时有发生。其中较为著名的有国美电器黄光裕案件。根据中国证监会公布的统计数字显示，仅 2011 年上半年，新增案件调查就达到 83 起，其中内幕交易案 45 起，市场操纵案 7 起，信息披露违规案 7 起，其他类型案件 24 起。这些违法违规案件的发生，无疑使投资者尤其是中小散户投资者的合法权益受到极大伤害。这在客观上要求我们的证券监管机构应该加大执法力度，完善各项法律法规文件，以此来促进证券市场的不断规范，为投资者创造一个良好、有效的投资环境。与此同时，还应该加强投资者教育，双管齐下，努力创建一个监管体系完善、信息公开透明、投资者水平较高的成熟证券市场。

三、有效市场假说给我国证券市场与上市公司的启示

近年来，对我国证券市场有效性研究已经引起学术界重视。研究的中心则集中在我国证券市场是否达到了有效市场的最初级阶段——弱式有效性上。虽然有不少研究证据给出了肯定的回答，但是在考虑到我国证券市场成立时间相对较短的条件下，类似认为我国证券市场已为弱式有效性的结论很难让人信服。理由有如下几点：

1. 样本容量较小，度量期较短

由于我国证券市场成立时间较短，而现有大部分研究针对沪深两市上市公司研究的样本容量较小，因而很有可能研究结果会随着考察期的延长或者样本

容量的变大而改变，因而暂时还不能推出一般性的结论。

2. 研究方法的局限性

从方法论上而言，大部分实证研究均采用随机漫步模型，滤嘴检验、序号检验等其他方法的使用仍然较少。研究方法选择上的差异也会导致实验结果的不同，因而认为对我国市场已为弱式有效性的观点的支持力不够。

另外，有少量研究认为，我国的证券市场已达到了强式有效性，考虑到欧美发达国家的市场情况以及中国目前的国情，我们认为这一结论成立的可能性很小。

纵观我国证券市场成立的 20 年时间，发展很快，取得了举世瞩目的成绩，但在发展的过程中也产生了许多问题。我国的股票市场，上市公司数量激增，仅仅用了几年时间上市公司的数量就达到了美国市场的水平。上市公司数量增加了，但是投资者不禁要问：中国目前的股票市场，是否真正起到了优化资源配置以及反映国民经济的作用？而又有多少上市公司的目的，是为了企业本身更好地发展与为股东创造最大化的财富？对有效市场假说的研究，无论是西方还是我国学者，研究的目的都应该是评估证券价格是否为证券本身的价值，或者说为资源的良好配置提供了一个准确的信号。明确这一点研究目的，对我国市场经济的发展十分重要，因为证券市场是市场经济的重要组成部分。对于我国目前的金融市场而言，证券市场占据主导位置，而货币市场发展较为缓慢，仍未形成一套成熟的体系，因而对证券市场未能起到应有的配套互补作用，导致证券市场系统风险较大，投机氛围较浓；另一个造成投资者投机动机的原因，是我国上市公司的业绩不佳，投资者对长期持有股票信心不足，因此宁愿选择短期炒作来获取回报。综上所述，我们有理由推断，目前中国的证券市场价格对价值的反映出现了较大偏差，市场缺乏有效性。

然而，如何提高市场价格的公正性，就成为了我们关心的一个问题。这就需要我们在认清当前我国市场形势的条件下，理解有效市场假说对市场的指导意义，从而明确我们的发展方向。要提高市场的有效性，方法必须从有效市场假说的重要前提假设入手。具体来说，就市场投资者而言，我们应该加强对投资者的投资教育，提高投资者对信息处理能力，以及对风险的规避能力，从内部提升投资者素质，使投资者成为真正意义上的理性投资人，从而产生理性预期，继而产生合理价格。就市场而言，我们的证券监督机构以及上市公司有义务向投资者披露同等充分、准确、完备的信息，并使每个投资者可以接触到这些信息。我国证券市场仍处于初级阶段，企业对信息披露的规范化较低，因而

在信息的完整性、准确性方面与发达市场比较存在着较大的差距，信息的失真从而导致了价格的偏离，很大程度上阻碍了市场有效性的实现。因而可以认为当前有关证券监督机构的重要使命之一就是提高信息披露的质量，保障投资者获取信息的正当权利。

除此以外，提高我国证券市场的有效性，仍然有许多实质性问题需要解决。归根结底，只有解决了目前证券市场的不规范、不正常现象，提高投资者对于市场的信心，才能从本质上解决问题，从而提高我国证券市场的有效性。

Chapter 6 国际证券市场开放与中国面临的选择

International Capital Market Opening and China's Choice

从 20 世纪 70 年代起，世界范围内经历了一次大范围的证券市场的开放历程。无论是美国、英国、澳大利亚、日本等西方发达市场国家，还是泰国、马来西亚、韩国、智利、阿根廷、巴西、墨西哥等亚洲和拉丁美洲新兴市场国家，以及俄罗斯、捷克、波兰等东欧转型国家，在短短的 30 多年间，陆续开放了它们的证券市场。

本章选择了发达市场（美国、英国、澳大利亚、日本）、新兴市场（韩国、中国台湾、泰国、新加坡、印度、巴西、阿根廷）和转轨市场（波兰、匈牙利）三组样本，对其证券市场和证券业开放的情况进行了比较研究，以便对我国证券市场对外开放提供借鉴和参考。通过研究发现，发达市场由于历史较长，制度相对完善，证券业竞争力强，因此开放水平较高；转轨市场由于实行经济自由化改革，证券市场和证券业在较短时间内实现完全开放；为控制开放风险和保护国内证券业利益，新兴市场开放采取渐进式策略，在较长时期内逐步开放证券市场和证券业。

第 1 节　国际证券市场和证券业开放动因

一般来说，一个国家或地区实施对外开放战略，目标可能是为提高金融市场效率，推动经济增长，增强本国证券市场竞争力；或者是因为面临国际市场开放压力，不得不被动地逐步开放证券市场和证券业。在多数情况下，证券市场和证券业开放都是在特定国际背景下，由上述诸多因素共同推动的结果。而且，证券市场和证券业开放一般作为金融开放整体战略的一部分，与银行、保险市场开放同时进行，这在新兴市场和转轨市场中表现尤其突出。

一个国家或地区可能根据国际经济金融形势以及本国经济和证券市场发展的内在需要，制定和实施开放计划，开放其证券市场和证券业。这种开放分为主动开放和被动开放两种，有时是主动开放，有时是被动开放。在多数情况下，二者是结合在一起的。其具体原因包括以下方面。

一、经济全球化和资本市场一体化的要求

自从 20 世纪 70 年代中期以来，经济全球化和金融一体化深入发展，全球

的经济、金融联系更为紧密，资本在发达国家之间，以及发达国家与发展中国家之间的流动更为显著。一方面，全球产业结构调整进一步加深，使各国（地区）在世界产业结构中的分工越来越明确，其所扮演的角色也越为明显化，导致了产业资本的流动和世界贸易额的急剧增长，要求各个国家及地区的资本市场进一步开放。另一方面，发达国家经济在经历了"二战"后一个相当长时期高速增长后，在 20 世纪 80 年代有所放缓，而这个时候整个发展中国家的经济却突飞猛进，特别是东南亚和部分拉丁美洲国家更为显著，资本的逐利性导致发达国家和地区的部分金融资本迅速向这部分发展中国家流动，因此要求这些发展中国家开放资本市场。经济全球化是促进各个国家（地区）开放资本市场的主要动力，成为当今世界不可抗拒的历史潮流。各个国家和地区通过生产要素的国际化配置，提升全球产业的核心竞争力，对促进经济全球化进程发挥着重要的作用。证券市场作为提供资本要素的最重要场所，其国际化、自由化进程自然是经济全球化发展的重要组成部分。

二、促进资源配置有效性和经济增长的需要

在经济全球化和资本市场一体化背景下，促进资本配置的有效性成为证券市场开放的一个重要动因。由于市场的风险分担能力和流动性的增强，将促进高回报的投资和长期的投资（Devereux and Smith，1994；Obstfeld，1994；Bencivenga，Smith，and Starr，1995），从而提高资本配置的有效性，最终提高生产率和经济增长。莱文和泽沃斯（Levine and Zervos，1998a）通过实证研究证明，流动性比较差的市场将会对长期投资产生抑制作用，因为卖出证券相对困难；相比较而言，流动性增强的证券市场可以为投资者提供更多的选择退市的机会，对长期投资的抑制作用就要弱得多。另外，从信息学的角度讲，一个流动性强和发展较为成熟的证券市场将促进个人的信息收集行为，因为在一个流动性强和发展较为成熟的证券市场市场中，将更加容易从新信息中获得利润。所以，当一个国家（地区）证券市场开放后，其市场的流动性增强，机构和个人投资者将有更大的动机去投资于信息收集和研究公司（Boot and Thakor，1997）。这样关于公司基本面和发展潜力的信息将更加详细化和透明化，从而最终帮助提高整个社会资本配置的有效性。随着经济持续增长和流动性增强，投资者对跨境证券投资的需求逐渐强烈，境内外企业的跨境发行也更加活跃，证券市场和证券业开放就会成为经济发展的客观需要。例如，20 世纪 80 年代初，面对经济增长放缓、国际收支失衡、物价快速上涨

的困难局面，韩国政府推动经济开放化、自律化和竞争化的改革，逐步开放证券市场，以增加股票融资，改善外债结构，降低企业融资成本，提高经济国际竞争力。基于相同的目的，泰国、印度政府也分别在 1998 年、1991 年开始逐步开放金融市场。

三、提高证券市场竞争力，争夺国际金融中心地位的需要

证券市场开放是提高本国证券市场竞争力和争取国际金融中心地位的必备前提。列文（Levine）在 2001 年指出，一个功能健全的证券市场通过刺激资本积累和影响资本配置的有效性，将会影响一个国家和地区的经济增长。其原因是证券市场的开放可以减少所有者的资本成本。这个成本包括：无风险收益和资本风险收益（Henry，2000）。当一个投资者将资本投入证券市场时，他所要求的收益为：$E(R) = R_f$（无风险收益）$+ R_p$（资本风险收益）。如果一个国家和地区的 R_f 高于世界平均 R_f，那么由于证券市场开放，增加的外国资本将降低国内的 R_f；同时，由于外国投资者参与国内证券市场将与国内投资者共同分担市场风险，使市场风险更加有效的承担，因此将减少整个市场的预期 R_p；另外，证券市场的开放也将使得市场有更加高的流动性，也有助于减少预期的 R_p。由于证券市场的开放，导致 R_f 和 R_p 的降低，最终导致 $E(R)$ 的降低，从而刺激资本积累，特别是在私人投资方面，其原因就是由于 $E(R)$ 的降低，使得开放前净现值（NPV）为负的项目在开放后变得具有正 NPV。20 世纪 80 年代，美国证券市场逐渐兴起，对伦敦的国际金融中心地位构成威胁。面对竞争的压力，英国实行以自由化为导向的"金融大爆炸"改革，取消固定佣金制度，扩大市场开放程度。泰国、韩国等新兴市场在制定开放政策时，也把提高市场竞争力、争取金融中心地位放在重要位置。例如，泰国提出成为东南亚地区贸易和投资中心；韩国提出成为东北亚地区金融中心。

四、处理经济金融危机和实行经济转轨改革的需要

经济金融危机是推动阿根廷、巴西等新兴市场开放的重要因素。危机爆发之后，政府制定相关的经济改革政策，或根据国际金融组织的要求，大幅度开放金融市场。20 世纪 80 年代，拉美各国普遍面临债务危机，以美国为首的西方债权国与拉美进行债务问题谈判时，坚持双边谈判要"有条件"地逐个举

行。债权国要求债务国必须进行相应的结构改革，提出一套以"华盛顿共识"为基础的新自由主义改革措施。1985 年美国提出"贝克计划"，要求拉美债务国家必须：对国有企业进行私有化、提高非国有企业的经济效益、减少政府对经济的干预；进一步开放资本和股票市场；放松投资限制，实行贸易自由化和进口管制的合理化；改革税收体系；改革劳动力市场；改正价格扭曲现象等措施。国际货币基金组织先利用与受援国的谈判条件作为债务重新融资或重新订定偿债时间的依据，再将债务国的调整计划作为其他双边支助的条件。除要求受援国接受总体政策的调整外，更派遣国际货币基金组织专家前往这些国家监视政策的执行。巴西在 20 世纪 80 年代中后期，由于债务危机的爆发，为进一步吸引外资，并减少国际资本流动（退出）的冲击，规定：外国投资者可以建立"外资投资基金公司"，投资巴西的金融市场；实行了冻结《利润汇回法》，即 1987 年 7 月，巴西政府宣布暂时冻结《利润汇回法》，并对所有外国企业都不给予政府信贷。但是，外国企业可以通过发行公司债券获得巴西国内信贷。1987 年以后，巴西颁布了第 1289 号决议以及 3 个附件。这些法规给予外国投资者免于缴纳资本利得税的优惠。另外，当金融危机爆发时，国际金融组织给予紧急贷款援助时，也要求这些国家实施经济自由化的改革措施，从而推动证券市场和证券业的开放进程。这种情况在韩国、泰国市场开放过程中比较明显。此外，在 20 世纪 90 年代初，东欧政治剧变之后，波兰、匈牙利等东欧国家由计划经济向市场经济转轨，实施私有化、自由化的经济改革措施，本国金融市场也在短时间内实现完全开放。

五、应对发达国家和地区开放压力的需要

国际社会开放压力也可能迫使一个国家或地区开放证券市场。这是因为，外国的证券投资机构出于获取更大收益和规避风险的动机，也会希望其他国家和地区开放证券业和证券市场。下面以图 6-1 资本资产价格模型（CAMP）（William Sharp，1964）来说明。

在图 6-1 中，假设如下条件：

（1）投资者有 3 个投资市场可以选择（A，B，C），市场无风险收益率为 R_f；

（2）投资者为专业理性投资者，其所选择的投资组合风险为 σ_1；

（3）市场上容许卖空的行为；

（4）CML 公式：$E(r) = SCML \times \sigma + R_f$（SCML 为斜率）。

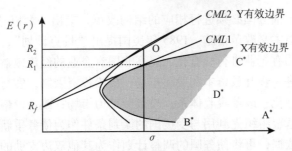

图 6 - 1　资本资产价格模型

当市场有 A，B，C 可供选择时，投资者能够构造的有效边界为 X 有效边界。对于在投资组合风险 σ_1 时，投资者所获得的最大收益为 R_1。如果现在另外一个市场 D 开放，那么投资者就多了一个市场的选择，他可以构造的有效边缘为 Y 有效边界，同样对于在投资组合风险 σ_1 时，投资者所获得的最大收益为 R_2。由于 $SCML2 > SCML1$，σ_1 不变，R_f 不变，所以 $R_2 > R_1$。对于投资者来说，由于市场的开放，能够在风险不变的情况下获得更大的收益。另外一个可以说明的原因是，由于市场的开放，投资者可以选择的投资市场增加，根据统计上的大数原则，其回避非市场风险的能力增强，能更好地分散投资组合风险。

为分享新兴市场国家的经济增长成果，为本国证券机构争取更多的业务，美国、欧洲等发达国家不断要求发展中国家开放证券市场。例如，1984 年，迫于美国的压力，日本被迫允许外国证券机构在国内设立分公司。

六、实现加入国际经济组织或区域性自由贸易区开放承诺的需要

加入经济合作组织、世界贸易组织和区域性自由贸易区（如北美自由贸易区、欧洲单一市场）的开放承诺，也使发展中国家被迫进一步开放证券市场和证券业。例如，目前 WTO 要求各成员在证券业上要遵守的基本法律框架，大致包括《服务贸易总协定》（GATS）、《GATS 的金融服务附录》、《有关金融服务承诺的谅解书协议》，以及《全球金融服务贸易协议》等规则。

《服务贸易总协定》（GATS）的基本原则即最惠国待遇原则、服务贸易的透明度原则、发展中国家更多参与原则、逐步自由化原则、市场准入原则和国民待遇原则。其中前三项为一般性原则，各缔约方在所有服务贸易领域都必须

遵守；后三项属于特定义务，需各缔约方经过谈判达成具体承诺后加以执行。从 GATS 及其附件和《关于金融服务承诺的谅解》对证券市场和证券业开放的要求来看，主要表现在以下几个方面：（1）最惠国待遇原则——强调缔约国之间无条件的、非歧视性的适用。具体来讲，即是每一缔约方给予任何其他缔约方的服务或服务提供者的待遇，应立即无条件地以不低于前述待遇给予其他任何缔约方相同的服务或服务提供者，但是本条规定不适用国际司法援助或行政援助以及边境贸易中的服务输出入。（2）透明度原则——要求缔约方公布有关金融服务的法规、习惯做法等。具体来讲，即是除非在紧急情况下，每一参加方必须将影响本协议实施的有关法律、法规、行政命令及所有的其他决定、规则以及习惯做法（无论是由中央或是地方政府做出的，还是由非政府有权制定规章的机构做出的）都应最迟在它们生效之前予以公布，以便给国内外市场主体有充分的时间予以了解和掌握，尽量使市场环境变得可以预见，进而决定自身的行为取向。（3）发展中国家更多地参与原则——通过协商承担义务使发展中国家能更多地参与，包括促进其商业技术获取、销售渠道和信息网络改善，以及有利的提供出口方式。发达国家应为发展中国家企业获得有关市场资料提供方便，包括商业和技术服务，登记、认可和提供服务的条件，获得服务技术的可能性。（4）市场准入原则——各缔约方证券市场应对所有其他缔约方开放，除非在承担义务清单中明确规定，否则缔约方不得：①限制外资进入本国证券市场，包括规定其最高股权比例或对单个的或累计的外国投资实行限制；②要求缔约方必须通过特定法人实体或合营企业从事证券业务；③限制境外投资的数量，包括采用数量配额、垄断、专营服务提供者方式；④限制外资经营证券业务的总量。（5）国民待遇原则——缔约方给予外国证券投资活动及投资者的待遇不得低于给予本国证券投资及投资者的待遇，包括在投资品种、投资数量、投资比例等方面都不应有差别；缔约方应保证在本国的外资证券经营机构享有与本国证券经营机构相同的待遇，除非另有说明，否则不应该使外资证券经营机构在证券经营范围等方面享有低于本国证券经营机构的待遇。（6）逐步自由化原则——GATS 基于发达国家与发展中国家证券市场发展不平衡的现实，为发展中国家确定了一些特殊的优惠待遇和保护性条款：①在国内政策目标上，发展中国家有权在其境内对证券服务的提供制定和采取新的规定，以适应其特殊需要。比如，当出现严重的国际收支失衡，并且对外金融地位受到威胁时可以采取临时性的限制措施，在某项证券业务开放实施一年以后，可做出修改或撤销，但需在 3 个月前通知全体缔约方。②在对外竞争方面，鼓励发展中国家更多地参与，发达国家有义务帮助其扩大服

务出口（特别是通过提高其国内服务能力、效力和竞争力），允许发展中国家对本国证券经营机构给予补贴等。③在市场准入方面，允许发展中国家根据本国经济发展水平，适度开放证券行业和市场，逐步实现证券服务的自由化。

《金融服务贸易协议》（FSA）于 1997 年 12 月 13 日达成，1999 年 3 月 1 日生效，旨在消除银行、保险和证券业的贸易壁垒，确立多边的、统一开放的规则和政策。内容包括：允许外国在国内建立金融服务公司，并按公平竞争原则运行；外国公司享受与国内公司同等进入市场的权利；取消跨境服务限制；允许外国资本在国内投资项目中的比例超过 50% 等。新的《金融服务贸易协议》对证券市场的开放提出了更加具体的要求：①对各缔约方开放银行、保险、证券和金融信息市场；②允许缔约国在国内建立证券服务公司并按公平竞争原则运行；③缔约国公司享受同国内公司同等的进入市场的权利；④取消跨境服务的限制；⑤允许缔约国资本在国内投资项目中的比例超过 50%。《有关金融服务承诺的谅解书协议》由美国、欧共体、日本等主要发达国家提出建议，并在乌拉圭回合谈判结束时作为最后文件被通过。谅解协议不同于 GATS 的 8 个附件，后者是 GATS 的组成部分，已连同 GATS 其他部分被一揽子接受，而谅解协议事实上是由参加金融服务贸易谈判的各方同意接受的专门适用于金融服务贸易一般规则，它提出了有利害关系的各方应遵守的影响外国金融服务市场准入的指导方针和一般原则，它包含了比 GATS 第三部分要求更多的市场开放义务，根据该文件规定，其实施不得与 GATS 条款相冲突，不得损害乌拉圭回合谈判参加各方以 GATS 第三部分的方式做出具体承诺的权利，即各成员有权选择以 GATS 第三部分而不是以谅解协议为基础做出具体承诺，不必承担更高水平的市场开放义务，这说明谅解协议也是解释各方金融服务具体承诺的法律依据。表 6–1 统计了部分国家根据上述有关条约在金融业开放上对 WTO 所做的承诺及执行的情况。

综上所述，绝大多数证券市场和证券业的开放，是内部动力和外部压力共同作用的结果。一般来说，根据本国或地区的经济和证券市场发展需要，主动制定和实施开放计划，把握开放主动权，开放效果要优于受外部压力推动的被动开放。

表 6 – 1　　　　　　　　　　　各成员对 WTO 的承诺

国家	现　　状	WTO 金融服务协议
阿根廷	在所有部门里允许 100% 的所有权	确保在银行业和证券业 100% 的所有权
巴西	根据不同情况，允许对现有银行至多 100% 的所有权，对投资银行 49% 的所有权；保险业允许 50% 的所有权，然而不允许设立分支机构或子公司	确保在银行业和证券业 100% 的所有权，根据不同的情况会受到授权的影响。对 100% 所有的保险子公司承担义务，根据不同的情况会受到授权的影响，然而不能介入分支机构
智利	在所有部门里允许 100% 的所有权	确保在银行业 100% 的所有权
印度	允许每年对外国银行分支机构发放 8 张许可证；根据投资数额，允许对非银行金融机构至多 100% 的所有权	对 100% 所有的保险子公司承担义务，然而不能介入分支机构；对每年 12 张新外国银行分支机构许可证的限额承担义务；对股票经纪业 49% 的所有权和其他融服务 51% 的所有权承担义务
印度尼西亚	允许在银行业 85% 的所有权，保险业 80% 的所有权，证券业 85% 的所有权	对在银行 49% 的所有权承担义务；对 100% 所有的保险子公司承担义务；对非银行金融机构和证券公司 100% 的所有权承担义务
日本	市场准入需要国家互惠	结合 1996 年美国在 WTO 签订的双边保险协议
韩国	允许在银行业 49% 的所有权，人身保险业 49% 的所有权，证券业 50% 的所有权	市场准入停滞
马来西亚	在所有国内银行允许 30% 的所有权，根据法律，在保险业允许 49% 的所有权，然而在实际操作中，比例更高一些	对国内银行 51% 的权益承担义务；对在保险业 51% 的权益承担义务；现有投资是可追溯的
墨西哥	对 NAFTA 银行子公司的所有权允许为 100%，对非 NAFTA 则为 41%；对 NAFTA，允许对保险业的所有权，对非 NAFTA 则为 49%；在证券业允许 49% 的所有权	结合 NAFTA 在保险方面的义务；对保险子公司和分支机构 100% 的所有权承担义务
菲律宾	允许在银行 60% 的所有权，保险业 40% 的所有权，投资公司 49% 的所有权	对在银行 51% 的所有权承担义务，对在保险业 51% 的所有权承担义务；投资公司 51% 的所有权承担义务
泰国	允许对银行和金融公司 100% 的所有权，2007 年之后对新产权的所有权为 49%；允许在人身和非人身保险业 25% 的所有权；允许在证券公司 49% 的所有权	对 100% 的银行所有权承担义务，2007 年之后对新产权的 49% 所有权承担义务；对 25% 的人身和非人身保险业的所有权承担义务

资料来源：大福证券集团，各国相关资料。

第2节 国际发达市场开放基本模式

西方主要发达国家资本市场的开放，从 20 世纪 70 年代初布雷顿体系崩溃到 80 年代中期完成。发达市场的国家和地区主要有美国、欧洲、澳大利亚、中国香港等。这些国家和地区放弃或取消原先的各种金融管制，比如利率上限、贷款限制、证券投资限制、无偿准备金和流动性要求等，转而实行资本市场开放政策。它们的市场经济体系十分发达，法制健全，证券市场较为成熟，监管体系完善，多采取激进开放模式。在开放过程中，只用了 5～10 年的时间，证券市场全面开放就基本得以完成。

一、美　　国

美国作为一个移民国家，其具有的历史、本质和民族心理，决定了其经济及证券市场一开始就是开放的。第二次世界大战之后，美元成为国际中心货币，世界贸易的 90% 用美元结算，美国有义务为世界各国提供流动性，几乎没有对资本账户实行特别的管制，外国居民和企业可以自由到美国证券市场进行投资和融资，美国国内居民和企业也可以自由到国外进行投资和融资。尽管 1929～1933 年大危机及第二次世界大战后，美国资本市场曾出现过短暂的"内化"倾向，如美国曾经一度对"扬基债券"征收"利息平衡税"。但是，美国很快就取消了外汇管制，并再度加快了外国公司在美国融资上市的步伐；1984 年，美国又取消了预扣税，使其资本市场国际化的障碍基本消除。由于证券市场完全开放，欧洲资本大量流入，对美国解决战争筹款、满足早期经济发展的资金需求发挥了重要作用。

美国作为国际中心货币国家，对国际金融市场具有很强的控制力。这主要体现在两个方面：一方面，国际中心货币国家的中央银行实际上充当了国际金融体系最后贷款人的角色，它们能够决定国际金融市场的利率、主要货币汇率和主要股市的走势。另一方面，国际中心货币国家有着悠久的市场开放历史，其市场制度得到世界各国广泛的接受，它们实际上主导着国际金融市场规则的制定。其他国家几乎没有任何能力直接对其金融体系构成威胁。因此，伴随着美国资本市场的跳跃式发展，它在开放中始终处于主导地位，不仅不会对其本国的证券服务业带来太大的负面效应，而且在对等原则的旗帜下，还可以向其他发达国家和发展中国家施加压力，要求它们放松证券服务的市场准入，从而为本国的证券服务业获得更大的利益。

二、英　　国

在第二次世界大战前，英国是主要的资本输出国，没有限制外资的政策，其证券市场是一个开放的国际性的市场，稳居欧洲金融业的霸主。英国证券市场主要集中于国内的发展。第二次世界大战后，由于美国崛起，对外投资增加，对英国金融业霸主地位构成威胁。英国采取了一系列正式或非正式的限制外资的措施，确保国家利益不受损害。正式的措施包括外汇管制，限制外资对一些敏感领域如国防和文化事业进行投资；非正式措施包括国家持股、反收购等。美国强大的威胁使得英国意识到大刀阔斧改革的需要迫在眉睫。早在1970 年，英国允许伦敦证券交易所会员交易外国证券，1979 年放松外汇管制。自 20 世纪 80 年代起，便彻底废除了资本与外汇管制，同时全面开放了金融市场与金融服务。1981 年，英国开始允许非交易所成员收购成员公司股份的29.9%，这样外国资本大量进入英国证券业，交易所股东中的外资股权比重迅速上升，使英国证券市场国际化进一步深化。1986 年 10 月 27 日，英国展开了被称为"金融大爆炸"（Big Bang）的自由化和国际化的大改革，主要内容包括：（1）模仿美国纽约证交所废除固定手续费率制度。（2）废除证券自营商和经纪商相分离的制度。（3）建立计算机化报价及交易系统。（4）废除债券自营商的垄断地位，提高债券市场效率。（5）设置"证券投资局"（SIB）。（6）改组伦敦证券交易所，以及建立全球 24 小时市场联机。

1986 年大震动（Big Bang）的改革后，伦敦证券市场作为欧洲最大资本市场的地位得以巩固。但是，从 20 世纪 90 年代初开始，法、德等国家相继采取措施大力发展其资本市场，而伦敦证交所在应用新技术方面明显落后。为应对来自欧洲大陆的竞争，90 年代之后，英国证券市场又相继采取了一系列的改革措施。其中涉及资本市场和证券业开放的内容主要包括：（1）1992 年伦敦国际证券交易所宣布取消个人会员，所有成员均必须为公司会员，以改善交易所的运作，并确保市场有充足的流动性，以更好地适应其国际化特点。（2）1994年 8 月，伦敦证交所决定允许本国投资者以全球存托凭证（GDRS）方式投资外国公司发行的证券。（3）1995 年由摩根士丹利等跨国投资银行合资成立的电子证券交易所 Tradepoint 在伦敦投入运作，从而打破了长期以来伦敦证交所

在伦敦证券市场的独占地位。Tradepoint 使用与巴黎及法兰克福证交所类似的全自动交易撮合系统，对伦敦证交所的做市商制度形成了有力挑战。2000 年 TradePoint 宣布与瑞士交易所（SWX）合作成立 Virt－X 交易所，计划将其建成第一个泛欧洲的蓝筹股交易所。（4）顺应欧洲各国证券市场纷纷走向联合以增强竞争力的潮流，1998 年 7 月伦敦证交所和法兰克福的德国证交所（Deutche Borse）曾经宣布结盟。（5）1996 年 1 月，英格兰银行宣布开放英国国债的出售及回购市场，改变了此前英格兰银行中央国债办公室（CGO）直接交易的对象仅局限于国债做市商、对国内外的国债投资者实行不同的税收待遇、所有国债交易必须在英国国内清算等做法。希望通过开放国债市场的措施吸引更多的国外投资者，提高国债市场流动性，降低政府筹资成本，并加强对国内市场的短期货币控制，提高货币政策的有效性。

英国的资本市场开放大大增强了伦敦国际金融中心的地位。英国金融业在很短的时间内实现了现代化与国际化。英国对国内外金融机构都实行统一监管标准，对国外公司没有特别的限制，也没有对内资的保护政策。经过英国金融监管机构批准，国外金融机构可以在英国自由开展证券经纪、投资银行、投资咨询和做市商等业务。在对待外资金融机构方面，英国比欧洲其他任何国家都要开放。2004 年伦敦金融城向伦敦 350 家金融机构（其中一半是外资机构），征求它们对伦敦、纽约、法兰克福和巴黎这 4 个国际金融中心吸引力的看法。总体上看，伦敦在国际金融中心竞争力方面排名第二，在纽约之后。但在监管环境和对外开放度方面，伦敦排名则遥遥领先。

三、澳大利亚

澳大利亚原来的金融管制很严格，政府不仅操纵整个金融体系运行，也管制着银行的资产和负债等具体业务。外资银行不能在澳大利亚开展业务，国内金融市场和国际金融市场是严格分开的，政府对汇率实行严格的管制。但是，从 1980 年开始，澳大利亚开始实行金融开放政策，在不到 5 年的时间里，几乎取消或放弃了所有的金融管制政策，对内取消了存贷款利率限制，扩大金融机构的经营业务范围，允许金融机构混业自由进行证券业务；对外，取消了外汇交易和外汇汇率限制，实行浮动汇率制，外国资本可以拥有超过 50% 以上的证券公司的股份，外资银行可以设立分支机构从事本外币业务等。到 20 世纪 80 年代末，澳大利亚已经成为发达国家中金融管制最松的国家之一。

四、日　　本

在发达国家中，日本是采用渐进式开放模式的典型代表。其开放来自第二次世界大战后经济恢复需要和国际社会开放压力，持续 40 年之久，具有明显保护主义色彩和被外力推动特征。从 20 世纪 60 年代开始，日本的经济开始起飞，国际贸易与国际收支连年顺差。在美国等国家的压力下，日本开始实行浮动汇率政策，并逐步推行金融自由化和国际化战略。根据加入经合组织的要求，日本必须开放资本市场，因此，日本政府逐步放宽了对外资的限制，允许外国公司在日本市场募集资金。但是，这时候日本的开放措施非常谨慎而缓慢。1973 年才允许外国公司在日本公开上市，到 1979 年时，才允许外国公司在日本发行债券。1980 年，日本修订了《外汇和外国贸易管理法及外资法》，才逐步加快了资本市场开放的步伐。此后，日本国际储备迅猛增加，日元逐步成为国际贸易结算货币，并持续升值，本国企业和居民拥有大量的现金和存款，购买力非常旺盛。但日本政府的开放政策仍然比较保守，金融衍生品较少，大量资金只能存入银行，或者投资到股票和不动产之中。1981 年，日本对实施了近 50 年的《日本银行法》进行修改，拉开了金融改革的序幕。这一年被日本人称为金融改革的"真正元年"。改革涉及资本市场开放的主要内容包括：改革分业经营模式、实行金融业务自由化和放松外汇市场管制。但是，改革没有从根本上动摇日本固有的金融制度，只是在比较小的范围内进行了一些适应性的修改。到 20 世纪 80 年代末，日本在泡沫经济影响下，呈现出繁荣表现，金融制度原有的问题被掩盖起来，改革随即终止。1984 年被誉为"日本金融革命元年"，标志着日本金融开放进入新的时代。1996 年，桥本龙太郎首相提出了日本金融体制改革的三项原则，即自由化、公正化和国际化。1997 年年初，又进一步明确把金融改革纳入整个经济、社会总体改革方案之中，并把金融改革作为整个改革的先导，被人们称为日本的"金融大爆炸"。这次改革中，涉及资本市场开放的内容主要包括修改外汇法，实现日元的自由兑换和取消有价证券交易税、证券交易税，取消政府对证券公司股票交易委托手续费收费标准的限制，制订衍生交易品种的交易规则。这次休克疗法成为日本金融市场开放进程的分水岭，之前是缓慢渐进的开放战略，之后是激进的开放战略。直至 1998 年，实现了外汇兑换的完全自由化。此时，日本才真正成为国际金融中心之一。

第3节 国际新兴市场的开放模式

新兴国家或地区资本市场的开放，从20世纪80年代中期开始，到90年代中期基本完成，以韩国、中国台湾、巴西和阿根廷等为代表。新兴证券市场开放受到内部需求和外部压力两方面因素推动，以外汇管制放松为前提，一般与整体金融市场开放同步进行，选择逐步开放模式，在较长时间内逐步扩大证券市场开放水平。

一、韩　　国

在新兴资本市场中，以韩国为主要代表，采取了先慢后快混合式开放模式。这种开放模式介于激进式开放模式和渐进式开放模式之间。在开放初期，韩国的开放是分阶段渐进进行的，类似于我国台湾地区，后来加快了开放步伐，采用激进的模式，有点类似于墨西哥。

韩国证券市场开放的主要原因是推动国内经济转型和迫于国际组织的压力。在整个20世纪80年代，韩国实行谨慎、稳健的开放战略。经过了近20年的快速增长后，韩国国内的工资普遍上涨，国内资金严重短缺，利率高居不下，许多大企业被迫转向国际市场筹集资金。但是，此时以利率自由化为核心的金融自由化改革相对滞后，浮动汇率制度还远未完成。进入90年代后，韩国国内和国际金融环境发生了很大的变化，发达国家纷纷加快了金融改革步伐。为实现建立自由化的市场经济的目标、尽快加入经济合作与发展组织，韩国加快了金融国际化的进程，采取了多项开放措施。特别是1997年的金融危机，改变了韩国的资本市场及证券产业，推进了资本市场国际化进程。金融危机以后，韩国证券市场国际化的步伐进一步加快。1981年，韩国政府制定了《长期资本市场国际化计划》。与我国台湾地区基本相似，韩国的计划也分"三步走"：第一阶段，允许非居民通过投资信托公司进行有限的间接投资；第二阶段，允许非居民进行有限制的直接投资；第三阶段，允许全面的直接股权投资。1984年3月，外国居民开始间接投资韩国债券和股票，10月，韩国公司被允许到国外发行可转换债券和信托凭证。从1990年开始，韩国允许国内投资者通过投资基金间接投资于境外证券市场。1994年，国内投资者可以进行直接境外证券投资。截至 2004 年年底，国内投资者境外投资金额为 294.5 亿美元。1991 年，韩国政府颁布了《开放股票市场计划》，自此，韩国的开放开始加快，采取了类似于墨西哥的激进方式，经历 17 年逐步实现证券市场完全开放。外资投资韩国市场，经历了通过韩国基金间接投资、有限制直接投资、放松直接投资限制（主要针对外资持股比例限制）、自由地直接投资四个阶段。1992 年起，外国机构投资者被允许投资与韩国股票市场，当时的上限为 10%，在此后不到 5 年的时间里，韩国就取消了外国投资持股比例限制，投资金额快速增长。截至 2005 年年底，外资持有韩国股票市值约 2 717 亿美元，占总市值的 39.7%。

二、中 国 台 湾

在新型市场经济中，中国台湾是渐进式开放模式的一个典型代表。台湾的开放是从利率开始的，1979 年建立了公开由市场决定利率的货币市场，1979 年采取一揽子货币的汇率政策，实施有管理的浮动汇率制度。1981 年，弹性存款利率基本实现，1984 年才扩大到贷款利率上来。台湾从 1982 年起逐步开放证券市场，包括允许境外资金通过投资基金间接投资、通过实施 QFII 制度逐步扩大外资准入、全面允许境外自然人直接投资三个阶段，其中，QFII 制度在证券市场开放中发挥了重要作用。第一阶段是从 1983 年的 8 月开始的，首先是成立证券投资信托公司，并于 10 月在欧洲和日本公开发行台湾基金。1987 年实施外国资本账户自由化政策，并取消了所有的外汇管制。1988 年允许外国证券经纪商在台湾设立分公司。第二阶段从 1991 年开始，允许合格境外机构投资者直接投资证券市场，这个制度被誉为视发展中地区在经济和金融不受外来冲击基础上实施资本市场开放战略的创造性制度，极大地起到了证券市场开放进程中的稳定作用。第三阶段从 1996 年年初开始，首先是允许一般投资机构和外国个人投资者直接投资证券市场，然后再将外国投资者持股的比例提高到 30%，1999 年进一步提高到 50%，一直到 2001 年年初才最终取消持股比例限制。从 20 世纪 80 年代开始，到 2001 年，台湾的资本市场开放也用了 20 年的时间，从 1990 年到 1996 年 QFII 制度实施期间，台湾对 QFII 的资格要求不断放宽，对 QFII 投资额度和外资持股比例限制不断提高，开放水平逐步提高。1996 年后，台湾开始允许外国自然人直接投资台湾证券市场。2000 年，台湾取消对外资持股比例的限制。2003 年 9 月，QFII 制度正式废除，台湾证券市场进入全面开放时代。目前，台湾证券市场已经基本实现完全开放，

外资已经成为市场最重要参与者之一，持股市值接近证券市场总市值的 30%。

三、泰　国

为推动经济发展和争取成为东南亚金融中心，实现加入世界贸易组织承诺，并且应对欧盟成员国金融机构的竞争挑战，泰国从 20 世纪 80 年代开始实施证券市场开放，基本采取激进式开放模式。1987 年之前，泰国虽然在引进外资方面持比较积极的态度，但总体来看，其金融体系管制仍然很严，金融市场比较封闭。1986 年，泰国在境外发行投资基金，外国投资者可以借此间接投资国内证券市场。1988 年，泰国在国内证券市场创立外国板块，允许外国基金进行直接投资。但是，当时市场开放程度相对较小，对外资的证券投资限制较多，国内公司仍然占据证券业务主导地位。

泰国金融业和资本市场从 1988 年开始以较快的速度开放，至今经历了初始开放阶段、全速开放阶段、深化开放阶段、调整与持续开放阶段。1992 年，泰国允许外国资产管理公司参与设立基金管理公司，持股上限为 25%。1996年，泰国允许国内证券公司设立衍生品基金投资境外期货市场。根据加入世界贸易组织承诺，泰国在 1997 年允许外资证券机构在本国从事证券经纪、交易、承销之外的业务。由于停止发放新执照，外资证券机构只能通过参股本国证券机构开展这些业务。同时，外资机构可以通过参股本国资产管理公司，开展资产管理业务。此外，泰国承诺给外资新发放 5 个特许执照，外资也可以新建资产管理公司。1997 年，泰国金融危机爆发，泰国被迫放弃了对以美元为主一篮子货币的钉住汇率；接管了经营有危机的商业银行，关闭了 5/6 的金融证券公司。泰国开始反思过去的金融政策，采取多项应急措施减少损失。但是，在此阶段，泰国并没有减慢金融业开放的脚步，而是进行政策调整恢复市场信心，还依据对世界贸易组织的承诺，从 1997 年起全面开放金融服务业，允许外资持有银行和证券公司 100% 的股权。1998 年，根据对加入世界贸易组织承诺，泰国允许进入满 3 年、投资超过 5 000 万泰铢的外资机构，持有泰国证券机构股权最多可达 100%，持有期 10 年。截至 2002 年年底，泰国 40 家证券公司中 8 家公司的大股东是外资。2004 年 10 月，泰国允许满足条件的外国公司，可以直接申请注册为泰国的金融衍生品交易商。

泰国对跨境证券发行管理比较宽松。符合要求的境外企业在获得泰国证券委员会同意后，可以发行股票并且向证券交易所申请上市。国内企业可以通过发行可转换债券、ADR 等多种方式到境外筹资。2000 年，泰国允许本国公司发行上市的无投票权存托凭证（NVDR），允许外国投资者直接投资。截至 2003 年年底，泰国 420 家上市公司中已经有 419 家发行了 NVDR。

泰国逐步放宽境外投资限制。2002 年，允许 5 家资产管理公司设立境外投资基金。2003 年，允许共同基金投资于投资级以上的境外债券。2005 年，放宽了 100 万泰铢以下基金的境外投资限制。此外，经过泰国银行批准，个人投资者也可以投资于境外共同基金。

四 、 新 加 坡

新加坡自 20 世纪 70 年代开始，大力拓展本地金融市场，采取对外开放的战略，充分发挥其中介市场和离岸中心优势，吸引世界各国上百家银行、外资金融机构在此落户。新加坡金融业的稳定与繁荣，为本地经济及世界经济发展都作出了巨大贡献。

新加坡证券市场开放选取了有限直接开放模式，允许非本国的居民可以直接投资国内证券市场，但是在投资品种、投资领域、投资比例、机构设立、投资程序及公司的控股权等方面均作出严格的规定，并逐步放松限定条件，以实现完全开放。这种模式既可以吸引国外的证券资本，又对外资进入有一定的可控性。自 1978 年 6 月起，新加坡所有的外汇管理条例均已废除，对非居民股票交易无外汇管理方面的限制。居民与非居民银行账户待遇相同，非居民可以用任何货币不受限制地购买或销售任何新加坡股票，投资收益可自由汇出或存入任何账户。对境外投资者购买股票，无专门的限制性规章或条例。只有某些行业和公司对外国人控股作了限制。例如，根据《银行法》，不允许外国人拥有银行和金融公司 20% 以上的股权。《新闻出版法》则将外国人对报社的股权控制限制在 49% 以下。另外，一些公司在自己的公司章程中，对外国人持股比例有公司自身的限制性规定，如新加坡航空公司规定外国人拥有股权不得超过 25% 等。接管出价需根据《新加坡接管合并准则》及《公司法》规定进行。前者规定，一位欲有效控制一家公众公司的收购者（拥有该公司 25% 以上股权），应对该公司的所有余下来的股票提出接管出价。

为了吸引国际金融机构到新加坡设立分支机构，1990 年 4 月起，新加坡政府给予在该国设立金融中心的跨国公司以重大优惠，即对其以新加坡为中心的外汇买卖、离岸投资、财务服务的溢利税税率减到 10%，减幅近 70%。

金融危机之后，新加坡当局对发展各个市场的可行性进行了逐一研究，发现无论是债券市场、外汇市场、股票市场、商品市场还是衍生品市场，均需要

建立一个有深度的投资者群体。因此，把发展资产管理业务作为一个重点，并且取得了百分之百的成功。为吸引海外基金的兴趣，他们将公共部门的资金交由私人机构管理。1998 年，新加坡政府投资公司和金融管理局宣布，将 350 亿新元交由市场管理。这笔资金作为种子资金，催生了境外基金管理公司对新加坡的极大兴趣。许多国际资产管理公司将其全球调度中心搬到了新加坡。新加坡还配套进行了社保资金管理体制的改革，对基金业实行了税收激励计划，给予认可的基金管理公司 10% 的特许税率。截至 2004 年年底，约 3 600 亿美元的基金资产中，除 46% 左右来自亚太区外，其余来自欧美等地。

新加坡政府在培育债券市场、提供投资产品方面，进行了新加坡元国际化处理。1998 年 8 月，金融管理局宣布了一系列措施，促进本地债券市场发展，其中包括允许外国机构在当地发行新元债券、鼓励本地法定机构发行债券筹集资金等。改革前，金融管理局是政府债券的主要交易商。改革规定，金融管理局不再扮演这个角色，让大部分的政府债券交易通过经纪商或主要交易商进行。这有助于提高标价过程的透明度和效率，缩小买卖差价。同时，金融管理局放宽回购市场的条例，提高政府债券回购市场的流动性，通过投资者有效地借贷政府债券，推动债券二级市场的交易，深化本地债券市场。根据规定，银行今后可以将所有政府债券的回购算为最低流动资产的一部分，但不得高于银行总负债的 5%。更重要的是，允许岸外银行参与债券的回购交易，而不仅限于银行的客户。改革前，只有与银行交易的隔夜回购才算流动资产，而且限制岸外银行通过回购向非银行客户集资。

为鼓励和培育机构投资者，政府采取减少对机构投资者限制措施。首先，规定国际会员替本地投资者处理的最低交易额自 2000 年 1 月起，从原来的 500 万元减至 50 万元。改革前低于 500 万元的交易，必须通过全面会员进行，至 2001 年 1 月则完全取消限制。其次，新加坡证券交易所自 2000 年 7 月起接受新会员，而且不设定限。不过，这些会员必须具有一定的信誉和财力，以便协助本地市场发展。初期，新会员虽能直接处理本地投资者的交易，但最低交易额必须是至少 50 万元。这个最低限额到 2001 年 7 月减至 15 万元，在 2002 年 1 月完全取消，这意味着有资格的业者在本地市场的交易将不受任何限制。

新加坡在股票市场发展方面比较缓慢，因为缺乏足够多的上市公司。但是，新加坡通过开放政策，还是吸引了大量的外国公司到本国上市。在新加坡股票交易所 600 多家上市公司中，除了本地的企业外，许多是来自其他东南亚国家的企业，包括约 100 家中国内地的企业。

五、印　度

印度的资本市场开放是非常成功的，是发展中国家在金融领域开放的典范。印度资本市场的开放可以大体区分为两个阶段：起步阶段（1991～1999年），以外国机构投资者的引入为契机，主要是培育印度资本市场的自由化和市场化特质。深化阶段（1999年至今）：以外汇管理体制和资本出入境管理制度的放松为标志，允许外资更大范围地参与印度资本市场，同时鼓励印度企业开展海外资本运作。

印度在1990年以前，对非居民投资印度证券市场采取了严格的管制措施。除由于历史渊源形成的少数外资证券机构外，鲜有外资被允许参股、控股印度国内证券经营机构的情况。1990～1991年之后，印度开始实行金融自由化政策，资本市场也逐渐对外开放。自1992年9月起，根据外国投资机构指导原则（Guidelines for Foreign Institutional Investment），印度允许外国投资机构（FII）投资印度证券市场。1995年《外国机构投资者管理条例》规定，符合条件的外国投资机构均可申请成为FII，投资范围涵盖所有的证券品种，包括一级市场和二级市场的股票、债券、认股权证、公司债券、共同基金单位、政府债券、商业票据、金融衍生品等。印度对FII管理也相当宽松，没有投资额度、投资期限和锁定期限制，没有长期资本利得税，允许利润自由汇出。但是，印度规定单个FII对一家公司持股比例不得超过10%，所有FII对一家公司持股比例不得超过24%，经过许可后可以达到49%。自2011年1月1日起，印度允许外国个人投资者直接投资印度股市。根据印度央行公布的具体准入细则，印度证券交易委员会将对所有申请入市的外国投资者进行审核，符合条件的方可入市进行交易。此外，细则还对外国个人投资者的交易规模和交易方式做出了限制，要求交易规模不得超过上市公司实收股本的5%，同时，所有的交易必须通过印度证券委员会认可的券商和金融机构等存管参与人进行操作。该新规对于印度来说，可算是一个不小的进步。

早在2000年之后，印度就允许境内自然人购买境外股票，允许有自有外汇的居民购买境内股票，但对投资额度有控制，规定在一定的期间内，投资额度不得超过25 000美元。对于机构投资者，RBI在审批制下，允许国内的共同基金投资境外股票。1999年，SEBI公布了《共同基金投资外国证券守则》，允许国内共同基金投资在货币可自由兑换国家的评级证券、最高评级（AAA）的短期或长期债券及政府债券、印度企业在海外发行的ADR或GDR。共同基

金也可以投资海外设立的共同基金。机构投资者投资国外证券有限额限制：
（1）整个共同基金业投资总额不得超过 50 亿美元；（2）每个共同基金投资额
不得超过其基金净资产的 4%，并不得低于 500 万美元，不得超过 5 000 万美
元。2002 年，SEBI 提升了投资限额，规定每个共同基金投资外国证券的比例
不得超过其基金净资产的 10%。

印度对在外国交易本国证券和在本国交易外国证券均持限制态度，其外汇
管理规章规定，除非经 RBI 的许可，任何人不得从事：（1）将本国证券输送
出境；（2）向境外居民或为其利益转让本国证券权益；（3）向境外印度居民
发行印度注册证券；（4）获取、持有和处置任何外国证券。发行存托凭证
（DR）是印度企业境外上市的主要模式，主要是以全球存托凭证（GDR）和
美国存托凭证（ADR）为主。这类投资虽然也属于外国投资，但印度法律对
此予以豁免，不受外资持股比例上限的规制。作为发行的核心条件，印度公司
必须至少连续 3 年财务状况良好。对于电力、通信、石油开采和提炼、港口和
道路等基础设施建设，3 年财务状况良好的条件可适当放宽。除了不能投资于
房地产和股票市场外，对于 GDR、ADR 筹资，没有募集用途限制，对于 FCCB
筹资需符合商业外债最终用途的要求。另外，FCCB 筹资的 25% 可用于常规的
公司重组。为了保护本国居民的证券权益，实现海外上市利益的一体均沾，印
度监管机构要求国内企业在海外发行 DR 之前，必须先在国内主要交易所上市
交易，对于较大的海外上市项目，必须将其 15% 的股份在国内市场向国内投
资者发售。

六、墨 西 哥

墨西哥是新兴国家中的采取激进式开放模式的典型代表。1982 年，墨西
哥政府开始实行浮动汇率制度，并逐步对外开放外汇市场，放松外汇管制。在
加入关贸总协定之后，该国政府进一步推动贸易自由化，取消外国直接投资的
限制，允许外国资本在证券市场上自由地买卖证券，也不限制外资的持股比
例，允许外资投资该国的金融业，放松外资银行的进入限制。到 1992 年签署
《北美自由贸易协定》后，外国投资在墨西哥已经十分自由。

七、巴 西

巴西一直在寻求进一步完善资本市场对外开放的政策措施。其证券市场开

放始于1986年，当年政府允许外资通过投资公司、投资基金、证券组合等途径投资于巴西上市公司股票。20世纪90年代初，巴西政府又推出一系列利用外资的新举措。1992年，国家证券委员会向资产超过500万美元的全球基金管理公司、国外保险公司和养老基金开放了国内证券市场，并取消了外国投资者将股息返回本国之前的最低持有时间规定。从1996年11月起，银行可以通过美国存托凭证（ADRs）在国际市场上市。同年，国家证券交易委员会作出决定，在预先获得授权的情况下，国外公司可以通过巴西存托凭证在巴西的交易所上市，并且国内的投资者可以购买在国外交易所上市的巴西公司的股票。2005年11月3日，巴西财政部国库局发表公告，称将出台以下主要措施，扩大允许外国机构投资者投资资本市场的范围。（1）由原只限定机构投资者扩大到任何居住在境外的投资者（包括自然人）。（2）简化注册手续。由原来需在证监会（投资注册）和税务总局（法人注册）分别注册，改为只需在网上取得证监会的注册便可完成两个机构的注册程序。注册时间也由原来的30天缩短到24小时之内。（3）网上购买服务。开通网上注册服务后，在Internet网上（www. tesouro. gov. br）就可购买巴西的公共债券；固定收益证券和不定收益证券两者之间可自由转换，不再被视为利润汇出。

巴西政府充分利用外资的新举措，为其金融市场发展带来了巨大生机和活力。在1992年到1996年之间，市场资本总额从4 500万美元增长到2. 17亿美元。从1996年年初开始，股票市场进入高速增长阶段。但是，巴西在证券市场对外开放的过程中，也暴露出一些弱点。一旦国内国际环境有机可乘，国际投机资本就会抓住这些弱点乘虚而入，引发金融动荡。例如，巴西政府为弥补经常账户赤字，除通过国有企业私有化来吸引大量外国直接投资外，还通过高利率政策来吸引短期资本。1993年，流入巴西的外资中，进入股市的外资就有149. 7亿美元，约占外资流入总额的50%左右。在亚洲金融危机之后，巴西在国际上发行的债券的期限也逐渐变短，由此前的平均偿还期8年缩短到1998年上半年平均偿还期3. 5年。这类"飞燕式"资本曾在1994年墨西哥金融危机引起的"特基拉"效应中，使巴西受资本市场受到一定程度的冲击。为了保持货币稳定，政府吸引短期外资的政策仍然得以延续。1999年1月，随着巴西政府宣布其货币贬值，这些短期资本迅速抽逃，巴西股票价格因此大幅下跌。据统计，仅在巴西政府宣布货币贬值的4天之内，抽逃的外国资金就达到50亿美元之多。

八、阿　根　廷

阿根廷的经济发展有过辉煌的历史和骄人的成就，但随着国际经济发展和国内局势变化，积累了许多长期性、全局性和深层次性的问题，这些历史问题的存在构成阿根廷经济开放的路径依赖。特别是在 20 世纪 80 年代，出现了通货膨胀、国企效率低下、外债危机等严峻形势，再加上新自由主义思想在拉美的发酵，直接触发阿根廷最终选择全面激进的自由化改革做法。

在经历 20 世纪 80 年代的经济金融危机后，阿根廷对经济实施了"休克疗法"的激进式改革，在短期内实现了证券市场完全开放。其《外国投资法》赋予外国投资者（所有居住在阿根廷境外的自然人和法人，包括居住地在国外的阿根廷公民和法人）完全的国民待遇原则，与国内投资者享有同样的宪法及法律赋予的权利和履行同样的义务，并取消了关于外国投资形式和性质的所有法律限制。外国投资者可以直接投资其国内证券（机构投资者需要首先进行注册），投资可以随时撤回，资本利得和股利可以自由汇出，没有期限要求，税收待遇与国内投资者相同。外资可以购买绝大多数行业的股票，没有持股比例的限制，只是持有金融企业 30% 以上股份需要获得政府部门批准。

随着外汇管制完全放开和货币自由兑换，阿根廷居民可以自由进行境外证券投资，资本流出的限制取消。阿根廷政府允许本国自然人及法人在外汇市场获取外币进行金融领域以外的国外投资，禁止居民购买境外公司提供的保险单。在改革前的进口替代工业化政策下，阿根廷国外投资并无特别政策鼓励。但从 1992 年前起，阿根廷国外投资规模逐渐壮大，成为拉丁美洲最大的对外投资国。这种趋势主要得益于国内工业的结构重组和经济改革的影响。阿根廷国外投资主要集中在钢铁、石油、天然气及食品行业，其中从 1990～1996 年，石油天然气行业占据国外投资的 82%，其次是食品行业。国外投资基于地理邻近、商业熟悉程度和文化亲和性等方面的原因，主要集中在拉丁美洲地区。

在国内外企业相互跨境发行上市方面，国家证券委员会规定，在国际证监会组织成员国注册成立的企业，可以在阿根廷公开发行股票，但应当提出母国主管机关的有效授权证明，同时应提交发行人的营业情况报告，并遵照国家证券委员会的其他规定。在阿根廷公开发行债券，同样必须由两个独立的阿根廷评定机构评定信用等级，其中等级为 E 意味着无法满足相应的信息披露标准。外国企业如要将其股票在阿根廷证券市场上市，必须满足相应的条件：公司目的、资本与财务状况符合上市条件；组织结构满足证券市场要求；上市股票具有同等面值；不得用公司股票补偿董事会等。在国外已上市的外国公司可以获得一些条件限制上的豁免，但须证明其前所在市场对阿根廷企业上市问题上无歧视待遇。与此同时，符合条件的国内企业获得批准后，可以到境外发行股票。存托凭证是其最常见的境外融资形式，也可以直接在国外发行债券。阿根廷债券可以直接在国外发行，对外国受益人支付债券利息收入不扣缴所得税。

在证券业开放方面，1990年国家证券委员会开始实行一系列改革措施，以放松对证券行业的管制，壮大产权投资市场。在1991年和1992年内，取消了银行对经纪商所有权的限制，固定佣金和转让税也一同取消。国外投资者在阿根廷可以设立商业银行和投资银行，并允许国外商业银行与任何一种类型的金融机构合并或者购买其100%的所有权，也就是说，外国投资者有权拥有经纪商和从事证券业务的商业银行的100%的所有权。国外投资者还允许购买《金融实体法》规定的范围之外的金融服务机构的100%的所有权。

从开放效果来看，经过一段时间后，阿根廷证券市场发展迅速，规模不断扩大。但是，外资过度流入也导致国内经济容易遭受外部冲击，特别是金融自由化和资本自由化政策实行后，国际热钱大量进入，政府逐渐丧失金融调控能力，金融风险增大。2001年，阿根廷爆发货币金融危机，外国投资者大量抛售国内资产，外汇储备急速下降更加剧了危机。目前，阿根廷证券市场规模不断萎缩，面临被边缘化的威胁。

第4节　转轨国家的证券市场开放模式

转轨国家的资本市场开放，主要表现在20世纪90年代初期，以波兰、捷克和俄罗斯等为代表。当时，东欧发生了政治剧变，波兰、匈牙利等东欧国家由计划经济向市场经济转轨，通过"休克疗法"，实施私有化、自由化的经济改革措施，这些国家的金融市场也在短时间内实现完全开放。因此，转轨国家证券市场在短时间完全开放，跟它们实施的经济自由化改革、国有资产私有化背景密切相关，证券市场开放与金融市场整体开放同时进行。

为吸引外国投资者参与本国企业私有化，匈牙利证券市场从1991年成立后就实行完全开放，外国投资者可以与本国投资者同样地购买股票。目前，匈牙利证券市场中外资持股比例超过80%。

一、波　兰

东欧剧变之后，波兰经济向市场经济体制转变，金融市场准入逐步放宽，国内私人资本和外国资本开始进入金融业。加入世界贸易组织、经济合作与发展组织和欧盟，也都推动了波兰金融业的开放。

目前，波兰金融市场开放已经达到很高的水平，并且外资在金融业已经占据控制地位。外国金融机构可以自由进入波兰证券业。按照波兰《证券上市交易法》的规定，境外机构可以在波兰自由设立分公司或代表处，提供证券经纪服务和顾问咨询类服务，对外资也没有持股比例限制。与欧盟大多数国家类似，波兰金融机构允许混业经营。波兰银行同时扮演了"证券交易监管者"和"证券交易商"两种角色，但必须保证清楚地划分日常银行业务和银行证券服务，并设置相应的"防火墙"。提供投资服务的经纪商必须将其所有权状况向 PSEC 报告（但不适用于银行），将其业务活动向银行报告，并且应向 PSEC 提交包含主要财务数据的月报、中报和年报。如果经纪商违法律规定或拒绝遵守公平交易的规则，进而侵犯客户的利益，PSEC 可以暂停或取消经纪资格，并处以相应的罚金。实际上，由于外资可以在银行占控股地位，因此外资可以自由进入波兰的证券服务业。开放政策确保了波兰成为欧盟成员国后的平等竞争，并且为波兰证券经纪行业的进一步发展提供了便利，允许证券经纪商在资本市场中的更大范围内拓展经营活动，以帮助它们发展成为投资银行。

波兰证券市场在成立之初，就允许外国投资者直接投资国内市场，仅对外资持股比例有一些限制。外国投资者购买在波兰证券交易所上市公司的股票，其购买量占上市公司股份 10% 以下的，不需向波兰证券委员会报告；购买量占上市公司股份 10% 以上的，每增加购买 5% 都必须向波兰证券委员会报告；购买量达到上市公司股份 25% 或 25% 以上的，须获得证券委员会许可。如同大多数欧洲大陆国家，波兰对养老基金投资有明确限制：海外投资不超过总资产的 5%、股票不超过 40%、公司债券不超过 10%、银行存款不超过 20%，不能投资于房地产、金融衍生工具。国债则没有限制。实际操作中，波兰养老基金的投资组合情况是：股票 30%、政府债券 35%，国家投资基金和市政府发行的债券 5%，其他 20%。外国投资者进入波兰证券市场投资，可与全球托管人、国际经纪商或交易商（Global custodian and international brokers/dealers, IBDs）签订协议，通过 IBDs 的托管账户在波兰当地银行托管人开户（通过托管协议）即可。这个账户是按照投资者自己的名字在国家托管中心（National

Depository of Securities，NDS）成员中开户的。投资者也可以自己开立账户，授权国际经纪商或交易商（IBDs）进行投资。2003年，波兰证券市场中外国投资者的比例为35%，国内个人投资者的比例为28%，国内机构投资者的比例为37%；在期货市场中，外国投资者的比例仅为2%，国内个人投资者的比例为75%，国内机构投资者的比例为23%。

波兰《投资基金法案》于1998年2月20日正式开始实施。根据该法案，投资基金可由一家按照正常手续获得PSEC许可的投资公司发起设立投资基金公司，具备独立法人资格，但其业务范围只能包括：将从公众募集来的资金投资在证券或是《波兰证券上市交易法》许可的其他资产上。由于外资控制银行并设立投资公司，因此事实上外资是可以自由设立基金公司的。在其他国家获得开展投资顾问业务资格的人可以在波兰注册，条件是该资格须经PSEC确认，并且保证遵守职业操守。此外，外资可以自由设立投资基金公司。

国内投资者也可以将一定比例资产投资于国外市场。国内企业、国外企业都可以申请跨境上市，但是国内企业境外发行股票比例不能超过25%。根据波兰《证券交易法》的规定，外国企业在波兰上市，可以向波兰证券委员会提出上市申请报告，证券委员会组织专家对申请企业进行评估，通过专家评估后形成正式上市说明书，证券委员会成员对上市说明书进行审核，通过审核后，发表上市声明并进行公开招股，最后向证券交易所申请挂牌上市。外资在证券市场开放后大量进入，虽然对经济体制的转型产生积极作用，但是也存在国家经济控制力下降的弊端。

二、匈牙利

匈牙利的资本市场和证券服务业开放是在其国家经济全面开放的背景下进行的，是其国家经济全面开放的最主要的组成部分之一。匈牙利根据自己的国情，选择了将对外开放与产权改革合而为一的方式，面向外资全部卖光。在这一过程中，证券、银行和保险业的开放几乎处于同一时期，而且在机制上相互依赖，即部分银行的私有化通过股票市场完成，股票市场为私有化企业提供产权分析和交易的场所。在经过一个短暂的过渡后，证券、银行和保险业都实现毫无保留、完全开放的结果，股票市场80%以上的份额被外国人持有；银行资产的2/3以上被外国人持有；2004年时的全国最大的15家保险公司中14家全部由外国资本控制。就资本市场开放而言，布达佩斯证券交易所（BSE）成立目的之一就是为推进其私有化改革。在其成立伊始，BSE即允许外国人购买

其股票，及外国股票在匈上市。然而，衍生产品和一年以下的短期债券直到2001年才对外国投资者开放。

2001~2005年，根据加入世贸组织承诺，1995年匈牙利证券业从局部开放过渡到全面开放，逐步取消外资的市场准入限制，允许来自欧共体的外国机构设立分支机构和开展证券业务。1996年7月后，外国机构投资国内金融机构不再需要政府批准。1998年1月后，外国机构可以在境内设立分支机构，提供跨境服务。1998年2月，对外国机构商业存在的限制完全放开，外资可以持有国内金融机构100%股权。但是外资持有金融类上市公司股权达到10%、25%、33%、50%、75%时，需要分别取得批准。

第5节　国外资本市场对外开放对中国的启示

一、采取什么开放模式要根据实际情况

从国际各类证券市场的开放情况来看，无论采取何种开放模式，都必须与当时的国际经济背景、国内的金融改革战略目标相结合。渐进式开放、激进式开放的不同模式本身不是判断开放政策成功与否的标志，关键是要看对其国家和地区带来的发展和效果。例如，澳大利亚采取了激进开放模式，十分成功。墨西哥同样也采取激进开放模式，却导致大量国际资本量流入，使其金融体系崩溃，为此付出了惨重的代价。同样，采取渐进开放模式，也是得失不一。一般来说，在实施过程中，采取渐进开放模式容易控制风险。我国台湾地区就是一个成功的典范，并经受了1997年亚洲金融危机的考验，取得了较好的效果。相反，智利就有深刻的教训。1974年，智利开放了资本项目，外资大量流入，利率迅猛上升，经常账户恶化，外汇储备流失严重，最终陷入金融危机泥潭。另外，从证券市场和证券业开放两个方面看，通过对发达市场、转轨市场和新兴市场的特点进行比较，这两个方面的开放是密切相关的。证券市场也可能早于证券业开放，证券业也可能早于证券市场开放，或者两者同时开放。证券市场开放创造了投资者、筹资者对跨境证券服务的需求，成为推动证券业开放的直接动因。我国是世界上最大的发展中国家，市场经济体系不够健全，各种矛

盾十分突出，金融体制相对落后，抗风险能力微弱，资本市场和证券业开放，只能采取渐进式战略，分目标、分阶段、分步骤实施。

二、面对世界组织的压力需要沉着应对

一个国家或地区在加入某一个国际性组织（GATT、WTO）后，会面临实现开放承诺的压力。一般来说，加入国际组织后，本国或地区的资本市场开放得越慢，时间越长，开放政策的效果会体现得越明显，受到的冲击相对也小。如果在加入国际性经济组织后，在外界力量尤其在以美国为首的发达国家逼迫下，不顾本国或本地区的经济实力和市场发育情况，贸然完全开放资本市场和证券业，招致的后果往往不好。例如，德国、日本、意大利等国家在加入GATT后，都经过了 20～30 年后，才开始开放其本国的证券市场。然而，墨西哥、泰国、马来西亚、印度尼西亚等国在 5～10 内就开放了国内的资本市场，间隔时间很短，开放后金融体系都受到不同程度的冲击，有的甚至导致经济衰退。从 20 世纪 90 年代新兴市场国家和地区发生的金融危机来看，股票市场是国际投机家进行风险投机活动的主要场所。过快的开放其证券市场，对外国资本进入本国的数量和期限不加限制，容易导致其证券市场受到外资冲击的风险。发展中国家和地区应当根据证券市场发育程度和证券市场监管能力，确定合理的外资进入规模和期限，逐步开放证券市场。

三、资本市场开放须配合国内金融体制改革进程

一个国家或地区资本市场开放，要与其国内（地区）的改革相配套。最好是在其国内（地区）金融体制改革基本完成后，再逐步开放资本市场，以便取得资本市场改革开放的综合政策效果。例如，韩国的资本市场开放几乎是与其国内的金融自由化同步进行的，甚至金融改革落后于资本市场开放，而且汇率市场化改革也远未完成，就宣布取消所有的外资投资比例限制，结果在1997 年亚洲金融危机中饱受打击。相比较而言，我国台湾地区的内部改革就比较彻底。1989 年，台湾利率自由化基本完成，一揽子货币汇率形成机制逐步完善。从 1991 年起，台湾才开始逐步放宽外资持股比例，一直到 2001 年，才彻底取消外资投资比例限制，长达 10 年之久。由于采取了这样开放与改革配套措施，台湾在亚洲金融危机中才幸免于难。目前，我国的金融体制还处于改革和完善之中，国有商业银行是金融体系中的主力和核心，利率市场化改革还刚起

步，人民币汇率形成机制还处在起步阶段。因此，我国资本市场对外开放应当在金融体制改革完成后再全面逐步展开，以便稳妥推进，不至于重蹈其他发展中国家的失败覆辙。

四、在开放中要尽量减少对外资的依赖

一个国家或地区在资本市场开放过程中，虽然是要吸引外资进来，但是不能形成对外资的完全依赖。特别是，要采取有效的措施，限制国际投机资本快进快出，以免国际游资对本国和地区金融体系冲击。例如，墨西哥、智利等拉美国家，泰国、马来西亚等亚洲国家，在开放资本市场的过程中，过分依赖于外资，在短时间内放任国际资本大量流入，不仅扭曲了汇率，也提高了国内的利率，导致严重的通货膨胀。国际游资在短时间内进行过分的投资和投机，严重地扰乱了正常的金融秩序，并导致了金融危机。1997 年亚洲金融危机中，国际游资就是利用了部分国际资本市场开放政策的薄弱环节，在股市、汇市、期市三个市场连环出击，从而冲击了整个亚洲地区的金融体系。适当加强监管力度增加措施，是确保金融对外开放成功的根本保证。这一点我们需要向美国学习。在美国，大到整个国家的金融体系，小到某个人的言论，都是被监管的重要内容，而监管的目的在于保持市场的公平和效率。

五、实施资本市场开放要伴以金融创新

一个国家或地区开放资本市场，其中一个必备的基本前提条件是，要拥有丰富的金融衍生产品、金融投资品，来满足国际市场的不同投资需求。例如，美国是世界上资本市场最开放的国家，它既是最大的资本输入国，也是最大的资本输出国。它的金融体系没有受到国际资本流动的冲击，而是它去冲击别的国家或地区，一个重要的原因是它有一套完善的金融创新制度。丰富的金融衍生品和金融投资品，使得巨额涌入的资本都能找到投资的落脚点。又如，日本在开放资本市场后，金融创新没有得到发展，金融投资品较为缺乏。大量资金除了存入银行外，只能投资于股票和不动产，从而产生了巨大的经济泡沫，整个金融体系备受冲击，长达 10 年之久。当然，也不能把金融产品创新推向极端。例如，美国在这次次贷危机中，就是由于把次级房贷产品过分包装，形成大量泡沫而致。在资本市场开放中，金融创新要与实体经济相适应，资本市场发展要与金融创新相结合。中国的经济总量和经济规模已经十分庞大，外汇储

备跃居世界前列，同时也是仅次于美国的第二大资本输入国。大量的资本流动，必须有相当丰富的金融投资品供这些资金投资，或者把它们放到一个"金融市场池"中，否则，金融投资品的缺乏，资金过于集中少数的投资品种，必然会导致泡沫的出现。大力促进金融创新，积极培育各色新的金融投资品，是我国资本市场开放的必然要求。

第6节　我国资本市场对外开放的主要成就

面对经济全球化和加入世贸组织的新形势，在我国境内人民币资本项目尚不能完全自由兑换的情况下，从证券市场建立初期到现在，我们都在寻找和把握对外开放的有利契机和可行通道，在证券服务业开放和资本市场开放两个方面，不同程度地推出了一些新的举措，提高了资本市场的国际化水平。

一、尝试多种融资方式，推动中国企业境外筹资

适应全球股权投资在整个资本流动中比例越来越高的趋势，中国政府在20世纪80年代境外发行债券的基础上，先后探索了B股、H股、红筹股等多种境外筹资渠道，把债权融资与股权融资结合起来，为中国企业到境外资本市场发行上市和开展资本运作创造了条件。中国证监会的数据显示，自1993年到2009年7月底，已有154家境内企业发行境外上市外资股并到境外上市，筹资总额1 137.79亿美元。国内企业比较青睐的资本市场有中国香港、美国、欧洲、新加坡等地。此外，伦敦证券交易所、德意志证券交易所等也是国内企业近几年重点选择的上市地。中国企业上市的总市值仅次于美国，为全球第二。据COLCA的不完全统计，目前在境外资本市场上市的中国公司有1 000多家，市值超过6 000亿美元（4万亿元人民币）。中国企业走向境外资本市场发行上市，这不仅缓解了中国企业资本金不足的压力，降低了企业的财务风险，更为中国企业参与国际市场竞争，向国际型企业发展创造了有利的条件。

二、开放外商投资企业境内上市，允许外资
并购境内上市公司股权

适应当今全球企业跨国经营的趋势，在推动境内企业"走出去"发行上市的同时，逐步允许外资企业"走进来"发行股票。2001 年 11 月，中国证监会和原外经贸部联合发布《关于上市公司涉及外商投资有关问题的若干意见》规定，符合条件的外商投资股份公司可以按程序申请在我国境内上市。虽然该规定要求外商投资股份公司所筹集资金只能投向境内业务，所筹资本不能汇出境外，但它对进一步允许外资企业进入境内资本市场筹资积累了经验，这有利于提升中国资本市场上市公司的整体质量。目前已经有浙江国祥股份、宁波东睦两家外资控股公司在境内发行上市。同时，为适应国际资本市场并购浪潮高涨的形势，针对中国经济战略调整和产权制度改革需要，制定了允许外资受让上市公司国有股权的相关法规。2002 年 11 月，中国证监会、财政部、原国家经贸委联合发布《关于向外商转让上市公司国有股和法人股有关问题的通知》，确立了给予外资在并购中国上市公司国有股、法人股的国民待遇原则。这种允许外国企业间接进入我国资本市场的途径，已经并将进一步对我国经济结构战略性调整和上市公司结构调整产生积极地效应。2006 年商务部颁布了《关于外国投资者并购境内企业的规定》，外资并购政策进一步改善。

三、严格履行加入世贸组织时证券
服务业对外开放承诺

按照我国加入世贸组织证券服务业开放承诺，即外国证券机构可以直接从事 B 股交易；外国证券机构驻华办事处可成为所有中国证券交易所的特别会员；允许外国机构设立合营公司，从事国内证券投资基金管理、A 股承销、B 股、H 股、政府债、公司债券承销和交易，以及发起设立基金等，中国证监会于 2002 年相继发布《外资参股证券公司设立规则》、《外资参股基金管理公司设立规则》，上海、深圳证券交易所于同年分别发布《境外特别会员管理暂行规定》，对中外合资证券经营机构在组织结构、设立和业务合作等方面提供法规保证。2004 年 10 月，《证券投资基金管理公司管理办法》正式实施，设立合资基金管理公司的相关规则一并纳入该办法。截至 2004 年 12 月底，共有 14

家合资基金管理公司和4家合资证券公司获准设立；上海、深圳证券交易所各有3家境外特别会员；在上海、深圳证券交易所直接从事B股交易的境外证券经营机构分别为46家和21家。此外，在加入世贸组织以前，中国政府批准设立了两家合资证券公司（中金公司和工商东亚），特许获准其营业部经营许可证，允许从事A股经纪业务。这些外资机构进入和合资公司设立，推进了证券新品种研发和创新步伐，引进了先进的管理理念和经验，对中国资本市场发育起到推进作用。

四、审慎试行合格境外机构投资者（QFII）制度

在目前人民币尚未实现可完全自由兑换的情况下，为允许外国资本直接进入中国境内资本市场提前做好准备，中国证监会、中国人民银行于2002年11月联合发布《合格境外机构投资者境内证券投资管理暂行办法》，这是我国在当前情况下，有限度地引进外资、开放证券市场的过渡性的措施。目前，已有27家境外机构获得QFII资格，QFII获准投资额度为36.5亿美元。另外，还有4家外资商业银行获准开展QFII托管业务。从2003年7月首家QFII瑞士银行开始在A股市场投资以来，QFII制度对市场产生了积极的作用。它不仅改善了资本市场的投资者结构，直接增加了资本市场的资金流量，而且输入了注重价值的投资理念，加快了市场分化，对境内机构投资者产生了良好的示范效应。2006年8月24日，中国人民银行、国家外汇管理局联合发布了《合格境外机构投资者境内证券投资管理办法》，同时证监会发布《关于实施〈合格境外机构投资者境内证券投资管理办法〉有关问题的通知》，以进一步完善QFII试点工作。截至2010年12月，共批准97家QFII机构，投资额度共计197亿美元。中国证监会于2011年12月底表示，已批准内地9家基金管理公司和12家证券公司的香港子公司，运用香港募集的人民币资金，投资于内地证券市场。香港证监会透露，截至2012年1月9日，已批准15项RQFII相关产品，涉及金额152亿元人民币，仍有4项产品待审批。

五、认真落实与香港、澳门更紧密
经贸关系安排（CEPA）

为推动内地与港澳经贸合作与交流进入新的历史阶段，按照《内地与香港

关于建立更紧密经贸关系的安排》和《内地与澳门关于建立更紧密经贸关系的安排》，中国证监会认真落实有关证券业方面的各项承诺。我国在加入世贸组织时，对证券领域做出的承诺主要集中在商业存在领域，未对自然人流动领域做出承诺。中国证监会与香港证监会于 2003 年 12 月 3 日签署《内地与香港关于建立更紧密经贸关系的安排——与证券及期货人员资格有关的安排》，简化了香港、澳门专业人员在内地申请证券、期货从业资格的相关程序，他们申请获得内地证券期货从业资格只需要通过内地法律法规培训和考试，无须通过专业知识考试，该安排于 2004 年 1 月 1 日开始实施。迄今已有 68 名香港专业人士取得内地证券类从业资格，3 名人员取得期货类从业资格，1 名人员取得了执业资格并担任内地期货公司高级管理人员。2003 年 11 月 17 日，香港证券交易所在北京设立的代表处开业，开启了境外证券交易所在北京设立代表处的先河，这也是落实 CEPA 的一项实质性的举措。

六、加强与境外证券期货监管机构、国际证监会 组织以及其他国际组织的交流与合作

　　中国证监会把加强与境外证券期货监管机构、国际证监会组织以及其他国际组织的交流与合作作为对外开放的一个重要方面。1995 年 7 月 11 日，中国证监会在国际证监会组织第 20 届年会上成为该组织的正式会员。自 1998 年 9 月以来，中国证监会连续 4 次当选为该组织的执行委员会委员。截至 2010 年 5 月底，中国证监会与美国、中国香港等国家和地区签署了 47 项监管合作谅解备忘录。这些备忘录规定的合作内容主要包括信息交换、协作调查、政策法规交流等，目的在于通过建立联系渠道，促进双方相互了解、监管合作和技术信息互换，以加强对投资者保护，促进各自证券期货市场发展。中国证监会与境外监管机构在案件协助、技术援助等方面开展了广泛深入的监管合作。监管合作谅解备忘录已经成为中国企业境外上市、合格境外机构投资者参与中国证券市场，以及外资来中国境内设立合资证券公司和基金管理公司的前提和基础。

第7节　我国资本市场扩大开放的必要性

一、全面建设小康社会的奋斗目标，把我国资本市场开放提到重要地位

我国要实现"十二五"规划的各项目标，关键在于完善社会主义市场经济体制和深化改革、扩大开放。这对我国资本市场提出了新的更高的要求。要使经济更加稳定发展，就要通过资本市场开放，使企业在全球范围内配置资源，实现产业结构调整和产业升级，提高国际竞争力。要使社会主义民主更加完善，社会主义法制更加完备，就要通过资本市场开放，吸取国际上最能体现民主和公平精神的资本市场制度和规则，充实和提高我国社会主义民主和法治体系。要使人民生活更加殷实，就要通过资本市场开放，吸纳更多能为投资者带来高回报的境内外优质企业，增强市场的财富效应，使广大投资者得到投资回报的实惠。资本市场的健康稳定发展是市场各方的共同要求，是深化国有企业改革和全面金融体制改革的现实需要，也是我国对外展示社会主义市场经济建设巨大成就的重要窗口。推进资本市场的改革开放和稳定发展，进一步扩大资本市场开放，是完善我国社会主义市场经济体制的必要条件，也是我国扩大对外开放的重要内容，对实现全面建设小康社会，开创中国特色社会主义事业新局面的奋斗目标意义重大。我们必须按照协调、全面和持续发展的"科学发展观"要求，全方位地认识资本市场，形成推进资本市场改革开放和稳定发展的共识。

二、全球资本市场竞争态势对我国资本市场开放提出严峻挑战

开始于20世纪80年代的资本市场国际化趋势目前正向深度和广度发展。美国、英国等发达国家的成熟资本市场加速改革进程，力图保持其在国际资本市场上的主导地位。发展中国家的新兴市场奋起直追，加快其国际化的步伐。在亚洲，日本、中国香港资本市场正在巩固其在国际市场上的领先地位，韩国和新加

坡的资本市场在国家金融战略指导下加快谋求扩张。在全球资本市场中，外国上市公司占据重要的地位，多地上市、两地上市、全球登记股票（GRS）等跨国上市形式普遍被采用。跨国证券交易量迅猛增长，美国、德国、法国等发达国家的跨国证券交易量已平均占其 GDP 的 350% 以上。证券公司经营全球化，各大投资银行纷纷调整业务空间布局，通过收购兼并或设立分支机构等途径在全球扩张。证券交易所走向合并联盟，纽约、巴黎、东京等十大证券交易所组成全球股市联盟。金融产品和金融创新不断出现，金融期货、金融期权、货币掉期、利率掉期、票据发行和期权交易等日益普及，成为资本市场的重要推动力量。资本市场的各项法规和会计制度与国际惯例逐步接轨。我国资本市场作为"新兴加转轨"的市场，如果不及时跟上国际资本市场发展的步伐，就难免会加大与国际成熟资本市场的差距。

三、《服务贸易总协定》对我国资本市场开放提出更高要求

资本市场开放是经济金融开放的最高层次。资本市场开放程度是市场经济国家的重要标志。世贸组织《服务贸易总协定》包括金融服务贸易自由化，旨在推动金融服务业的开放进程。它不仅制定了各成员金融服务业开放的基本原则，而且规定了开放的时间进度要求。它要求各成员遵守市场准入、国民待遇、最惠国待遇、透明度、逐步自由化原则，给予发展中国家 5 年的保护期，最长一般不超过 10 年。世贸组织前几年还进行新一轮多哈谈判，一些世贸组织成员对我国证券服务业提出了新的要价，主要包括：（1）取消合资证券公司、合资基金管理公司的外资参股比例限制，允许外资以投资或并购的形式设立独资证券公司及分支机构（美国和欧盟）；（2）取消对外资证券公司从事 A 股交易以及外国投资者买卖 A 股或国内债券的限制（美国和欧盟）；（3）允许合资基金管理公司从事养老金管理及机构账户管理等业务（美国）；（4）取消中国居民投资外国证券的限制（日本）。在新一轮的多边贸易谈判中，我国将面临更大的市场开放压力，是否进一步开放我国资本市场，开放度多大，不仅取决于我方的意愿，还需要考虑部分世贸组织成员提出的更高的要求，我们必须提出恰当的对价。

四、解决我国资本市场发展不协调问题，把资本市场开放作为重要路径

当前我国资本市场发展面临的突出问题，是要解决各种历史遗留问题，解决市场结构严重失衡问题，解决发展中的许多不协调问题。进一步扩大资本市场开放，可以说是一个比较有效的方法，甚至可以说是必由之路。要解决我国资本市场目前缺乏有机体系的问题，就需要从更大市场范围统筹考虑问题，对上海、深圳证券交易所和场外交易场所提出新的分工模式，提出与香港交易所的合作模式，明确各自市场的功能定位。要解决散户投资者占绝大多数，而机构投资者在数量和资金上不足的问题，就需要更多引进合格的境外机构投资者，大力培育境内的机构投资者，保护和教育广大中小投资者。要解决股票市场初具规模而债券市场相对不足、金融衍生品市场仍有许多空白的问题，就需要按照国家的统一部署，积极参与亚洲债券市场建设，来带动我国债券市场发展，并引进和设计适合我国资本市场发展需要的衍生品种。要解决上市公司几乎全是境内公司，而没有外国公司的问题，就需要在全球范围选择和吸引真正优秀的公司来发行上市，扩大优质上市公司的资源。我们需要调整原先所设计的"先市场化再国际化"的按部就班的步骤，积极寻找新的突破口，实施在开放中改革、在开放中发展、在开放中规范的新战略，促使我国资本市场规范化、市场化、国际化齐头并进。通过扩大资本市场开放，一定会为我国的资本市场发展注入新的活力和生机，有利于把它培育成结构和功能完善的高效率的资本市场。

第8节　中国资本市场对外开放的基本趋向

中国证券市场对外开放趋势，概括地讲，就是今后将结束完全依赖行政干预等非经济诱因的发展模式，而遵循自身的发展规律，在市场化、规范化（符合市场机制和法律规范）基础上，向国际化趋势大步迈进。证券市场市场国际化的本质，就在于适应经济全球化的需要，将国内外的投资者、筹资者联系起来，在全球范围内进行资本的优化配置。因此，证券市场的国际化将涉及投资者、融资者、经营机构、金融品种、交易手段、法律、会计、税收、汇率制度、市场结

构和规模，以及监管和人才等多个方面。要实现这一系列的国际化，就需要对目前证券市场进行深刻的革命性的改革。

第一，支持更多的优质中国企业到境外发行上市，同时允许符合条件的外国企业来中国境内发行上市，使境内境外"两种资源、两个市场"得到更充分地利用，进一步拓宽证券市场配置资源的空间。

利用境内境外两种资源、开拓两个市场，是我国对外开放的一项既定方针，这与经济全球化的方向是完全一致的。2010年8月《国务院关于进一步做好利用外资工作的若干意见》（国发〔2010〕9号）重申了这一政策，指出："利用好境外资本市场，继续支持符合条件的企业根据国家发展战略及自身发展需要到境外上市，充分利用两个市场、两种资源，不断提高竞争力。"国际资本市场有更加雄厚、广泛的资金来源，有更加严格、科学的监管措施和上市标准，中国企业在国际资本市场上市能够得到锻炼和提高，成为具有国际竞争力的大型企业。我们要在积极发展境内资本市场，鼓励更多企业在境内上市的同时，继续培育和扶持规模大、实力强、经营规范、发展前景好的各类企业自主选择到香港地区以及美国、欧洲、新加坡、加拿大、韩国、澳大利亚等境外市场发行股票并上市，其中要特别重视选择和推动实力强、业绩好、信誉高的金融企业到境外发行上市，还要注重培育和推动科技含量高、成长性好的不同所有制类型的中小创业企业到国际创业板市场上市，并要鼓励已在境外上市的中国企业进行产业转型和资产重组，逐步由传统型企业向高新技术企业转变，寻找和形成新的利润增长点，在国际竞争中提高自己的比较优势，不断增强外国投资者对中国企业发展前进的信心。同时，中国正在进行国民经济结构战略性重组，证券市场正在进行结构性调整，在境内企业"走出去"的同时，还要对境外优质企业"引进来"。允许符合条件的外国企业来中国境内发行上市，有利于改变中国证券市场的上市公司结构，也能使中国投资者分享外国企业的丰厚利润。我们要积极探索外国企业到中国境内发行上市既简便快捷又符合国际惯例的方式，比如直接到中国境内发行普通股和在外国等地发行存托凭证等，使更多符合条件的外国企业进入中国证券市场；还要允许和鼓励有实力的外国企业开展资本经营，兼并收购中国属于竞争性行业的上市公司和非上市公司的股权，在中国资本市场获得新的发展动力。在两个市场贯通、两种资源共用的背景下，中国证券市场上市公司结构将会发生巨大变化，上市公司的生产技术水平和经营管理水平会得到大幅度提高，上市公司整体素质和未来盈利将得到明显改善。

第二，积极探索允许合格的本地投资者（QDII）向境外证券市场投资，同时允许合格的外国机构投资者（QFII）进入中国证券市场，并且逐步增加投资额度，实现境内外资本对流和互补。

中国证券市场建立之初的市场设计，是设立供境内投资者投资的 A 股和供境外投资者投资的 B 股两个相互分割的市场。这种设计充分考虑到了人民币在资本项下不可兑换的实际情况，一方面要达到利用外资的目的，另一方面要保护幼稚市场免受外资冲击。在中国逐步融入经济全球化进程中，这种割裂的、封闭的市场模式变得越来越不适应发展的需要。然而，由于受到目前金融发展水平不够高，资本市场体系不够健全，金融监管能力不足，金融机构法人治理结构尚不完善等诸多条件的限制，中国同许多发展中国家一样，现阶段仍实行较为严格的资本管制，包括对交易管理（交易主体和交易行为）和汇兑管理（通过结售汇或外汇账户的外汇收支行为）两个方面，境内居民被禁止买卖境外股票。按照金融服务贸易协定，中国政府承诺入世 5 年后将放松资本管制，逐步实现人民币资本账户下的可自由兑换。为实现这一目标，将积极探讨设立"合格的本地投资者"机制，开放境内居民向境外资本市场投资。QDII 机制涉及投资者资格认定、进出资金监控、许可投资的证券品种和比例限制三个核心问题。随着条件的进一步成熟，可逐步对 QDII 类别、资格条件以及证券投资品种要求放宽，把QDII 主体从境内证券公司、基金管理公司扩展到中外合资的证券公司、基金管理公司、政府投资机构和社保基金等。中国境内居民的资金通过 QDII 进入香港证券市场，既有利于减轻国内资金非法外逃的压力，将资本流出置于可监控状态下，又有利于香港经济发展和繁荣，提升国际对香港投资的信心。与此同时，按照 WTO 金融服务贸易协定，允许缔约国在投资项目中的比例超过 50%，这意味着中国经过前些年的缓冲期或过渡期后，证券市场最终必然走向完全对外开放，最终实现资本项目自由兑换。考虑到我国目前已经实行了以供求为基础的有管理的浮动汇率体制，经常项目已经实现可自由兑换，利率市场化也已提上议事日程，国际收支状况良好，外汇储备充足，已经具备了一定的开放资本项目的条件，为了更积极地推进资本项目开放，我们将更好地借鉴中国台湾、印度、巴西、韩国的经验，引进"合格的外国机构投资者"，从法律上对其资格条件、审批机制、开户交易结算、资金汇入汇出和税收政策、投资范围、投资限制、投资额度等方面作出新的规定，不断增加其投资额度。此外，还应当采纳发达国家的普遍做法，对投向某些产业的外资执行最高限价，对外资股的表决权或董事会成员资格作出某些限制，积极稳妥地增加外国有价证券资本的输入。同时，要加强对"合格的外国机构投资者"监管，健全国内金融监管体系，促使"合格的外国机构投资者"健全财务并稳健经营，防止操纵市场、资本抽逃、内幕交易等违法违规事件发生，切实防范和化解金融风险，使"合格的外国机构投资者"

对发展我国证券市场的积极作用得到最大程度地发挥。

第三，促进国内证券公司与国外证券公司、国内基金管理公司与国外基金管理公司全面合作，通过组建中外合资的证券公司、基金管理公司，并且允许境内证券公司开展境外业证券业务等，全面提升中国证券经营机构的竞争实力。

中国政府承诺：中国加入 WTO 时，允许外国服务提供者设立合营公司，从事国内证券投资基金管理业务，外资比例不超过 33%；加入后 3 年内，允许外国证券公司设立合营公司，外资比例不超过 1/3。合营公司可以（不通过中方中介）从事 A 股、B 股、H 股、政府和公司债券承销和交易。目前我国证券经营机构虽然发展较快，但在总体上还不能适应加入 WTO 后面临的新形势，与外国机构相比有较大差距。主要表现在三个方面：（1）数量较多，规模太小，难以形成规模效应。（2）经营地域局限，业务范围狭窄，缺乏创新。（3）缺乏健全的风险防范机制，资产流动性风险较大。为迎接资本市场开放后面临的全方位挑战，培育出我们自己能够参与国际竞争的一流投资银行，必须在质和量两个方面全面提升证券公司的水平。与此相关联，目前中国基金业发展也很不够，基金管理公司在投资管理、产品设计、客户服务、品牌创造等方面也亟待提高水平。中国的基金管理公司应与国际上著名的基金管理公司加强接触，建立技术合作关系，选择部分国内资产质量优良、运作规范、从业人员素质较高的基金管理公司，与国际上实力雄厚、信誉良好的一流外资基金公司共同组建中外合资基金管理公司，以利于国内基金管理人在竞争中学习国际基金业的管理运作经验，提高素质。要建立基金行业公会，培育基金行业自律管理体系；要建立训练有素的专业化证券分析师和基金经理队伍，建立注册证券分析师和基金经理管理制度。建立以机构投资者为主导的投资者队伍的必由之路，是加速证券市场成熟的关键环节。中国证券经营机构必须认清自己肩负的历史重任，抓住机遇，坚持不懈地走国际化经营的道路。可以预见，通过建立中外合资的证券公司和基金管理公司，抓住证券市场的关键环节，对其中的薄弱方面加以突破，必将带来整个证券市场的巨大变化。

第四，建立完善协调、分工明确、多层次的证券市场体系，逐步形成主板市场、创业板市场、柜台交易市场（OTC）三个基本层次，并建设好全国性的为证券交易提供功能支持的服务公司。

当前，为适应国际金融服务业加剧竞争和渗透的形势，各国金融证券监管当局都在致力解决本国证券市场在全球证券服务体系中的重新定位问题，改变以地理领域划分业务范围的传统格局，重新整合本国证券市场的组织结构和功能结构体系，以增强其在国际证券市场体系中的竞争力。在此形势下，我国需要逐步对现有的证券交易所从法人组织形式入手，按照"产权明晰、权责明确、政企分开、管理科学"的要求，进行公司制改组，形成主板市场、创业板市场化和场外市场化体系。主板市场的角色定位，主要是为国内乃至全球有影响的大公司融资服务，上市公司一般来自有发展前景的传统产业，具有较大的资金规模和相对稳定的业绩回报。由于上海目前已成为我国的金融中心，国家还规划在2020年把它建成国际金融中心之一，因而它在亚太地区乃至全球的影响越来越大，基本具备与全球其他金融中心竞争的条件，许多专家主张并建议将主板市场设定在上海。在我国产业尚未彻底完成转型的情况下，主板市场在推动国民经济发展中仍将发挥主要作用。同时，要在精心设计、科学论证、充分准备的基础上，适时推出创业板市场。创业板市场主要面向科技含量高、成长性好的战略性新型产业，但又不具备在主板市场上市条件的不同所有制类型的中小型企业，为创业企业提供融资场所，为风险投资提供退出渠道。由于创业板市场上市的多是创业企业，因而对其上市门槛设定较低；同时由于创业企业业绩变动范围较大，也比主板市场有更大的风险。国外的创业板市场、第二板市场、另类股票市场、增长型股票市场，有的是独立的专由一个证券交易所进行交易，有的是在主板市场中专设一个板块。由于深圳市高新技术产业化和技术创新发展很快，已居于全国领先水平，高新技术产业在深圳市的经济发展中占主导地位，同时深圳市毗邻香港，也需要考虑有一个分工，许多专家主张把创业板市场设定于深圳，这既与深圳市的发展目标相一致，也有利于国家科技创新、发展。在此基础上，还将进一步研究并设立柜台交易市场。在欧美成熟证券市场，除主板市场和创业板市场外，还设有柜台交易市场，或称场外交易市场、店头市场。柜台交易市场对公司要求可进一步放宽，不符合在主板市场和创业板市场交易的产权股票可在柜台交易市场交易，从主板市场和创业板市场退出的股票也进入柜台市场交易，为这类股票流通提供平台和通道。当然，柜台市场交易的股票，如其公司具备了在创业板、主板市场上市的条件，将提升到上两个层次的市场中进行交易。这是一种上市公司股票能上能下的机制。我国证券市场开始实行"退市"制度，也指定若干家证券公司为之提供柜台交易。从长远看，为使更多企业股票和产权交易有畅通渠道，需要建立管理严格、运作规范的柜台交易市场。这种市场可考虑实行全国集中统一的发展模式，并随着互联网的发展，在OTC建立具有相当规模的网上交易系统。鉴于OTC市场的特点，可考虑引进做市商和专家经纪人制度，以提高市场流动性。此外，我们已建立了中央证券登记结算公司，采用公司制组织形式，对上海、深圳证券交易所登记结算进行统一管理，为证券交易提供服务。按照"木桶理论"，市场结构中的薄弱部分得到加强后，市场的边际效率会大幅提高。

在我国建立起完善的三个层次的证券市场体系后，上市公司和非上市公司的股票、产权交易会更加便捷，有更好的流动性，从而满足不同类型、不同层次的投资者和交易者的需要，使证券市场配置资源的效率大大提高。

第五，证券监管机构接受国际证券委员会制定的监管目标和原则，确立适合国际化要求的监管理念，全面改善监管工作，使监管工作与全球金融发展和证券市场发展要求相适应。

我国证券市场以往在较长时期里受到计划经济影响，"政府驱动型"在一级市场的额度制和二级市场政策干预股价中表现明显，计划与市场机制、行政手段与法律手段等运用的不协调现象一直未得到彻底解决，这成为按照国际标准监管证券市场的严重障碍。按照国际证券委员会在 1998 年提出的证券监管新标准即市场的公平、效率和透明原则，转变观念、转变心态、转变作风，是证券监管机构当前的一项最紧迫的任务。证券监管机构需要从促进社会主义市场经济和证券市场发展的长远目标出发，要从维护国家经济安全和社会稳定的大局出发，切实把保护投资者利益、保护市场的公平、效率和透明、降低系统风险作为自己的监管目标，所有相关的监管职责、监管手段、法律框架都必须建立在这三个目标的基础之上，并为它们服务，监管的法规和程序都必须充分体现市场的公平、效率和透明的原则。证券监管机构需要找准自己的明确定位，严格按照国务院的授权范围，切实履行自己的监管职责，不要试图充当宏观经济管理部门，不要试图充当上市公司的"父母官"，不要试图充当证券公司及其他市场中介机构的"父母官"，也不要去代替行业自律组织的作用，在证券市场监管方面要当好"裁判员"，不要去当"运动员"。证券监管机构要处理好监管与指导、服务的关系，要把监管寓于指导和服务之中，要按照市场化的办法，更多地依靠市场本身来发展证券市场，凡是市场能够决定的就要由市场决定，市场暂时不能起作用的，要创造条件让市场发挥作用，要克服任何人为设置的障碍，为市场提供良好的政策法规环境。证券监管机构要按照客观经济规律监管市场，要克服"长官意志"，不要人为调控股价指数，更不能把调控股价指数作为自己的工作方针，要致力于解决新兴市场普遍存在的融资效率低下和市场风险较高问题，保证证券市场有效地发挥资源配置功能。

第六，按照国际通行的证券法律、会计准则、税收政策和汇率制度，对我国现有的有关证券的法律、会计准则、税收政策和汇率制度作出积极的改革、调整和补充，形成比较完善的既符合国际惯例又符合中国国情的证券法律、会计准则、税收政策和汇率制度体系。

实现我国证券法律、会计准则、税收政策和汇率制度与国际惯例尽快接轨，是加入 WTO 的基本要求，也是推进我国证券市场国际化的必要保证。随着情况的变化和新问题的出现，需要对调整和规范证券市场的主要法律，如《证券法》、《公司法》、《刑法》的相关条款，以及与之配套的大量国务院颁布的行政法规和证券监管部门颁布的部门规章，进行全面地研究和清理，修改其中对国际化限制的内容，加快对新的金融领域的立法规范，以解决证券市场创新、发展与法律稳定性之间的矛盾；要提高证券法律渊源中人大立法的比例，以系统协调涉及多部门监管的问题，提高其法律效力；要加紧制定与证券市场国际化相适应的法律，如《投资基金法》、《投资者保护法》等，为证券市场国际化提供法律保障。要研究和建议采纳国际普遍接受的财会标准、财务报告和分析方法以及上市公司内部控制制度，总结和推广我国境外上市公司执行国际会计准则的经验，推动所有上市公司都采取国际会计准则和内控制度，保证及时、全面、准确披露财务信息，更好地为所有国内外投资者的投资提供方便。要研究金融衍生工具与传统会计在确认、计量和披露方面的区别，借鉴国际经验，解决金融衍生工具确认、计量、披露方面的难题，以便增强金融资产和金融负债确认的透明度，有利于风险转移和利益重新分配。要研究国际证券税制调整和发展趋势，会同有关部门修订和调整我国现行有关证券的税收政策，为证券市场发展提供比较宽松的税收环境，以增强我国证券市场对境内外投资者的吸引力和在国际上的竞争力。要研究和建议采取推进人民币资本项目下自由兑换进程的实质性措施，以及在目前人民币资本项目尚不能自由兑换情况下，涉及外资进入我国证券市场的外汇管理的个案处理方式；要研究和借鉴国际对以汇率为基础的金融衍生工具实施集中统一监管的方式，以扼制恶性投机，防范金融风险。

第七，促进证券经营机构的经营模式变革和业务创新，逐步实现从分业经营向混业经营方向发展，以便与国际投资银行经营模式对接，向国际趋势靠拢。

受中国证券市场现阶段客观情况等诸多因素的制约，中国目前采取银行、证券、保险分业经营模式，以便于进行分业管理和防范金融风险。目前的《证券法》和《商业银行法》就明确规定采用分业经营模式。但是，当今世界金融界的潮流是实行银行、证券、保险混业经营，以便于金融机构为跨国公司经营提供全方位的服务。特别是 20 世纪 90 年代以来，商业银行和投资银行之间的巨型并购，进而形成一个拥有庞大资本、客户、市场和人才优势的大型金融控股集团，成为当今国际金融界的一个新现象。随着我国资本市场的对外开放，大批混业经营的、具有强大实力的、能为企业和投资者提供全方位服务的国外金融机构进入中国市场，这对目前还是采取分业经营模式的中国证券经营机构势必形成巨大的挑战和压力。为了应对这一挑战，中国的金融业从分业经营逐步向混业经营发展

将是一个必然的趋势。从现在起，就要从各方面积极创造条件，促使金融业从分业经营逐渐向混业经营过渡。我国政府需要加强中国人民银行、银监会、证监会、保监会的监管合作，建立联席会议制度，研究商业银行、证券、保险监管中的有关重大问题，协调银行、证券、保险业务创新及其监管问题，协调银行、证券、保险对外开放及监管政策，交流有关信息，增强监管合力，提高监管效率，促进我国金融业稳健发展。要借鉴国外经验，充分利用商业银行、保险公司的技术、网络和客户优势来提高证券代理业务的服务范围和水平，允许证券公司将证券经纪业务代办点设到银行网点内，利用银行窗口办理证券经纪业务，允许银行开办储蓄通用账户的方式为投资者投资证券服务，银行作为代理人将客户介绍给证券公司，由证券公司进行证券买卖。要研究和设计组建大型的金融控股公司，即由非金融的母公司控股银行、证券等金融机构。这一模式的好处是一方面解决了分业经营力量较弱的问题，另一方面又可以避免纯粹混业经营可能带来的金融风险，因此将分业和混业两种模式的优点融合起来的金融控股公司是一个值得提倡的发展方向，有必要对其可行性进行深入地探讨。

第八，把证券市场办成一个培养证券从业专门人才和教育广大投资者的大学校，在人才培养、引进、竞争、激励力度进一步加大的过程中，使中国公民的整体素质通过证券市场冶炼得到进一步提高。

金融证券业是知识高度密集型的产业，中国证券市场国际化进程能否顺利实现，以及今后能否在开放市场的国际竞争中立于不败之地，人才是决定性的因素。在我国证券市场对外开放过程中，以网络技术为代表的新型交易模式将成为市场的主导模式，大量的金融创新业务品种将会出现，国际先进的投资理念、研究方法和和管理模式将被引进，与国际惯例接轨的法律法规和会计准则将会制定，特别是与国际"金融大鳄"对垒的"金融战"会时有发生，为了适应市场开放后的形势，提高国际竞争力，我们必须大胆引进国际金融人才，并从现在起就要大批培养既懂国际市场运作方式，又了解中国国情的金融、经济、管理、财会、法律、电脑等各个方面的复合型人才。培养国际型人才拟可采取以下步骤：设立证券从业人员专业协会，加强与国际专业协会交流，协会对成员资格认证，促进人员行业内流动；中外合资证券机构和中外合资基金管理公司不仅要做到"资合"，而且要做到"人合"，国内证券从业人员在与国外人员共同开拓证券业务中学习国际经验。在加紧培养国际型、专家型人才的同时，要确立"以人为本"的人才发展战略，尊重人才，爱惜人才，强化激励机制，鼓励开拓创新，改革并完善用人制度和奖励分配制度，建立一支国际化、专业化的高素质人才队伍。与此同时，证券意识和证券人才素质是证券市场的基石，投资者是证券市场发展的源泉。培养公民的证券意识是工商业、投资者和政府部门支持、爱护证券市场的前提。要在切实保护投资者尤其是中小投资者利益的同时，特别要加强证券市场对投资者的教育，帮助投资者树立正确的投资理念，提高投资者自身的投资能力，正确判断与承担相应的风险，以获得相当的收益。提高广大投资者的素质，必然伴随着投资者的机构化和投资者对证券市场的深度参与。这一切，都只有在我国证券市场逐步对外开放，进一步提高国际化程度过程中才能实现。

第九，加快金融品种创新步伐，不断增加可供投资者选择的交易品种，拓展资本市场参与机构的业务范围，满足市场投资者规避风险的需要。

金融衍生工具是现代金融市场的重要组成部分，其功能在于促进融资工具的多样化，增加金融系统的流动性，降低融资成本。发展金融衍生工具，实现金融品种的多样化，已经成为当今国际资本市场的重要发展方向。国际成熟的证券市场往往有一系列完整的金融衍生工具，比如股指期货、股指期权、债券期货、债券期权、外汇期货、外汇期权、卖空机制、认股权证、备兑证、存托凭证等，供投资者选择。相比之下，我国证券市场目前尚无金融衍生工具交易，金融品种只有股票、债券和基金，与国际成熟证券市场相比有很大差距。在我国证券市场对外开放后，大批国外金融机构进入我国，对于能够规避风险和套期保值的各种金融衍生工具的需求会日益强烈。因此，证券从业机构要根据我国证券市场对外开放的进程，提前设计、开发和适时推出新的金融交易品种，比如股指期货、政府债券期货、金融期权、卖空机制等，首先允许在国内进行金融衍生品的交易，一方面为投资者提供双向对冲机制，另一方面为投资者提供更多的选择品种，从而增加证券市场的吸引力。当然，发展金融衍生工具，需要特别注意防范金融风险。在这个问题上，我国前几年曾进行过一段时间的国债期货试点工作，后来由于发生风险控制方面的严重问题而被迫停止，教训是深刻的。国际上一系列金融危机和重大的金融风险案例，比如亚洲金融危机、英国巴林银行破产、日本住友商社巨额亏损等，也都与金融衍生工具有着密切的关系。我们在发展金融衍生工具的同时，必须建立一套完备的市场风险防范和控制体系，在技术、设施、立法、配套管理和监管措施各个方面都要紧紧跟上。我们还要遵循"量力而行、循序渐进"的原则，根据市场的条件和投资者的需求，成熟一个，推出一个，巩固一个，完善一个。可以考虑，第一步先发展股指期货交易，并与之配合建立全国性的指数系统，推出全国性的主板市场指数和创业板市场指数，组建指数基金。在股指期货交易试点成功的基础上，总结经验，逐步发展其他金融衍生工具，不断提高金融创新与金融服务水平，逐步参与和融合到国际资本市场的竞争中去。

第十，加强证券市场的技术、设施建设，积极发展网上委托交易，建立信息时代的网络化市场。

从 20 世纪 90 年代开始，互联网及其相关技术的迅猛发展正在引起金融服务业的一场革命，其中对证券市场的交易手段产生了巨大影响。依托互联网而兴起的网上交易正在成为一种全球性的交易手段，它打破了时空限制，无限扩大了服务客户的区域，降低了经营成本和经营风险，使世界各地的投资者通过互联网随时买卖任何一国的证券成为可能，大大提高了资源配置的效率。目前美国网上券商已超过 100 家，网上交易的账户总数超过了 300 万，约有 25% 的证券交易量通过网上交易来完成。亚洲国家的网上交易近年来也正在蓬勃发展，其中韩国的网上交易额已占交易总额的 30%，超过了美国。相信在不久的将来，网上交易将会发展成为国际证券市场的主流交易模式。我国证券交易一开始就实行了网络化、无纸化交易，要继续进行卫星网络扩容、DDN 网络建设、交易备份中心建立、多媒体影视系统以及管理信息系统（MIS）与决策支持系统（DSS）建立，同时要看到从一个专用网络接入互联网，实现使每个投资者都能享受信息传递、投资交易的功能，将是一个巨大的飞跃和艰难的过程。应当承认，我国网上交易起步较晚，目前大约有 10% 的证券交易是通过网上完成的。这一状况不仅落后于发达国家，而且与一些发展中国家相比也存在较大差距。目前我国互联网用户发展很快，预计今后将会超过 2 000 万户，这为在中国发展网上交易创造了良好的条件，发展网上委托交易已经有一种时不我待的紧迫感。因此，中国的证券公司需要对发展网上交易予以高度重视，将其作为一项重要业务紧抓不懈。要发展网上交易，实现交易手段的国际化，有许多问题需要加以研究和解决。要顺应国际证券市场在机构投资者为主的格局中个人网上交易剧增的势头，采取各种有效措施，提高传统证券交易所覆盖的范围和深度，比如确保证券交易系统的安全性，实现网络信息发布有效性验证，鼓励发展专业网络交易证券商，实行网上交易佣金灵活定价，促进个人证券经纪人制度的普及，深化对投资者个性化服务等。要开展国际合作和交流，促进全球性证券交易所网络和证券交易所集团出现，实现证券市场交易系统对接、二次上市、不间断交易时间、适应全球投资、回避风险等具体目标。要推进电子证券交易所（虚拟证券交易所）的形成和出现，目前独立的证券中介机构在网上公开招股还存在一些障碍，比如监管体系的稳健度和市场透明度都有待提高，但要在技术进步、系统完善上加以改进。中国证券业将切实负起鼓励开展网上交易和加强监管的双重责任，紧紧跟上当今国际证券市场的发展步伐，致力于建立信息时代的网络化市场，以适应资本市场对外开放后新技术革命更加直接地挑战。

第十一，创造性、开拓性地稳定发展证券市场，力争在今后适当提高我国证券化率水平，缩短与发达国家成熟市场的差距。

中国自 1991 年建立国内证券市场以来，经过 20 年的培育，市场规模有了相当的扩大。据国家统计局公布的数据，2009 年我国国内生产总值（GDP）为 33.5 万亿元，2010 年我国 GDP 增速在 9.5% 左右，按此 GDP 估算，目前我国证券化率约为 78.6%。从国际经验来看，发展中国家的证券化率一般在 50% 左右，因此与国际平均水平相比，我国证券化率相对较高，显示出我国资本市场具备在更高层次上为国民经济和社会发展服务的条件。但是，虽然中国证券市场发展很快，但是它对国民经济发展的贡献潜力还很大，还远远没有得到发掘。以证券化率的水平来看，根据有关统计，在证券化率指标方面，高收入国家和地区平均为 77.52%，全世界国家和地区平均水平为 67.43%。举例而言，美国股市的市值为 15 万亿美元，而其国内生产总值为 9 亿美元，证券化率为 166.67%。中国香港的比率更高，股票市值为其本土生产总值的 3 倍，即证券化率达到 300%。马来西亚的市值为 1 310 亿美元，而其国内生产总值为 780 亿美元，证券化率为 167.95%。中国台湾的比率小些，市值为 3 500 亿美元，本土生产总值为 3 050 亿美元，其市值也超过了本土生产总值，证券化率为 114.75%。众所周知，证券化率是衡量一个国家资本市场发展程度的重要指标。相比之下，我国经济总量位居世界前列，证券化率仅处于世界的平均水平，可见证券市场对于经济的拉动力还有很大后劲，未来的发展潜力巨大。随着中国经济机构战略性调整，资本市场对外开放不断扩大，通过进一步扩大市场规模，进一步增加入市资金，进一步提升上市公司质量，进一步增强投资者信心，中国的股票市值将会与国内生产总值更加匹配，使证券化率（指流通市值与 GDP 的比例）达到世界的适当水平。

第9节 中国资本市场对外开放战略管理和风险防范

进一步扩大资本市场对外开放，与我国证券市场的各种监督管理制度改革密切相关。随着这一趋势的加深，必将对我国宏观、微观多个层面产生重大的影响。为有效实现对外开放的整体战略，需要通过对宏观政策措施进行搭配，进行必要的战略管理和风险控制。从横向上加强跨行业、跨机构监管，严格监测系统性风险的各个因素，从而维护金融系统的稳定；从纵向上防范金融体系周期性的

系统性风险。其内容主要包括以下几个方面。

一、进一步加强金融证券市场基础设施建设

为切实做好风险防范工作，建议监管机构准确掌握证券经营机构经营状况和风险程度，以便及时有效采取监管措施。其中最重要的是，要继续完善信息披露制度，提高金融服务市场的透明度，要建立一套适应资本市场开放需要的金融机构和其他市场主体向监管机构和公众提供信息的法律规范。特别是在全球出现金融危机的情况下，提高透明度，有助于政府及时正确采取救助措施，挽救其命运。要使企业会计制度进一步与国际会计准则接轨，实行更加透明的信息披露制度和更科学的会计准则，采用严格的风险管理原则、内控制度及其他监管措施。我国已经实行了非常接近国际会计准则的会计准则，并制定了进一步接轨的路线图，我们需要做出进一步的努力，并由上市公司、国有企业率先实施逐步扩展到所有企业。这无疑会增加监管成本，增加我国金融机构的不良资产比重，影响上市公司的业绩水平，但有利于对金融机构和上市公司的风险和业绩进行准确评估，帮助我国提高金融体系的透明度，增强投资者的信心。

二、继续建立适当层次的综合监管体系和协调配合机制

适应我国资本市场进一步扩大开放的需要，应当建立适当层次的综合监管体系，这是对外开放战略管理的组织保证。我国政府目前已经建立了"一行三会"的联席会议制度，对重大金融问题和政策进行部际协调解决。今后拟应进一步从组织、机构、制度上进一步加强。国务院和各级地方政府重点监管资本市场在整个国民经济体系中的运行状态，着重于资本市场为国民经济发展服务的功能，保证资本市场良性和安全运行。证券监管机构重点监管市场各参与主体的行为，通过制定政策法规和加大执行力度，打击违法违规行为，保护投资者的合法权益。针对改革开放中出现的问题，要与公安、司法等部门密切合作，做好风险处置工作。

为提高商业银行业、证券业、保险业的整体运行效率，适应混业经营趋势的发展，应当进一步建立起实质性的联合监管体制，提高整体监管效率。同时，加强与境外相关监管机构的合作和协调，增加信息交流和情报互通，加大跨境协查力度，共同打击国际欺诈和犯罪，共同防范和化解国际金融市场风险。此外，要尽快完善国内的金融体系，加强对金融机构业务程序和市场准入监管，提高我国

金融市场和资本交易的管理水平，审慎对待资本账户的开放。

三、切实建立金融危机预警和紧急处置机制

为应对国际金融危机的蔓延，在我国资本市场开放的同时，需要尽快建立金融危机预警机制和预警系统，通过对各项指标的监控，达到防范和化解金融风险的目的。

根据境内外资本市场的经验，资本市场危机预警系统应当包括四个层面：一是宏观层面，包括军事、经济和政治等；二是行业层面；三是上市公司层面；四是交易层面。考虑到不论宏观经济还是行业和微观企业因素，最终都将通过影响投资者的行为来影响证券市场走势，投资者的行为和景气指标也应成为关注的重点。具体指标有：国内外政治环境、国内重大经济政策、经济增长趋势、利率水平调整、股票价格指数、人气心理指标、交易量指标、国家产业政策、上市公司整体质量、资本流入、资本流出、国外金融危机等。

此外，还应建立起与危机预警系统相配套的处理突发事件的措施以及防范化解风险的长效机制。主要包括：建立机构救援和再生机制。当某些机构陷入严重危机后，要通过紧急救援机制予以妥善处置，防止系统性风险发生。设立安定基金。当股市大幅下跌时，可以通过这笔基金投入股市，缓解股市下跌压力，恢复市场信心，进行公开市场操作。当股市下跌时，可以通过国家机构买进股票，在股价上升时卖出，平抑股市价格。

四、适当把资本市场纳入货币政策调控体系视野

目前我国境内资本市场快速发展，已经成为影响货币政策效果的一个重要变量。在开放度不够高的情况下，货币政策工具主要通过增减资产负债表的方式，来调节基础货币投放量。在开放度增加的情况下，货币政策在相当程度上需要通过资本市场才能对经济基本面产生实质影响。货币政策不仅要调控实体经济，也应影响虚拟经济。在推进货币政策调控机制改革进程中，我国银行已经适当建立与股票市场发展相适应的新的货币政策框架，以提高货币政策的有效性。例如，在进行宏观调控和应对金融危机时，操作中注重引导市场预期，就起到了"信心比黄金重要"的效果。在特定的时期内，受诸多因素的影响，虽然金融资产价格还不宜作为我国货币政策的独立调控目标，但将其作为货币调控目标的辅助监测指标，纳入央行货币政策的视野，还是有一定需要的。我国央行已经在这个

方面做了许多有益的工作，并提出了许多好的思路和设想。例如，针对外资进入我国资本市场所产生的影响，提出"外币资金池"的思路就是可行的。央行通过建立与金融资产价格监测相关的指标体系，并根据市场走向和金融资产价格变化，对宏观经济影响程度的估计做出准确判断，实施必要的宏观调控行为。鉴于证券投资需求已经成为人们货币需求的一项重要内容，在确定货币供应量调控目标时，继续把证券投资需求考虑在内，使货币供应量调控目标值贴近实际，以满足社会经济运行的需要。央行在调节货币供应量时，同时考虑到同期股票市场走势，考虑不同市场状况对社会资金的不同需求程度。当然，对这种影响的期望值不能太高。

五、继续加大对各类特别是中小投资者的保护力度

随着我国资本市场对外开放的推进，新情况和新问题会不断出现，对境外资本市场波动的敏感性增加。投资者面临的风险增大，加强对投资者保护成为维护市场正常运行和稳定发展的重要保证。对投资者保护应区分机构投资者和个人投资者。对机构投资者保护，应重点对其账户进行监控，避免投资风险放大和蔓延；对个人投资者保护，则应加强对其教育，使其了解开放后的市场情况和规则，增强其自我保护的意识和能力。同时，要建立适当投资者制度，对那些确实资金实力很弱、缺乏投资能力、难以承担风险的投资者，要友善地劝其脱离资本市场，以免对其造成更大的经济损失。可以设立投资者补偿基金，当投资者权益受到侵害时，可以通过这笔基金给予补偿，使保护投资者权益工作落到实处，减少危机带给投资者的损失。还应增加监管机构对上市公司金融部门账户的调查权限，通过严格的监管，促使上市公司真正为股东负责，把股东财富最大化作为自己的目标。特别要加强与境外监管机构的信息交流，及时了解和掌握国际资本市场动向和变化，以便能够采取有效的应对措施。

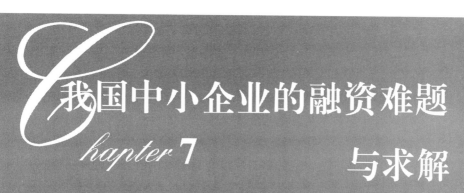

我国中小企业的融资难题

Chapter 7

与求解

Puzzle Dom and Solution of SME in China

解决好我国目前中小企业融资难的问题，是一个涉及中国经济健康发展的大问题。就我国目前中小企业面临的新挑战而言，一部分符合国家产业政策、特别是属于战略性新型产业的中小企业急需快速发展；一部分产业落后的中小企业需要进行产业转型；另一部分有一定的科技含量但不高的企业需要产业升级；还有一部分外向型的企业需要"走出去"，到境外发展产业，剩余的企业可能会面临淘汰。以上除被淘汰外的三类企业，要完成产业转型升级和快速发展，都需要一定的资金支持。然而，我国目前的金融体制尚不足以完全支持中小企业特别是小微企业的融资需求。能不能保证这些企业获得资金支持，能不能使这些企业获得更好发展，实际上是能不能避免中国产业"空心化"的问题，是能不能保证中国经济稳定增长的问题。所以，对于解决我国中小企业融资发展问题，必须提到保证中国经济稳定发展的高度来认识，必须在实践中得到有效地解决。

2011年，旷日持久的美国次级债危机尚未平息，主权债务危机又在欧洲大陆蔓延开来。受整个国际经济环境动荡的影响，中国也不能独善其身。房地产市场和股票市场都显现了严重的泡沫，人民币面临通货膨胀压力。随着央行年内第6次提高存款准备金率，"钱袋子"越束越紧，市场开始感受到资金紧张的压力。在这种稳健的货币政策下，相比老百姓的生活，国内中小企业受到了更直接的冲击，甚至陆续从浙江、广东一带传出中小企业集中倒闭的消息。用企业家的话说，企业的现金流出现断裂，就好比失去"生命线"，实业家和员工多年的心血会毁于一旦。钱荒让中小企业很受伤。

企业的流动资金短缺，其融资需求必然更高。面对倒闭的风险，企业为了生存，就必须想方设法继续融资。本来中小企业融资就是一个一直没有得到彻底解决的老大难问题，现在又与市场萎缩等情况集中到一块，挤压的形势非常严重，这就更增加了融资的难度。台州市经委副主任金永定用这样两个字，来形容这些企业当前的现状："难，困难，一个难字，相当难，那么另外一个字，他们在挺，在挺嘛，我想，能挺，这个就要看政策的底线到什么程度。"温州中小企业协会会长周德文告诉记者："血液（资金）如果流尽了，那你这个企业肯定是死掉的，跟人体一样，所以有可能资金的短缺，或者资金链的断裂，会成为压垮企业的最后一根稻草。"为了解决中小企业特别是小微企业融资难问题，在当前这个不太景气的经济环境下，找出解决问题的出路和办法是至关重要的。

第1节　中小企业及其重要作用

一、中小企业的界定

中小企业是与所处行业的大企业相比，在人员规模、资产规模与经营规模都比较小的经济单位。不同的国家和地区，在不同经济发展阶段，对不同行业，对中小企业的界定的标准不尽相同，但随着经济的发展而会出现动态的变化，各国（地区）一般从质和量两个方面来对中小企业进行定义。质的指标主要包括企业的组织形式、融资方式及所处行业地位等；量的指标则主要包括雇员人数、实收资本、资产总值等。量的指标比质的指标更为直观，数据选取容易，大多数国家（地区）都以量的标准进行划分。

我国工业和信息化部于 2011 年出台了中小企业划分标准的新的指导意见。在该指导意见中，首次在企业划分标准中明确规定了"微型企业"的概念。新规定针对不同的行业制定了多样的标准，较 2003 年公布的旧标准有了一些重要的突破。在旧标准的指导下，中小企业规模的标准是"一刀切"的，而无视不同行业的性质差异。其划分中小企业参考的依据是企业人数、销售额、资产总额三个数据，这三个数据又分别规定为 2 000 人以下、3 亿元以下、4 亿元以下。而新标准在中小企业性质的划分上，也考虑了多样的因素和条件，如工业中小企业采取原有三项指标衡量，商业、交通业看职工数和销售额两项，而一些服务业和娱乐业仅看人数一项就可以。与此同时，"一刀切"的衡量标准也依不同行业特质而变化，如农、林、牧、渔业，营业收入 50 万元以下的为微型企业，而建筑业则是营业收入 300 万元以下或资产总额 300 万元以下的为微型企业。本次最新划分的新标准基本涵盖了国民经济的各主要行业，分别占大、中和小类行业的比重为 88.42%、91.41% 和 94.09%。新规定的出台、尤其是"微型企业"这一新类别的诞生，将对中小企业产生重要的影响。新划分标准更加注重小企业的信贷生存环境，对促进中小企业可持续性发展很有价值。值得关注的是，新规定首次明确规定个体户和涉及标准行业外的其他行业都可参照执行。而在此新规定出台之前，个体户被独立划分，受其他法律管辖。

感性地讲，我国的中小企业是指那些经营规模较小，盈利能力适中，人员较少的企业。它们既不是世界 500 强的国际跨国公司，也不是类似中石油、中石化的大型国有企业。我国的绝大多数中小企业是"草根出身"的民营企业，它们是经过企业家白手起家创立和发展起来的，是经过多年的刻苦经营而积累资本起来的。相比那些具有雄厚资金实力和规模优势的跨国企业，以及拥有垄断地位和得天独厚政策条件支撑的国有企业，中小企业限于自身发展条件和基础，是势单力孤的，融资难自然是一个毋庸置疑的问题。

二、我国中小企业的重要作用

1. 我国中小企业对经济社会的贡献

事实上，在当今世界各国的经济社会发展中，中小企业都发挥着巨大的作用。在美国，中小企业被视为其经济的脊梁；在日本，如果没有中小企业发展，就没有日本的繁荣；在德国，作为经济核心的是中小型企业，其产值占到德国经济总量的 80% 以上。不难发现，作为 GDP 排名前列的发达国家的经济，都有着一大批生机勃勃的中小企业的支撑。当然，这得益于这些国家对其中小企业生存发展环境的营造，尤其是对中小企业融资问题的关注和支持。

同样，在中国的中小企业虽然规模不大，但是数以万计的它们其作用是巨大的。我们来看一组数据：截至 2008 年年底，各级工商部门注册的中小企业有 970 万户，另有个体工商户 2 900 万户，广大中小企业创造的 GDP 占全国的 60%，提供的税收占 50%，外贸出口占 68%，发明专利占 66%，提供了 75% 以上的城镇就业岗位。

可以说，我国的中小企业在推动经济发展，缩小城乡和区域之间的差距，扩大社会就业，改善民生，稳定社会，以及推进国家自主创新等方面，发挥着举足轻重的作用。它们是推动我国国民经济发展，构造市场经济主体，促进社会稳定的基础力量。特别是在当前，在确保国民经济稳定增长，缓解就业压力，实现科教兴国，优化经济结构等方面，均发挥着越来越重要的作用。

2. 中小企业的作用

从 20 世纪 90 年代以来，我国经济保持了快速的增长，其中工业新增产值的 76.7% 来自中小企业。中小企业是社会就业的主要场所，是地方财政的主要来源。中小企业在缓解就业压力，保持社会稳定方面，构成了基础的力量。

稳定了中小企业，就是稳定了社会就业，稳定了地方财政基础，从而全社会稳定就有了物质保障。

近些年来，我国科技型中小企业悄然兴起，并迅速发展，成为技术进步中最活跃的创新主体。中小企业大多数从事第三产业，贴近市场，贴近用户，活跃在市场竞争最为激烈的领域。中小企业成为市场经济的主体和市场体制的微观基础。相对大企业而言，中小企业改革成本低，操作便利，社会震荡小，新机制引入快，是深化改革的主要推动力量。

另外，中国出口的许多大宗商品，如服装、玩具、工艺产品等劳动密集产品，以及一些高新技术产品，大多是由小企业提供的。

第2节　中小企业的基本融资渠道

一、融资是什么

从狭义上讲，融资是一家企业资金筹集的行为与过程。也就是说，公司根据自身的生产经营状况、资金拥有状况，以及公司未来经营发展需要，通过科学的预测和决策，采用一定的方式，从一定的渠道，向公司投资者和债权人去筹集资金，组织资金的供应，以保证公司正常生产需要，经营管理活动需要的理财行为。公司筹集资金的动机应该遵循一定的原则，通过一定的渠道和一定的方式去进行。我们通常讲，企业筹集资金无非有三大目的：企业扩张、企业还债，以及混合动机（扩张与还债混合在一起的动机）。

从广义上讲，融资也叫金融，就是货币资金的融通，当事人通过各种方式到金融市场上筹措或贷放资金的行为。从现代经济发展状况看，作为企业需要比以往任何时候都更加深刻、全面地了解金融知识，了解金融机构，了解金融市场。因为金融是现代经济的核心，企业的发展离不开金融的支持，企业必须与之打交道。如果企业不学习金融知识，不了解金融知识，就不能适应企业新时代经济发展的需求。

二、中小型企业的融资方式

从大的方面讲，中小企业的融资方式无外乎两种，即股权融资和债权融资。

1. 股权融资

先来看看股权融资。股权融资是指企业通过出售公司股份进行融资，这其中又可细分为私募股权融资和公募股权融资。公募融资的含义是上市企业通过社会公开发行股票的方式，向广大投资人出售股份而融集资金，包括首次公开发行和随后的增发、配股等。公募融资对于企业来说，是最合算的一种融资方式。它通过在资本市场上出售现有股份，以较高的市盈率倍数从公众手中筹集大规模的资金。企业作为上市公司，登上了公众融资平台，确保了今后的资金需求。然而，事实上，中国广大的中小型企业尚处于发展阶段，其规模、盈利能力以及治理结构等，距离上市公司的标准仍有相当的距离。因此，通过股票市场公开发行股份募集资金，对绝大多数中小型企业来说仍是个梦想。即便我国 2009 年推出了创业板市场，以其低门槛进入、严要求运作的特点，为有成长潜力的中小企业获得了融资机会，但创业板毕竟还处于初级阶段，还存在着许多的不足。它的推出只能相对缓解中小企业融资需求问题，并不能从根本上改变整个中小企业的融资现状。况且，创业板市场也仅仅是满足了一小部分发展前景较好行业的中小型企业，绝大多数中小企业仍然是嗷嗷待哺。

相比公募融资，私募融资就要灵活简便的多。私募融资不需要企业满足成为上市企业的诸多硬性规定，它实际是通过企业家和投资基金私下的商谈，以招标的方式募集资金，其形式也是多种多样。可以这么说，只要符合法律规定，企业和基金双方完全可以通过商谈，个案性地约定各种各样的条件和方式。企业获得私募融资，相比公募融资简单，但是其出售相同股权所筹集资金的分量也较少，这也是遵循风险回报对等原理的。私募基金为企业投入大量资金，协助企业发展。与此同时，私募基金也承担了企业生产经营，违约和不可抗力的风险。但是，私募基金是以获利为目的的，不会永远陪伴企业走下去，它需要尽快地扶持企业成为上市公司，在资本市场上出卖其股份，以更高的市盈率价格退出获益，这可谓私募基金的终极要义。因此，为了能够顺利地实现这个目标，私募基金在挑选投资对象时，也是非常严格和谨慎的，能够得到私募基金投资的中小企业，也是具备很强发展潜力的黑马，而私募股权基金就是那位伯乐。中小企业需要获得私募基金的投资，需要极大的耐心，首先企业自身要具备良好的素质，其次需要和私募股权基金进行长期的沟通，建立信任关系，并且在准备充分的情况下同私募股权基金签订投资协议，以免企业吃亏。私募股权基金在选择投资对象时，会对企业的方方面面进行考察，包括老板和管理层的履历和经验、公司行业的分析、公司产品和盈利模式的分析、竞争力的比较、公司盈利水平、成长空间、公司治理结构、公司的历史沿革、公司未来发展方略、融资用途等，可谓是"扒掉企业三层皮"。毕竟，私募股权基金"押宝"的对象是日后上市公司的候选人，如果把大笔投资砸在了错误的项目上，那将是巨大的损失。毫无疑问，中小企业获得私募融资是非常具有难度的。况且，绝大多数需要资金的中小企业实在拖不起等待私募基金。

2. 债权融资

再来看看债权融资，同样也分为私募债权融资和公募债权融资。私募债权融资和公募股权融资对中小企业的要求是一样严格的，甚至有过之。中国证监会等有关机构对其制定了严格的规定，包括准入资格，融资程序，信息披露，监管等。大多数中小企业被挡在了门外。

对于处于发展阶段的广大中小型企业来说，平日生产经营中打交道最多的还是同私募债权机构。我国现有的金融体系当中，掌管着70万亿元的100多家大中型银行是绝对主力，银行贷款是企业融资的主要方式。服务于中小企业的机构主要是12家股份制银行，110多家城市商业银行和一些民营的中小型银行。另外，还有4 000多家城市信用社和区域型的民营银行也提供向中小型企业贷款的业务。对于外资银行、四大国有商业银行、国家政策性银行，它们大多为大型企业提供服务。企业向这些金融机构借贷，也需要有信誉的担保组织为其担保，例如政府中小企业担保公司、民营担保公司和混合制担保公司等。类比上述的几种融资方式，向银行借贷是最通常的企业融资的形式，这种形式的借贷一般规模较小，风险较低，简单易行。但是，具有讽刺意味的是，这种条件最宽松、操作最简单的融资方式还是改变不了中小企业融资难的问题。接下来，我们不得不再进一步考虑，中小企业融资难到底是谁的错？是企业自身的问题，还是中国金融体系的问题？

第3节　中小企业面临的融资困境

一、中小企业融资现状

当前我国的一些商业银行已经开始重视对中小企业的贷款问题。例如，工商银行于2012年1月推出了专门针对小微企业的纯信用贷款，无须进行任何担保和抵押，贷款金额最高可达200万元人民币，3～5个工作日即可完成审批发放，该项计划率先在小微企业数量比较密集的长三角、珠三角地区推进，连续在全国推开。并且，全国许多地方已经批准设立了许多小额贷款公司，开始为中小企业进行贷款服务。这是一个很好的开端。但是，从总体上看，我国的中小企业不仅融资难，而且融资的成本和代价也很高。根据中国中小企业金融制度调查报告显示，目前中小企业融资成本一般包括：贷款利息，包括基本利息和浮动部分，浮动幅度一般在20%以上；抵押物登记评估费用，一般占融资成本的20%；担保费用，一般年费率在3%；风险保证金利息，绝大多数金融机构在放款时，以预留利息名义扣除部分贷款本金，中小企业实际得到的贷款只有本金的80%。以1年期贷款为例，中小企业实际支付的利息在9%左右，约高出银行贷款率的40%以上。

对于中小企业融资难、融资贵的棘手问题，中小企业的老板会把问题归罪于当前金融市场融资体系的不完善，因为国内还没有专门设立足够多的服务于中小企业资金融通的机构。与此同时，商业银行机构对寻求贷款的中小企业也颇有微词，认为这些企业承担风险的能力不足，在对待债务和借贷操作上也有认知的不足。中小企业贷款难的原因往往是双方面的，让我们来分别分析这两种情况。

二、中小企业自身存在诸多问题

1. 企业先天不足，抗风险能力较弱

我国的许多中小企业发源于劳动密集型产业，有些企业直接就是劳动密集

型企业，其资金规模和生产规模相对较小，生产技术水平相对落后，经营管理水平低下，很少有自主创新和自有知识产权。它们在产品和市场策略方面，通常喜欢跟随和模仿，打价格战，在产业链中处于下游，在企业的激烈竞争中，经不起原材料或产品价格波动的冲击，处在不利的位置，经营风险较大。近几年来，虽然许多中小企业适应经济结构转型的要求，在技术研发、市场开拓等方面获得进展，但通常其固定资产比较少，厂房和经营场所大多是租赁而得，无法提供符合要求的抵押物，而且也难以找到合适的担保人，因此抵押和担保贷款也无法获得。另外，新生的中小企业往往没有更长年限的盈利记录，难以证明它们的发展前景和盈利潜力，达到商业银行要求的信用贷款评级标准。国内的很多中小企业的风险意识薄弱，内部管理不规范，经营管理情况在很大程度上取决于大股东的个人能力、理念和行为。而且，有许多企业的财务不够规范，未能主动适应商业银行的合理要求，甚至为降低成本、逃避税收而人为制成"多本账"，造成资信等级较低、信用缺失，银行的信用贷款基本上不适用于它们。在市场经济的条件下，信用已成为市场交易的基本准则。对企业来说，信用是一种资源，是企业的无形资产。一些中小企业信用状况不良，拖欠其他企业和商业银行的账款，偷税漏税，合同履约程度低，债务人逃废债务，假冒伪劣产品充斥市场，这些问题都在一定程度上影响着我国中小企业的信用形象，使得银行借贷风险加大，从而对中小企业惜贷。

鉴于上述中小企业本身存在的问题，商业银行对于向中小企业放贷也有其难言之隐。从全世界来看，对中小企业贷款风险都很高。在中国，对中小企业贷款风险更高。我国企业的平均寿命只有 2 年 9 个月，中小企业的平均寿命更短。创业 2 年之后，只有 30% 左右的中小企业能够生存下来。作为一个提供贷款的商业银行，它需要考虑放贷的对象在几年后是否还能健在，是否能够还本付息。同时，即使一家商业银行决定放贷，办理规模比较小的贷款和办理规模比较大的贷款，二者的成本是一样的，而且办理大的贷款，其成本可能还会更低。在实际操作中，商业银行向小企业贷款 10 万元所耗费的人力、物力等成本，并不比向大型企业发放 1 亿元的大额贷款少，而 1 亿元贷款所产生的经济效益却是 10 万元贷款所无法比拟的。据有关部门估算，对中小企业贷款的管理成本平均是大企业的 5 倍。因此，在现行商业银行机制下，商业银行因绩效考核、成本利润原则驱使，更倾向于向大企业、大项目发放贷款。给中小企业贷款需要审查信用，手续非常烦琐，有的中小企业连合乎规范的财务报表都找不全。这就导致了商业银行和企业之间的逆向选择问题。对于实力雄厚而不缺钱的大企业，商业银行是千方百计为其提供贷款，并且希望它们能够接受；

而对于那些有燃眉之急的中小企业，商业银行则愈发谨慎，愈发远离这些企业。尤其是在宏观经济低迷、货币政策紧张的时候，向中小企业贷款更是难上加难。商业银行是盈利性的机构，其放贷的核心是关注资金的安全、风险和盈利性。有一个笑话讲，银行家就是在晴天的时候，借给你雨伞，雨天就把雨伞收回来。在当前全球金融危机的冲击下，各国政府为有效地避免金融危机带来更深层次的冲击，普遍都采取了谨慎性原则，使得中小企业贷款首先受到伤害。我国金融机构内部清理整顿，也使得商业银行收缩信贷规模，尤其是对中小企业的惜贷。

2. 对履行债务义务的认识和态度有偏差

对债务还本付息本来是天经地义的事情，然而，为数不少的中小企业不注重信誉，对履行债务义务重视不够。信誉无论是在传统社会，还是在现代市场中，对于经营者都是至关重要的。其区别在于主要表现的形式不一样。传统社会中，商人的信誉重点在于对商品和服务的质量和价格，做到童叟无欺，而较少涉及债信。因为商人主要以自有资金做本，较少采用负债经营。在现代市场经济中，商人的信誉重点在于按约还本付息，因为普遍采用负债经营方式，即使不进行借款，赊购一般都不可避免，如果债信不佳，商人持续经营就比较困难。而对于产品的质量和价格，高度买方市场逼迫商人自然很关心这方面的信誉。遗憾的是，目前我国中小企业的债信很不理想，"欠债老大"、"逃废债"现象很多。毫不夸张地说，借了钱的一方成了"爷爷"，借给方倒成了"孙子"。债信问题的存在，使商业银行对中小企业的贷款风险程度大幅度升高。商业银行既然提高了借贷的门槛，对中小企业借贷的意愿也会大大降低。中小企业相对于管理比较规范的大企业来说，财务制度不健全，会计信息不真实，可信程度低。由于中小企业的交易灵活、有些时候不需要发票及转账，因此账务信息难以控制，再加上我国的税务监督力度不够，也给中小企业会计信息不真实提供了便利。中小企业大多为民营家族式企业，这就使得会计信息造假在组织上得以保障。并且会计信息的造假成本非常之低，以至于很少有企业为此而受到政府部门的重罚。银行的金融机构在向中小企业提供信贷支持时，为了降低其信贷风险，往往要求中小企业进行抵押贷款，这样就限制了中小企业的发展。那些信誉良好、经营正规的中小企业也不能获得与大企业一样的待遇，融资遭遇瓶颈，有时不得不通过民间融资。我们知道，民间融资成本如此之高，本来很好的企业，可能进行了民间融资，结果一蹶不振。因此，需要呼吁有关部门，能够出台一些具体的措施，比如所有企业的纳税申报与商业银行贷款能够实现联网，能够使中小企业的账簿健全、透明，能够为投资人提供真实的会计资料。只有这样，才能改变中小企业的形象，中小企业也才能获得更多的资金支持。

3. 缺乏必要的企业资本运作和金融知识

我国大部分中小企业为私营企业，企业领导者的素质不是很高，缺乏足够的现代管理理念和领导力。然而，企业发展需要管理者必须具有远见卓识，具有先进的融资理念，从而能够为企业规划合理的融资方式，以较低的融资成本来筹集更多的资金，满足企业的发展需要。同时，中小企业员工的整体素质也不是很高，企业留住人才的机制和能力很弱，使得企业新鲜血液注入少，制约着企业的进一步发展。

在企业财务管理方面，有众多的中小企业经营管理者缺乏专业理财、资本运作和债务管理方面的系统化的知识。在很多情况下，企业过多地或者不明智地承担了债务，超出了自身承受能力的安全范围。还有一些中小企业主普遍存在过度追求发展速度，追求规模扩张的倾向，而不重视企业内涵式增长，经营不够稳健，风险意识不足。某些具有较好经营能力的中小企业虽然取得了一些成功，但是他们当中的不少老板对自身经营能力和企业发展潜力估计过高，认为在初步获得成功的基础上，就可以实现规模扩张，快速做大做强，结果造成企业发展超出了资金实力、管理能力。一般来说，企业追求适当的发展速度是必要的，但是过高的扩张速度往往会带来资金短缺、管理能力不足的风险。赊销敞口拉得过大，增加了经营的风险，容易引起资金头寸短缺。赊购不能及时付款，供应链受阻，现金流出大于流入，在无法得到有力融资支持的环境下，最终引发了整个资金链的断裂。

另外，目前有许多中小企业对商业银行贷款规定和程序了解有限。这种信息阻隔具有致命的双向性，使企业和商业银行之间无法相互沟通，中小企业不能有的放矢地利用商业银行贷款，开展自身业务。实际上，某些中小企业只需要适当的信贷资金，就可以得到更有力的开发，但是它们的业主却不知道如何来获得这些资金。他们或者没有得力的人才来执行融资，常常对商业银行说出"牛头不对马嘴"的话，让企业丧失了获得信贷的机会。或者他们在与商业银行商议贷款事项时，由于不了解贷款程序和要求，而不能很好地配合商业银行进行必要的信贷调查，以及法律文件的准备、签署等，导致银行因为无法获得真实的经营信息，比如近几年的财务报表，而不得不放弃贷款。中小企业的领导者大多数是由小作坊主转变而成的，管理一般都存在着任人唯亲、家族式管

理的问题，领导者的工作作风往往是家长制的管理，往往凭经验进行管理决策，经常导致企业沟通匮乏、领导者权利无限大、下属的工作积极性差、对工作的认同感不强等问题。随着企业的进一步发展，管理者所面临的环境也在急剧变化，这就需要管理者不断学习，并且要善于授权，避免自己天天手忙脚乱，陷于具体的事务，无暇顾及企业长远发展及规划。在经营管理中，很多中小企业在技术应用方面也存在着滞后现象，缺乏信息化、系统化、现代化的经营管理手段，严重制约着中小企业经营管理水平的提高。

三、不利的外部融资环境

再让我们来看看造成中小企业融资困难的外部环境因素都有哪些？

1. 政府对中小企业的重视程度需要加强

中国的社会性质决定了政府对国有企业高度重视。长期以来，国家扶持政策一直实行向国有大企业倾斜。国务院颁布的《关于鼓励支持和引导个体私营等非公有制经济发展的若干意见》提出，要着力解决民营企业的融资困难问题，央行的信贷政策也鼓励商业银行增加对民营企业，特别是中小民营企业的贷款。但是，由于国有银行等金融机构的设计对象主要是面向国有企业，导致了现有商业银行面对民营企业的可操作性水平较低。因而，追究民营企业融资困难的根本原因，还是要回归到现有银行等金融机构的制度设计问题上来。政府有关部门缺乏扶持小企业发展的有效措施和办法，小企业往往无法享受到正常的国民待遇，这是造成中小企业融资难的历史原因。大型企业能够容易地在资本市场和货币市场上得到资金，而针对中小企业的融资门槛却相应被提高了许多，而且担保体系不够完善，担保机构运作不规范或担保能力不足，无法为小企业融资提供良好的保障，中小企业要取得贷款必须付出更大的成本。

2. 针对中小企业融资的金融机构和保障措施相对缺乏

我国银行机构的设置与中小企业的贷款需求有一定的矛盾。国有商业银现有的贷款业务部门的设置与贷款资金需求对象存在错位现象。我国目前的融资体制是以政府为主导，以国有商业银行和国有企业为借贷双方主体。在我国商业银行体制改革后，贷款的权力上收，以中小企业为放贷对象的基层银行有责无权，有心无力；实行资产负债比例管理后，逐级下达"存贷比例"，使本来就少的贷款数量更为可怜，贷款供应缺口进一步加大。同时，现有的中小企业金融服务作用也尚未充分发挥。虽然大多数商业银行在落实银监会"六项机制"过程中，建立了中小企业金融服务专营机构，但只是简单地将原有公司业务部中符合中型企业统计口径的业务划拨给中小企业部。信贷管理权限过分上收，客观上削弱了基层商业银行对科技型中小科技企业信贷支持的能力。另外，银行在金融产品设计和营销、分支机构设置、信用评级标准、贷款审批手续等方面，不能完全适应科技型中小科技企业对金融服务多样化的要求等。融资困难、借贷无门的重要原因之一是贷款供应不足。

　　我国目前尚无专门为中小企业贷款的金融机构。在国有商业银行中，中小企业的规模歧视依然存在。大银行从节约成本费用角度出发，不愿向中小企业投放资金。虽然城市商业银行、信用社和地方性商业银行以及各地设立的小额贷款银行等，成为支持中小企业发展的主导银行，但是这些金融机构的资金实力不能完全满足中小企业的融资需求，最终还是制约着当地中小企业的发展。专门化的中小企业金融机构则在贷款成本、信息收集成本、经营灵活度等方面，具有大型金融机构无法比拟的优势，有能力为民营企业特别是中小民营企业提供优质、高效的信贷服务。国家需要设立专门针对中小企业融资的金融机构，才能有力地落实对中小企业的贷款扶持。与此同时，国家还应抓紧时机逐步建立和完善开发性金融机构、风险投资基金、创业投资企业、票券公司、财务公司、租赁公司等金融机构，为民营企业的发展构建全方位的、多元化的金融支持体系。国家还可以考虑成立一家民营企业或中小企业政策性银行，以解决民营企业融资难的问题。

3. 我国资本市场发展不够完善，制约着中小企业直接融资

　　目前，我国的资本市场尚未建立起完善的体系，多层次的资本市场仍在试验之中，大部分企业尤其是中小企业难以通过直接融资渠道获得所需资金。从股权融资来看，虽然我国推出了创业板市场，也设置了创业板上市标准，但实际操作中，由于需要资金和融资的企业太多，符合这些规定的中小企业还是难以在创业板市场上市。创业板市场实际上是一个"低标准、高门槛"的市场，相当数量的中小企业被挡在了门外。目前，我国深圳证券交易所的中小板市场、创业板市场共有 916 家上市公司，按行业对照 2011 年工业和信息化部、国家统计局、国家发改委、财政部等四部委联合发布的《中小企业划型标准规定》，这两个市场板块的上市公司上市前 1 年的营业收入（不低于 5 000 万元）全部超过四部委规定的小型企业的上限。国标定义的"小型企业"营业收入区间，除建筑业（300 万元≤营业收入＜6 000 万元）外，其他行业的上限均

低于 5 000 万元。这说明，截至目前，我们境内的两个市场板块只有中大型上市企业，而没有一家合格的小型企业上市。同时，我国的企业债券市场发展也远远落后于股票市场，大企业尚难通过发行债券的方式融通资金，更何谈那些规模小、信誉等级相对较差的中小企业了。按照《公司法》、《证券法》的要求，上市公司股本总额不少于 5 000 万元，并要求开业时间在 3 年以上且连续盈利。因此，平均每户注册资本 80 多万元的广大中小企业，根本没有资格争取到上市或发行企业债券的指标。靠股权融资和债权融资来解决我国众多中小企业、尤其是非国有的中小企业融资问题，显然是不现实的。

此外，我国的风险投资体系也处于初级阶段，从 20 世纪 90 年代才刚刚起步，还不能够说已经发展完善。风险投资不同于银行贷款，无须企业进行担保，也无须企业进行抵押，应当是解决中小企业融资的最佳方式。尽管我国各地政府纷纷设立了风险投资机构，建立了风险投资基金，但由于传统文化理念的差异，风险资本来源渠道比较单一，管理制度和营运机制不完善，中介机构运作不规范，相关风险投资进入和退出机制缺失等因素，再加上这些投资机构过于急功近利，只选择上次公开发行前的企业进行投资，致使目前我国大部分中小企业还不能利用风险投资基金，来加快自身的发展。

4. 信用担保体系不够健全，缺乏对中小企业贷款的支持

完善的信用担保体系是构建良好金融支持环境的必要条件。目前，我国的中小企业信用担保体系还不够完善，主要表现在，为中小企业提供贷款担保的机构少，而且担保基金的种类和数量远远不能满足需求。民营担保机构受到所有制歧视，只能独自承担担保贷款风险，而无法与协作银行形成共担机制。由于担保的风险分散与损失分担及补偿制度尚未形成，使得担保资金的放大功能和担保机构的信用能力受到较大的制约。需要进一步建立适合中小企业特点的融资担保体系，发展有利于民营企业融资的信用担保机构，专门对符合担保条件的民营企业提供融资担保，包括民营企业集资联合建立的商业性担保公司、政府拨款建立的非盈利性担保公司，以及其他的小型担保公司、民间组织建立的互助性担保基金、企业集资建立的行业内互助性担保基金等。还要丰富中小企业的融资担保物，避免过去只有通过抵押才能得到贷款的现象。还可以考虑，直接由担保公司对民营中小企业进行小额的特定项目融资。同时，要加紧研究和建立再担保机构，以有利于提高担保机构资金放大倍数，扩充融资担保额度，也有利于建立风险分担机制，促进担保机构与担保行业的健康发展。政府部门还需要以政策性扶持中小企业融资担保为主要目的，建立资本金补偿机

制，由政府出资参股部分担保机构，承担政策性担保业务，专为政府需要扶持的行业企业融资提供担保服务，避免担保机构"挂羊头，卖狗肉"。政府还需要对政策性担保机构进行税收政策扶持，实行一定的税收优惠政策，建立健全扶持中小企业融资的法律法规体系。

5. 征信体系不够健全，商业银行贷款难以操作

中小企业贷款难、寻保难与其资信等级不够有密切的关系，建立以企业资信档案为基础的信用制度已迫在眉睫。我国企业征信体系的建设从 2006 年才正式开始，这项工作的开展却一直不太顺利。在造成中小企业融资难的诸多原因中，银企信息不对称是主要原因之一。商业银行在放贷之前，需要花大量的时间、人力和财力对中小企业的资信情况和还款能力进行调查，与对大企业贷款相比，商业银行担负着更高的成本，同时还面临着更大的风险。在欧美等金融市场发达的国家，都建立有完备的征信体系。商业银行在放贷之前，查一下征信体系就能掌握企业的基本情况，这样就大大减轻了银行的成本和风险，也让它们为中小企业贷款具有更多的积极性。目前我国的社会征信体系尚未健全，工商、税务、海关、环保等机构的信息无法形成共享机制，银行在查证中小企业提供资料真实性方面存在较大困难，很难摸清企业及其主要股东的真实情况。银行作为资金的提供者，并不能亲自参加企业的日常经营管理，而使用资金的中小企业在经营信息方面比银行拥有更多的优势。因此，中小企业就有机会在贷款合同签订的过程中，或者事后资金的使用过程中，损害银行的利益，使银行承担过多的风险。反过来，银行当然会对自己的风险想方设法进行控制，这场博弈的结果就是银行的贷款门槛越升越高，中小企业的资金龙头被越拧越紧。因此，在中小企业征信体系建设中，不能一味强调银行的作用，政府要调动银行、企业以及相关部门的积极性和义务。比如，工商和税务部门同样掌握着关于企业信用的重要信息，只有把它们的信息整合进来，征信体系才能更准确地反映企业的信用状况。尤其当一些中小企业财务制度不透明、资金管理不规范的时候，这种信息互联整合的价值也就愈加凸显。因此，征信体系的建立要由政府来牵头，商业银行作为主体，协同其他部门共同来建设。

6. 法律体系尚不够完善，缺乏必要的中小企业融资保障

在我国，中小企业的生存与发展一直缺乏有效的法律保护。中小企业法律保护的完整性在发达国家（如意大利、日本）都十分突出，而在我国尚处于不完善阶段。尽管我国的《公司法》、《合伙企业法》等少数法律对中小企业

有一定的规范，但是对中小企业的贷款、担保、上市等融资方面的保护甚少。2003 年我国出台的《中小企业促进法》，起到了基础法律的作用，但配套的鼓励、优惠、救济等法规尚不健全，在一定程度上降低了基础性法律发挥作用的空间。从其本身来看，存在着依赖相关政策、行政法规、规章的倾向，比如企业划分标准、管理机构设置等方面，而政策本身的灵活性削弱了该法的作用。该法将鼓励、优惠等制度设定得有较多的弹性，而不是类似意大利相关制度那样设定的特别具体，如各种固定名称的基金及其基金扶持的条件，而是设定了基金，但基金的范围较为广泛，为操作预留了较大的空间，对针对性要求较高的中小企业的保护是不利的。同时，我国的《反垄断法》中，仅从原则层面规制了行政性垄断，在执法中尚未涉及（不多的涉及也仅仅停留在《反不正当竞争法》原有的程度），为行政性垄断的蔓延预留了较大的空间。而在行政性垄断中，受益的基本是大型企业，侵害中小企业利益的可能性仍然存在。特别是，在中小企业保护立法中，行政主体"法律责任"缺失，或者说规定不够明确，也不利于中小企业的保护。虽然我们看到日本等国家在中小企业保护立法中，也未更多的涉及"法律责任"部分，甚至在日本的相关基础性立法中特别强调政策性、灵活性及诱导性，而未规范"责任"部分，但结合我国的实际情况，我们不难发现，在我国的立法中，赋予了行政主体较多的职能，而中小企业的法律保护就是通过这些职能实施来保障完成的。如果行政主体行使职能缺乏监督和规范，行政主体没有责任，缺失对行政相对人的救济制度，那么，中小企业保护就成为空洞的条文，其现实作用会有很大的削弱。

第 4 节　解决中小企业融资难的主要对策

目前许多机构和专家对国家解决中小企业融资难问题提出了许多很好的建议。从国家的角度说，解决中小企业融资难的问题，应当进一步提高对中小企业的关注程度，为其设立更为优惠的政策，建立针对性更强的金融服务机构，真正地改善中小企业融资困境。政府还应当加强对中小企业信用体系和法律体系的建设，为中小企业融资提供良好的法规保障。与此同时，要广开和善于利用民间资本和外国资本，为其创造一个秩序规范、资金供应充沛的市场，使更多机构投资者和私人投资者参与到中小企业融资服务中去。

一、中小企业要快速提高自己的素质，这是解决融资难的根本之道

针对我国中小企业规模小、透明度低、管理不规范、资信程度不高等特点，中小企业首先需要努力提高自己的整体素质，同时在积极学习金融知识，端正不正确的认识和态度方面狠下功夫。"打铁先要本身硬"。只有通过严格要求自己，提高自己的整体素质，才能为融资和发展奠定坚实的基础。其中最主要的是要做好以下几个方面的工作。

1. 改善中小企业的管理制度

建立现代企业制度，提高中小企业自身素质，是解决中小企业贷款困难的根本之策。我国的大多数中小企业采用家族式管理模式，产权不明晰，责任不明确，决策不民主，信息不透明，财务不规范，存在着诸多明显和潜在的弊端。中小企业要有勇于革新的精神，培养现代企业管理制度理念，按照现代企业要求运作，完善各项管理制度，完善公司治理，强化内控制度，提高企业的整体素质，增强市场竞争力和综合实力。其中要注重健全财务制度，按照国家相关法律法规的要求，不做假账，真实反映公司财务状况，提高企业财务的透明度和可信度。中小企业通过提供及时、可靠的财务信息，使投资人和贷款人的投资能够得到预期的回报，才能获得企业所需的资本金。同时，中小企业要建立自身的信用制度，获得社会的认同和信任，反过来又会有利于企业融资。

2. 树立诚信观念，杜绝商业欺诈行为

中小企业要端正对待借贷的态度，做到按期还贷，无不良信贷记录。这方面，中小企业需要借助于信用评级机构的监督和评估，来增加自己的信息透明度。只有获得金融机构的认可和信赖，才能增加从金融机构融资的可能性。中小企业需要强化信用意识，提高资信水平，建立起与银行的良好合作关系。

3. 树立企业品牌意识，提高市场认知度

中小企业大多数为民营企业，管理思想相对落后，特别需要树立起品牌意识。通过建立市场认知度，确立自己的市场地位，提高企业的竞争力，品牌效应才能充分发挥出来。这样才能使企业获得投资者的信任，吸引投资者资金，满足自身发展需要。

二、做好我国优秀中小企业筛选、培育与推介工作，有针对性地进行资金支持

摸清我国中小企业的实际情况，是对其融资进行有效支持的前提。发达国家政府政策扶持对象大都为新兴的高技术型中小企业或有发展前途的企业。因此，政府应慎重选择扶持对象，重点支持战略性新型产业和高技术产业，对于效益低而筹资难，以及产品销路差、信用差而借贷难、且产品无市场的企业不宜支持，应由市场优胜劣汰。可以考虑政府委托有关的机构，按照特定的标准，对优秀的中小企业进行筛选、培育与推介工作，从各类中小企业中挑选出符合国家产业政策、特别是战略性新型产业、有培养前途的企业，有针对性地进行融资和其他方面的支持。各地政府的中小企业局可以联系相关部门，首先做好中小企业的摸底登记工作。政府具体负责部门要排除干扰，从中选取优秀的中小企业，并对其进行重点培养，扶植其品牌建设、经营建设、财务建设等，为这些筛选出来的优秀中小企业提供雪中送炭的帮助。目前国家和各地方政府已经有许多种类的企业评选项目，并且进行了一定数量的资金和优惠政策的支持，但是发现“走关系”现象比较突出，迫切需要按照公开、公正、公平原则和标准严格进行，对初步选出的中小企业要进行公示，基本上要像公开发行股票那样进行对待和处理。不严格就不能做到公平，就不能以理服人。需要注意的是，对中小企业的筛选、培育与推介工作应该长期坚持，每年选出一批优秀的中小企业进行重点培养，同时跟踪调查，及时列入观察名单和进行淘汰，并且处罚骗取融资的行为。

三、建立和完善中小企业信用担保体系，大力发展互助性担保制度

发达国家的经验表明，政府对中小企业融资的直接支持起的作用很大。政府可以通过建立多层次的多种所有制并行的中小企业信用担保机构和再担保机构体系，加大对担保机构的财政支持力度，来帮助中小企业融资。首先，建立以政府为主体的信用担保体系，由各级政府财政出资，设立具有法人资格的独立担保机构，实行市场化公开运作，不以营利为主要目的。其次，成立商业性担保公司，以法人、自然人为主出资，按公司法要求组建，实行商业化运作，以营利为主要目的。再次，建立互助性担保机构，由中小企业自愿组成，联合

出资，成立会员制的联合会，为会员提供融资与信用担保业务。发挥联保互保作用，不以营利为目的。互助担保的优势来自民间担保的产权结构、社区性和互助、互督、互保机制。当面临风险时，政策性担保的通常做法是将风险转移给政府。而互助性担保机构承担的风险最终由会员分担，容易被潜在的被担保者接受，担保审批人与担保申请人相互了解，缓解了信息不对称的危机；互助性担保将银行或政府担保组织的外部监督转化为互助性担保组织内部的相互监督，提高了监督的有效性；处于劣势的中小企业通过互助性担保联系起来，在于银行谈判时能争取到较为有利的条件；互助性担保减轻了政府财政负担，可以为政府与中小企业沟通创造新的渠道，容易获得政府的支持。为适应今后的发展需要，宜构建以互助性担保机构为主，政策性担保机构和商业担保机构为基础，以地区和市级、省及、国家及三级再担保机构为支撑的结构体系，提供优惠政策，加大直接扶持力度。

四、政府与企业共同努力，改善全社会的信用环境

信用保证是解决中小企业贷款担保抵押难的有效方式。中小企业的信用问题一直是制约融资的关键。各级地方政府及其他有关部门需要与中小企业一道，逐步建立内、外部相结合的配套的信用管理体系，进一步重视商业银行信贷资金安全，把解决融资难问题和培育社会信用制度紧密结合起来。要建立中小企业信用担保机构，从组织形式上保证信用制度的落实，建立信用担保基金和为中小企业提供信用登记、信用征集、信用评估和信用公布为主要内容的信用评级制度，建立跨地区、全国性的中小企业信用体系，为中小企业融资提供信用担保。同时，要通过相关法律法规的制定，规范信用担保程序，创造良好的外部环境，保证担保体系的正常运作。对依法纳税、及时还贷、规范经营的企业进行表彰，而对恶意造假账、蓄意逃避银行债务的企业或个人要坚决予以公开曝光和惩处，大力打击逃废债行为。需要多个部门的通力合作，中国人民银行、银监会、工商局、各级政府联手合作，共同协作，建立中小企业信用咨询系统，利用网络技术，通过一定方法，收集中小企业的信用信息并公开，以随时供商业银行进行查询，一旦发现中小企业有欺诈、瞒骗等行为，就将其列入黑名单，并向社会公布，使其不仅得不到融资服务，也得不到商业银行的其他服务，使其违约成本大于违约收益，以杜绝中小企业的不诚实行为。政府还需要进一步推进信贷登记咨询系统建设，在银行间实现对企业征信信息数据的联网共享，促使银行能有效地监控客户

资信状况。另外，地方政府在维护金融债权工作中要加强诚信教育，规范企业改制行为，积极协调有关部门的关系，为银行拓展中小企业信贷业务创造一个宽松的信用环境。

建立信用评审和授信制度，可以由政府、中介等机构来出具公正的信用评价，解决中小企业信用难以鉴定的问题。政府通过引导和监督企业加强诚信体系建设，可以帮助中小企业建立规范透明的管理制度、真实可信的财务报表、积累信用制度。同时，企业自己也要努力提高核心竞争能力，坚持自主创新，培育自己的品牌，不断优化企业的产品结构，提高企业多渠道融资，健康发展的能力。

五、建立科学的信贷机制，发展中小
企业金融服务专营机构

国家需要根据中小企业信贷需求规模小、频率高、时间急、风险高的特点，制定特定的信贷机制。中国银监会在 2006 年 7 月颁布了《银行小企业信贷指导意见》，提到了银行要建设六项机制。对此，商业银行需要积极响应银监会的政策，完善各项机制，为中小企业信贷提供良好的环境。同时，根据经济环境的变化，不断更新完善机制，尽可能地满足中小企业资金需求。

相对于公司业务，中小企业金融服务需要更加专业化的金融产品、高效的业务流程和高素质的信贷审批人员。商业银行除了要在实施单独定价、独立经营、独立核算等方面制定切实可行的办法外，更要在财务、人力资源及激励机制等方面向中小企业倾斜，促使专营机构更好地根据中小企业的融资特点，不断开发适合其需求的金融产品和服务模式，优化贷款流程，提高审批效率，充分发挥专业化经营优势。此外，商业银行还应借鉴发达国家的成功经验，充分运用信息技术成果，高起点、宽领域、突破性地进行业务创新并适时推出市场，扩大金融服务的广度和深度。

同时，商业银行等金融机构还应适当加大对中小企业的信贷支持力度，适当放宽贷款期限。除了各大商业银行自行设立贷款的信贷部门外，还可以大力发展与中小企业相适应的中小融资机构，鼓励和支持股份制银行、城乡合作金融机构发展，并尽量消除地区差异，提高中小企业的贷款比例，支持符合国家政策的中小企业发展。

六、转变国有商业银行经营观念和经营方式，提升对中小企业融资服务水平

从发达国家的情况来看，无论其资本市场如何发达，商业银行的信贷融资始终是中小企业融资的主要来源。对于进入成熟期的中小企业来说，其最为关注和期盼的莫过于能够及时获得商业银行贷款。可以考虑，采取以下的举措来促进和改善我国商业银行的信贷服务。一是调整国有商业银行的信贷政策，强化和健全为中小企业服务的信贷机构。商业银行需要打破以企业规模和所有制结构作为贷款标准的认识误区，除商业银行的总行外，一级分行和作为基本核算的二级分行也应尽快分离和设置专门的中小企业信贷机构。二是修改企业信用等级评定标准，建立一套针对成长型中小企业的信用评估体系。应把企业的行业发展、成长预期、管理团队和科技优势作为评估的主要因素，并以量化指标体现出来，再结合财务状况，来综合评估此类企业。三是从政策上提高商业银行对中小企业贷款的积极性。可考虑扩大商业银行对中小企业贷款的利率浮动区间，对于向中小企业贷款比例较高的商业银行，可以考虑实行诸如冲销坏账和补贴资金等措施，以增强其抵御风险的能力。四是运用金融创新工具，改善信贷融资能力。许多成长型中小企业具有高风险性，对其进行信贷融资，显然具有风险。虽说这类企业也会带来高收益，然而这种高收益并不会增加银行信贷的利息收入。如果将收益的一部分变为权益融资，不仅可以给银行获得中小企业成长带来的收益，也降低了信贷的整体风险。

七、大力发展地方性中小金融机构，使其成为商业银行的重要助手

发展地方性的中小金融机构，为中小企业提供贷款融资，是十分重要的。它们是大的商业银行的必要助手和补充。地方性中小金融机构主要包括城市商业银行、城市信用社、农村信用社、地方性中小企业产权交易市场、中小企业债券市场和地方性风险投资公司，以及近几年发展的小额贷款公司和村镇银行等。据不完全统计，目前我国有5万多家农村信用社和5 000多家城市信用社，有些还处在调整和整合之中，但其合作性质已经淡化，成为"准国有商业银行"。可以考虑在对其清理整顿的基础上，成立商业性中小企业银行，专门为地方中小企业提供商业性贷款。地方性的中小金融机构拥有为中小企业提供

服务的优势，它们一般是地方性金融机构，通过长期的合作关系，对地方中小企业经营状况比较了解，有利于解决存在于中小金融机构与中小企业之间的信息不对称问题。

八、鼓励和保护民间资本介入融资市场，大幅提高资金市场效率

国际上的发达国家如美国、日本、德国等都非常重视利用民间金融。它们设立了许多民间金融机构，专门为中小企业提供融资服务。我国的社会体系和人们的消费习惯，导致我国存在高储蓄率。高居民储蓄使得我国的民间资本充裕，尤其是经济发达的沿海地区，如浙江、广东等地，民间借贷市场十分活跃，在相当程度上取代了银行的功能。在我国目前宏观调控形势下，事实上许多民间机构和民间资金也起到了很重要的资金融通作用，民间借款成为一种解决资金缺口的补充机制。一般来说，民间金融机构定位较为灵活，对中小企业经营背景信息较为熟悉，信用调查成本相对较低，手续简便，利率有时相对较低，受到中小企业的欢迎。例如，浙江台州等地区创立的金融社区服务模式，使民间金融机构服务深入到众多的中小企业中，形成了银企双赢的格局。但是，民间融资活动基本上处于地下或半地下状况，缺少法律和制度的规范，在特定条件下存在高利贷等违法活动，这就要求相关部门制定法律法规，使民间借贷行为规范化和透明化。只要有规划、有组织地将现有社会中的大量民间闲置资金加以运用，就能提高资金利用效率，达到双赢的效果。可喜的是，国务院目前已经批准实施《浙江省温州市金融综合改革试验总体方案》，决定设立温州市金融综合改革试验区，将对地方金融机构改革、新型金融组织发展、民间融资规范等进行探索，有助于为民间资本提供更加广阔的发展空间，也有助于使民间金融更加阳光化、规范化、合法化。

九、发展中小企业风险投资公司和风险投资基金，繁荣私募股权基金市场

根据国外的成功经验，风险投资是解决中小企业特别是科技型中小企业融资需求的重要途径。为了引入风险投资，帮助中小企业融资，特别是支持创业板市场的上市公司，吸引社会投资机构，我国各地政府制定并实施了鼓励和吸引创业资本投资规定与鼓励和吸引投资型企业的规定等法律法规及相关政策支

持。但是，目前我国仍然主要靠国内资金支持企业对资金的需求，而国外的风险投资进入较为谨慎，对境外的基金管理公司在境内发行和管理人民币基金还有许多限制。为了更好地利用境内境外两种资源，我国还应该鼓励境外风险投资公司落户中国，为他们创造更宽松、更健康的运营环境，从而为我国中小企业尤其是科技型中小企业提供资金。此外，各地政府部门还可以通过建立政府引导资金，与境内外的投资机构共同设立风险投资基金，聚集社会闲散资金，形成一定的规模，来解决中小企业融资困难的问题。我们发现，一些地方政府通过建立政府引导基金，并且利用对当地企业比较熟悉了解的优势，有针对性地对企业进行融资支持，取得了一定的效果。但是，其基金的资金量有限，还远远不能满足当地中小企业的巨大资金需求。此外，风险投资要发挥作用，还必须有良好的风险投资机制与之配套，其中退出机制是风险投资健康发展的关键原因，要帮助这些基金解除后顾之忧。

十、完善中小企业融资的法律法规体系，为中小企业融资提供法制保障

我国在 1999 年 4 月成立中小企业促进法起草小组，直到 2003 年《中小企业促进法》才开始实施，但该法仅仅构建了支持中小企业的基本框架，缺乏配套的法律法规，例如《中小企业担保法》、《中小企业投资法》等。另外，由于转轨时期其他各项配套法律法规不够健全，导致市场出现了维护制度不力的现象。我国可以针对有关中小企业融资的需求，在条件成熟的时候，逐步制定和完善地方性的中小企业融资法规，以便更好地促进我国中小企业融资发展。

需要加快对《中小企业促进法》的体系及内容进行调整，将政府对中小企业的服务职责放在突出的位置，以体现政府各专门机关对中小企业发展的义务；在体例上，应当将政府行为与市场行为分别加以规范；从市场准入制度入手，对中小企业的法律地位和经营活动进行全面的规范和引导；在具体立法条款中，应当努力规定实质性的促进措施，并使立法具有可操作性。

需要政府进一步转变职能，加强对中小企业的社会服务。各级政府应推动建立包括资金融通、信用担保、创业指导、技术支持、治理咨询、信息服务、市场开拓和人才培训为主要内容的中小企业服务体系。鼓励和支持企业行业协会、商会等机构，积极开展面向中小企业服务，发挥政府与中小企业之间的桥梁作用。推动各类中介机构为中小企业提供法律、财务、公司治理等方面的咨

询服务。同时，充分利用计算机、微波通信等先进技术手段，逐步建立向社会开放的包括政策、技术、市场信息在内的中小企业网络和发布渠道，提高中小企业信息的获取能力。

需要加强对中小企业的行政和司法保护，打击不正当竞争。鉴于目前我国反不正当竞争法赋予行政机关和司法机关的手段有限，而且许多规定赋予行政机关的自由裁量权过大，往往不能及时有效地打击不正当竞争行为，在修改《反不正当竞争法》时，要赋予主管机关更多的手段和更严格的措施，规定主管机关在打击不正当竞争行为方面的执法责任制。在我国的中小企业参与国际经济合作与交流中，政府还需要进行必要的境外法律法规的指导和培训，并且对它们在这个过程中遇到的困难进行必要的法律救助。

需要促进《中小企业促进法》与其他法律规定配合适用，更多强调政府对中小企业的促进义务。在我国现有的法律体系中，与《中小企业促进法》配套适用的还有《公司法》、《合伙企业法》、《个人独资企业法》等。在立法活动中，应当注重法律与法律之间的衔接，防止因法律的脱节而产生法律适用上的真空。在促进中小企业发展的过程中，应该更多地强调政府对中小企业促进义务，而不是在大、中小企业之间实现权利与义务的重新设置。政府对中小企业的保护与促进应当更多地体现在竞争过程中，政府部门可以根据竞争的结果，对《中小企业促进法》规定的服务内容进行必要的调整。

十一、采取风险准备金补偿政策，对政府出资的担保机构给予支持

鉴于其他国家的成功经验，我国可以在经济条件允许的情况下，对政府出资建立的担保机构，设立并采取风险准备金政策，以达到更好地为中小企业融资服务的目的。2003 年 7 月，财政部颁布的文件规定，政府出资的中小企业信用担保机构发生的代偿损失，在年末担保责任余额 5% 以内，担保机构提取的风险准备金不足以弥补的，主管财政部门审核后，可给予一定补偿，有条件的地区可适当提高补偿比率。值得注重的是，在担保体系建设的初期，地方政府往往直接出资组建担保机构，并给予税收减免等支持。近几年来，部分地方政府开始将直接操作转为间接引导。例如，上海市政府 2002 年 3 月出台《上海市小企业贷款担保机构损账补贴暂行办法》，由市财政拨款，给各区互助型担保机构的担保损失予以一定比例的补贴。从 2004 年到 2006 年，南京市政府每年安排财政专项资金 2 000 万元，对纳入市重点扶持的担保机构给予补贴和

补偿。据测算，此项政策可以引导 20 亿元的中小企业担保贷款。按平均担保额度 100 万元、担保期为 6 个月计，每年可满足 2 000 家中小企业的贷款担保需求。就我国整体情况而言，受经济水平的限制，目前我国还没有全面构建风险准备金补偿政策，今后风险准备金也可以不像发达国家那样大规模进行。我国可以根据担保公司的不同发展阶段，逐步建立风险准备金制度，经历从弱小到壮大不断发展的过程。

十二、在有条件的情况下设立财政专项基金，对特定中小企业提供资金支持和进行风险补贴

美国政府为使中小企业在国民经济及社会发展的某些方面充分发挥作用，对特定的中小企业设立了财政专项基金进行财政援助。该类资金在美国主要分为两大类：一类是政府财政针对专项科技成果的研究与开发、产品采购、中小企业创业、失业人口就业等设立的基金，可以鼓励中小企业进行产品创新和吸纳就业；二是风险补偿基金、财政专项基金、特殊行业的再保险基金等。该类基金不同于财政直接补贴，它有严格的管理要求，需要在基金设立之前，就必须明确资金的数量、用途、对象、支付方式和补贴方式，以帮助中小企业降低市场风险。同时，美国还建立了专门机构，为中小企业的融资提供担保及援助。美国对中小企业进行管理的部门是联邦小企业管理局（SBA），并在各州设有派出机构，其作用是为中小企业争取平等的竞争条件，服务于中小企业这一经济群体。

事实上，美国政府对中小型企业的政策性贷款数量很少，政府主要通过联邦小企业管理局制定宏观调控政策，引导民间资本向中小企业投资。在近 45 年中，小企业投资公司（隶属于联邦小企业管理局）通过 14 万个投资项目向大约 9 万家小企业提供了 400 亿美元的资金，创造了大约 100 万个新的工作岗位。为中小企业贷款担保是联邦小企业管理局的一项重要任务，其担保方式如下：以联邦小企业管理局的信誉为小企业向商业银行贷款担保，一般情况下，联邦小企业管理局提供贷款总额 75%～80% 的担保，其余部分由商业银行承担。联邦小企业管理局担保贷款最高限额为 75 万美元。担保贷款的风险损失由政府预算列为风险处理。联邦小企业管理局根据金融机构的小企业贷款经验和业绩，对参与担保贷款计划的贷款机构进行分类，并据此采取不同的审批程序。尽管我国目前可能不存在构建财政专项资金的条件，但我国相关部门可以先了解财政专项资金设立的背景、目的和方法，以便在将来条件成熟的时候，能有更充分的准备来应对财政专项基金这一已经取得巨大效果的措施。

十三、适当降低我国境内中小企业境外上市的条件，加大支持境内企业赴境外上市的力度

从 1993 年开始，中国政府推出国有大中型企业到境外上市试点，先后制定并发布了《关于进一步加强在境外发行股票和上市的通知》（国发〔1997〕21 号）、《关于企业申请境外上市有关问题的通知》（证监会发〔1999〕83 号）等，主要要求境外上市企业符合以下条件：（1）筹资用途符合国家产业政策、利用外资政策及国家有关资产投资立项的规定；（2）净资产不少于 4 亿元人民币，过去一年税后利润不少于 6 000 万元人民币，并有增长潜力，按合理预期的市盈率计算，筹资额不少于 5 000 万美元；（3）具有规范的法人治理结构及较完善的内部管理制度，有较稳定的高级管理层及较高的管理水平；（4）上市后分红派息有可靠的外汇来源，符合国家外汇管理的有关规定等。按照以上规定，在香港等境外上市的企业大多数是大中型国有企业。大多数民营企业限于资本规模和盈利能力的限制，难以按照这种标准在香港等境外直接上市，只好采取间接上市方式，通过在境外设立特殊目的公司对境内企业进行反向并购在境外上市，给企业增加了很大的负担。根据目前的情况，原来的许多境外上市规定已经有 10 多年时间没有变化，不能适应中小企业境外上市的需要，迫切需要进行修正和重新制定新的规定，降低境外上市的门槛，简化上市审批手续，以便使更多的企业选择在境外上市，解决中小企业融资难的问题。可喜的是，中国证监会的有关领导已经明确公开表示，2012 年要全面修订中国境内企业赴香港等境外上市的条件，适当降低境外上市门槛，简化审核程序，为更多的中小企业提供境外上市的便利。

第 5 节　中小企业融资方式和渠道创新

通过对以上融资制约因素的分析，从政府、金融机构、担保体系、法律体系，以及中小企业自身素质等方面提出了若干有针对性的解决措施。根据我国的情况、国外的研究成果，及从中小企业自身考虑，也可以尝试利用国外先进的动产融资、典当融资、天使投资和供应链融资等方式，来缓解中小企业融资难的问题。在巩固和加强传统融资方式和融资环境的同时，更好地借鉴国际先进的或大型企业所有的融资方式来进行创新，进而开辟更多的资金融通渠道。

中小企业受缺乏不动产的限制，较难获得金融机构的贷款。但是，可以从动产融资角度考虑，拓宽中小企业的融资渠道。

一、融资租赁

"金融租赁"又称"融资租赁"，是由出租人根据承租人的请求，按双方的事先合同约定，向承租人指定的出卖人购买承租人指定的固定资产，在出租人拥有该固定资产所有权的前提下，以承租人支付所有租金为条件，将一个时期的该固定资产的占有、使用和收益权让渡给承租人。它是一种集信贷、贸易、租赁于一体，以租赁物件的所有权与使用权相分离为特征的新型融资方式。

金融租赁解决了中小企业资金短缺而又急需相关物资设备的难题。通过金融租赁，中小企业可以在没有足够资金的条件下，获得所需的物资设备而投产经营，利用所得收入支付租金。这样，中小企业可以在资金匮乏的初创期有更新设备的能力，并且将有限的资金用于其他所需之处，提高资金的使用率。同时，金融租赁融资的限制条件少、手续简便、还款方便，可以降低中小企业的融资成本。

要加快金融租赁的发展，就需要我国政府通过制定法律，来规范金融租赁业的秩序，创造良好的发展环境，争取降低金融租赁公司的经营风险，提高利润率，增强金融租赁公司的实力，更好地服务于中小企业。

二、存货融资

中小企业将其原材料、在制品和产成品等存货作为担保物向金融机构融通资金。但是，考虑到银行等金融机构的信贷风险，通过存货担保来获得的资金相对较少，不过这可以用来缓解短期的资金缺乏。

三、应收账款融资

中小企业将其应收账款有条件地转入专门的融资机构，由其为企业提供资金、债款回收、销售分户管理、信用销售控制以及坏账担保等金融服务，使企业获得所需资金，增强资金的周转。

四、知识产权融资

中小企业中有相当一部分是科技型企业，可以通过专利权、商标权等知识产权作为担保。但是，考虑到对知识产权的价值评估，就需要政府出台相关政策，完善市场机制。中介机构要提高自身素质，为中小企业知识产权提供公正、合理的评估报告，为中小企业知识产权融资提供可能。

五、典当融资

典当是指当户将其动产、财产权利作为当物质押或者将其房地产作为当物抵押给典当行，交付一定比例的费用，取得当金，并在约定期限内支付当金利息，偿还当金，赎回当物的行为。典当业作为现代金融业的鼻祖，在国外一直被称为国民的"第二银行"。典当行融资与银行信贷相比有着其优越性：第一是手续简便，能快速地获得资金；第二是当品的种类多样化，灵活性强。我国典当业迅速发展的同时也存在着问题，需要相关制度、法规的管理，保证典当融资的合法性。同时要公开办理程序，收费规定，使典当融资透明化从而保证中小企业融资的安全性和维护自身利益。

六、天使投资

"天使投资"是指具有一定净财富的个人，对具有巨大发展潜力的初创企业进行早期的直接投资，属于一种自发而又分散的民间投资方式。在欧美，它已经成为一种较为成熟的投资模式。但在我国，由于观念等因素的影响，致使"天使投资"发展缓慢。我国国内存在着巨额的民间游资，"天使投资"具有发展潜力。因此，要改变观念，有效利用民间资本，拓宽中小企业融资渠道。我国经济发展具有区域性，东西部发展不平衡，政府部门可以通过优惠政策，鼓励东部游资向西部流动，促进西部经济的发展。

七、供应链融资

供应链融资就是银行将核心企业和上下游企业联系在一起提供灵活运用的金融产品和服务的一种融资模式。它能有效控制基于交易风险而产生的企业信用风险，逐步优化银行业务结构，提高股东回报；可以进一步密切银企关系，满足中小企业融资需要。现阶段，我国中小企业规模较小，企业间的联系并不紧密，对供应链融资的依靠欠缺。

八、中小企业集合债券

在发行企业债券上，单个中小企业发债规模偏小、成本过高，在担保、风险控制等方面也存在先天不足，发债主体基本上是大中型企业。针对这些问题，许多地方政府开始筛选和组织地区部分优秀中小企业打包捆绑、集合发债，该方式开创了新的融资模式。具体做法是：由若干家中小企业各自作为债券发行主体，确定债券发行额度，是所发行债券的第一偿债人，并提供相应的担保措施（保证、抵押、质押）作为第二偿债来源；将若干家中小企业各自发行的债券集合在一起，形成集合债券，使用统一的债券名称，形成一个总发行额度；统一组织、统一担保、集合发行。中小企业集合债券与商业银行贷款的区别如表7-1所示。

表7-1　　　　　　中小企业集合债券与商业银行贷款的区别

比较项目	中小企业集合债券	中小企业间接融资
投资者深度	较广泛：保险、银行、基金等机构投资者和非机构投资者	较单一：银行
利率	市场化，受债券信用级别及企业信用等级影响，但低于银行贷款	刚性，受人民银行基准利率限定并适当上浮
融资成本	市场利率，但信用增级作用将吸引更多投资者，降低债券融资成本	银行利率；取决于企业整体风险，银行贷款利率较高
融资难度	相对降低	较难
融资期限	3～5年	对中小企业多为一年以内的短期借款
还本付息方式	到期还本付息	遵照相关规定
融资规模	审批决定	受银行限制，通常规模较小
流通性	银行间债券市场流动性很高	低
是否评级	外部评级：集合整体风险和单个企业风险	银行内部评级

九、中小企业私募债

通过在资本市场采用私募的方式，为中小企业举债。中小企业向特定机构和个人发行定向私募债券。发债的主体不是上市公司。发行审核秉取由承销商向交易所备案制，而且中小企业和募债的利率，有望定在小额贷款公司利率以下，银行贷款利率以上空间。我国推出该项举措，改变了原先交易所、企业债、银行间市场债券的原有"势力范围"，进一步扩大了市场范围，增加了市场因素。

第6节　其他国家成功经验的借鉴

一些发达国家在解决中小企业融资难方面积累了很多经验，这些都值得我们借鉴。例如，美国联邦小企业局规定，美国的各个商业性银行在贷款总额中，必须有一定的比例要发放给中小企业。德国采用政府调控中央银行、复兴银行等政策性银行与商业性银行之间的转贷关系，来解决商业银行对中小企业贷款的积极性问题。对中小企业的一些优势项目所需贷款，还给予利息上的补助。其他国家也采取了各具特色的政策措施。

一、美　　国

美国的经济政策目标主要是创造一个自由竞争的市场经济环境。在解决中小企业融资问题上，美国政府主要通过中小企业局制定宏观经济调控政策，引导商业银行和民间资本投向中小企业，并且配合以完善的法律制度和有效的资本市场来完成。

美国目前共有中小企业 2 140 多万家，占全美企业总数的 99%。美国的中小企业就业人数占总就业人数的 60%，新增加的就业机会有 2/3 是由中小企业创造的。中小企业的产值占国内生产总值的 40%。美国的中小企业有很强的创新能力，一半以上的创新发明是由小企业实现的，小企业的人均发明创造是大企业的 2 倍。

美国政府通过建立健全相关法律法规，对中小企业融资进行支持。例如，1953 年美国出台《国家中小企业法》，1958 年对其进行修订，其中规定了政府设立中小企业管理机构，加强对中小企业的管理和融资支持；1958 年美国国会通过《中小企业投资法》，给小企业的投资者以低息长期贷款和减免税收等优惠；1958 年美国设立并通过《小企业法案》，规定由政府成立中小企业管理局，为中小企业提供融资服务。此后，美国的历届政府陆续制定了十几个维护中小企业权益的法律，主要包括《中小企业政策法》、《扩大中小企业输出法》、《中小企业投资奖励法》、《中小企业技术革新促进法》、《小企业开发中心法》等。

　　美国为中小企业成立了隶属于联邦政府的永久性独立机构——小企业管理局，且在各州设立了众多办事处和分支机构，主要职能是向小企业提供援助和咨询。该局负责制定支持中小企业的政策，并直接参与中小企业金融活动，为中小企业提供财政支持等，尤其是为小企业提供各种贷款担保。主要贷款形式有：（1）直接贷款。在至少一家私人银行（在人口超过 20 万的城市则为至少 2 家）拒绝向小企业提供贷款或参加由小企业管理局担保的贷款时，可直接向小企业贷款，最高额度不超过 15 万美元，贷款利率低于同期市场利率。（2）协调贷款。由小企业管理局与地方开发公司和金融机构共同提供，包括地方开发公司贷款、小建设承包商贷款、季节性贷款、能源贷款、自然灾害贷款、控制污染贷款等。（3）担保贷款。由小企业管理局向放款机构担保，而由后者提供贷款。如果贷款逾期不还，由小企业管理局保证支付占贷款总额一定比例的款项。担保贷款占小企业管理局资金援助的绝大部分。一般其担保部分不超过贷款总额的 75%，若贷款在 10 万美元以下（含 10 万美元），则保证支付 80%。此外，为进入国际市场的小企业提供信贷担保，担保贷款额不低于 50 万美元，担保比例可高达 90%。

　　美国设立有民间性质的中小企业投资公司（SBIC）。SBIC 得到来自财政的出资、融资和信用保证，对具有发展潜力的中小企业进行证券投资、长期贷款，并在经营、融资方面进行指导。它不仅在资金上对中小企业给予支持，还以投资者的身份参与企业经营，在组织人事上支持中小企业。此外，美国还设立了财政专项基金，给予中小企业财政援助。创业投资则是中小企业尤其是高新技术企业发展的孵化器和催化剂。

　　美国的资本市场比较完善，金融工具种类繁多，金融制度安排的市场化程度很高。中小企业发行有价证券（公司债券、股票）的比例较之其他发达国家是最高。美国企业通过上市股票和公司债券筹措的资金额占全部资金的

67%左右，而银行贷款相对较少。美国在法律上对发行债券形成的负债总额不作限制；可发行债券种类多，中小企业能够方便地发行资信评估低等级或无等级债券；企业与作为主承销商的证券公司对发行总额、发行条件进行协商，即可作出发行决定。有一定规模的中小企业可以在柜台市场进行交易。

二、德　国

在德国，政府利用政策性贷款来支持中小企业创业投资。政府系统的银行贷款是德国中小企业创业投资的主要来源，其中包括德国复兴银行、德意志决策银行和州立的公立银行、信用银行等，对关系国计民生、环境保护、带来雇用机会的中小企业提供不超过投资总额的50%的低息长期贷款，剩余部分由商业银行自行予以提供。

政府的融资支持主要包括：一是融资担保。建立以行会为基础的担保银行，对中小企业贷款进行担保，联邦政府拿出一部分资金，以低息长期责任贷款的方式对担保银行进行扶持。二是直接贷款扶持。在特殊情况下，政策性银行向企业往来银行提供贷款，然后由担保银行向企业再贷款。三是投资入股。政策性银行还可以参与私人股份制公司进行股本投资。四是备用融资担保制。

德国为支持中小企业而设立的私营产权投资公司，可以享受政府在资金和税收减免上的优惠。由于风险投资公司是有组织的集体投资者，没有持有企业股票和影响企业经营的意图，易于为中小企业接受，同时私人投资者也可获得盈利。德国制定了"一篮子计划"促进中小企业的发展，强调首先要解决中小企业的融资问题。

德国自1984年开始，实行对中小企业有利的特别优惠条款。对大部分中小手工业企业免征营业税、提高营业税起征点；提高中小企业设备折旧率等。

此外，德国政府要求各证券交易所中专门实行一些新的市场办法，帮助中小企业进入资本市场。

三、日　本

日本目前有近700万家企业，中小企业约占99%，集中分布于制造业、批发业、零售业和服务业。中小企业在带动出口和增加工业附加值等方面占据重要的地位，并为日本提供了近4/5的就业岗位。

20世纪90年代后，日本从中小企业现行领域的发展政策转向促进中小企业向新领域发展的政策。承继《特定中小企业者事业转换对策等临时置措法》的有效期，日本又制定了《中小企业新领域进入等圆滑化法》（1993 年），以支持中小企业的融资。同时，由于制定促进结构转换法律的必要性日益突出，制定了《中小企业创造活动促进法》（1995 年）、《新事业创出促进法》（1998 年）。1999 年，日本还修订了处于上述中小企业政策"母法"地位的《中小企业基本法》，为中小企业融资保驾护航。

日本在第二次世界大战后相继建立了 5 个直接由政府控制和出资的为中小企业提供优惠贷款的融资机构。（1）国民金融公库。主要向中小企业提供生产用短期小额贷款。（2）中小企业金融公库。主要向中小企业提供为解决其设备投资资金不足和长期流动资金问题的长期低息贷款。这两个金融公库的资金来源于政府拨付的资本金和向政府借款。（3）商工组合中央金库。（4）环境卫生金融公库。（5）冲绳振兴开发金融公库。这 5 个金融公库主要向中小企业提供专项贷款。其中，商工组合中央金库主要向中小企业协同组合和中小企业团体发放贷款，资金来源于自己发行的债券。它是半官半民性质的机构，政府对它的干预较大，不仅购买商工组合中央金库的债券，而且还掌握着任免该机构官员的权力，并委派金库监理官。

日本的金融体系偏向银行融资，企业通过资本市场直接融资趋势也在加深。日本中小企业融资模式特点，可以概括为间接融资为主、直接融资为辅。

日本设立了大量的民间融资机构，主要有地方银行、互助银行、信用组合和信用金库等，其贷款对象为会员中小企业和所在地区的中小企业。为了改善这些民间机构的经营，国家允许它们建立全国信用联合会，使这些民间融资机构组成真正的全国性经营系统，在更大的范围内进行资金调剂并经营一些特别的金融业务以获得额外的收益。另外，政府还允许它们买卖公债、贴现票据、代理证券投资，甚至允许买卖金银。可见，这些民间融资机构与股份制相比安全性更高，经营成本更低，减少了全社会的金融风险。

日本建立了独特有效的信用担保制度。在中央，设立中小企业综合事业团（前身为中小企业信用保险公库）；在地方，按行政区设立 52 家信用保证协会。政府财政对保证协会予以支持，并且其他金融机构对之捐助，担保额度可放大至 60 倍，远高于世界各国 10 倍的放大倍数。这是一种保证协会对中小企业担保、中小企业综合事业团对保证协会再担保的"信用补充制度"，可使担保协会分散 70% ~ 80% 的担保风险。另一个有利的配合机构是中小企业信用保险公库，它以是中小企业为基本对象，实施公共信用保证的政策性金融机构。具体做法是：当符合条件的中小企业向金融机构申请贷款时，如果企业不

能提供相应的抵押和质押品，此时需要信用保证协会为企业提供担保。当信用保证协会对中小企业实行信用保证时，按一定条件自动取得中小企业信用保险公库的信用保证保险。信用保证协会向保险公库缴纳相当于保证费收入40%的保险费，当保证债务实际代偿后，由保险公库向信用保证协会支付代偿额70%的保险金。如果代偿后债权最终收回，信用保证协会将其中的70%交还给信用公库。在日本，信用保证制度与信用保险制度的配套使用被称为信用补全制度。

另外，日本政府让中小企业到资本市场直接融资，允许中小企业公开发行股票和债券。同时，设立中小企业直接融资机构，主要有公私合营的中小企业投资育成公司，以及由银行、证券公司和保险公司等金融机构出资设立的民间风险投资公司。此外，组建二板市场，有柜台交易和交易所两个部分，亏损但有发展潜力的企业可以上市。日本的风险基金很发达，向新兴的高技术型中小企业提供"风险投资"。

对于美、德、日三个发达国家的经验，我们可以根据我国的具体情况，进行学习、借鉴，看哪些更适合我们，哪些可以解决当前的突出问题，力求在政策上再突破一些。总而言之，我们不难发现这些国家都非常重视中小企业的融资发展，并且根绝国家的特点设立了最佳的辅助方案。无论是政策的制定，还是金融机构的设立，抑或是融资操作上，其明显的特点在于对中小企业需求的高度针对性。

第7节 结　语

我们比较担忧地看到，目前我国正在出现实业空心化现象。由于大家看到做实业很难，许多企业和企业家转向私募股权投资，希望对能够上市的企业进行首次公开发行前的投资，以便在上市后快速退出，赚取巨额的利润，而不愿意扎扎实实做企业。在房地产市场泡沫膨胀的时期，更是有众多企业老总拿企业的资金去炒房炒地，其几倍的投资回报率远远高于做实业10%的平均回报。因此，我国的资本市场存在十分严重的泡沫，经济潜在的风险很大。正如温家宝总理所说，要坚持金融服务实体经济的本质要求，牢牢把握发展实体经济这一坚实基础，从多方面采取措施，确保资金投向实体经济，有效解决实体经济融资难、融资贵问题，坚决抑制社会资本脱实向虚、以钱炒钱，防止虚拟经济过度自我循环和膨胀，防止出现产业空心化现象。

中国银行首席经济学家曹远征先生曾说："我们可以做很多的改进工作，就像河流一样，一定要疏浚和开渠，主干道才能连通。在这方面，有三点非常重要：一个是要增加"毛细血管"，比如对金融机构的准入，特别是中小金融准入，增加中小企业金融发展动力；第二是要做一些创新，比如"三表三品"，对中小融资的创新；第三是开源，比如发展资本市场，创业板等，鼓励中小企业资本性的融资，增加他的负债能力和强度。除此之外，政府应该发挥积极引导作用，比如建立信用征信体系，完善担保体制，为更多的资金进入"毛细血管"奠定基础。

中小企业融资问题始终是制约中小企业发展的"瓶颈"，对此各级政府部门和企业家都采取了各种措施，试图解决这个问题。解决中小企业融资所面临的困境，不是任何一方的努力就可以成功的，需要政府、金融机构以及中小企业及全社会等各方面的配合和共同努力；需要长期的研究和探讨，并随着环境的变化而制定相应的措施，以应对万变的情况。只有这样，中小企业才能达到一个发展的新境界，在我国经济社会发展中发挥更大的作用。

Chapter 8

上市银行再融资对 A 股的影响分析

——以上市银行定向增发与配股为例

The Analysis of Listed Banks Refinance Impact to A Share

本章以上市银行定向增发与配股为例分析了上市银行再融资对中国股市的影响。大规模再融资的直接原因在于资本充足率下降引发再融资行为，而监管新规将引发上市银行再融资大潮，深层原因在于银行信贷的急剧扩张。其结果是银行再融资消息引发股市大跌，定向增发预案公告和配股预案公告引发上证综指大跌。

第 1 节　上市银行巨额再融资历史回顾

2011 年第三季度末，上市银行再融资的情况也逐渐呈现出较为完整的面貌。据聚源数据统计，截至 2011 年 9 月 19 日，本年度上市银行已经发行的商业银行债券共计 1 536.5 亿元，其中次级债发行 1 500 亿元，混合资本债券发行 36.5 亿元；本年度迄今 A 股上市银行共实施增发 2 次，皆为定向增发，共募集资金 492.9 亿元，另有两家上市银行定向增发预案已经获得股东大会批准，预计募集资金不超过 315.7 亿元；在配股方面，截至 9 月 19 日，只有中信银行实施配股，募集资金 175.6 亿元，另有招商银行不超过 350 亿元的 A + H 配股预案也获得了股东大会的批准。可以预期，2011 年前三季度上市银行通过债权、股权方式在内地实现融资总额至少 2 205 亿元（见表 8 - 1、图 8 - 1）。

表 8 - 1　　　　2011 年前三季度上市银行已实现再融资规模及方式

上市银行	融资方式	融资金额（亿元）	合计（亿元）
北京银行	次级债	65	1 500
北京银行		35	
民生银行		60	
民生银行		40	
中国银行		320	
兴业银行		100	
工商银行		380	
农业银行		500	
深发展 A	混合资本债	36.5	36.5
深发展 A	定向增发	291	493
华夏银行		202	
中信银行	配股	176	176
合　　计			2 205

资料来源：Wind，聚源数据，日信证券研究所。

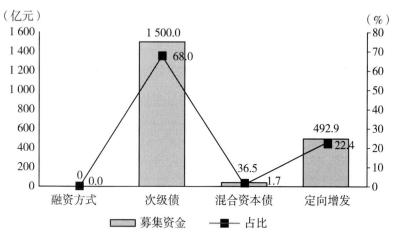

图 8 - 1　2011 年前三季度上市银行再融资方式比较

资料来源：Wind，聚源数据，日信证券研究所。

本年度上市银行大规模再融资只是历史的一种延续而已。银行上市后对资金的需求似乎依然永无止境，而且随着上市银行数目的增加，资金需求的规模也越来越大。据聚源数据统计，从 2002 年至今，所有银行在上市后通过发行商业银行普通债、次级债、混合资本债、定向增发、公开增发、配股及可转债的方式在内地共募集资金 10 869 亿元，其中，2009 年至今共融资 8 304 亿元，占近 10 年总额的 80%（见表 8 - 2、图 8 - 2、表 8 - 3）。

表 8 - 2　　　　　　　　　历年上市银行再融资规模及方式　　　　　　　　单位：亿元

年份	普通债	次级债	混合资本债	定向增发	公开增发	配股	可转债	合计
2002					25.4			25.4
2003							40.0	40.0
2004		58.0					65.0	123.0
2005	170.0	34.0						204.0
2006	100.0	26.0	40.0		60.0			226.0
2007	606.2	270.2	83.0	181.6				1 140.8
2008	250.0	440.0		115.6				805.6
2009	50.0	2 332.0	65.0	150.0				2 597.0
2010		991.3		507.9		1 353.2	650.0	3 502.3
2011 年至今		1 500.0	36.5	492.9		175.6		2 205.0
合　计	1 176.2	5 651.5	224.5	1 447.9	85.4	1 528.8	755.0	10 869.0

资料来源：Wind，聚源数据，日信证券研究所。

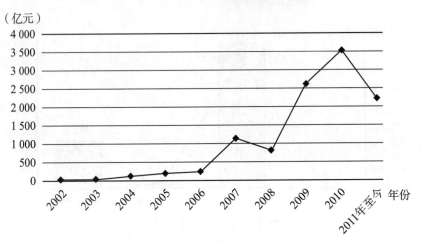

图 8-2 上市银行再融资规模变化趋势

资料来源：Wind，聚源数据，日信证券研究所。

表 8-3　　　　　　　　　　上市银行再融资方式及规模　　　　　　　　单位：亿元

银行	A股上市时间	普通债	次级债	混合资本债	定向增发	公开增发	配股	可转债	合计
深发展A	1991-04-03		80	52	360				492
浦发银行	1999-11-10	70	188		545	85			888
民生银行	2000-12-19	220	230	93	182			40	765
招商银行	2002-04-09	100	300				178	65	643
华夏银行	2003-09-12	136	64	40	318				558
交通银行	2007-05-15		500				171		671
中国银行	2006-07-05		969				418	400	1 787
工商银行	2006-10-27		1 000				337	250	1 587
兴业银行	2007-02-05	500	230	40			179		949
中信银行	2007-04-27		165				176		341
宁波银行	2007-07-19	50	25		44				119
南京银行	2007-07-19						49		49
北京银行	2007-07-19	100	100						200
建设银行	2007-09-25		800				22		822
农业银行	2010-07-15		1 000						1 000
光大银行	2010-08-18								0
合　计		1 176	5 651	225	1 448	85	1 529	755	10 869

资料来源：Wind，聚源数据，日信证券研究所。

上市银行再融资不仅绝对规模大，而且相对于整个市场的资金募集总额来说也占相当比例。2010 年和 2011 年至今，上市银行定向增发募集资金占所有上市公司通过定向增发募集资金的 14% 和 18%，配股募集资金的占比更是达到了 91% 和 49%。上市银行的再融资行为对于整个市场的资金面都会产生重大影响（见图 8 – 3）。

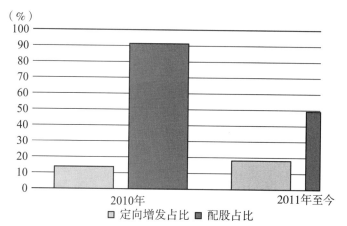

图 8 – 3　2010 年和 2011 年上市银行募资占市场募资比重

资料来源：Wind，聚源数据，日信证券研究所。

　　批评中国股市沦为上市公司提款机的声音一直不绝于耳，2008 年年初中国平安高达 1 600 亿元和浦发银行 400 亿元的再融资计划对于股市的打击更是成为投资者心中永远的痛，从此，"再融资"就成了令市场闻之色变的词语。然而，上市银行似乎并不受投资者的感受而左右，2011 年再融资计划依然密集抛出，上市银行还是充当着再融资的主力军。

　　在流动性紧张、市场持续低迷的 2011 年上市银行依然进行大规模的融资，其时机的选择耐人寻味，却也间接反映出上市银行对资金需求的饥渴程度。

第 2 节　大规模再融资因何而起

　　从历史上看，银行再融资的主要方式包括发行商业银行普通债、次级债、混合资本债等债券，实施增发、配股等股权类融资，以及发行可转债等混合证

券。这些方式对于银行来说作用各有不同（见表8-4、图8-4）。

表8-4　　　　　　　　　　　银行再融资方式及其功用

融资方式	功　用	对应的监管指标
普通债	改善资本负债结构	存贷比、流动性比例
次级债	充实附属资本	资本充足率
混合资本债	充实附属资本	资本充足率
公开增发	补充资本金	核心资本充足率
定向增发	补充资本金	核心资本充足率
配股	补充资本金	核心资本充足率
可转债	转股前充实附属资本，转股后充实核心资本	资本充足率

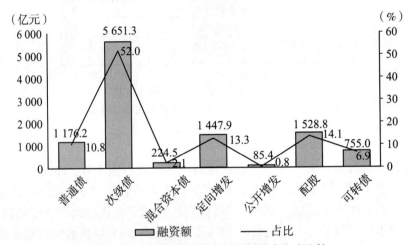

图8-4　2002年至今上市银行再融资方式比较

资料来源：Wind，聚源数据，日信证券研究所。

根据2004年2月3日银监会颁布的《商业银行资本充足率管理办法》及2007年的修改，商业银行的核心资本包括实收资本或普通股、资本公积、盈余公积、未分配利润和少数股权，附属资本包括重估准备、一般准备、优先股、可转换债券、混合资本债券和长期次级债务。由此可见，股权类融资能够充实上市银行的股本，提高核心资本充足率，债券类融资能够补充银行的附属资本，提高资本充足率。在实践中，提高资本充足率和核心资本充足率也基本成为所有上市银行再融资行为的理由，2010年和2011年的再融资概莫能外。

唯一与上市银行资本充足率无关的再融资方式是发行普通金融债。普通金融债是一般性质的负债，清偿权在长期次级债务、混合资本债券和股本之前，期限一般在 5 年之下，在发行公告中，普通金融债一般被描述用来增强银行的运营能力，优化资产负债结构。自 2005 年中国人民银行颁布《全国银行间债券市场金融债发行管理办法》后，普通金融债作为商业银行获取中长期资金来源的一种方式而受到中小型银行的欢迎。

可见，与上市银行再融资密切相关的两大关键词就是（核心）资本充足率与资金来源，其中，为提高（核心）资本充足率而进行的融资额度占所有再融资的比例达 89%，自 2009 年以来这一比例更是高达 99.4%，可以说，资本充足率的变化对于银行再融资产生了决定性影响。

一、资本充足率下降引发再融资行为

自 2008 年年末开始，上市银行的资本充足率与核心资本充足率均出现大幅度下降（见图 8 - 5），至 2010 年第一季度末，中国银行、建设银行、工商银行与交通银行四大银行的资本充足率皆达到近年来的谷底水平（见图 8 - 6），中小型上市银行业基本上呈现出同样的变化趋势。而经过金融危机，防范和控制银行系统性风险成为各国反思的重要内容，加上对银行资本进行更严格监管的《巴塞尔协议Ⅲ》的预期，使得补充核心资本与附属资本成为各上市银行在 2010 年年初必须面对的重要议题。

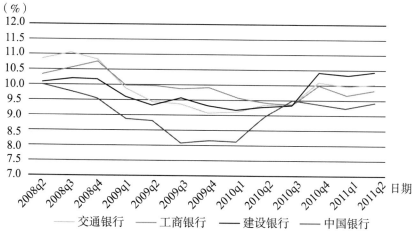

图 8 - 5　2008q2 ~ 2011q2 期间四大银行核心资本充足率的变化趋势

资料来源：Wind，日信证券研究所。

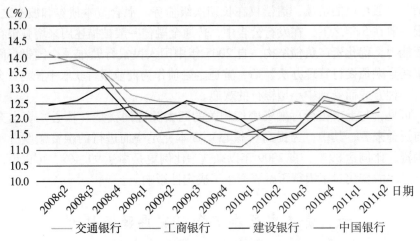

图 8 - 6 2008q2 ~ 2011q2 期间四大银行资本充足率的变化趋势

资料来源：Wind，日信证券研究所。

2010 年后，股权类再融资成为上市银行再融资的重点，16 家上市银行中已经有 12 家实施了股权类再融资，总额度达 2 530 亿元，占所有银行 A 股上市后在内地进行股权类再融资总额的 82.6%。其中，自 2010 年年初至 2011 年上半年期间，11 家实施股权再融资的上市银行所获资金总额为 2 063 亿元，而同期这些银行的核心资本净额增加值共为 9 148 亿元，股权再融资为上市银行核心资本的增加贡献率为 22.6%（见图 8 - 7）。

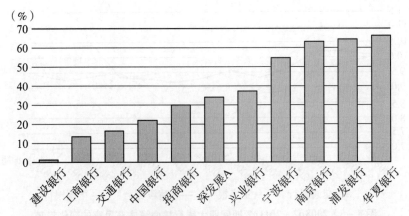

图 8 - 7 2009q2 ~ 2011q2 期间股权再融资占核心资本净额增加值的比重

资料来源：Wind，日信证券研究所。

经过增发与配股，上市银行的核心资本充足率有了显著回升。然而，截至2011年第二季度末，交通银行、农业银行仍然不能符合银监会最新规定的系统重要性银行最低9.5%的核心资本充足率的监管标准，深发展A、民生银行、招商银行、兴业银行、光大银行也仍然不能满足最低8.5%核心资本充足率的要求，工商银行、中信银行的也仅仅是稍微超过各自的监管标准而已。

相比于此，各上市银行的总资本充足率情况较为乐观，截至2011年年中，各银行皆达到了银监会的最新标准。不过，如果银行的资本内部积累没有得到足够改善，信贷资产比重依然居高不下，资产风险水平不能得到有效约束，作为计算资本充足率分子的资本就不能得到稳定提高，作为分母的风险资产就不能的良好控制，这样，（核心）资本充足率仍然会出现较大的波动，银行的大规模再融资行为势必会一再复制。

二、再融资的深层原因在于银行信贷的急剧扩张

从上面我们看到，上市银行的（核心）资本充足率在2008年第四季度末出现大幅度的下降，与此相对应的是在这一时期银行加权风险资产的快速增长。从2008年年末到2010年年末，交通银行、工商银行、建设银行和中国银行4家主要银行的加权风险资产从138 675亿元增长到214 311亿元，增长了54.5%（见图8-8）。在银行盈利保持较为稳定的增长情况下，风险资产的快速增长只能倒逼银行通过进行快速的再融资来增加资本金，以维持符合监管最低标准的资本充足率。

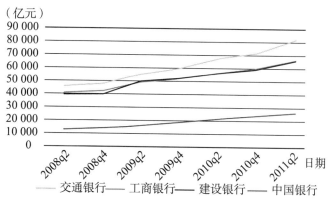

图 8 - 8　2008q2 ~ 2011q2 期间四大银行加权风险资产的变化趋势

资料来源：Wind，日信证券研究所。

2008 年金融危机爆发后，中央政府提出到 2010 年年底通过 4 万亿投资拉动内需的计划，作为现阶段主要融资渠道的银行，只能承担起大规模放贷的任务。2010 年 1 月末的国内信贷余额为 345 162 亿元，而到 2011 年 1 月末，这一项目已经达到 594 223 亿元，增加 249 060 亿元，增长幅度达 72.2%（见图 8-9）。作为银行主力军的上市银行，特别是几大国有银行，信贷余额增长速度也非常快。据统计，从 2008 年年末到 2010 年年末，仅交通银行、工商银行、建设银行和中国银行 4 家主要银行的贷款总额就从 129 907 亿元增长到 203 572 亿元，增长了56.7%，增长幅度几乎与风险资产的增长幅度不相上下。（见图 8-10）。

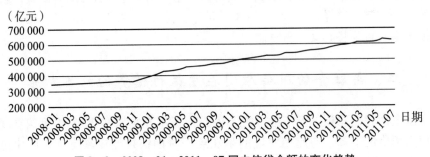

图 8-9　2008-01~2011-07 国内信贷余额的变化趋势

资料来源：Wind，日信证券研究所。

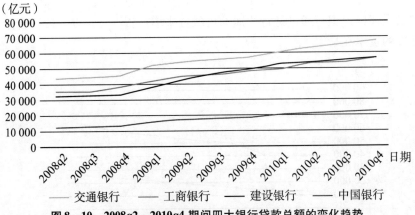

图 8-10　2008q2~2010q4 期间四大银行贷款总额的变化趋势

资料来源：Wind，日信证券研究所。

信贷增速过快也反映在存贷比率的增长上。至 2010 年年末，16 家上市银行中有招商银行、兴业银行、交通银行、光大银行、中国银行和中信银行等 6 家银行的存贷比超过了 70%，其中招商银行的存贷比更是达到了 74.59%，几乎撞到了 75% 的监管红线（见图 8 - 11）。

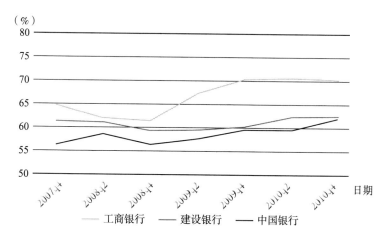

图 8 - 11 2007q4 ~ 2010q4 期间主要银行存贷比的变化趋势
资料来源：Wind，日信证券研究所。

存贷比的上升一方面与信贷的快速增长有关，另一方面也与银行存款的增长缓慢乃至流出有关。随着巨额信贷的投放，2009 年 6 月通货膨胀进入上升通道，造成实际利率显著下降。2009 年 7 月之后，一年期存款利率减 CPI 后的实际利率持续下降（见图 8 - 12）。在这种背景下，存款积极性必然受到打击，而存

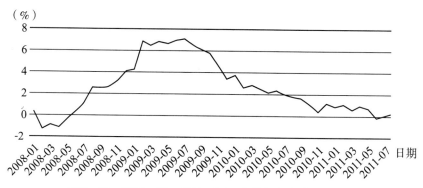

图 8 - 12 2008 - 01 ~ 2011 - 07 一年期银行存款实际利率
资料来源：Wind，日信证券研究所。

款不能与贷款保持同步增长，必然使存贷比上升。可以看到，2009 年年初，金融机构存贷比急剧上升，并一直保持在较高水平上，直到进入 2011 年才开始有所回落（见图 8 - 13）。

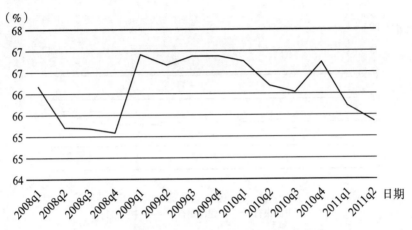

图 8 - 13　2008q1 ~ 2011q2 金融机构贷款与存款之比

资料来源：Wind，日信证券研究所。

缓解存贷比压力，一种方式是努力增加存款，另一种有效方式是发债。通过发债，特别是次级债、混合资本债，不仅能够有效增加附属资本，提高银行的资本充足率，也使得上市银行能够获得稳定的信贷资金，拉低高企的存贷比。这也是为什么经过 2010 年各上市银行密集的配股再融资后，2011 年上半年多家银行发行次级债的原因所在。

第 3 节　银行再融资消息引发股市大跌：以定向增发与配股为例

2007 年 6 月，民生银行进行了上市银行的第一次定向增发，至今上市银行成功实施的定向增发次数为 8 次，平均募集资金为 181 亿元；而招商银行则于 2010 年 3 月首开上市银行进行配股的先例，至今上市银行也共实施配股 8

次，平均募集资金为 191 亿元（见表 8－5）。上市银行的股权型再融资不仅数额巨大，而且在时间分布上也比较集中，这样很容易引起市场容量的扩大和资金面的紧张，从而对股市整体产生重大影响。

表 8－5　　　　　　　　　　　　　上市银行历次定向增发与配股情况

定增银行	募资合计（亿元）	发行日期	配股银行	募集资金（亿元）	配股上市日
民生银行	181.6	2007－06－22	招商银行	177.6	2010－03－19
华夏银行	115.6	2008－10－20	南京银行	48.6	2010－11－29
浦发银行	150	2009－09－28	交通银行	171.3	2010－06－30
深发展 A	69.3	2010－06－29	工商银行	336.7	2010－11－30
浦发银行	394.5	2010－10－14	建设银行	22.4	2010－11－19
宁波银行	44.0	2010－10－19	中国银行	417.9	2010－11－18
华夏银行	202.1	2011－04－26	兴业银行	178.6	2010－06－08
深发展 A	290.8	2011－07－20	中信银行	175.6	2011－07－13

资料来源：Wind，日信证券研究所。

从微观角度看，因为定向增发与配股的价格较低，银行的股权类再融资行为一般会摊薄每股盈利，并使投资者因再融资行为对银行的盈利能力产生不同的解读，从而造成股价波动。由于上市银行的高度同质性，个别银行的再融资行为会造成银行股的连锁反应。另外，由于银行板块在股票市场中的重要地位，银行股的波动能够轻而易举地造成大盘的震荡。以上证 A 为例，2011 年 9 月 22 日，14 家上市银行所占的总市值比重高达 28.5%，可以说，银行股的一举一动都会影响到市场的整体表现。

可以看到，民生银行第一次进行的定向增发尽管数额比较巨大，但其时股市正处于强劲的上行通道，市场资金充裕，因此没有造成太大的负面影响。然而 2008 年年初，股市开始出现下行趋势，这个时候中国平安与浦发银行的再融资消息就令市场大惊失色。2008 年 1 月 21 日，中国平安发布公告称，欲通过增发与可转债的形式再融资约 1 600 亿元，消息出来后，股市大跌，第二日更引发千余只个股跌停。而两个月后当传出浦发银行再融资 400 亿元的消息后，市场同样还以颜色，传言当日浦发跌停，并引领银行股下跌，大盘也因再融资阴云再度低迷。此后银行的再融资行为几乎都被中小投资者解读为负面消息。

这里用金融学研究中常用的事件研究法（Event Study）来简单分析定向增发与配股对于 A 股市场的影响。

一、事件研究法（Event Study）描述

我们分别以市场在上市银行定向增发与配股预案公告日附近的变动为例（见表8－6），来观察再融资活动对于市场的影响。市场变动用上证综指计算（见图8－14）。

表8－6　　　　　　　上市银行历次定向增发与配股预案公告日

定向增发预案公告日	银行	配股预案公告日	银行
2006－04－29	浦发银行	2009－08－29	招商银行
2006－07－18	民生银行	2009－11－23	兴业银行
2008－03－18	华夏银行	2009－12－19	南京银行
2009－04－10	浦发银行	2010－02－24	交通银行
2009－06－13	深发展 A	2010－04－30	建设银行
2009－10－13	宁波银行	2010－07－03	中国银行
2010－03－11	浦发银行	2010－07－29	工商银行
2010－05－06	华夏银行	2010－08－12	中信银行
2011－04－09	北京银行	2011－07－19	招商银行
2011－08－18	深发展 A		

资料来源：Wind，日信证券研究所。

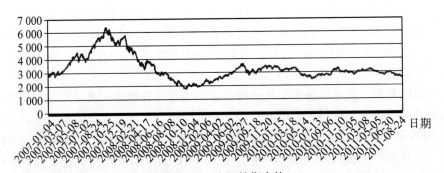

图8－14　上证综指走势

资料来源：Wind，日信证券研究所。

事件研究法的主要原理在于，通过运用估计窗口的数据，估计相关系数，然后以这些估计的系数来预测事件窗口的理论值，再将实际值减去预测值得到超额回报，最后通过检验超额回报在事件窗口的累计值是否显著为零来判断事件对关心的变量产生了怎样的影响。

根据事件研究法，首先需要确定时间窗口与估计窗口。考虑到配股比定向增发在时间分布上更为密集，为满足事件不重叠的条件，我们分别将定向增发与配股的时间窗口设为（T－10，T＋10）和（T－5，T＋5），其中T表示预案公告日，T若非交易日，则以前一交易日数据记录，T－n表示公告日之前的第n个交易日；分别以（T－41，T－11）和（T－21，T－6）为增发与配股的估计窗口。

由于我们所关心的变量是上证综合指数，也就是市场本身，因此通常用来估计系数的单因素模型或多因素模型并不适合本例。所以，我们简单以估计窗口的上证综指平均值作为事件窗口的预测值，并考察预测值与实际值之间的差和累计差。

二、定向增发预案公告引发上证综指大跌

首先以定向增发预案公告日前第41天到第11天之间上证综指收盘点数的平均值为事件窗的预测值，并计算每次增发公告的超额点数的平均值，其变化趋势如图8－15。从图中可以看到，从预案公告前第9日开始，超额点数就为负值，这可能与上市银行信息保密程度有关，随着预案公告日的临近，超额点数越来越小。市场在预案公告日之前就开始反应，减小了预案公告日对市场的冲击，但是我们仍然能够看到，超额点数在公告日达到一个底部，为－81.5点，而上证综指在2006～2011年第三季度期间的平均点数为3 031点，以此计算，银行定向增发预案公告在预案公告日使市场平均下跌2.69%。

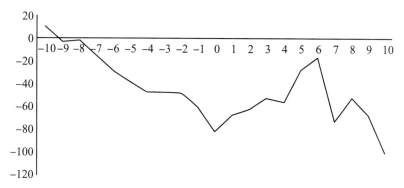

图8－15　定向增发预案公告日附近上证综指平均超额点数变化趋势

资料来源：Wind，日信证券研究所。

　　预案公告日之后超额点数尽管仍为负，却有所回升，这可以视为利空出尽的结果，不过，在公告日第6日后，超额点数又开始下降，显示了市场空对多力量在博弈之中的优势。

　　由于平均超额点数在预案公告日附近基本上都为负值，累计平均超额点数呈现出持续下降的趋势（见图8-16）。总体上看，定向增发在预案公告日附近对市场产生了显著的负面影响，与市场上对银行定向增发的感性认识一致。

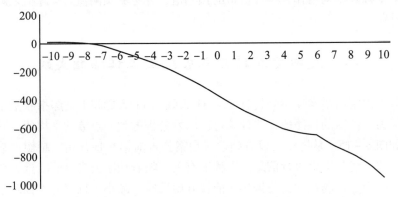

图8-16　定向增发预案公告日附近上证综指累计平均超额点数变化趋势
资料来源：Wind，日信证券研究所。

三、配股预案公告引发上证综指大跌

　　由于上市银行定向增发不是直接面对二级市场，它对二级市场的影响主要通过影响市场信心以及基金、保险等机构投资者的持仓情况进行间接影响，因此，我们有理由预期，能够直接影响二级市场资金面的配股会对市场造成更大影响。事实证明确实如此。

　　与定向增发的影响一样，配股公告的影响在公告日之前就已出现，平均超额点数在事件窗口皆为负值。而在配股预案公告日，平均超额点数剧烈下降为-307点，显著超过定向增发的平均影响。预案公告日之后，超额点数开始变大，也可以认为是利空出尽的影响所致（见图8-17）。

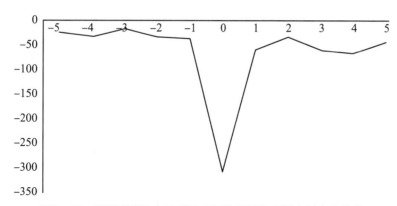

图 8 – 17　配股预案公告日附近上证综指平均超额点数变化趋势
资料来源：Wind，日信证券研究所。

累计平均超额点数同样呈现持续下降的趋势，在配股公告日附近 11 日的累计超额点数几乎与增发公告日附近 21 日相同，显示了上市银行配股对市场更大的负面影响（见图 8 – 18）。

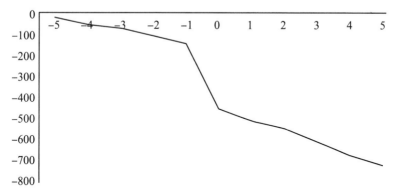

图 8 – 18　配股预案公告日附近上证综指累计平均超额点数变化趋势
资料来源：Wind，日信证券研究所。

上市银行再融资的过程一般需要包含预案公告日、股东大会决议日、监管机构批准日、实施日等几个重要时点。而从以上的分析来看，在上市银行提出预案（甚至更早）的时刻，市场的悲观情绪就已经开始发作。总体上看，市场对于上市银行股权类再融资的担忧已经达到风声鹤唳的程度。

第4节　监管新规将引发上市
银行再融资大潮

经过 2009 年至今上市银行的多次大规模再融资，上市银行的资本充足率与核心资本充足率有了较大提高，但同时资本金监管标准也在逐步提高，如果银行不能形成稳定且有效的资本金自我补充机制和风险管理机制，未来大规模融资的可能性仍然不可忽视，而市场也将再次面临巨大压力。

经过 2008 年的金融危机，对银行业进行更加严格的监管成为各国的共识。2010 年 9 月 15 日，《巴塞尔协议Ⅲ》被正式提出。其资本金监管要点改革在于将普通股和一级资本充足率大幅提升，普通股构成的核心资本充足率由原来的 2% 提升到 4.5%，一级资本充足率由 4% 提升到 6%，同时新提出主要以普通股为形式的留存超额资本和范围在 0～2.5% 的反周期超额资本，以有效防御银行风险。这样，实际核心一级资本充足率就至少要达到 7%，一级资本充足率就至少要达到 8.5%，总资本充足率至少要达到 10.5%（见表 8－7）。

表 8－7　　　　巴塞尔协议及银监会关于资本监管的最新标准　　　　单位：%

	《巴塞尔协议Ⅱ》			《巴塞尔协议Ⅲ》			银监会		
	普通股	一级资本	总资本	普通股	一级资本	总资本	核心一级资本	一级资本	总资本
最低要求	2	4	8	4.5	6	8	5	6	8
留存超额资本					2.5			2.5	
前两项之和	2	4	8	7	8.5	10.5	7.5	8.5	10.5
反周期超额资本					0～2.5			0～2.5	
系统重要性银行附加资本				未定				1	

资料来源：日信证券研究所。

我国银监会也在 2011 年 4 月下发了《银监会关于中国银行业实施新监管标准的指导意见》。根据银监会的要求，我国银行核心一级资本充足率、一级资本充足率和总资本充足率要至少分别达到 5%、6% 和 8% 的标准，同时，2.5% 的超额留存资本也成为必需，系统重要性银行还要留有 1% 的附加资本。特别地，监管当局还可以视情况要求银行保留适当的反周期超额资本。按照进度，我国系统重要性银行在 2011 年年初开始试行巴塞尔新协议，系统重要性银行和非系统重要性银行要分别于 2013 年年底和 2016 年前达到新标准，个别盈利能力低、贷款损失准备补提较多的银行达标年限被放宽到 2018 年。

新监管使上市银行重新面临巨大压力。在核心资本充足率方面，深发展、民生银行、招商银行、兴业银行、农业银行、交通银行和光大银行等 7 家银行尚不能满足新标准，在满足标准的银行中，浦发银行、工商银行、建设银行、中国银行和中信银行等 5 家的超额不足 1%（见表 8 - 8）。在总资本充足率方面，尽管截至 2011 年年中，所有上市银行皆已达到最低监管标准，但仍有 9 家银行超过标准不足 1%（见表 8 - 9）。在这种情况下，如果监管当局视情况要求增加反周期超额资本，则这些银行的核心资本充足率也将面临很大挑战，新一轮再融资大潮势必再次冲击资本市场。

即使以 2011 年年中的加权资本风险资产计算，使尚不满足核心资本充足率标准的 7 家银行达到监管标准所需的最低资本金总和为 492 亿元。而如果要求各家上市银行不仅满足监管标准，而且还要提取 1% 的反周期超额资本，则所需的资本金总额就高达 3 019 亿元，其规模与上市银行历次股权类再融资的总和相当。要在规定的达标时间之前维持这样的资本充足率，上市银行必须确保自己的资本金"造血"能力与风险资产增长同步提高。

市场已经对于银行再融资表达了不满，我们也预期，如果股市持续低迷，2011 年很难有上市银行新的股权类再融资获得批准。这在一定程度上也能提高银行通过加强资产风险管理与通过提高盈利能力来补充资本金的努力，毕竟，这才是银行业健康发展的必由之路。

表8-8 上市银行核心资本充足率变化情况

单位：%

上市银行	2008年二季度	2008年三季度	2008年四季度	2009年一季度	2009年二季度	2009年三季度	2009年四季度	2010年一季度	2010年二季度	2010年三季度	2010年四季度	2011年一季度	2011年二季度	最新标准
深发展A	6.2	6.5	5.3	5.2	5.1	5.2	5.5	5.5	7.2	7.0	7.1	7.1	7.0	8.5
宁波银行	15.5	15.0	14.6	13.4	11.6	10.0	9.6	9.1	9.0	9.2	12.5	11.9	11.5	8.5
浦发银行	5.0	5.2	5.0	4.8	4.7	6.8	6.9	6.9	7.0	7.1	9.4	9.1	9.2	8.5
华夏银行	4.5		7.5		6.8		6.8	7.6	6.5		6.7		9.8	8.5
民生银行	6.6		6.6		5.9		8.9	7.8	8.3	8.0	8.1	7.7	7.8	8.5
招商银行	8.8	8.0	6.6	6.5	6.5	6.6	6.6	7.8	8.1	8.0	8.0	7.7	7.8	8.5
南京银行	22.6		20.7		13.3	11.6	12.8	11.1	10.5	9.5	13.8	12.4	11.6	8.5
兴业银行	8.5	8.9	8.9		7.4	7.5	7.9	7.6	9.3		8.8	8.4	8.2	8.5
北京银行	16.2		16.4	13.5	13.5	12.4	12.4		10.8		10.5		9.7	8.5
农业银行			8.0				7.7		6.7	9.8	9.8	9.6	9.4	9.5
交通银行	10.0	9.8	9.5	8.9	8.8	8.9	8.2	8.1	8.9	9.5	9.4	9.2	9.4	9.5
工商银行	10.3	10.5	10.8	10.0	10.0	9.9	9.9	9.6	9.4	9.3	10.0	9.7	9.8	9.5
光大银行			6.0		6.8		6.8		6.4	9.0	8.2	8.0	8.1	8.5
建设银行	10.1	10.2	10.2	9.6	9.3	9.6	9.3	9.2	9.3	9.3	10.4	10.3	10.4	9.5
中国银行	10.9	11.0	10.8	9.9	9.4	9.4	9.1	9.1	9.3	9.4	10.1	10.0	10.0	9.5
中信银行	12.3	12.9	12.3	11.5	10.5	9.8	9.2	8.3	8.3	8.8	8.5	8.2	8.9	8.5

资料来源：Wind，日信证券研究所。

表8-9　上市银行资本充足率变化情况

单位：%

上市银行	2008年二季度	2008年三季度	2008年四季度	2009年一季度	2009年二季度	2009年三季度	2009年四季度	2010年一季度	2010年二季度	2010年三季度	2010年四季度	2011年一季度	2011年二季度	最新标准
深发展A	8.5	8.8	8.6	8.5	8.6	8.6	8.9	8.7	10.4	10.1	10.2	10.1	10.6	10.5
宁波银行	17.0	16.4	16.2	14.8	12.8	11.3	10.8	10.9	10.8	10.9	16.2	15.2	14.6	10.5
浦发银行	8.7	8.5	9.1	8.7	8.1	10.2	10.3	10.2	10.2	10.2	12.0	11.7	11.5	10.5
华夏银行	8.2		11.4		10.4		10.2		10.6		10.6		13.3	10.5
民生银行	9.2	12.1	9.2		8.5		10.8		10.8		10.4		10.7	10.5
招商银行	10.4	12.1	11.3	11.0	10.6	10.5	10.5	11.5	11.6	11.5	11.5	10.9	11.1	10.5
南京银行	25.6		24.1		15.2	13.2	13.9	12.2	11.6	10.5	14.6	13.3	12.4	10.5
兴业银行	10.9	11.1	11.2		9.2	10.6	10.8	10.6	12.0		11.2	10.7	11.2	10.5
北京银行	19.1		19.7		16.1		14.4		12.5		12.6		12.3	10.5
农业银行			9.4				10.1	11.4	8.3	11.4	11.6	11.4	11.9	11.5
交通银行	14.1	13.8	13.5	12.8	12.6	12.5	12.0	11.7	12.2	12.5	12.4	12.1	12.2	11.5
工商银行	12.5	12.6	13.1	12.1	12.1	12.6	12.4	12.0	11.3	11.6	12.3	11.8	12.3	11.5
光大银行			9.1				10.4		9.4	11.9	11.0	10.7	10.8	10.5
建设银行	12.1	12.1	12.2	12.4	12.0	12.1	11.7	11.4	11.7	11.6	12.7	12.5	12.5	11.5
中国银行	13.8	13.9	13.4	12.3	11.5	11.6	11.1	11.1	11.7	11.7	12.6	12.4	13.0	11.5
中信银行	14.3	14.7	14.3	13.4	12.0	11.2	10.1	9.3	11.0	11.7	11.3	11.1	11.4	10.5

资料来源：Wind，日信证券研究所。

Chapter 9 加强地方政府债务风险监控刻不容缓

Urgency of Strengthening Local Goverment Debt Risk Supervision

　　2011 年国家审计署，中国人民银行，中国银监会分别对中国地方政府性债务情况进行调查并出具了报告，其中国家审计署的报告比较翔实，该报告比较全面地反映了地方政府总的负债规模以及债务余额结构，报告显示部分市县可能出现债务危机，并最终影响到全国的地方债务。

　　中国地方政府债务有多种偿还方式，这些方法各有利弊。在目前全球经济存在衰退风险、国内通胀高位运行、经济增速减缓、小微型企业贷款困难的内外交困下，地方政府债务的偿还面临着严峻的考验。

　　2011 年 9 月 26~30 日，是中国债券交易市场最惨烈的一周，其中以作为地方政府融资平台公司发行的城投债跌势最大。滇公路、上海申虹、云投事件等地方政府债务局部危机的持续爆发，是否预示着中国也将面临着如同欧洲债务危机一样的局面呢？答案是总量暂时对整个经济构不成威胁，但是结构性问题比较突出，债务危机在部分地区爆发的可能性比较大。我们认为，加强地方政府债务的风险监控刻不容缓，及时制定地方政府债务风险水平的判断标准不容懈怠，适当地推出合理的处理措施势在必行。

第 1 节　中国地方政府债务
危机的局部爆发

一、2011 年 9 月 26~30 日地方政府发行的
城投债遭遇滑铁卢

　　9 月 26~30 日的中国交易所债券市场的债券周涨跌幅榜显示，云南省红河州、楚雄州城投公司发行的"10 红投 02 债"、"10 楚雄债"分别以13.06%、12.26%的周跌幅高居"榜首"，同时交易所跌幅前 10 家债券跌幅都超过 10%（见表 9－1）。

　　在债券市场最恐慌的 9 月 29 日，上交所债券市场日跌幅前十的债券跌幅均在 6%以上，"11 淮北投"的单日跌幅高达 8.81%。债券市场 1%的单日跌幅就已经是大幅下跌，可以看出这些城投债跌幅是非常惨烈的。9 月 29 日的上交所债券市场的跌幅榜见表 9－2。

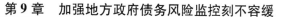

表9－1　　　　上海证券交易所债券市场周跌幅榜（9月26~30日）　　　单位：元

证券代码	证券简称	2811－9－30	2011－9－23	周涨跌幅（%）	剩余期限
122875	10 红投 02	76.51	88.00	－13.06	6.20
122883	10 楚雄债	74.99	85.47	－12.26	6.05
122831	11 惠通债	84.59	95.75	－11.66	6.46
122916	10 红谷滩	80.84	91.41	－11.56	5.44
122843	11 绥化债	80.44	90.78	－11.39	6.42
122840	11 临汾债	79.89	89.89	－11.12	7.40
111042	08 嘉城投	89.01	100.00	－10.99	3.91
122812	11 淮北债	80.88	90.78	－10.91	6.46
122825	11 景德镇	86.37	96.89	－10.86	6.48
122936	09 鹤城投	85.15	94.78	－10.16	5.14

资料来源：日信证券研究所。

表9－2　　　　　　　　9月29日上交所债券市场跌幅榜　　　　　单位：元

代码	名称	最新价	涨跌幅（%）	到期收益率	剩余期限	债券评级
122812	11 淮北债	80.88	－8.81	11.42	6.46	AA
122916	10 红谷滩	80.84	－8.66	11.85	5.45	AA
122841	11 渝津债	80.43	－8.08	11.48	6.28	AA
122936	09 鹤城投	85.15	－7.95	11.78	5.14	AA
122893	10 丹东债	84.28	－7.38	11.88	5.94	AA
122825	11 景德镇	86.37	－7.13	10.46	6.48	AA
122857	10 九华债	82.7	－7.08	11.51	5.22	AA
122831	11 惠通债	84.59	－6.31	10.91	6.46	AA +
122995	08 合建投	92.32	－6.25	8.95	6.92	AAA
122843	11 绥化债	80.44	－5.95	11.85	6.42	AA

资料来源：日信证券研究所。

　　经过这一周的巨幅杀跌之后，众多债券交易到期收益率高达 10% 甚至 12% 以上，而欧洲债务危机国家，像希腊、西班牙、葡萄牙等国家，都是在其 10 年期国债收益率突破 7% 以后就丧失了融资能力，债务危机随之爆发。而目前交易所债券市场城投债到期收益率大于 7% 的达 100 多家，占沪深两市城投债的近一半，中国发行这些城投债的地方政府是否也将面临着如同欧洲债务危机一样的处境呢？

二、地方政府融资信用事件的持续爆发，预示着有可能在局部地区出现债务危机

1. 代表性的融资信用危机事件

城投债巨幅杀跌是地方政府债务危机的一个信号，在此之前已经发生了几起信用危机事件，例如滇公路事件、上海申虹事件、云投事件等。2011 年 6 月 27 日《新世纪周刊》刊登的封面文章《违约开始了？》，披露欠债近千亿元的云南省公路开发投资有限公司（简称"滇公路"）近期向债权银行发函称"即日起，只付息不还本"，媒体了解原因为"实在力所不能及"，后在云南省政府的强力干预下，公司撤回了上述公函，并由政府做出了增资、垫款、补贴等承诺（每年向云南公路开发投资公司增加 3 亿元资本金，同时让财政厅向该公司借款 20 亿元用于资金周转），暂时缓解了矛盾（否则银行的近千亿元贷款很可能需按规定划入后三类）。

上海申虹是 2006 年上海市政府专门为建设虹桥枢纽而成立的项目公司，注册资本 50 亿元。三大股东为上海机场、上海久事公司和上海市土地储备中心。据报道，该平台公司目前的银行贷款达到 100 多亿元，已有近 10 亿元流动资金到期，部分出现逾期。其中，流动资金贷款占了相当大的部分。工商资料显示，截至 2008 年年底，上海申虹负债总额为 174 亿元，其中专项应付款 40.08 亿元，短期借款额高达 124 亿元。该公司提出停止向银行偿还流动贷款，并向银行请求延长还款期，以及把该笔款项转换成以资产抵押的固定贷款。但该公司的主要资产为政府大楼和公路，并不能在市场上进行交易，因此该政府背景公司的偿债能力受到质疑。

云投集团是目前云南省内最大的也是唯一的省属综合性投资公司。截至 2009 年年底，已获得工商银行、建设银行、中国银行、农业银行、国家开发银行等 13 家国有或股份制商业银行共计 269.84 亿元的授信额度，以及 100 多亿元的贷款。由云南省国资委主导的云投集团重组，初步方案将以子公司云南省电力投资有限公司（下称云电投）为主体，把云南省所有电力资产整合起来，包括把云投集团旗下的电力资产划入云电投，进而组建云南省能源投资集团。云电投是云投集团最好的资产，云投集团持有其 54.04% 股权。

云投集团此次酝酿的资产转移，共涉及 7 只债券包括企业债和短融两个品种，正在酝酿的资产重组对于"10 云电投 CP"、"11 云电投二期"未到期的短期融资券是正面影响，但其他 5 只企业债的主体信用评级都被调低。

而云投集团资产重组的消息在 2011 年 7 月初在债市一传开，已经被城投企业自 2010 年以来资产注水、核心资产转移、发债主体随意组合的负面事件吓怕了的机构投资者如同惊弓之鸟，纷纷做出了抛售城投债的选择，从而使城投债的压力陡增。城投债也成为市场上流动性最差的产品。

2010 年 4 月，川高速在未及时向投资者披露相关信息的情况下，将其所持最核心资产——四川成渝高速公路股份有限公司国有股权无偿划转至四川交通投资集团有限责任公司，而后者的工商登记手续尚在办理当中，并且这一行为直到 2011 年 3 月 29 日成渝高速来函确认川高速所持股权已经全部过户至川交投名下才为市场所知。5 月 31 日，银行间市场交易商协会对其做出了严厉惩罚，注销了"10 川高速 MTN1"、"10 川高速 MTN2"两单中期票据的发债主体四川高速公路建设开发总公司其剩余发债额度，并加以严重警告。

2010 年 5 月，"10 华靖债"发布 2010 年年报补充公告，称公司对于旗下的公益性资产进行了等额资产置换。由于资产注入公司的经营性资产过户手续尚未办理完成原因，2010 年年底公司净资产减少为 30.29 亿元。2011 年 6 月初，公司再出说明公告，截至 2011 年 6 月 30 日公司资产置换工作已全部完成。此次置换本身是在监管政策发生变化下的相应调整，并非实际的资产并更，但由于其资产置换进度偏慢，引发担忧。

2. 部分省、自治区、市地方政府债务审计报告中涉及债务风险情况

重庆：11 个区县债务率高于 100%、偿债率高于 20%，偿债压力较大，债务风险较高。

内蒙古：政府负有偿还责任的债务率超过 100% 的只有鄂尔多斯市，债务率为 148.7%；101 个旗县中，有 18 个旗县区债务率超过 100%，最高的包头市东河区为 199%。偿债率超过 20% 的盟市是包头市，为 20.2%；有 19 个旗县偿债率超过 20%，最高的是鄂托克前旗，偿债率为 43.7%。

山西：截至 2010 年年底，全省政府负有偿还责任的逾期债务 115.7 亿元。省级、5 个市级、6 个县（市、区）借新还旧 88.3 亿元。全省融资平台公司有 29 个经营亏损，98 个当年收入不足偿还到期债务本息，有 5 个融资平台公司逾期债务 1.12 亿元。

吉林：从审计情况看，有的地方债务率高于 100%，债务偿还对土地出让收入依赖较大，部分地方政府偿债能力不足，只能通过举借新债偿还旧债。截

至 2010 年年末，吉林省共有融资平台公司 148 家，政府性债务余额为 900.7 亿元，占全省总规模的 30%。这些融资平台公司中有 45 家公司 2010 年年末资产负债率超过 70%，处于较高负债水平；有 70 家公司当年收入不足以偿还当年到期债务本息；有 66 家公司存在注册资本不到位，虚假出资、抽逃注册资本等问题。

辽宁：一是部分市、县（区）债务率较高，偿债压力较大。有 5 个市本级和 4 个县（区）政府负有偿还责任债务率高于 100%，6 个市本级和 10 个县（区）政府负有偿还责任债务的偿债率高于 20%。二是 11 个市本级、34 个县（区）政府负有偿还责任的债务 2 108.9 亿元中，有 1 138.9 亿元是承诺以土地出让收入为偿债来源，占 54%。三是融资平台公司资产变现能力偏低、盈利状况较差。截至 2010 年年末，辽宁省 184 家融资平台公司中，有 83 家资产总额中包含市政基础设施等不能变现的资产 964.5 亿元，占 33.6%；175 家有债务的融资平台公司中，120 家经营业绩为亏损或持平；有 156 家融资平台公司 2010 年收入不足以偿还当年到期债务本息。

综上，虽然我们估算的债务率与实际值或有差异，但目前不能排除有部分省、自治区、市的债务率已经超过 100%。另外，大部分省、自治区、市存在部分地区或个别企业有偿债风险。因此，可以判断中国地方债务问题总体风险可控，但个别风险存在，这是制约信用市场城投债走势的重要因素。

3. 其他债务信用事件

还有一系列的债务信用事件（见表 9-3），一是媒体不断爆出地方省份债

表 9-3　　　　　　　　　近期部分债务信用事件

时间	事件
2010-12-31	广州建投发展公司将所属年票制相关资产进行无偿划转
2010-12-31	川高速将成渝高速国有股权无偿划转至四川交通投资集团
2011-05-13	江苏华靖资产公司对于旗下资产进行等额置换但进度偏慢
2011-06-27	云南省公路开发投资有限公司宣布只付息不还本
2011-06-29	上海申虹投资发展有限公司出现债务逾期
2011-07-11	云南省投资控股集团有限公司拟转出核心资产组建新投资集团
2011-09-30	中国交易所债券市场城投债一周跌幅前十都超过 10%

资料来源：日信证券研究所。

务规模较大的问题，如海南省和甘肃省；二是新闻报道银监会要求信托公司对绿城中国房地产信托业务展开调查；三是山东海龙主体评级遭下调，由 A 下调至 A－；四是刚公布的汇丰 PMI 初值显示经济形势恶化。交易所城投债大幅下跌。流动性较好的品种 08 长兴债、08 铁岭债和 09 怀化债，流动性一般的品种"11 绥化债"、"09 临海债"、"09 铜城投"，流动性不好的品种"10 佳城投"、"09 吉安债"、"08 常城建"等均下跌。

第 2 节　中国地方政府债务的基本情况

一、中国地方政府债务的总规模、分年度变化、余额结构

1. 总规模

中国的地方政府债务问题由来已久，但是政府一直没有一个准确的数据给予公众，也没有一个独立的部门对地方政府债务问题进行专门的监控，这些都不利于明确债务规模问题。2011 年，中国人民银行、银监会、国家审计署都披露了不同口径的统计资料，经过多个政府部门反复的统计，最终中国人民银行的统计数据是地方政府债务规模不超过 14 万亿元，审计总署公布的数据为 10.7 万亿元。

根据国家审计署统计，2010 年年底我国中央财政债务余额为 7.77 万亿元，中国政策性银行发行的金融债约 2.4 万亿元左右，加上本次审计公告的地方债务 10.72 万亿元，我国债务总额在 20.89 万亿元，相当于我国 2010 年 39.5 万亿元 GDP 的 53% 左右，从数据上看，中国债务负担率低于欧盟所严格要求的 60% 的标准。

中央财政债务和政策性银行的债务问题我们另外进行专题研究，这里主要讨论地方政府的债务问题。在国家审计署 6 月公布的地方政府债务审计公告中，截至 2010 年年底，全国地方政府性债务余额 107 174.91 亿元，其中：政府负有偿还责任的债务 67 109.51 亿元，占 62.62%；政府负有担保责任的或有债务 23 369.74 亿元，占 21.80%；政府可能承担一定救助责任的其他相关债务 16 695.66 亿元，占 15.58%（见图 9－1）。

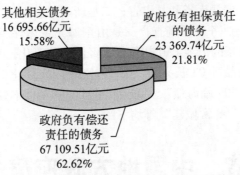

其他相关债务
16 695.66亿元
15.58%

政府负有担保责任
的债务
23 369.74亿元
21.81%

政府负有偿还
责任的债务
67 109.51亿元
62.62%

图9－1　2010年全国地方政府性债务规模情况

资料来源：国家审计署，日信证券研究所。

2. 债务规模分年度变化情况

根据国家审计署统计，1997年以来，我国地方政府性债务规模随着经济社会发展逐年增长。债务余额的在1997年的亚洲金融危机和2008美国金融危机后有两次较快的增长，1998年和2009年债务余额分别比上年增长48.20%和61.92%。在2009年中国的经济顶住了世界经济不利影响仍然保持了9.2%的GPP增长率，所以2010年的债务余额增长明显放慢，只有18.86%，增速相对于2009年的增速下降了43.06个百分点（图9－2）。

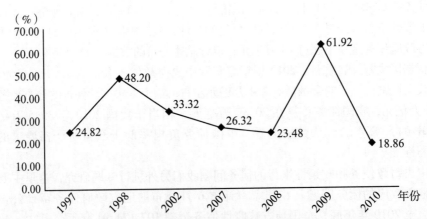

图9－2　1997年以来全国地方政府性债务余额增长率变化情况

注：2002年增长率为1998～2002年年均增长率，2007年增长率为2002～2007年年均增长率。

资料来源：国家审计署，日信证券研究所。

3. 债务余额结构情况

根据国家审计署统计，地方政府债务的总额是 10.7 万亿元，那么目前的债务余额是怎么构成的，我们从政府层级、区域分布、举借主体、借款来源、债务形态和资金投向、偿债年度 6 个方面来进行分析。

一是从政府层级看；截至 2010 年年底，全国省级、市级和县级政府性债务余额分别为 32 111.94 亿元、46 632.06 亿元和 28 430.91 亿元，分别占 29.96%、43.51% 和 26.53%（见表 9 - 4 和图 9 - 3）。

表 9 - 4　　　2010 年年底全国地方政府性债务余额层级分布情况　　单位：亿元

债务类型	合计		省级		市级		县级	
	金额	比重（%）	金额	比重（%）	金额	比重（%）	金额	比重（%）
政府负有偿还责任的债务	67 109.51	100.00	12 699.24	18.92	32 460.00	48.37	21 950.27	32.71
政府负有担保责任的债务	23 369.74	100.00	11 977.11	51.25	7 667.97	32.81	3 724.66	15.94
其他相关债务	16 695.66	100.00	7 435.59	44.54	6 504.09	38.96	2 755.98	16.50
合计	107 174.91	100.00	32 111.94	29.96	46 632.06	43.51	28 430.91	26.53

资料来源：国家审计署，日信证券研究所。

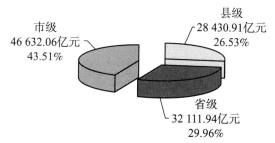

图 9 - 3　2010 年年底全国地方政府性债务余额层级分布情况

资料来源：国家审计署，日信证券研究所。

二是从区域分布看，截至 2010 年年底，东部 11 个省市和 5 个计划单列市政府性债务余额 53 208.39 亿元，占 49.65%；中部 8 个省政府性债务余额为 24 716.35 亿元，占 23.06%；西部 12 个省、区、市政府性债务余额 29 250.17 亿元，占 27.29%（见图 9 - 4）。

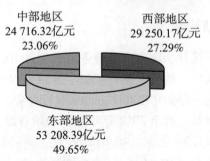

中部地区
24 716.32亿元
23.06%

西部地区
29 250.17亿元
27.29%

东部地区
53 208.39亿元
49.65%

图9-4　2010年年底全国地方政府性债务余额在东、中、西部地区分布情况

资料来源：国家审计署，日信证券研究所。

　　三是从举借主体看，2010年年底地方政府性债务余额中，融资平台公司、政府部门和机构举借的债务分别为49 710.68亿元和24 975.59亿元，占比共计69.69%（见表9-5和图9-5）。其中融资平台公司的占比份额达到46.38%，国家通过融资平台举借债务的量是非常大的。

表9-5　　　　　　　**2010年年底全国地方政府性债务举借主体情况**　　　　单位：亿元

举债主体类别	三类债务合计		政府负有偿还责任的债务		政府负有担保责任的债务		其他相关债务	
	债务额	比重(%)	债务额	比重(%)	债务额	比重(%)	债务额	比重(%)
融资平台公司	49 710.68	46.38	31 375.29	46.75	8 143.71	34.85	10 191.68	61.04
地方政府部门和机构	24 975.59	23.31	15 817.92	23.57	9 157.67	39.19	0.00	0.00
经费补助事业单位	17 190.25	16.04	11 234.19	16.74	1 551.87	6.64	4404.19	26.38
公用事业单位	2 498.28	2.33	1 097.20	1.63	304.74	1.30	1 096.34	6.57
其他单位	12 800.11	11.94	7 584.91	11.31	4 211.75	18.02	1 003.45	6.01
合计	107 174.91	100.00	67 109.51	100.00	23 369.74	100.00	16 695.66	100.00

资料来源：国家审计署，日信证券研究所。

　　四是从借款来源看，2010年年底地方政府性债务余额中，银行贷款为84 679.99亿元，占79.01%，上级财政拨款只有4.18%，发行的债券占比为7.06%。由此可见，地方政府性债务的主要来源还是银行，其次靠发行债券，上级财政的转移支付占比很小（见表9-6）。

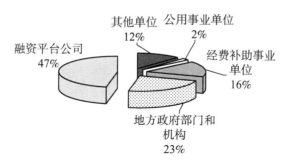

图 9 - 5　2010 年年底全国地方政府性债务举借主体情况

资料来源：国家审计署，日信证券研究所。

表 9 - 6　　　　　　　　2010 年年底全国地方政府性债务资金来源情况　　　　　　　单位：亿元

债权人类别	三类债务合计		政府负有偿还责任的债务		政府负有担保责任的债务		其他相关债务	
	债务额	比重（%）	债务额	比重（%）	债务额	比重（%）	债务额	比重（%）
银行贷款	84 679.99	79.01	50 225.00	74.84	19 134.14	81.88	15 320.85	91.77
上级财政	4 477.93	4.18	2 130.83	3.18	2 347.10	10.04	0.00	0.00
发行债券	7 567.31	7.06	5 511.38	8.21	1 066.77	4.56	989.16	5.92
其他单位和个人借款	10 449.68	9.75	9 242.30	13.77	821.73	3.52	385.65	2.31
小计	107 174.91	100.00	67 109.51	100.00	23 369.74	100.00	16 695.66	100.00

资料来源：国家审计署，日信证券研究所。

　　五是从债务形态和资金投向看，2010 年年底地方政府性债务余额中，尚未支出仍以货币形态存在的有 11 044.47 亿元，占 10.31%；已支出 96 130.44 亿元，占 89.69%。已支出的债务资金中，用于市政建设、交通运输、土地收储整理、科教文卫及保障性住房、农林水利建设等公益性、基础设施项目的支出占 86.54%（见表 9 - 7）。

　　六是从偿还债务到期年度看，2010 年年底地方政府性债务余额中，2011 年、2012 年到期偿还的占 24.49% 和 17.17%，这两年占到 41.66%，所以这两年政府面临着比较严峻的偿还形势，2013 ~ 2015 年到期偿还的分别占 11.37%、9.28% 和 7.48%，2016 年以后到期偿还的占 30.21%（见表 9 - 8）。

表 9 – 7　　　　　2010 年年底全国地方政府性债务余额已支出投向情况　　　　单位：亿元

债务支出投向类别	三类债务合计		政府负有偿还责任的债务		政府负有担保责任的债务		其他相关债务	
	债务额	比重（%）	债务额	比重（%）	债务额	比重（%）	债务额	比重（%）
市政建设	35 301.04	36.72	24 711.15	42.03	4 917.68	22.55	5 672.21	36.53
交通运输	23 924.46	24.89	8 717.74	14.83	10 769.62	49.39	4 437.10	28.58
土地收储	10 208.83	10.62	9 380.69	15.95	556.99	2.55	271.15	1.75
教科文卫、保障性住房	9 169.02	9.54	4 374.67	7.43	1 318.02	6.04	3 476.33	22.39
农林水利建设	4 584.10	4.77	3 273.78	5.57	874.53	4.01	435.79	2.81
生态建设和环境保护	2 733.15	2.84	1 932.03	3.29	403.72	1.85	397.40	2.56
化解地方金融风险	1 109.69	1.15	823.35	1.40	281.29	1.29	5.05	0.03
工业	1 282.87	1.33	681.18	1.16	579.46	2.66	22.23	0.14
能源	241.39	0.25	44.78	0.08	189.91	0.87	6.70	0.04
其他	7 575.89	7.89	4 858.12	8.26	1 915.40	8.79	802.37	5.17
合计	96 130.44	100.00	58 797.49	100.00	21 806.62	100.00	15 526.33	100.00

资料来源：国家审计署，日信证券研究所。

表 9 – 8　　　　　2010 年年底全国地方政府性债务未来偿债情况　　　　单位：亿元

偿债年度	三类债务合计		政府负有偿还责任的债务		政府负有担保责任的债务		其他相关债务	
	债务额	比重（%）	债务额	比重（%）	债务额	比重（%）	债务额	比重（%）
2011	26 246.49	24.49	18 683.81	27.84	3 646.24	15.60	3 916.44	23.46
2012	18 402.48	17.17	12 982.52	19.35	2 972.07	12.72	2 447.89	14.66
2013	12 194.94	11.37	7 991.36	11.91	2 265.98	9.70	1 937.60	11.61
2014	9 941.39	9.28	6 177.01	9.20	2 273.31	9.73	1 491.07	8.92
2015	8 012.26	7.48	4 934.69	7.35	1 780.66	7.62	1 296.91	7.77
2016及以后	32 377.35	30.21	16 340.12	24.35	10 431.48	44.63	5 605.75	33.58
合计	107 174.91	100.00	67 109.51	100.00	23 369.74	100.00	16 695.66	100.00

资料来源：国家审计署，日信证券研究所。

4. 债务负担总体情况

根据国家审计署统计，至 2010 年年底，省、市、县三级地方政府负有偿还责任的债务率，即负有偿还责任的债务余额与地方政府综合财力的比率为 52.25%，加上地方政府负有担保责任的或有债务，债务率为 70.45%。地方政府负有担保责任的或有债务和政府可能承担一定救助责任的其他相关债务 2010 年的逾期债务率分别为 2.23% 和 1.28%。

二、中国地方政府债务中收费公路的营运情况

在地方政府融资的支出投向中，投资于交通运输的总量有 2.39 万亿元，占比 24.89%，仅次于市政建设部分。市政建设因为各城市发展的不同，侧重点不同，所以城市之间差距比较大，不利于比较分析。而交通运输方面债务资金筹集后主要投资于高速公路，高速铁路的建设上，有利于监控、调查和比较。

部分地区高速公路偿债压力较大，截至 2010 年年底，地方政府性债务余额中用于高速公路建设的债务余额为 11 168.11 元，其中政府负有偿还责任的债务 754.02 亿元、政府负有担保责任的债务 7 809.63 亿元、其他相关债务 2 604.46 亿元，分别占 6.75%、69.93% 和 23.32%（见图 9 - 6）。实际上，高速公路建设的债务归还，最终都必须由政府归还。中西部地区，高速建设明显超前的，肯定将无法还本，甚至付息也将发生困难，短期而言，这些债务偿还，目前已经开始面临问题。部分地区的高速公路处于建设期和运营初期，其收费收入不足以偿还债务本息，主要依靠举借新债偿还，2010 年全国高速公路的政府负有担保责任的债务和其他相关债务借新还旧率达 54.64%。

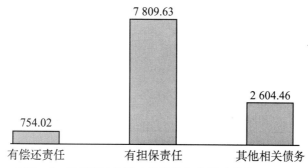

图 9 - 6　用于高速公路建设的债务余额（单位：亿元）

资料来源：国家审计署，日信证券研究所。

2011 年 10 月 17 日《新京报》报道《京沪等 12 省份收费公路欠债 7 593 亿》中，12 个省份收费公路累计债务余额 7 593.5 亿元，2010 年的收费额是 1 025.7 亿元。公布出来的这 12 个省份均在 100 亿元以上，其中，江苏最高，累计余额 1 338.1068 亿元，宁夏最低，累计债务余额 147.4987 亿元，江苏、云南、山东都超过了 1 000 亿元。交通运输部管理干部学院教授张柱庭说，目前每年的公路建设的总规模一年是 1 万亿元，但是财政性投入只有 1 800 亿元，有很大的缺口。虽然收费额达到了 1 025.7 亿元，但在扣除还贷额、养护支出、运营管理支出、税费支出、折旧和摊销及其他支出后，还是入不敷出，且缺口较大。2010 年度经营情况，只有北京的利润是正数，不到 4 亿元，其他多数亏损 10 亿元以上，山东更是亏损 87 亿元。具体情况见表 9－9 和表 9－10。

表 9－9 　　　　　　　　12 省份收费公路投资和债务情况 　　　　　　单位：万元

省份	累计投资总额	银行贷款总额	其他债务总额	累计债务总额	银行贷款余额	其他债务余额
上海	6 655 411	3 304 745	439 398	3 117 111	2 798 630	318 481
北京	7 558 500.4	3 467 049.5	1 080 048.2	4 392 267.8	3 385 724.6	1 006 543.2
贵州	6 214 038.9	3 748 765.2	683 928.82	3 642 556.8	3 053 513	589 043.84
安徽	10 110 565	6 743 627	883 504	6 280 841.9	5 957 230	323 611.91
山东	16 256 871	13 054 827	345 791.46	10 805 155	10 679 059	126 095.27
辽宁	8 692 592	6 160 461		4 719 274	4 719 274	
天津	7 172 177.8	4 767 820	478 401.47	4 477 631.2	4 014 206.2	463 424.97
江苏	23 178 894	14 967 848	1 047 811	13 381 068	12 126 549	1 254 519
湖南	9 372 761.7	6 162 280.7	475 155.19	6 030 253.1	5 605 777.6	424 475.48
云南	17 955 787	10 668 205	1 575 648.6	11 153 103	9 712 550.2	1 440 552.3
重庆	11 808 082	7 036 197.2	382 672.6	6 461 070.7	6 403 241.1	57 829.6
宁夏	4 185 041	1 844 247.6	80 000	1 474 987	1 394 987	80 000

资料来源：《新京报》，日信证券研究所。

表 9－10　　12 省份收费公路 2010 年度经营情况

单位：万元

省份	收费额	还贷额	养护支出	运营支出	税费支出	折旧摊销	其他支出	利润
上海	383 788	280 477	70 009	43 858	27 231	106 358	11 166	－155 311
北京	597 656.7	206 647.7	87 535.3	107 048.2	27 822.4	126 868.6	29 610	38 773.5
贵州	432 719.99	328 639.22	40 281.9	33 360.89	16 316.73	155 160.85	0	－141 039.6
安徽	942 709.15	539 964.56	77 807.16	76 849.09	88 883.3	317 044.93	15 710.37	－173 550.26
山东	1 893 475.95	1 552 050.76	603 856.68	236 710.34	125 771.67	246 218.13	5 962.16	－43 118.808
辽宁	914 659	609 301	77 744	54 779	32 173		140 662	0
天津	545 446.284	262 831.591	92 323.784	51 687.413	42 199.542	124 850.014	14 672.748	－43 118.808
江苏	2 345 639	1 705 089	268 494	241 607	280 717	355 029	55 669	－560 966
湖南	800 659.34	469 801.15	96 790.45	130 803.5	14 704.77	85 734.34	2 838.18	－15.05
云南	682 331.8	614 712.4	200 203.2	35 799.9	26 865.1	20 084	45 929.1	－261 261.9
重庆	476 761.83	435 640.79	66 029.18	84 384.43	30 427.48	157 976.61	35 254.08	－332 950.74
宁夏	241 766.65	155 904.29	72 458.16	13 404.2				0

资料来源：《新京报》，日信证券研究所。

第 3 节　中国地方债务的偿还方式

地方城投公司的拖债行为，揭开了中国地方债务危机的冰山一角。据国家审计署公告，中国的地方政府除了 54 个县级城市没有举借地方政府债务外，其他县市都不同程度的负有债务，部分地方政府负债率还非常高，债务负担很重。据国家审计署报告，2010 年年底，有 78 个市级和 99 个县级政府负有偿还责任债务率高于 100%，分别占两级政府总数的 19.9% 和 3.56%，见图 9 - 7。

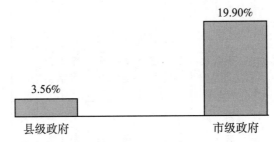

图 9 - 7　负有偿还责任债务率高于 100% 的比例

资料来源：国家审计署，日信证券研究所。

同时，很多地方政府由于偿债能力不足，只能通过举新债还旧债。截至2010 年年底，有 22 个市级政府和 20 个县级政府的借新还旧率超过 20%，还有部分地区出现了逾期债务，有 4 个市级政府和 23 个县级政府逾期债务率超过了 10%。当然由于每个地方政府举债的金额和年度和借款的期限不一致，到期的债务本金和利息是不一样的。

在未来 3 年中国的地方政府需支付的债务本金约为 5.6 万亿元，其中，2011 年就需支付 2.6 万亿元。这 3 年每年应付利息是 6 000 亿 ~ 9 000 亿元（假设未偿还贷款约为 10 万亿 ~ 15 万亿元，年利率是 6%），这相当于每月500 亿 ~ 700 亿元人民币。这 3 年政府要偿还的本息和可能就达到 7 万亿 ~ 8 万亿元，金额是比较大的，那么地方政府有什么手段或者方法来偿还这些债务呢，下面来分析一下这些偿还手段。

一、压缩财政支出，扩大财政收入，通过地方财政收入和中央转移支付偿还债务

第一种方法，政府可以用当年的财政收入或者中央转移支付来清偿债务，这是一种常规的方法，也是政府最后一道防线。下面我们来看一下政府偿还债务的有利条件和不利因素。

1. 清偿债务的有利条件

第一，中国高速发展的经济，为清偿地方政府债务带来了一定的保障。经济的飞速发展，财政收入的快速增长，成为清偿地方债务坚强的后盾。2010年年底，GDP 达到39.4万亿元，财政收入8.3万亿元，国家经济快速发展在总体上保证了地方政府债务的偿还（见图9-8）。

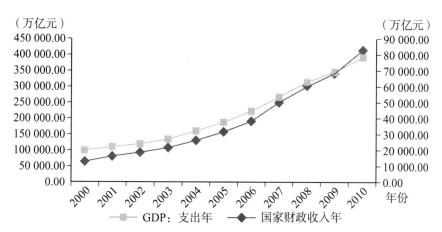

图 9 - 8　2000 ~ 2010 年财政收入和 GDP

资料来源：Wind，日信证券研究所。

第二，中国有大量可以出售变现的公有资源和资产。中国地方政府与西方地方政府在偿还地方政府债务的时候是有很大不同的，其中最大的不同在于中国的地方政府拥有大量可以出售变现的公有资源和资产，而且快速的城市化和工业化也为这些资产价格的快速上涨提供了某些契机。这可以暂时满足部分条件成熟地区的资金清偿需求。

第三，中央财政的转移支付。中国少数地方政府在经过快速的债务扩张之

后可能出现财政较为困难的状况下，只要中央政府的财政状况良好，在少数地区发生债务危机下，中央政府应当有能力通过财政拨款或转移支付等方式对这些地区进行支援。

2. 清偿债务的不利条件

第一，地方经济发展的不平衡导致出现的偿债问题。由于地区经济发展的不平衡，一些处于困境中的地方政府偿债能力低下，违约情况严重。这些负债运行的县乡基层政府一般经济基础薄弱，还债缺乏经济支撑。同时，各种各样的达标升级、形象工程导致债务持续增长；此外，因为债务不能按期偿还，本息不断堆积，市场融资能力下降，还债能力日益恶化。地方债务资金使用与管理混乱，也弱化了财政偿债能力。

第二，公益性投资项目的低回报导致清偿压力加大。在目前的公共财政体制下，地方政府通过融资平台所借贷的资金大多数用于市政建设、交通运输等公共性较强的领域，这种公共性决定了这些融资建设项目自身的资金回流明显不足，绝大多数债务偿还只能依靠本级政府财政支撑。例如，西北某地由政府出资设立的投资公司和国有资产经营公司 7 家，土地储备中心 1 家。8 家平台的注册资本金为 7.75 亿元，2010 年 4 月末融资余额达 23.81 亿元（包括异地银行融资）。这些公司资产负债率高，88.57% 的负债是完全没有现金流动的公益性基础设施建设项目，主要依靠财政偿还债务。

第三，事权和财权的不一致导致地方政府清偿能力下降。自 1994 年以来，中国的地方财政在政府间财政关系方面一直处于劣势地位，即基本上是"吃饭财政"。这就决定了地方政府融资的脆弱性，其中孕育着不可忽视的财政风险。例如，华北某地市级政府 2009 年年末融资平台的负债总额达到 107.92 亿元，但 2009 年其预算财政收入合计达 40 亿元，平台负债总额是其当年政府收入的2.5 倍以上。更有甚者，西北某省某市 2009 年融资平台负债总额是其当年财政收入的 5.6 倍之多，大大超出其财政清偿能力。从图 9-9 浙江的财政收入和财政支出可以看出，作为经济大省，浙江也存在财政赤字，要拿多余的钱来偿还债务是很困难的，更不用说那些经济不是很发达却负债又高的省市县。

第四，区域经济发展的不平衡导致地方政府清偿债务的困难。在地方政府的债务中，省级的经济因为工业基础相对来说比较强，容纳度比较高，发展空间比较大，难以出现问题些，出现问题偿还的能力也要强的多，可是一些区县级政府的债务清偿问题就比较严重了，因区县政府所处的地理位置不同，其融资平台的脆弱性也有不同的特征。一般来说，区政府往往是隶属于某个城市的

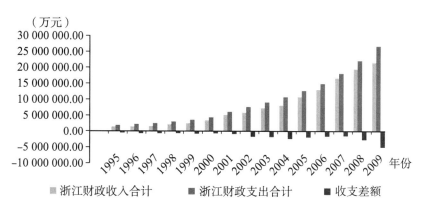

图 9 - 9　浙江财政收入、财政支出与收支差额

资料来源：国家审计署，日信证券研究所。

市政府，因此尽管区政府也是城市的范围，区域内经济的发展和基础设施建设要明显好于一般的县域，但区级政府无论在经济发展规划还是在城市基础设施和公用设施建设中均要服从市政府的统筹规划与布局，反而相对缺乏独立性和自主性。而且区政府的财政能力受市政府和区政府之间财政体制的明显约束，从而使区政府的自有财政收入与其辖区内全口径财政收入之比明显偏低。加之，很多城市的土地规划和土地收益权限基本上集中在市级政府，留存给区政府的空间非常有限，所以大多数区级政府难以通过土地滚动开发有效积累发展资金。

我国大多数县级政府相对独立于大中城市，在土地开发、城镇规划方面独立性强，回旋余地要大，具有空间开发的潜力，但由于县域经济总的来说较为薄弱，工业化程度不高，农业占比较高，因此，即使其自有收入占辖区内全口径财政收入比例较高，但由于收入总量不足，财政能力也处于弱势。并且，由于县域内工业化和城市化率不高，县级政府即使具有相对独立的空间开发潜力，但在短期内缺乏开发潜力。

结论：经济的高速增长、财政收入的飞速增长在总量上满足地方政府性债务的清偿，但是如果债务是由区、县级政府所借，无论是区政府还是县政府基本上如期清偿债务的实际能力较弱，这些地区是中国当前地方政府债务风险的汇聚点，脆弱性很大。因此，有必要在及时规范区县政府债务平台融资行为，实行谨慎融资的同时，进一步加强其债务的管理，控制债务余额的膨胀，防范财政风险。上面这些因素都会导致很多地方政府难以有效应对巨额直接债务的清偿和担保债务的回归。

二、用土地出让金来偿还债务

第二种偿还地方债务的方法就是用土地出让金来偿还债务。国家审计署2011年6月27日发布《全国地方政府性债务审计结果》显示，截至2010年年底，全国地方政府性债务余额107 174.91亿元，其中：政府负有偿还责任的债务67 109.51亿元，占62.62%。而偿债资金来源主要是项目收益以及政府收入，因此，实际上，项目收益不足的部分，全部都是依靠土地出让金收益来覆盖。尤其是2009年以来的债务，由于很多项目盈利性比较差，甚至难以覆盖本金，最终只能依靠土地出让金收益来归还，在地方政府负有偿还责任的债务余额中，承诺用土地出让收入作为偿债来源的债务余额为25 473.51亿元，共涉及12个省级、307个市级和1 131个县级政府（见图9－10）。以此计算，约40%的债务需要地方政府用土地收入来偿还。审计报告也坦言，部分地方的债务偿还对土地出让收入的依赖较大。我们认为实际上依靠土地出让金收益来偿还贷款的，超过50%是肯定的。部分项目由于效益很差，最终不得不依靠土地出让金收益来还本付息。从最近10年来看，地方政府每年都是入不敷出，都是依靠土地出让金收益来弥补财政不足，多余部分用于地方政府投资支出。2010年年底地方政府性债务余额中，2011年、2012年到期偿还的占24.49%和7.17%，2013～2015年到期偿还的分别占11.37%、9.28%和7.48%，2016年以后到期偿还的占30.21%。2011年、2012年两年还本付息

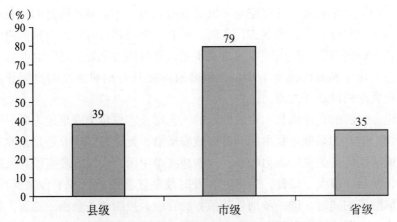

图9－10 承诺使用土地出让收入作为偿债来源的平台的比例
资料来源：国家审计署，日信证券研究所。

大约为4万亿元，由于2011年土地出让金收益下降已成定局，因此，主要依靠土地出让金收入来偿还借款的压力比较大。2013～2015年还本付息额大约为3万亿元不到，压力很小，而2016年后的还本付息压力，由未来几年债务规模增减程度来决定。

　　地方政府负债绝大部分是通过政府融资平台形成的，偿债资金的主要来源就是土地变现，一旦土地变现出现问题，偿债就会出现巨大的风险。2010年年底，地方政府负有偿还责任的债务余额中，承诺用土地出让收入作为偿债来源的债务余额为25 473.51亿元。地方政府运营城市的核心就是土地出让，上半年土地出让情况并不乐观，一旦继续受到影响就会阻断地方的还款资金来源，引发连锁反应。上半年，上海土地出让金约为493.91亿元，位居全国130个城市之首，但同比下降27.22％，北京土地出让金收入为327.2亿元，同比下降了48.2％，约为2010年上半年的一半。

　　2011年6月8日，广州市政府举办了一场近年来最大规模的土地推介会，共推出54宗用地。按照广州市财政局预计，2011年广州市土地出让金收入为646.5亿元，其中很大部分将优先用于城投公司还债。广州城投债务2011年需偿还部分涉及总额估计超过200亿元，但2011年广州土地出让收入并不理想。2011年上半年，已成交金额加上土地推介会中已购地块意向金额，广州2011年的土地出让金收入也不足100亿元，在房地产调控紧缩不变的背景下，以往成为地方财政收入重要来源的土地出让金大幅缩减，加剧了公众对地方政府偿债能力的担忧。2011年至今各地土地市场的低迷，让地方政府依赖土地出让金还债的期望化为泡影。

　　全国的土地出让收入2009年为1.42万亿元，约为每月1 000亿元，和2010年基本持平。在2011年下半年，土地出售可能会减少而非增加。预计2011年的土地租赁出售总收入约为1.2万亿元，较2010年下降20％。按每月1 000亿元计算，仅利息一项（每月500亿～700亿元）就占去土地出售全部收入中的约50％～70％。同时，土地出售收入也需要用于许多其他方面，其中包括社会住房建设、灌溉工程、廉租房、农业地的开发等。

三、债务重组

　　第一，发行市政债券并以其收益偿还银行贷款，即市政债券与贷款互换。我们可以对地方政府债务进行债务重组，其中以债券—贷款互换最为可行。地方政府性债务79％来源于银行贷款，而只有7.06％来源于债券，也就是债务

中有 8 万亿元来源于贷款，只有 7 500 亿元来源于债券，贷款的偿还期到的时候用债券进行转换的空间是巨大的，特别是 2011 年，广州、深圳、上海、浙江都试行了地方政府债券的发行，就是一种很好的试点，只要取得成功，就可以在全国进行推广，地方政府债务来源于贷款的部分就可以通过转换成债券的形式进行重组。

第二，盘活政府资产，地方债的积累伴随着资产的增加。其中大多为基础设施项目和土地。地方政府债务筹集的款项中 36.72% 投向于市政建设，这些基础设施中有些是可以作为资产入股产生一定的经济效应的，另外 24.89% 投资于交通运输行业，这些在中国已经实行收费制，能够产生一部分利润，还有 10.62% 的部分投向于土地收储，这部分土地资产是可以产生利润的，也可以进行处置，只要合理利用，可以带来经济效应偿还债务。

第三，财政收入分配的重新调整。在中央和地方政府之间重新调整收入分配，是地方政府的财政地位得到强化的最终解决方案。从中期和长期来看，地方政府需要扩大其收入来源，而不能仅仅依赖于土地出让收入、中央政府转移支付或地方政府融资工具。在一些试点方案中，已引入新的地方税种，包括物业税和资源税。

四、借新债还旧债

在地方政府债务的负债人中，有一部分资信和收入前景良好的融资平台公司，可以通过借新债还旧债的模式将债务偿还期限顺延，也可以通过在银行间市场发行短融、中票等短期融资工具置换已有的债务。这些模式是完全市场化行为，不算债务违约，但是前提是负债人要有足够的资信，能够从市场中融资。同时，偿还也受到国家宏观经济政策的影响，2011 年在货币政策紧缩背景下，地方融资平台信贷准入条件将更加严格，以往靠"借新还旧"来维系项目资金来源的办法就面临很大的困难。

地方政府也可以对其债务进行展期。相比起出让资产，地方政府展期债务的动机更强，一方面，展期债务可以换取回旋的时间，随着时间的推移，负债项目的收入可能能够抵冲借债成本，中央政府对地方债务承担责任的态度也将逐渐明朗；另一方面，由于地方政府主要责任人任期有限，展期债务很可能就将本届地方政府债务顺延到下届政府。但是从债权人利益角度来看，债务展期实际上也是一种违约，债权人的利益受到损害。要地方政府缩减财政支出在我国暂时不现实，但是银行可以通过要求政府以某项财政收入或者优质资产的未来现金流作为债务偿还的保障。

有财力的地方政府可以通过将其现有的资产冲抵债务。由于保障房融资、地方债务到期以及紧缩政策等原因，前一段时间市场对地方政府减持国有股存在担忧。但是直接减持国有资产仅仅是使用政府持有资产冲抵债务的一种形式。而且由于对市场冲击较大，对于规模比较大的债务问题往往采取将政府资产直接注入负债机构的办法。

五、均偿还制

地方融资平台发行的企业债券中，我们都不难发现有一条提前还本的条款。这一条款充分体现了通过"均偿还制"的方式来完善企业债券的还本模式，从而规避违约风险出现的思路。我们认为地方政府对部分基础设施项目进行"负债建设"无可非议，但落实好还款来源，优化还款方式也极为必要。由于部分基础设施项目建设周期和资金筹措周期不匹配，不可能完全依靠自有资金进行建设，因此采取类似于个人住房按揭贷款的"超前建设"模式比"攒钱建设"的方式能够取得更好的经济和社会效果，但在这一过程中必须要落实好还款安排。

"均偿还制"的还款模式就是一种比较好的模式，例如，把10个亿的债务从一次还款改为5年平均还款，那么等于把违约风险降低到了原来的20%，房屋按揭贷款的成功实施，使用"均偿还制"模式的债务基本没有违约出现。在这一模式的影响下，企业债券目前都实行了这一模式，基于此我们认为地方融资平台发行的企业债券也可以采用均偿还制的方式来减低还款的难度，降低偿还的风险。

当然，这种制度也有其缺陷，均偿还制需要下届政府或者是在贷款后的偿还年份里，政府的财政必须用其一部分收入来偿还债务，这会加重以后年份里政府的财政负担和可能对财政要进行一定的压缩来进行保证。不过，我们认为，政府在市场经济中的作用，应该是尽快搭建一个能发挥地方经济优势，使地方经济充满活力的平台。这个平台的搭建需要政府和市场的共同努力，政府可以在那些私人部门不愿意出钱或者资金额巨大回报周期长的项目上进行直接投资，平台搭建好后，政府也可以通过一个更高的平台创造更好的经济增长和取得更快的财政收入增长来保证偿还开始的债务。但是一个地方这些基础设施的建设是有限的，在提前建设好的前提下，政府不需要每年都去搭建这样的平台去融资，所以后续的年份里就可以用财政收入来偿还之前筹措的债务。

六、建立全国性的债务稳定工具

因为不同地区经济发展速度、财政收入、地方 GDP 的不同，每个地方政府债务总额的差异导致部分地方政府可能出现债务危机的情况，中国也可以借鉴欧洲救助机制即欧洲金融稳定工具的模式，建立一个全国性的地方政府债务稳定工具，专款专用，当局部地方出现债务危机的时刻，在要求地方满足一些基本条件的情况下，给予资金救助缓解债务危机。

因为地方政府债务危机的局部爆发，如果没有一个协调机构或者由当地政府部门没有能力给予解决的情况下，如果任由债务危机的蔓延，或者救助不及时，都可能对当地银行系统短期资金的借贷造成冲击，不利于当地经济的稳定发展，建立一个统一的救助机制可以快速、及时地解决一些问题，充当"消防员"的角色。

第 4 节　中国地方政府债务对
中国经济的影响

一、地方债务危机爆发对银行业的影响

1. 直接导致银行坏账率上升和利润损失

中国的地方政府债务中，债务来源中银行贷款占比为 79.01%，当地方政府政府部分债务贷款由于不能及时偿还而被划分为不良贷款，且这种不良贷款由商业银行银行本身来承担损失时，将直接影响银行贷款质量，需要银行增加拨备计提，降低银行拨备覆盖率甚至侵蚀银行利润。

截至 2010 年年底，上市银行整体的拨备覆盖已经达到了 7 764 亿元，拨备覆盖率达到了 201%，2010 年当年的拨备前利润约 1.1 万亿元，假定以后每年的拨备前利润保持与 2010 年相同的水平，这样，未来 3 年拨备前利润总和达到了 3.3 万亿元，如果我们假定不良贷款的实际损失率为 70%，则意味着未来 3 年只要不良贷款的总额不超过 4.7 万亿元，3 年后的不良贷款率不要超

过 9.86%，则银行的资本金不会受到威胁。如果在较坏的情况下，地方融资平台的不良贷款率升到近 30%，整体不良贷款率由目前的 1.16% 上升到 2013 年的 3.9%，则整体银行业 2013 年的净利润较 2010 年下降 55%。

2. 地方经济发展差异导致对不同银行影响的差异

个股中地方融资平台占比高、对拨备更敏感的公司受到的负面影响较大，值得注意的是，各公司的融资平台划分标准可能存在不同，而我们目前仍无法区别平台贷款的个体差异，所以以下测算只是建立在统一的不良率的基础上，最终实际情况还要看各银行具体发放贷款的融资平台的所处地区、层级以及投资项目等情况来看实际风险。我们目前认为中西部县级平台风险最高，农业银行、民生银行、兴业银行风险相对较高。对上市公司的影响小于行业平均。

根据中国人民银行的披露，国有商业银行和政策性银行成为地方融资平台贷款的供给主力，西部地区地方政府融资平台贷款的主要提供方是政策性银行，上市银行中的股份制银行对于政府债的贷款发放相对较少。同时由于许多银行都将网点集中在东部沿海经济发达地区，这些地方的土地流转较活跃，供应较充足，同时经济发展程度较高，财政收入较充裕，地方债的偿债能力都是较好的。因此，我们预计地方债问题尽管较大，但对于上市股份制银行的影响要小于行业平均水平。地方债主要影响的是国有商业银行和政策性银行，这些银行受当地政府的影响较大，政策性银行受政府影响程度更高，特别在老少边区，经济不发达，但是当地政府发展经济的欲望又非常强烈，也有强烈的动机进行基础设施的建设，这些都导致这些地方政府借债的积极性非常高，但是所投资获得的利润由于没有很好的经济增长点，偿还能力有限导致容易爆发债务危机进而威胁这些银行的利润。

二、地方债务危机爆发对其他行业的影响

1. 短期内地方政府债务风险使实体经济快速下滑

地方债务危机的爆发会大大限制地方政府对基础设施、教育、科技等地方公共产品的投入，使经济发展的外部环境趋于恶化，延缓地方经济发展。危机爆发短期内会使地方政府贷款更加严格，地方项目建设在短期内面临较为严峻的资金短缺，加重市场对地方政府的地方债及融资平台的企业债风险的担忧，同时地方政府债务危机的爆发，政府的基础建设及保障房建设就会受限，继而

减少对钢铁、水泥等建筑建材、重卡、机械的需求，给钢铁、水泥、重卡、机械行业带来一定的压力。短期内政府资金压力较大，会加剧短期经济快速下滑的速度和力度。

2. 影响地方政府债务的信用

地方政府债务风险将导致地方政府信用评级降低，贷款利率及城投债利率将更高，地方政府融资额受限，政府将降低固定资产投资，由固定资产投资形成的资本额亦会出现下降，进而导致当地经济增长速度放缓（如图 9 - 11 所示）。

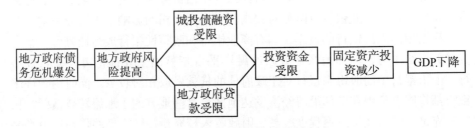

图 9 - 11　地方政府债务危机的影响

3. 挤出私人投资

地方债务的发行，滋生了众多"形象工程"。一些地方政府领导为了实现其在任期间的所谓"政绩"，并以此获得政治资本，盲目铺摊子、上项目、热衷于搞"形象工程"，而政府负债则是"形象工程"的主要资金来源。这些形象工程带来的经济效益是非常低的，同时挤占了私人部门的投资，导致民营企业贷款难，地方经济活力下降。

4. 影响社会稳定

我国地方政府债务风险一旦形成并引发地方财政支付危机，就会造成当地干部职工工资拖欠，国有企业破产财政兜底、下岗人员生活费和再就业、企业离退休人员养老金等支出缺口。这些不仅会影响政权运转、群众生活，严重的将会影响社会稳定。2010 年中国的国债还本额 1.05 万亿元，中央财政支出 1.60 万亿元，中央财政支出中有 66% 要用来偿还国债到期的本金，加上要偿还的利息，中央财政要用 69% 的中央财政支出来应对。在这种情况下，如果中央政府对地方政府债务风险进行援救，将会拖垮中央财政，危及整个国家的经济安全和社会稳定。

第5节　结论与预测

目前国际上很多国家公共债务持续直线上扬，哈佛大学教授、前国际货币基金（IMF）首席经济学家鲁高夫（Rogoff）表示，未来国家公债违约的事件，恐怕会不断重演。他在2009年发表的著作中用了66个国家长达800多年的历史讨论了金融危机，其中提到了历史上政府债务违约多次发生，在书中指出了，政府债务是不容易搞清楚的。而对于中国来说，政府层次很多，地域辽阔，要搞清状况就更不容易了。

目前，中国地方政府债务总额占GDP的53%左右，低于欧盟60%的标准。但是因为数据统计的复杂性，可能占比远远不止调查出来的数据。当然，由于到期偿还债务余额还不大，而且国家财政收入呈现较快增长，短期内（3~5年）不会变成全国性的地方政府债务危机，但是如果政府不加以控制，就可能在本来已经濒临危机边缘的地方债务上加一块砖。我们可以看到，2004年中国地方政府债务估计只有1万亿元左右，而2010年年底就已经急剧上升到了10万亿元的水平，短短6年间升了近10倍，而国债已经发行几十年到2010年年底才7万亿元，未来的3~5年如果政府不加以控制，就可能出现地方债务余额急速增长而不可控制的局面，同时由于地方政府债务筹集的资金投资的方向回报率相对偏低，土地财政或者是土地金融由于国家对房地产行业的调控使得房价降低导致收入降低情况下，融资平台偿还债务的能力大大下降，最终导致偿债能力得不到保证，地方政府的债务危机就可能在较大范围爆发出来，最终影响中国的经济发展。

Chapter 10

建设中国国际板市场：大势所趋

Irresistible General Trend of International Board

目前对是否推出中国股市国际板存在着较多的争议。本章对此问题进行了描述和分析，指出了中国股市推出国际板的必要性，并指出推出国际板是大势所趋，最后阐述了国际板推出的相关技术问题。

第1节　有关国际板的争议

2011年证券市场备受争议的话题就是国际板是否应该推出，什么时候推出最为合适？

国际板的定义是：国际板是为境外企业在A股上市专门设定的一个独立板块。据世界交易所联合会统计，当今世界上几十个国家都开设国际板，75%的证券交易所都有境外企业上市。股市交易量排全球前十的证券市场中，仅有中国、印度没有开设国际板。

1792年，24名经纪人在纽约华尔街的一棵梧桐树下订立协定，形成了经纪人联盟，它就是纽交所的前身。1927年，外国公司开始到美国上市挂牌，但因为美国财政部在税率方面对外国股票有歧视待遇，故在美国上市的外国公司不多。1974年美国财政部取消对外国股票的歧视性税收待遇，外国公司于1977年后较多地进入美国市场。

1773年，英国第一个证券交易所成立，以后演变为伦敦证券交易所。在20世纪80年代中后期，伦敦交易所在佣金制度、会员规则、开放市场通道等方面进行了一系列重大改革，其中特别设立了国际股票市场。目前伦敦证交所外国公司达593家。

再看日本。1878年，东京股票交易所创立，它是东京证券交易所的前身。1973年日本开始允许外国公司在本国挂牌上市。在鼎盛的1991年曾经有127家外国公司在东交所挂牌交易，但当日本泡沫经济破灭、日本投资者对外国公司股票的投资热情降低之后，外国公司开始迅速撤离东交所，交易所的外国企业板块于2005年2月被合并到其他板块。如今，在东交所挂牌的外国上市公司仅有12家。

美、英市场国际板是非常成功的，而日本的国际板则先扬后抑，似乎效果不佳。

有些人士分析美、英等成熟资本市场，是在资本市场设立近200年后，才允许或推出国际板块市场，日本资本市场允许外国公司上市，也是资本市场成立 95 年之后才考虑。我国境内资本市场才经历 20 年，完全没有必要急于求成。他们反对目前阶段推出国际板的理由有：

第一，开设国际板没有必要。

对于推出国际板的必要性，有些专家认为，从长远看来推出国际板是大势所趋，但目前没有推出的必要。

观点之一，从长期来看，推出国际板是市场的需要，但任何事情都应当有节奏地进行，应该要在条件具备的情况下推出国际板。目前国际板不能推出的原因是中国股市仍有制度变革上的问题未能解决。尤其是中国的国际板是定位成一个全新的与国际接轨的市场，还是沿袭 A 股的老路？如果是定位成一个全新的与国际接轨的市场，中国不论是监管部门，还是相关中介机构，都还没有就此做好准备。如果沿袭 A 股的老路，那意义不大，所以监管机构目前还没有就如何推出国际板给出明确的方向。

观点之二，中国资本市场当然要保持对外开放，最终与国际接轨，但是这个接轨过程是分一步、两步还是三步，不同的人有不同的理解。目前看来条件并不成熟，开通国际板不合时宜，加上国内对此颇有争议，没有必要强制在 2011 年开通。

观点之三，一定要实事求是地按照中国的国情来决定国际板推出时机。国际板必须是在"人民币在资本项目下可完全自由兑换、国家法人股全流通、货币政策等中性，国内外股价基本持平"的情况下方可推出，现在还未具备这些条件，若匆忙推出对我国极端不利。

观点之四，国际板放到 100 年以后推出也不算晚。这是中国股市最不需要着急的问题，现在根本没必要推出国际板。如果非要推出国际板，应该有一个前提条件：率先开通"港股直通车"。这样的话，在让外企进入 A 股市场的同时，也可以让内地投资者"走出去"；另外还有利于国际板上市公司合理定位，可以遏制"三高"发行。

观点之五，推出国际板的口号是"让 A 股市场的股民也能买到国际上大公司的股票"，目前看既没有必要也没有意义。A 股市场的问题还没解决好，法律规范还不完善，重融资轻回报的市场定位还未改变，使投资者信心备受打击。在这种情况下，没有必要开通国际板。

第二，开设国际板没有意义。

尽管一些权威分析指出，推出国际板有四大重要意义：一是我国资本市场改革发展和对外开放的内在要求；二是加快人民币的国际化；三是为国内投资者开辟新的投资渠道；四是上海建设国际金融中心的重要内容。但是，业内很

多专家对于短期内开设国际板始终持保留态度。

观点之一，就现在的情况来说，上海证券交易所最终要成为所谓国际金融中心，它也想早日实现这一理想。深圳证券交易所不仅开通了中小板、创业板，甚至交易额与上交所旗鼓相当，其上市公司的家数超过了上交所，因此上海想要奋起直追也是可以理解的。从这个意义来说，中国的交易所也需要来自竞争的繁荣，如果时机把握得好，可以考虑上海开通国际板，但不应该为了上交所及上海市的利益牺牲全国的利益，特别是现在企业危机四伏的情况下。现在疾呼开通国际板的是上交所、一些大券商和部分外资企业，他们是开通国际板的受益者。虽然国际板的推出也是上海建设国际金融中心的一项内容，但推出国际板并不意味着上海国际金融中心就已建成，因此即使国际板推出的时间再晚一些，也不妨碍上海国际金融中心的建设。

观点之二，A 股市场现在成了圈钱人的游乐场。说得不好听一点，开通国际板就是政绩工程，就是政绩板、面子板。开设国际板要先完善成熟 A 股市场，解决 A 股市场出现的诸多问题。

第三，目前开通国际板的条件不成熟，标准未达到。

观点之一，开通国际板的条件不成熟。国际板究竟采取什么规则尚无定论，究竟是使用中国规则的国际板还是国际规则的国际板，现在还没有人能说清楚。什么事情都没说清楚，光说准备好了，说了很多次了，但是从来没说明白。大家都只是听到了可以推出国际板这一说法，具体推出的是什么、制度怎么设计的，这些大家都不知道。反复谈论对市场形成干扰，国际板推出会影响供求关系，之前说的是很快了，没有准备好就不应该反复提到，"狼来了"的故事只会影响到投资者信心。

观点之二，国内现在并不具备开通国际板的条件。A 股的股价普遍比别的国家和地区的高，这对我们来说是不利的，因为 A 股新股发行价钱高，圈的钱肯定多。如果来个汇丰控股，可以募集 50 亿英镑，等于 555 亿元人民币，这种圈钱的速度，股市根本承受不了。有人表示，在人民币不能完全自由兑换，国家股法人股没有完全流通，国内外股价高低还相差很大时，不能马上推出国际板，否则就会流失几千亿上万亿元，等于几百个南浦大桥，等于南海的几个大油田，必是巨大错误，历史性错误！

观点之三，由于整个证券市场环境不够成熟，市场接受需要一个过程，还应该对此问题进行充分地研讨。如果要推出国际板，一是要时机合适，二是国内国际化的步伐能够跟上。

观点之四，目前推出国际板的条件并不成熟，国内的公司正在排队等着上市，A 股市场自身的问题没有得到解决。关于开通国际板的声明，应该形成决议后由新闻发言人正式对外公布，而不是反复提到"随时可以推出"、"准备好推出"，这一行为对市场秩序造成了不良影响。

观点之五，交易所肯定有人专门在研究国际板，硬件、软件、技术、政策方面都准备好了，细则也准备好了，的确是随时能够拿出来，现在是要等管理层点头。而管理层多多少少要考虑市场的承受力和投资人的心态。现在的市场信心明显不足，没有什么人气。这么大的事情肯定要讨论很久，肯定会比创业板和股指期货讨论得更久。各方应该都比较慎重，如确定什么样的交易规则等，肯定要讨论修改再修改。

观点之六，这些跨国巨头在 A 股上市，一旦涉及虚假陈述、内幕交易和操纵市场等问题，投资者在什么时间可以起诉？去什么法院起诉？依据什么法律起诉？由谁来监管这些跨国企业？法律层面中国是否已做好了准备？

第四，开通国际板弊大于利。

观点之一，年内推出国际板弊极大、利极小，风险与伤害很大。在目前的国内外经济形势下，在国内 80% 的上市公司股价比国外高的情况下，有百害而无一利。除了给上交所增加一点佣金和税收外，对我国极其不利。它的可怕之处还在于，在人民币不能自由兑换的隔离墙上开了个大口子，性质相当于当年的"港股直通车"。

观点之二，国际板的推出对于人民币的国际化并无推动作用。企图以国际板来推动人民币国际化的做法完全属于本末倒置、因果错位。从英镑、美元、欧元的经验来看，显示的恰恰是相反的路径。

观点之三，有专家指出，只要证券市场发行制度没有进行实质性改革，只要 A 股市场还存在"高储蓄背景下的制度性套利机会"，那么，A 股国际板一定是外资上市公司的"国际提款机"。

观点之四，有关"国际板目前已经'基本准备就绪'，并'随时可能推出'"的表态，是对中国投资者不负责任的说法。在国际板推出的问题上，必须摒弃地方利益的影响。

观点之五，国际板在 A 股市场制度存在明显缺陷的情况下急于求成，很有可能变成海外企业的圈钱场所，成为国内外机构的另一投机之地。而国际板的推出对 A 股市场的融资挤兑效应、估值冲击效应和资金分流效应亦不容低估。

第五，目前推出时机绝对不合适。

观点之一，部分专家表示，现在国内对是否开通国际板的争议非常大，原因就是现在开通不合时宜，主要有以下方面。一是现在我们对开通国际板的必

要性和意义还没有搞清楚，有人说宏观上看有利于人民币的国际化或者资本项目下的对外开放，但就目前来说，我国对资本项目下的对外开放是持比较慎重的态度的，国际的经济形势并不好，保持资本项目下的外汇管制，保留这一道防火墙，利大于弊。二是从国际板公司角度看，我们主要引进的上市公司所在国家是欧洲、美国，现在这些国家的金融和财政形势十分混乱，我们对未来看不清楚，因此现在并不应该急于建立国际板块。这样的企业进入中国市场，到底是将中国作为目前经济较好的地区融资，还是当作国际经济的避风港呢？三是从微观上看，有人说引进国际板是为了给上市公司做榜样，这个理由也不一定成立，事实上国际上市公司出现丑闻的也不少。

一些专家指出，创业板开通后暴露了很多问题，特别是中国发行制度与监管制度的矛盾比较尖锐。比如说在发行制度中，对国际板我们究竟是应该沿用由上交所审批这一国际惯例，还是继续沿用中国证监会审批的监管体制，现在看来准备都不充分。证监会审批体制在国际上也是先例，鲜有证监会直接管审批的。国内的公司还好办，国际上的就不那么简单。因此，不论是证监会的国际部门管还是由现在的 A 股主板部门管，这些都不明确。另外，中国境外上市有了问题，中、美两国没达成协议，若外资公司在中国的国际板上市出现损害股民的纠纷，究竟该用哪国法律解决，这一点也不明确。现在大家对国际板争议如此之大，这在中国证监会的证券监管历史上很少见。如果大家思想未达到统一就强行开通国际板是很不明智的做法。

观点之二，国际板推出绝对不是时候，不管它有什么做法。国际板一家公司的融资额相当于几十家中小板或创业板企业的融资额，如果有钱应该优先顾及国内中小企业。

观点之三，目前的中国股市本身就不是一个成熟的市场，在这种条件下推出国际板，只会又成为一个"圈钱板"。在这种情况下，中国股市根本就没有理由来支持外企融资，来支持外企发展，来为国内企业的竞争对手们做大做强提供服务。

第 2 节　中国股市重病缠身

其实中国股市的问题绝不是一个国际板推出不推出的问题，而是一项复杂的系统工程如何建设的问题。例如，业绩差的上市公司如何退市，债券市场如何发展，上市发行制度如何完善，投资理念如何建立，市场操纵行为如何禁止，上市公司是否应该强制分红，以及强制分红的比例应该是多少等。

2011 年以来，上市公司定向增发、公开增发以及配股等募集资金 4 165 亿元，而通过公司债所募集资金仅为 1 073 亿元，另有 9 家公司发行了 413 亿元可转债。从比例上看，即使把含有股票期权的可转债算成债权融资，上市公司股权类再融资占比也高达 70% 以上，而债权类再融资比例不足 30%。①

在成熟的国际资本市场上，债权融资的比例远远超过股权融资。在美国，公司债、政府债券、股票一起并列为三大基本证券。其占比分别为 60%、30% 和 10%。也就是说，公司债发行金额是股票融资金额的 5 ~ 10 倍以上。对比成熟市场，我国上市公司似有"股权融资"情结，特别偏爱股权融资，如 2011 年 10 月底，市场稍一转暖，就有 39 家上市公司宣布了定向增发预案，筹资金额高达 600 多亿元。②

服权分置改革之前，我国股票市场市盈率偏高，国有股、法人股不能上市流通。通过增发配股，出让较少的股权能够募集到较大规模的资金，同时可相应降低非流通股的比例，故上市公司对增发配股趋之若鹜尚情有可原。但在国有股、法人股已经全流通，股票市场正在去泡沫化，证券市场规范化、创新化、国际化全面推进的今日，公司债代替增发、配股成为上市公司再融资主要手段理应是题中之意。其好处在于：

第一，可以减轻市场扩容的压力。2006 ~ 2011 年，上市公司 IPO 年实际募集资金分别为 1 599 亿元、4 381 亿元、1 003 亿元、1 951 亿元、4 699 亿元和 2 331 亿元，增发配股年实际募集资金的金额为分别为 1 047 亿元、3 540 亿元、2 402 亿元、3 094 亿元、5 155 亿元和 4 165 亿元。③ 除 2006 年、2007 年外，上市公司增发配股筹资额均远远高于 IPO 筹资额。随着上市公司家数的增加，这一差额还将进一步扩大。如果不对上市公司股权类再融资设限，市场扩容压力将会越来越重，市场也将不堪重负。且换位思考一下，如把这 4 000 多亿元上市公司增发配股资金用于中小企业的 IPO 上，就可以解决几百家甚至上千家中小企业的资金困境，真正为中小企业提供一个公平竞争的生存环境。其实，如果市场长期低迷，上市公司股权类融资也是难以有效顺利实施的。如 2011 年 10 月与 9 月相比，增发股票家数从 15 家锐减到 8 家，增发金额从 280 亿元锐减到 170 亿元，配股更是一家没有。④

---

① ② ③　数据来源于 Wind 资讯。
④　数据来源于 Wind 资讯。

第二，有利于提高上市公司资金的使用效率。我们知道，公司债到期是需要还本付息的，对企业来说是硬约束，而增发配股资金基本上是无偿使用。只要控制权不旁落他人，对企业来说就是软约束。因此，对公司债是否发行以及所筹集资金的多少、用途，上市公司都会相当谨慎。而对增发配股是否实施以及所筹资金的使用、安排，上市公司决策就比较草率。很多上市公司通过配股增发所募集资金并没有投入到主营业务中，而用于股市或其他市场的投机炒作，并造成募集资金使用上的巨大浪费与损失。

第三，能够进一步提升股票投资价值与股东权益。假定一个行业净资产收益率为10%，公司债发行成本为6%。通过增发（增发价等于市场价）来进行本行业相关项目新的投资，则该公司增发后净资产收益率仍为10%，对股东权益来说，并没有得到根本提升。但如果通过发行公司债进行新的投资，并将主营收入扩大1倍，则净资产收益率立即上升至14%，这就大幅度地提升了股票价值与股东权益。因此，只要上市公司有收益高、见效快的投资项目，股东还是乐于采用公司债方式进行再融资的，而不愿意采用扩大股本，稀释股东权益的股权类再融资方式。

第四，能够减少股票市场借壳行为，为建立退市制度创造条件。我国证券市场的某些上市公司缺乏持续经营能力，理应退市。但现状是这些连年巨亏的上市公司交易价格甚至远远高于绩优蓝筹股，主要原因在于我国证券市场壳资源有"重组"的价值，而其他企业"重组"绩差公司目的主要在于：短期之内让这些公司恢复增发、配股等再融资功能，以便获得无偿使用的巨额资金。如果重组后上市公司再融资只能以公司债方式进行，相信壳资源马上会失去重组价值。市场资金关注重点也会逐步转移到绩优蓝筹股身上，证券市场的资源合理配置功能才能真正体现出来。

在国外，上市公司采用股权类再融资方式十分谨慎，一般只有在有倒闭、破产风险时，才会实施配股、定向增发等股权融资方式，引入救助自己的"白衣骑士"。我国也应对上市公司的增发配股等设限：两次股权类再融资间隔期限应超过5年以上或更长时间，以保证上市公司、非上市公司处于市场竞争的同一起跑线上。

近期，管理层提出了完善证券法的思路与方法：放松市场管制，坚持市场化改革，保护投资者合法权益，并为资本市场发展创新留出空间。的确，现在实施的《证券法》是2005年修订版，很多条款已经不再能满足当前证券市场发展的需要，甚至制约了证券市场的发展，尤其是两大量化指标亟须修改或放松。

首先，需要修改或放松的是公司债券发行利率限制。《证券法》第五条规定："公司债券发行利率不超过国务院限定的利率"。而国务院限定的利率则要追溯到 1993 年国务院颁布的《企业债券管理办法》，当时规定企业债券发行利率不得超过同期限居民储蓄定期存款利率的 40%，设限的目的是为了整顿金融秩序，治理社会高息乱集资的现象，这一政策与证券市场的市场化发展方向明显脱节。目前 1 年期、2 年期、3 年期和 5 年期居民储蓄存款利率分别为 3.5%、4.4%、5%、5.5%，而且是单利，也就是到期一次性还本付息。公司债券一方面发行期限较长，多数是 5～10 年，与居民储蓄存款期限上不相匹配。另外发行利率给出的是每年应支付的利息，也就是复利，在表现形式上也不相匹配。最重要的是，如果对公司债发行利率设限，公司债券市场根本无法实现超常规、跨越式发展。如按 5 年期储蓄存款利率的 40% 计算，则 5 年期公司债最高利率水平仅为 7.7%，再扣除 20% 的税收，投资者每年仅能获得 6.16% 的投资收益，这样的公司债券投资风险补偿水平明显偏低。从市场化改革方向看，债券投资的风险补偿水平应该由市场上供需双方力量来决定，而不是人为设置。人为设置利率最高限，可能形成风险补偿不足，投资者对低利率公司债兴趣不浓，最终造成大量公司债无法顺利发行。例如，2011 年上半年大批公司债就因销售困难，而不得不中止发行或延期发行。而人为设置利率的最低限，又可能形成风险补偿过高，过多资金追逐较少公司债，形成公司债券一券难求的哄抢局面。另外，国外还有专门针对盈利能力不强、债券评级不高的公司债发行人发行与上市交易的垃圾债券市场，其交易金额、交易活跃程度甚至交易的获利程度均远大于蓝筹债券市场。垃圾债券市场也理应成为我国债券市场的重要组成部分，而对债券发行利率设置最高限无疑将妨碍垃圾债券的发展，大批盈利状况一般的上市公司将被排斥在债券市场的门外。因此，我们建议：公司债券的发行利率应该完全放开，市场供求将是决定公司债券的发行利率唯一考量因素，甚至可以将美国式、荷兰式招投标方法引入债券发行市场。

其次，需要修改或放松的是公司发行股份的硬性比例规定。我国《证券法》规定，申请上市需满足"公开发行股份达到公司股份总数的 25%，公司总股本超过 4 亿元，公开发行股份需达到公司总股份 10% 以上"的条件。2005 年《证券法》这样规定，主要目的是为了保证流通股数量不会太小，避免上市公司股价被市场操纵。但随着我国股权分置改革顺利完成，国家股、法人股在持有期满后已经可以解禁流通，一段时间过后，所有股份都将成为可流通股。流通股本数量太小这一情形事实上在我国证券市场上已完全不存在。强行规定流通股本比例尤其是中小盘股票流通股本比例不低于 25%，在市场投

资热情高昂时，会造成证券市场资源配置的失衡与投资资金的巨大浪费，我国
创业板上市公司超募严重或可归咎于此。截至 2011 年 11 月 25 日，创业板设
立 2 年多时间，276 家上市公司实际募集资金共计 1 814 亿元，平均每家公司
筹资额约 6.37 亿元，276 家上市公司超募资金共计 1 140 亿元，超募比例高达
169%。最高超募集资金额接近 20 亿元，另有 10 家公司超募资金规模超过 12
亿元。① 超募主要是由两方面因素合力打造形成的。一方面是发行市盈率过
高，另一方面是发行股份受限于不低于 25% 最低发行比例要求。2011 年下半
年以来，尽管股指持续低迷，超募现象有所缓和，但据相关资料统计，下半年
创业板上市公司超募资金比例仍有 70% 以上，上市公司不得不为多出巨额资
金寻找出路而绞尽脑汁。我们建议：对募集股份数量不再设限，根据市场情
况，先设发行价，再以募集资金量除以发行价，倒推发行数量。如某公司发起
股份为 7 500 万股，原准备发行 2 500 万股份，发行价为 10 元，总募集额为
2.5 亿元来满足项目需求，此时新发流通股占总股本比例恰好为 25%。现如果
该公司受到投资者热烈追捧，发行价最终定在 25 元，那该公司只需发行 1 000
万股票，就能满足募集资金的需要，此时新发流通股占总股本的比例为
11.7%。这种以募集资金除以发行价倒推发行数量的发行新方式将明显有助于
证券市场资金的合理配置与流动，进一步提升证券市场资金的使用效益。

如果管理层能够综合并吸取一些民间的正确意见，从小事入手，闻过则
喜，对上市公司股权类再融资严格设限以及尽快修改证券法的相关不合理规
定，则未来在加快证券市场规范化、创新化、市场化、国际化的进程方面遇到
的阻力将会越来越小，而不至于像现在这样举步维艰。其实，国际板开不开通
就是证券市场国际化进程是否应该加速的问题，以及国际化对证券市场带来的
影响是正面或负面的问题。

第 3 节　开设国际板乃大势所趋

本节尝试对以下几个问题做出明确解答，从而消除或缓解市场上对国际板
推出的疑虑，以利于这一关系国计民生的"利民"工程尽快实施。

第一，国际板是什么？为什么要以人民币计价？

---

① 数据来源于 Wind 资讯。

国际板的定义是：国际板是为境外企业在 A 股上市专门设定的一个独立板块。潜在的国际板候选企业分为三类，分别为在华业务规模较大的西方企业，恒指成分股企业和大盘红筹股企业。目前已经有多家金融企业表达了到国际板上市的愿望，如汇丰银行、澳新银行、东亚银行、渣打银行、纽交所等。另外，可口可乐、联合利华、家乐福、西门子、大众汽车、通用电气、长江实业、戴姆勒奔驰等西方消费品及制造企业也积极抢滩国际板。而行业龙头的红筹公司包括中移动、中海油、联想集团、华润创业等也跃跃欲试。香港主板现共有 98 家红筹股公司，总市值达 4.4 万亿港元，其中市值超过 200 亿港元的红筹公司有 28 家，总市值为 4 万亿港元。① 如果只从解决资金饥渴症方面考虑，似乎红筹股应优先在国际板上市，但为保证上市公司的质量与长期投资价值，制度层面可能会对首批国际板公司要求更为严格，有着健全的管理制度、执行审慎的会计财务准则的纯外资公司或已抢得先机。

其实，国际板并非中国的金融市场创新。由于西方国家的货币绝大多数已经实现了自由兑换，因此，一家公司股票在多家交易所上市并不罕见，也不明确区分境内和境外企业。在有数据统计的全球 52 个股票交易所当中，扣除上交所与深圳证券交易所，只有 11 个交易所没有外国公司挂牌。从纽约、伦敦等全球主要交易所看，外国上市公司无论在家数还是成交规模均已占据 10%～20% 的较大比例，许多新兴市场也对境外公司挂牌开放。在某些离岸金融中心，外国上市公司数量占比更是高达 40% 以上。如新加坡交易所有 316 家境外公司挂牌，墨西哥交易所则有 307 家境外公司，香港证券交易所也有 18 家境外公司两地或多地挂牌。

长期以来一直困扰市场的国际板股票计价问题在上海陆家嘴论坛上得到了确认。国际板以美元计价还是人民币计价一直是国际板争议的焦点。从国际板与其他市场上市公司的价格趋于一致去考虑，国际板似乎应以美元计价，以规避汇率变动的风险，但美元计价的最大问题可能会加大人民币升值的压力。国际板股票发行时，吸收是的国内投资者手中持有的美元。如果募集资金在国内使用，这些美元将会被兑换成人民币，从而增加了流通中人民币的数量，并给央行的稳健性货币政策的实施增加了难度。上海陆家嘴论坛确认国际板股票将以人民币计价。这样做的好处是：首先，有利于解决人民币对外升值，对内贬值的异动。2011 年以来，我国 CPI 居高不下，通货膨胀日益加剧，而人民币对美元、港币又持续升值。这是与决定货币内在价值的购买力平价理论相悖

---

① 数据来源于香港证交所。

的，一国货币对内与外升值或贬值应该保持一致性，或同升或同贬。实际上，这一内贬外升现象也是难以持续的。一旦人民币升值的趋势逆转，将给我国经济带来巨大的负面影响。而国际板采用人民币计价，发行时可以回笼流通中的人民币，减轻人民币对内贬值的压力。国际板上市公司购买进口设备等投资时需用美元，可用发行时筹集的人民币向央行购买外汇，从而有效地降低中国人民银行过多的外汇储备。其次，有利于我国高额外汇储备的有效使用。目前我国外汇储备高达3万多亿美元，远远超过正常的贸易需求。只有让这些外汇储备运转起来，以钱生钱，才能提升我国外汇储备的使用效率，不至于造成我国建设资金的巨大浪费。不管是直接投资国外的公司还是在证券市场购买国外上市公司的股权，目前西方发达国家对我国的制约均较多，外汇投资的渠道尚不畅通。如果在开通国际板市场的同时，开通港股直通车甚至于美股直通车等配套业务，促使社会对外汇需求逐步有效地提高，这既能在短期内大大缓解人民币的升值压力，又能提升外汇储备的使用效率。

另外，国际板的筹资主要用于国内建设，也是这次陆家嘴论坛上对国际板提出的要求之一。但这一要求实施起来难度较大，因为国际板上市公司并非境外上市公司的境内子公司，应就是其已经在境外上市的母公司，其业务范围以及资金使用不可能完全限制在国内（这种境外上市公司的境内子公司很多已经在A股主板上市，如大江股份、佛山照明、万业企业、耀华玻璃等，完全没有必要再创造出一个国际板来安排这些境内子公司上市）。按照国际惯例，国际板上市就是境外公司的异地上市，无母公司与子公司之分。因此，不论是在境外上市还是在境内上市，所融得的资金都将交付境外母公司统一使用。而境内境外上市的公司股票所含权利、义务、责任完全一致。资金具有逐利性。尽管在这些国际板上市公司的募股说明书上可以明确地指出本次募集资金将完全用于国内投资，但如其在募股结束后少投或不投国内市场，管理层也很难深究其责。其实，投资者购买股票的目的不是为了支援国内建设，而是为了投资回报。只要上市公司能够为股东带来持之以恒的回报，股东是不会计较资金是投入国内市场还是投入国际市场的。因此，国际板的募集资金投向可以适当放宽，应不仅仅局限于国内市场。

第二，国际板与人民币自由兑换有无先后顺序，何时推出时机最佳？

一国资本项目账户的开放、货币能否自由兑换与证券市场是否对外开放是相辅相成的，并无严格的先后顺序之分。当然，人民币能否自由兑换与证券市场是否对外开放也应前、后脚先后迈进，时间跨度不宜太长，才能保证中国经济稳步健康地融入世界经济。如果我们认定人民币能在3~5年内实现资本项目开放与自由兑换，那目前阶段开放证券市场就是极佳的时机，推出国际板市场正当其时。

纵观世界证券市场发展的历史，股票市场的产生是与国际经济与国际贸易的发展密切相关的。在世界上，很多地方的证券交易所基本都是对国际开放的，并没有在法律法规上明确区分境内、境外企业。全世界最早的金融交易所是出现在荷兰的阿姆斯特丹，它起初是便于自己的团队去亚洲进行贸易，是进行融资的一个平台，后来发展到 19 世纪，美国修铁路也要去阿姆斯特丹融资，通过在阿姆斯特丹发行证券然后上市，那时候阿姆斯特丹是全世界的金融中心。所以，在国际上，一开始的时候金融中心就没有国内和国外之分。绝大多数西方发达国家如美国、英国、意大利、德国、法国、加拿大以及部分中等发达国家和地区，如阿根廷、墨西哥、哥伦比亚、中国台湾、中国香港都是先开放证券市场，再实现本国和地区货币的资本项目开放。表面上看，这种开放顺序似乎比较"冒进"，但多数情况下并未带来证券市场的动荡与经济的波动。而其他一些国家如日本、智利、秘鲁、巴西、马来西亚、泰国、菲律宾等则是先实施货币自由兑换，待资本项目完全开放之后，再实施证券市场的对外开放。表面上看，这种开放顺序似乎比较"稳健"，但其后多数证券市场运转得也并非稳健。不管怎样，证券市场开放前后不久，本国货币一定要成为可自由兑换货币，才能避免证券市场与国民经济的大起大落。

2011 年 4 月中旬以来，我国股票市场持续走弱，股指也从最高点 3 067 点一路下滑至 2 676 点，跌幅高达 12.7%。一些投资者把这一时间段的股指下跌归咎于国际板的推出，认为应拒这些投资价值极高的国际上市公司于国门之外，继续实施小国寡民的证券市场政策，以维持我国证券市场的高投机性。还有些投资者认为，国际板的确应该择时推出，但不应在股指跌跌不休的现阶段。其实，证券市场的对外开放是大势所趋，我国实体经济的对外开放度已经非常高，多数企业已经参与到全球经济一体化的进程中去。大型国际有影响力的上市公司在国际板挂牌，将有助于我国企业建立现代企业制度，规范地运作股份制，并最终带来企业投资价值的提升。而目前下跌市道中正是推出国际板的最佳时机，其对股票市场带来的负面影响将会降至最低。如股指在高位时推出国际板，国际板上市公司的股价不高，市盈率与市净率也很低，投资价值将远远高于 A 股市场，这将促使市场资金大规模地从主板、中小板、创业板撤出，并源源不断地向国际板流动，并带来 A 股市场股价的暴跌与剧烈的市场波动，这是所有投资者所不愿看见的。所以，股指处于低位时推出国际板的时机要远远好于股指处于高位。

　　第三，国际板推出到底对证券市场有哪些有利影响或不利影响，如何评价？

　　国际板推出对证券市场的有利影响是十分明显的：第一，它可以丰富投资者的投资品种。市场上存在着各种各样的对风险承受能力各异的资金。有些资金是愿意承受高风险的，也希望得到高回报，那么它可以购买中小板股票、创业板的股票；有些资金愿意承受中等风险，希望得到中等回报，那么它可以购买主板市场的股票；还有些资金不愿意承受任何风险，那它可以存银行或购买国债。但有些资金愿意承受低风险，并希望得到一定回报，在西方成熟的资本市场里，他们可以购买企业债券或购买一些高分红的蓝筹上市公司股票。在我国由于企业债券市场不发达，这部分资金难以寻找合适的投资标的，尤其是在新股申购这一无风险收益市场演变成高风险的投资市场之后，这批资金更是无处可投。随着国际板的推出，这种低风险承受能力的资金可以重点投资国际板的上市公司。这批国际板的蓝筹上市公司高比例分红，年分红比例不低于净利润的 60%，其买入之后的年分红回报就将远远超过银行存款利息。第二，促使主板市场上市公司更加注意保护投资者利益。如对于银行股来说，需要向汇丰银行学习，按季分红，且不断提升分红比例。那些多年不分红、不断增发配股圈钱的上市公司将会被投资者遗弃，股价甚至会逐步向香港市场的仙股（股价不高于 1 港元）靠拢。第三，有利于减少中小盘股票发行的过度包装、恶意圈钱，避免社会财富不公平分配现象加剧，扭转社会财富向部分中小股、创业股发起股东逐步集中的趋势。本次股指下跌的重灾区是创业板与中小板，真正元凶是这些股票的业绩变脸，过度包装的高增长难以持续。伴随着成长性的不复存在，股价也随之被拦腰砍去，并严重打击了投资者信心。随着国际股中大批低股价、低市盈率、低市净率股票的出现，风险厌恶的投资资金将逐步被国际板股票的"三低"吸引过来。中小板、创业板的高股价、高市盈率以及高募集资金将一去难返。目前我国证券市场正在进行着这一具有深远意义的股价结构调整：低市盈率大盘股如银行、石化、电力、钢铁已经止跌，而中小板、创业板的股票仍在跌跌不休。而这种股价的结构调整有可能贯穿 2011 年和 2012 年全年的行情之中，成为股市行情的主线。

　　至于国际板的不利影响，目前投资者谈论比较多的是国际板的圈钱与对市场价值中枢的下拉作用。其实，如果中国证券市场存在着较大的泡沫，那么不管国际板推出不推出，这一泡沫总是要破灭。目前我国债券市场上 AA 级以上投资型企业债券的收益率一般在 6%～7%，按此倒数计算，股票市盈率应在 13～16 倍之间。目前一些大盘蓝筹股的市盈率已经明显低于这一水平，而一些中小板、创业板股票市盈率仍然高达 40 倍甚至于 50 倍以上。因此，国际板的推出并不一定对所有股价都产生下拉作用，不排除其对部分已经跌无可跌的蓝筹股如 8 倍左右市盈率的银行股、钢铁股产生上拉作用。而那些假高科技、伪成长性的中小板、创业板股价调整仍将继续。投资者越早远离这些伪高科技股，所遭受投资损失将越小。当然，他们如能将资金及时转移到这些跌无可跌的大盘蓝筹股身上，甚至有可能部分弥补其在这些小盘股上的投资损失。

还有一些投资者对国际板上市公司的圈钱行为较为担心，认为这些大盘股上市会成为新的抽血机，即使只有 3～4 只股票上市，2011 年国际板融资总规模也将达 1 100 亿元左右。其实，股票上市圈钱不圈钱首先要看股票价格的高低，破铜卖出黄金价，那当然是圈钱。如黄金被投资者以破铜价格买进，那对投资者来说，是捡了一个"天漏"。像汇丰控股，如果其在国际板发行价远高于香港市场，溢价发行，则属"圈钱"，如其发行价与香港市场相一致，平价发行，甚至于发行价低于香港市场，折价发行，这两种发行方式都不属于"圈钱"行为。另外，境外大型上市公司对于增发股票均慎之又慎，绝不会轻易做出 IPO 与增发的决定。首先，他们会在债券融资与股票融资中做一选择，选择一种最能提升股东价值的融资方式。他们知道，股票融资是让渡了部分的股票所有权，并非我国部分投资者所想象的是一种没有代价的融资方式（西方有一 M－M 模型专门论述这一问题，这里不再进一步展开）。其次，他们企业 IPO 之后，一般在间隔 5～10 年之后，才会提出再次融资的需求，频繁的再融资向市场传递的是企业经营管理不佳的信号，投资者得到了这个提示后，会立刻选择以脚表决，抛股走人。其股价大幅下跌后，再融资方案也难以有效完成，而不像我国众多的上市公司对资金无限热爱与追求，只要满足再融资条件，都会排除万难地去实施，从而造成资金的低效使用与过度浪费。

第四，国际板推出真正受益的有哪些上市公司？

前期国际板推出的呼声甚高时，一些外资参股或控股的上市公司被疯狂炒作。如东睦股份、多轮股份、大江股份、万业股份、联美控股、成霖股份等股票相继涨停。其实，这是市场对国际板受益股的误读。这些上市公司的母公司即使在国际板成功挂牌，筹集的资金也主要在母公司使用，一般不会对这些已经上市公司子公司的估值及成长性带来影响。即使顺着参股这一思路或从参股、控股这个角度寻找所谓的国际板概念股，那也应该寻找那些投资巨额资金于境外上市企业且长期持有这些股票的上市公司。但这类上市公司基本上不存在。我国上市公司或不投资或很少投资境外市场或者即使投资海外市场，其目

的也主要是获取短期买卖股票的差价，而不是为了结成战略伙伴关系获取长期投资的收益。所以，从参股、控股角度考虑，基本上寻找不到所谓的"国际板"受益股。

那我们能不能换一角度去寻找"国际板受益股"呢？

其实，国际板推出还有另一个重大作用，那就是连通国内证券市场与国际证券市场。原本 A 股市场是一个独立的市场，股价、市盈率、市净率被人为炒作地飞上了天。现在有了国际板，等于在 A 股证券市场这一水池与国际证券市场另一水池之间增加了一个连通器，高水位池中的水（投资资金）被引入低水位池，国内 A 股价格被迫着陆，国内证券市场股价与国际证券市场股价也将趋于一致。如果汇丰银行在国际板与香港股票市场同时挂牌，则一旦国际板上的汇丰银行股价与香港股票市场汇丰银行股价出现了不一致，如国际板汇丰银行股价高于香港股票市场，且价差远远超过了买入及卖出的手续费之和，则会有投资者立该进行套利操作：即在香港市场买入汇丰银行，在国际板抛出汇丰银行。这样，投资者不但可以保持同样多的汇丰银行股权在手，还可以获得一部分价差收入。当然，这种套利机制能否有效地发挥作用，还需看人民币能否及时有效地兑换成其他货币。为使国际板正常运转，管理层应为国际板投资者开辟人民币自由兑换其他货币的特别通道，以发挥国际板连通国内证券市场与国际证券市场的有效作用。资金如果既可以投资国际板，又可以投资 A 股主板、中小板、创业板等，则这些板块市场股票的投资价值必将趋于一致。

国内 A 股市场股票也并非全是高估的，有些板块股票也被市场低估。某些板块股票的低估程度还相当高，最典型的是我国 A 股市场中的银行板块。目前我国银行股与保险股已经形成估值洼地，香港 H 股大约比国内 A 股贵20% 左右（见表 10-1）。这里投资者会问：为什么目前 H 股与 A 股会存在着这么大的价差？其主要原因在于市场存在着人民币升值的强烈预期与国内、国外市场是相对分裂的证券市场。投资者如预期人民币在 1 或 2 年时间内升值20%，则 A 股与 H 股的价差会在 1~2 年时间内会因人民币升值而完全抹平。而人民币与外汇不能自由兑换，又阻碍了 A 股与 H 股套利操作的顺利展开，故 A 股市场银行股对 H 股长期存在着 20% 左右的折让。如果开通国际板，国际资金与国内资金可以顺畅地对流，则这一折让有可能会很快被抹平，也就是说，A 股市场上的银行股、保险股存在着 20% 左右的上升空间。银行股、保险股才有可能是真正的国际板受益板块。其实，这样的价值回归正在 2011 年 A 股市场上逐步实现。到目前为止，2011 年以来上证综合指数虽有所回落，但银行股平均股价却上升了3%以上，尤其是与香港市场相比折价较高的工商银行、农业银行、建设银行、中国银行、交通银行等大银行股票上涨幅度更大一些。我们判断，保险股与银行股这一价值发现与价值回归行情在2011年以后剩余时间中仍将持续展开。

表10-1　　港股比A股溢价率最高的10只股票（截至2011年6月7日收盘）

股票名称	H股代码	H股价格	A股代码	A股价格	溢价率
中国平安	02318	81.05	601318	47.94	1.14
农业银行	01288	4.35	601288	2.78	1.30
中国太保	02601	32.80	601601	21.65	1.26
建设银行	03968	7.08	600036	4.95	1.19
中国人寿	02628	26.50	601628	18.79	1.18
招商银行	00939	19.00	601939	13.42	1.18
交通银行	03328	7.75	601328	5.59	1.16
工商银行	01398	6.05	601398	4.43	1.14
宁沪高速	00177	8.24	600377	6.31	1.09
青岛啤酒	00168	45.50	600600	35.00	1.08

注：H股价格以港元计价，A股价格以人民币元计价，汇率按外汇交易中心当日挂牌中间价计算。

中国证券市场很多投资者目前仍然痴迷于中小盘股、庄股的炒作。我们很想对这些投资者说：迷途知返吧，君子不立于危墙之下。不要认为成熟的证券市场离我们还远着呢。有些事情一旦发生，合力影响下的加速度是远远超过我们想象的。正如我国证券市场的新股认购市场，一年前仍然存在着5%以上的无风险收益率，而现在呢？50%以上新股都跌破发行价，新股认购无风险收益率已然不复存在。参与新股认购的投资者正遭受着重大的经济损失。而一年以后的中国证券市场，会不会像现在的香港市场一样，存在着大批中小企业交易价格向"仙股"价格靠拢呢？抑或像欧美那样，大批经营不善、巨额亏损、无成长性的中小企业大量退市呢？那些在垃圾股中淘金的投资者将血本无归呢？让我们拭目以待吧。

第 4 节 国际板相关技术问题

董登新教授的《国际板的九大猜想》[①] 对国际板的相关技术问题进行了透彻的论证。

国际板的模样究竟是怎样的？上交所一直没有披露过具体方案或细节，这让人浮想联翩。在此，我们试图对国际板设计架构的某些细节作一些猜想，也可以说是建议。

1. 推出时机——境内外蓝筹股在市场低位更易于对接定价

在目前 A 股低迷的弱市状态下，大多数大盘股、蓝筹股的市盈率已回归至 20 倍以下，其中以工商银行、农业银行、中国银行、建设银行四大国商业有商业银行为代表的、许多大盘蓝筹股的市盈率更是低至 10 倍以下，如果此时推出国际板，大型跨国公司来此挂牌的低估值将对中国投资者更有利。以国际板首批挂牌呼声最高的汇丰控股为例，它目前在香港证券交易所的市盈率大约为 14 倍，远高于内地四大国有商业银行的市盈率，如果它此时来国际板发行上市，则发行市盈率应该在 10 倍以下，试问：这时的国际板还能"高价发行"或"高价圈钱"吗？

事实上，中国内地不少中小投资者对大市值股或大盘蓝筹股比较淡漠。因此，除了大牛市之外的任何其他时段，A 股市场的大盘蓝筹股的市盈率与发达市场基本一致，或是更低。也就是说，除了大牛市，其他时间任何时点推出国际板，都有利于国际板挂牌公司与境内大盘蓝筹股对接定价。

2. 挂牌品种——股票、CDR 或 CDS 及 ETF

在讨论国际板之前，我们首先应该搞清楚的问题是：国际板究竟以什么样的方式挂牌？挂牌的品种都有哪些？因为这是投资者最关心的。既然国际板是为满足投资者跨境投资以及多市场投资的需要而设计的，那么，国际板将会为投资者提供一些什么样的投资品种，正是我们首先需要明确的问题。

根据世界各国股市开放的经验和做法，我们对国际板的挂牌方式及挂牌品种

---

① 来源于《中国证券报》，2011 年 6 月 15 日。

的设计可以更加包容，更加多样化，不必局限于某种形式。概括地讲，只要让投资者达到跨境投资及多市场投资境外股票的目的，国际板挂牌的系列投资品种可以包括境外股票、股票存托凭证（CDR 或 CDS）及交易所交易基金（ETF）等。在这三大系列挂牌品种中，每个大类品种又可以区分为"融资性挂牌"与"非融资性挂牌"两种情形。因此，国际板挂牌并不一定全是"融资性挂牌"。

3. 上市标准——按季度分红

什么样的境外股票与股票存托凭证有资格在国际板挂牌？这一标准十分重要，它不仅决定了国际板的属性或性质，同时也决定了国际板的品质和质量。既然上海证券交易所的国际板定位是"大市值板"和"蓝筹板"，那么，国际板挂牌的上市公司就应该是世界一流的跨国公司。因此，国际板绝不应该给"红筹股"放水，红筹股回归可以有其他途径，不能因为红筹股回归而降低了国际板的上市标准，这也是对境内投资者权益的保护。

什么样的公司才是世界一流的跨国公司？什么样的跨国公司才能在国际板挂牌？我们认为，最重要的认定标准有两个：一是公司规模足够大，至少应该进入世界 500 强；二是公司盈利能力足够强，并在近 3 年一直对股东实施高水平的"按季分红"。这是国际板上市公司对中国投资者高水平回报的物质基础和根本保证。

4. 计价货币——人民币

货币具有"排他性"。一个国家或地区只能采用一种货币来报价、交易或结算。今天的 B 股市场已无存在价值，它的关闭与清盘只是一个简单的技术问题，是一件迟早的事情。

不过，国际板的推出，与 B 股市场毫无关联，当然，国际板更不可能成为第二个 B 股市场。人民币标价的国际板，不涉及直接的外汇兑换，但它为境内投资者提供了便利的跨境投资的机会，这是变相的放松资本管制，也是人民币走向资本项目可兑换的一种试验。

5. 交易时间与交收期限

国际板应该与 A 股市场设定相同的交易时间，这符合中国投资者的作息习惯，并且也能节约国际板运行成本。在证券交收期限上，美国股市的交收期限是 T + 3，而我国香港股市的交收期限则是 T + 2。为了便利境内投资者的交收习惯，国际板的证券交收期限可以与 A 股市场一样，设定为 T + 1，这有利

于提升国际板的成交人气和活跃程度。

由于国际板挂牌公司的股价以人民币标价一般较高，因此，国际板买卖单位不宜过大。A 股市场现行的最小买卖单位是每手统一规定为 100 股，我们建议，将来国际板最小买卖单位可以确定为每手 10 股，这样便于中小投资者的广泛参与。

6. 交易制度——是否引入做市商制度

做市商的主要功能应该是通过"双报价"并与对手成交来进行造市。国际板引入做市商制度，主要基于以下三点考虑：其一，"非融资挂牌"是一种纯粹的挂牌报价服务，它需要有中央证券登记结算公司所有有关结算、交收、托管商及代理人服务，做市商的介入可以完成多种角色转换。其二，国际板的交易时间及交收期限与境外市场不一致，可能带来时间差价及汇率差价风险，做市商可以部分地对冲或承担这类风险。其三，国际板采用人民币计价，与境外挂牌地股价比照，可能涉及汇率波动风险，引入做市商可以有效管理或降低汇率风险。因此，对于国际板而言，做市商制度可能更优于交易所集中拍卖的竞价机制。

7. 交易税费——税金与佣金

借鉴国外的经验，国际板交易税费标准应该遵从国内 A 股规则。不过，对于"非融资性挂牌"，如何支付境外存管信托公司收取的费用及中央结算系统的运作成本，则需另外设计。

8. 信息披露制度——同时满足境内外双重披露标准

上市公司信息披露制度应以保护投资者利益为其核心原则。具体规范必须遵循主动披露、实时披露、公平披露、完全披露的原则。事实上，发达股市对上市公司信息披露要求更高、更严格。比如，美国 SEC 强制要求上市公司年度报告中应包括内部控制报告及其评价，并要求会计师事务所对公司管理层做出的评价出具鉴定报告，同时要求上市公司披露对公司财务状况具有重大影响的所有重要的表外交易和关系。

国际板的挂牌公司一般都是来自发达市场的上市公司，其信息披露应该能够满足中国股市对上市公司信息披露的要求。不过，国际板公司在遵循境外信息披露制度的同时，也应该同时遵循 A 股市场信息披露制度的要求。此外，为了便于中国境内投资者及时全面了解国际板挂牌公司动态，它们必须在中国权威纸质媒体及相关网站同时发布"中文版"的相关信息，包括财务报告信息与非财务报告信息，其电子文本内容必须保持与纸质文本内容完全一致。

9. 监管规则——同时满足境内外双重监管标准

相对于其他国内市场板块而言，国际板将更加倾向于对上市公司行为规范加大监管力度，其中，信息披露制度是国际板监管的核心内容，是重中之重。国际板的信息披露制度包括一切与信息披露相关的法律法规和准则，包括公司法、证券法、信息披露内容与格式要求、会计准则、审计准则及内控准则等。应该承认，发达证券市场的监管一般较为严厉，其监管水平和效率应该高于A股市场，因此，国际板挂牌公司在满足境外监管规则的同时，还必须同时满足A股市场的监管规则要求，这样有利于节省上交所国际板的监管成本。不过，在国际板监管规则方面，我们也应向发达市场学习，比如引入"提供虚假信息"和"隐瞒重大事实"的集体诉讼机制，以保护中国境内投资者的合法权益。

中国股市去泡沫化进程

Chapter 11

Debubbling Course of China Stock Market

中国经济以平均10%以上速度已经高速发展多年，我国人均GDP也已超过3 500美元，跨入中等收入水平国家。随着国际金融危机以及欧债危机的先后发生，我国经济再要想以10%的速度增长绝非易事。传统粗放型增长模式将受到能源价格、人力成本、出口萎缩等多方面的制约。未来中国经济增长方式必然发生由依赖外需向扩大内需为主，缩小贫富差距，完善社会保障制度，加大对"三农"、自主创新和先进制造业、服务业的投资等方面的转变，并最终建立结构均衡、组织合理、布局优化、技术先进、清洁安全、附加值高、吸纳就业能力强的现代产业体系。这也是"十二五"规划建议勾勒出未来中国经济的一条发展路径。纵观世界各国的发展历史，没有一个国家能够维持超过30年以上的超常规发展速度，日本、韩国、东南亚、南美国家无一例外。因此，未来几年中，中国经济减速运行可能是大概率事件。

一般来说，伴随着经济减速，各国的货币供应量增长可能停滞，货币流通速度也会随之降低。价格高涨的资产泡沫随时有可能破裂。例如，东南亚金融危机、日本20世纪90年代以后"失去"的20多年。我国政府早已对房地产方面泡沫有所警觉。现在采用多种措施调控房地产市场，希望能促使房价的软着陆。但多数投资者对股市泡沫则认识不够，警惕性不足，认为中国股市已10年未涨，与国民经济晴雨表的身份不相符合。有些投资者甚至希望前期受挤压的房地产炒作资产进入股市，以促进股市的繁荣。其实，统计资料表明，中国股市在几大经济体中近10年来表现最佳，发达国家绝大多数股指近10年都是负增长，而各类利益集团纷纷以各种方式从股市中骗钱、圈钱，规范化、法制化的缺失则是我国股市失去投资功能的最重要原因。

中国股市可能不仅存在着泡沫，而且存在着很大的泡沫。先看一看横向对比。我们知道，各个市场之间投资回报存在着相对平衡的对比关系。目前银行理财产品收益率在5%以上，对应股市市盈率应低于20倍，而投资类别AA +的公司债，发行利率高于7%，对应股市市盈率大约为13～14倍。银行理财产品与公司债的投资风险要远远小于股票投资，一个是银行信用作担保，一个是公司股权作担保。因此，股票投资的回报应在银行理财产品收益与公司债券收益的基础上，加上一定的风险溢价。合理的股市市盈率水平应更低一些，应在11～12倍之间。再来看一看纵向对比，我国A股中的大盘蓝筹股股价与香港市场已基本接轨，但中小盘、创业板的股价仍是香港市场的几倍甚至十几倍，因此，未来中国股市调整风险主要来源于中小盘与创业板股票身上。

我们希望中国股市去泡沫化以较为温和、循序渐进的方式进行，避免对金融、经济产生较大的负面影响。

如果一件商品的价格远远高于其价值，我们就会说这类商品或资产的价格产生了泡沫。有了股市以后，股票价格持续上涨而导致其市场价格远远高于基础价值，就表明股市产生了泡沫。一般来说，商品或某类资产泡沫的破灭将导致该商品或该类资产价格快速回落，但它对整体经济的影响有限，而股市泡沫破灭则会带来经济的全面衰退与长期负面影响。因此，如何防止股市泡沫化以及让股市平稳地去泡沫化，就成为各国证券市场管理者的重任。下面我们先考察一下近 500 年历史中全世界发生的重大泡沫事件。

第 1 节　警世的泡沫事件

一、郁金香事件

17 世纪，曾经的欧洲金融中心、世界商业霸主——荷兰，因一个小小的郁金香球茎竟然导致了其世界头号商业帝国的衰落。

自 1634 年开始，郁金香已成为当时投机者猎取的对象。投机商大量囤积郁金香球茎，以待价格上涨。在舆论鼓吹之下，人们对郁金香表现出一种病态的倾慕和热忱。

1636 年，以往表面上看起来一钱不值的郁金香，竟然达到了与一辆马车、几匹马等值的地步。直至 1637 年，郁金香球茎的总涨幅已高达 5 900%。

当有一天，一位外国水手将那朵球茎（一位船主花 3 000 金币从交易所买来的）就着熏腓鱼像洋葱一样吞下肚去后，这个偶然事件引发了暴风雨的来临。一时间，郁金香成了烫手山芋，无人再敢接手。郁金香球茎的价格也一泻千里，暴跌不止。最终球茎的价格不到顶峰时价格的 10%。

有人说，17 世纪的欧洲属于一个充满炫耀、猎奇和好大喜功的时代。花园和鲜花是贵族和商人们奢华生活的一部分。实际上，无论任何时代，社会中的上等阶层总是渴望得到地位的标志，现在可能是法拉利跑车、游艇和私人飞机；而那时，豪宅、花园和鲜花，特别是异国情调的郁金香，则是他们向往的目标。

由于郁金香被引种到欧洲的时间很短，数量自然非常有限，因此价格也极其昂贵。一般少数富有的达官显贵家里都摆有郁金香，作为观赏品和奢侈品向

外人炫耀。一块豪华的郁金香贴片、一次用郁金香加以装点的聚会、甚至奢侈地装饰着郁金香的窗框，都成为了一种昭示社会地位的手段。在当时，巴黎的时尚女子上街，如果能戴上一朵郁金香作为装饰，便会觉得身价倍增。另据记载，巴黎的一位富家小姐出嫁时，所有的嫁妆，竟然就是一枚稀有品种的郁金香球茎。

在 17 世纪初的法国，人们就已经为品种稀有的郁金香开出了离谱的高价。据说在 1608 年，一名磨房主卖掉了自己的磨房，为的就是一只罕见的郁金香球茎。更有甚者，竟然用价值 3 万法郎的珠宝去换取一只郁金香球茎。

相比之下，朴实、认真的荷兰人肯定没有巴黎人那么时尚、浪漫，但别忘了，经过历史上第一次成功的资产阶级革命——"尼德兰革命"的洗礼后，17 世纪的荷兰堪称当时最为发达的资本主义国家，掌握着世界海上霸权，有"海上马车夫"之称。荷兰人拥有当时世界上最强大的船队，商船数量多达 1.5 万艘，首都阿姆斯特丹也成为世界贸易和金融中心。1608 年，世界上第一个具有现代意义的证券交易所即诞生于此。荷兰人无与伦比的冒险和开拓精神帮助他们取得了这些伟大的成就，但也许正是这种冒险精神，竟成了培育投机者的温床。

由于当时荷兰人的投机欲望是如此强烈，美丽迷人而又稀有的郁金香难免不成为他们猎取的对象，机敏的投机商开始大量囤积郁金香球茎以待价格上涨。在舆论的鼓吹之下，荷兰人对郁金香的"倾慕之情"愈来愈浓，开始表现出一种近乎病态的倾慕与热忱，以至于拥有和种植这种花卉逐渐成为享有极高声誉的象征。人们开始竞相抢购郁金香球茎，而那些花朵上带有美丽的花瓣或条纹的稀有品种，更成为人们疯狂追逐的目标。

从 1634 年开始，荷兰百业荒废，全国上下都开始为郁金香疯狂。与所有的投机泡沫一样，参与的人们最初都实际赚到了钱。由于价钱节节上升，你只需低买高卖，买高卖更高。得了甜头后，大家信心大增，倾家荡产地把更多的钱投入郁金香的买卖，希望赚取更多的金钱。原本旁观的人看到挣钱这么容易，也受不了诱惑，加入到疯狂抢购的队伍中来。与此同时，欧洲各国的投机商也纷纷云集荷兰，参与这一投机狂潮。为了方便郁金香交易，人们干脆在阿姆斯特丹的证券交易所内开设了固定的交易市场，随后，在鹿特丹、莱顿等城市也开设了固定的郁金香交易场所。

一个真实的故事也许可以更加生动地说明那个时代的氛围和人们的心情。据说海牙有一个鞋匠，在一小块种植园上培育出了一株罕见的"黑色"郁金香。消息传开后，一伙来自哈勒姆的种植者拜访了他，说服他把花卖给他们。

最后，鞋匠以 1 500 荷兰盾的高价把自己的宝贝卖给了他们，没想到，买家中有一个人立即把黑色郁金香摔到地上，用脚将其踩成一摊烂泥，鞋匠惊呆了。买家们却轻松地解释说，他们也培育出了一只黑色郁金香，为了确保自己的花是独一无二的，他们情愿付出一切代价，若有必要，上万荷兰盾也在所不惜。

到 1636 年，郁金香的价格已经涨到了骇人听闻的水平。以一种稀有品种"永远的奥古斯都"为例，这种郁金香在 1623 年时的价格为 1 000 荷兰盾，到 1636 年便已涨到 5 500 荷兰盾。1637 年 2 月，一株"永远的奥古斯都"的售价曾高达 6 700 荷兰盾。这一价钱，足以买下阿姆斯特丹运河边的一幢豪宅，或者购买 27 吨奶酪！相对于这种顶级郁金香来说，普通郁金香的涨幅更是"疯狂"。1637 年 1 月，1.5 磅重的普普通通的"维特克鲁嫩"球茎，市价还仅为 64 荷兰盾，但到 2 月 5 日就达了 1 668 荷兰盾！而此时荷兰人的平均年收入只有 150 荷兰盾。

在这股狂热到达巅峰时，也就是 1636 ~ 1637 年的那个寒冬，人们不仅买卖已收获的郁金香球茎，而且还提前买卖 1637 年将要收获的球茎，球茎的期货市场就这样诞生了。球茎在实际进行货物交割之前不需要实际支付货款，这又进一步加剧了郁金香的投机。由于刚刚形成的期货市场没有明确的规则，对买卖双方都没有什么具体约束，使得商人们有可能在期货市场上翻云覆雨，买空卖空，这更使得已经被"吹"得很大的郁金香泡沫，在短时间内迅速膨胀。

尽管泡沫崩溃的日期被记录得非常清楚，但谁也说不清投机泡沫到底是怎样崩溃的。泡沫崩溃的理由，至今仍然是一个谜。人们清楚地记得，在此之前，交易都在非常顺利地进行着，谁也不知为什么，市场突然就这么崩溃了。也许除了说这是泡沫膨胀到极点后的必然结果之外，就再也找不到更好的理由了。

一时间，卖方大量抛售，使得市场陷入了恐慌状态。这时的郁金香简直成了烫手的山芋，无人再敢接手。球茎的价格也犹如断崖上滚落的巨石，一泻千里，暴跌不止。荷兰政府发出声明，认为郁金香球茎价格无理由下跌，劝告市民停止抛售，并试图以合同价格的 10% 来了结所有的合同，但这些努力毫无用处。一星期后，郁金香的价格平均已经下跌了 90%，那些普通品种的郁金香更是一文不值，甚至不如一只洋葱的售价。

等到人们省悟过来，一切都为时已晚。于是，人们纷纷涌向法院，希望能够借助法律的力量，兑现合同，挽回损失，很快，法庭就淹没在郁金香的官司之中。

几乎是在一夜之间，不知有多少人成为身无分文的穷光蛋，富有的商人变

成了乞丐，一些大贵族也陷入无法挽救的破产境地。受害者当中既有文化程度颇高的知识分子，也有大字不识一个的文盲，因为贪婪是没有任何阶层界限的。

事态出现了失控的局面，政府不得不出面解决，但他们面对这样棘手的问题也束手无策，最终所有的"苦果"只能由投机者自己咽下。1637 年 4 月 27 日，荷兰政府决定终止所有合同，禁止投机式的郁金香交易，这一下，人们彻底绝望了！从前那些因一夜乍富喜极而泣之人，如今又在为突然降临的一贫如洗仰天悲哭了。身心疲乏的荷兰人每天用呆滞的目光盯着手里的郁金香球茎，反省着梦里的一切……

郁金香事件不仅沉重打击了举世闻名的阿姆斯特丹交易所，更使荷兰全国的经济陷入一片混乱，加速了荷兰由一个强盛的殖民帝国走向衰落的步伐。

郁金香大恐慌给荷兰造成了严重的影响，使之陷入了长期的经济大萧条。17 世纪后半叶，荷兰在欧洲的地位受到英国有力的挑战，欧洲繁荣的中心随即移向英吉利海峡彼岸。

二、法国密西西比股市泡沫

在荷兰郁金香泡沫迸裂 80 年后，在 1719 年又出现了著名的法国密西西比股市泡沫。这两个泡沫的相同之处是：法国股票市场的价格和当年郁金香价格一样在很短的时期内大起大落。从 1719 年 5 月开始，法国股票价格连续上升了 13 个月，股票价格从 500 里弗尔涨到 1 万多里弗尔，涨幅超过了 20 倍。法国股市从 1720 年 5 月开始崩溃，连续下跌 13 个月，跌幅为 95%。密西西比股市泡沫和郁金香泡沫的不同之处在于：荷兰郁金香泡沫基本上是民间的投机炒作，但是法国密西西比股市泡沫却有着明显的官方背景。郁金香泡沫所炒作的只不过是一种商品，牵涉到的人数有限，而法国密西西比股市泡沫却发生在股票和债券市场，把法国广大的中下阶层老百姓都卷了进去。从这一点来说，法国密西西比股市泡沫更具有现代特色。

在 18 世纪初，由于法国国王路易十四连年发动战争，使得法国国民经济陷于极度困难之中，经济萧条，通货紧缩。当时法国的税制极不健全，不仅对法国王室贵族豁免税收，而且其他地方的漏洞也很多，尽管法国政府不断提高税率，横征暴敛，依然入不敷出，国库空虚，债台高筑，老百姓怨声载道，国家危机重重。

就在这个关头，货币理论的一代怪杰约翰劳（John Law）应运而生。约翰劳出身于英国爱丁堡，青年时代接受了良好的政治经济学教育，年轻时的约翰劳血气方刚，他在 1694 年一场决斗中杀了人而不得不逃亡他乡。约翰劳在欧洲流浪时期仔细观察了各国的银行、金融和保险业，从而提出了他独特的金融理论。和许多 18 世纪的经济学家一样，他认为在就业不足的情况下，增加货币供给可以在不提高物价水平的前提下增加就业机会并增加国民产出。一旦产出增加之后，对货币的需求也会相应跟上来。在实现了充分就业之后，货币扩张能够吸引外部资源，进一步增加产出。他认为纸币本位制要比贵金属本位制更好，纸币本位制具有更大的灵活性，给了发行货币的银行更多的运转空间和控制宏观经济的能力。说白了，采用贵金属本位制，发行货币要看手上有多少金子银子。之所以被称为贵金属，是因为金银在世界上的储量有限，几乎不可能在短时间内增加金银的供给量。纸币本位制就没有这个限制。如果金融当局愿意的话，启动银行的印钞机，要印多少就可以印多少。纸币本位制的这个特点使之像一把双刃剑，在增强了金融货币政策影响力的同时，也带来了导致通货膨胀的危险。约翰劳认为拥有货币发行权的银行应当提供生产信贷和足够的通货来保证经济繁荣。他所说的货币供给中包括了政府法定货币、银行发行的纸币、股票和各种有价证券。不难看出在约翰劳的理论中已经蕴藏了当代供给学派和货币学派的一些基本观点。著名的经济学家熊彼特曾经高度赞扬说，约翰劳的金融理论使他在任何时候都可以跻身于第一流货币理论家的行列之中。

　　1715 年，法国摄政王奥莱昂公爵正在为法国的财政窘态犯愁。约翰劳的理论好像是向他抛出了一个救生圈，似乎法国只要建立一个能够充分供给货币的银行就可以摆脱困境，解决国债的资金融通问题。对于手握大权的奥莱昂公爵来说，只要能够搞到钱，就是建立 10 个银行也不成问题。于是，在法国政府的特许下，1716 年约翰劳在巴黎建立了一家私人银行——通用银行。这家银行拥有发行货币的特权，其货币可以用来兑换硬币和付税。通用银行建立后经营得非常成功，资产总额迅速增加。约翰劳在 1717 年 8 月取得了在路易斯安那的贸易特许权和在加拿大的皮货贸易垄断权。当时，北美的路易斯安那是属于法国的领地。由于路易斯安那位于密西西比河流域，人们便把由约翰劳一手导演的泡沫经济称为密西西比泡沫。随后，约翰劳建立了西方公司。该公司在 1718 年取得了烟草专卖权。1718 年 11 月成立了塞内加尔公司负责对非洲贸易。1719 年约翰劳兼并了东印度公司和中国公司，改名为印度公司，垄断了法国所有的欧洲以外的贸易。约翰劳所主持的垄断性的海外贸易为他的公司源源不断地带来超额利润。

　　1718 年 12 月 4 日，通用银行被国有化，更名为皇家银行，约翰劳仍然担

任该银行的主管。皇家银行在 1719 年开始发行以里弗尔为单位的纸币。约翰劳在贸易和金融两条战线上同时出击，节节取胜，声名鹊起。约翰劳希望能够通过货币发行来刺激经济，解除法国沉重的国债负担，实践他的金融理论的时刻终于到了。

1719 年 7 月 25 日，约翰劳向法国政府支付了 5 000 万里弗尔，取得了皇家造币厂的承包权。为了取得铸造新币的权力，印度公司发行了 5 万股股票，每股面值 1 000 里弗尔。约翰劳的股票在市场上非常受欢迎，股票价格很快就上升到 1 800 里弗尔。

1719 年 8 月，约翰劳取得农田间接税的征收权。约翰劳认为法国的税收体制弊病很严重，征税成本太高，漏洞太多，直接影响到了法国政府的财政收入。约翰劳向政府建议，由他来承包法国的农田间接税，实行大包干，每年向政府支付 5 300 万里弗尔。如果征的税赋收入多于这个数字，则归印度公司所有。由于这个数字大大高于法国政府的税收岁入总额，奥莱昂公爵何乐而不为？在约翰劳的主持之下，印度公司简化征税机构，降低征税成本，尽力扩大税基，取消了对皇室贵族的免税待遇。当然，为此约翰劳得罪了不少贵族豪强。印度公司在法国名声大噪，促使其股票价格连连上涨。在 1719 年 10 月约翰劳的印度公司又接管了法国的直接税征税事务，其股票价格突破了 3 000 里弗尔。

1719 年约翰劳决定通过印度公司发行股票来偿还 15 亿里弗尔的国债。为此印度公司连续三次大规模增发股票：在 1719 年 9 月 12 日增发 10 万股，每股面值 5 000 里弗尔。股票一上市就被抢购一空，股票价格直线上升。

1719 年 9 月 28 日印度公司再增发 10 万股，每股面值也是 5 000 里弗尔。1719 年 10 月 2 日再增发 10 万股。股票价格一涨再涨，持续上升，印度公司的股票的面值在 1719 年 4 月间只不过为 500 里弗尔，在半年之内被炒作到 18 000 里弗尔。

1720 年年初，约翰劳攀上了他一生的顶峰。1720 年 1 月，约翰劳被任命为法国的主计长和监督长。他一手掌管政府财政和皇家银行的货币发行，另一手控制法国海外贸易与殖民地发展。他和他的印度公司负责替法国征收税赋，持有大量的国债。随后，印度公司干脆接管皇家银行的经营权。在人类历史上还从来没有任何一个经济学家有如此好的机会来实践自己的理论。印度公司的股票价格猛涨不落，吸引了大量欧洲各国的资金流入法国。约翰劳为了抬高印度公司股市行情，宣布其股票的红利与公司的真实前景无关。他这种深奥莫测的说法进一步鼓励了民间的投机活动。空前盛行的投机活动必然极大地促进了对货币的需求。于是，只要印度公司发行股票，皇家银行就跟着发行货币。每次增发股票都伴随着增发货币。约翰劳坚信存在这样的可能性：增发银行纸币→换成股票→最终可以抵消国债。1719 年 7 月 25 日皇家银行发行了 2.4 亿里弗尔货币，用以支付印度公司以前发行的 1.59 亿里弗尔的股票。1719 年 9 月和 10 月，皇家银行又发行了 2.4 亿里弗尔货币。

正如弗里德曼所指出的那样，通货膨胀说到底是一个货币现象。在大量增发货币之后，经过了一个很短的滞后期，通货膨胀终于光临法国。在 1719 年法国的通货膨胀率为 4%，到 1720 年 1 月就上升为 23%。如果说在 1720 年之前只是一些经济学者们对约翰劳的政策表示怀疑，通货膨胀则直接给广大民众敲响了警钟。随着民众信心的动摇，在 1720 年 1 月印度公司的股票价格开始暴跌。

为了维持印度公司股票价位，约翰劳动用了手中所掌握的财政大权。他把股票价格强行固定在 9 000 里弗尔，并且维持在这个价位上两个多月。约翰劳的政策使得股票货币化，进而迅速推动了通货膨胀。1720 年 3 月 25 日货币发行扩张 3 亿里弗尔，1720 年 4 月 5 日扩张 3.9 亿里弗尔，1720 年 5 月 1 日扩张 4.38 亿里弗尔。在一个多月的时间内货币流通量增加了 1 倍。

到了 1720 年 5 月，约翰劳实在支持不下去了。他发布了股票贬值令，计划分 7 个阶段将股票的价格从 9 000 里弗尔降到 5 000 里弗尔，同时也降低纸币的面值。约翰劳和他的印度公司制造经济奇迹的神话突然破灭了，约翰劳的指令马上就导致民众的恐慌，他们为了保住自己的资产，争先恐后地抛售股票。股价在 1720 年 9 月跌到 2 000 里弗尔，到 12 月 2 日跌到 1 000 里弗尔，1721 年 9 月跌到 500 里弗尔，重新回到了 1719 年 5 月的水平。

约翰劳使出了全身解数希望能够恢复民众的信心，但是，他的声音很快就被淹没在民众的怒吼中。在股票崩盘中倾家荡产的法国人认定约翰劳是头号骗子。1720 年约翰劳犹如过街老鼠，人人喊打，在四面楚歌中他重施当年逃亡故伎，连夜出走比利时。法国的支付方法又恢复到以硬币为基础的旧体制。密西西比泡沫的破产连累"银行"这个名词在法国被诅咒了 1 个世纪。9 年之后，约翰劳在无穷追悔之中客死他乡。

尽管约翰劳的大胆实践彻底失败了，但是，不能以人废言。约翰劳的经济理论中包含着不少合理的因素，他在金融理论上所做出的贡献是不可磨灭的。在约翰劳的时代，他不可能对泡沫经济以及相关的理性预期学说有所了解。在他扩大货币供给的时候，没有料到会导致金融投机的热潮。他非但没有能够及时制止这种金融投机，反而在相当程度上推波助澜，终于使得大局败坏，以致不可收拾。

三、英国南海事件

当法国的股票市场在约翰劳的鼓动下疯狂上扬，并且在 1720 年 1 月登峰造极的时候，海峡另一边的英国人再也按捺不住冲动，马上开始效仿。尽管英国和法国在争夺欧洲霸主时明争暗斗，互不相让，但是在巨额国债方面两国政府是五十步笑百步，相差无几。既然约翰劳能够通过发行股票来弥补巨额国债，那么，英国也有充分的理由如法炮制。

英国南海股票泡沫的兴起与发展过程和法国密西西比泡沫非常相似，其主要的区别是英国南海泡沫中没有一个像约翰劳那样著名的悲剧性的经济学家。南海泡沫的主角——南海公司（South Sea Company）也从来没有取得像法国印度公司和皇家银行那样巨大的财政金融权力。英国南海公司的海外贸易也远远不如法国印度公司。南海公司的头面人物哈里耶尔是个投机家和冒险家。这家公司仅仅拥有在南海，即南美洲的贸易垄断权。由于当时拉丁美洲主要是西班牙的殖民地，英国在这个地区的贸易受到了西班牙的阻碍而进展不大。英国南海公司股票泡沫持续上升了 8 个月，股票价格由 100 英镑上升到 1 000 英镑，然后迅速崩溃，在下跌 6 个月之后，股票价格回到了 100 英镑水平。股市跌幅为 84%。因此，无论是在规模上和泡沫持续的时间上，英国南海泡沫都比密西西比泡沫逊色一筹。英国的南海股票泡沫实际上是密西西比泡沫在英吉利海峡对面的一个倒影。

南海公司的主持人哈里耶尔和他的伙伴是制造"新闻"的好手。他们不断给媒体透露各种各样的消息，而这些消息几乎全部都对南海公司极为有利。哈里耶尔发布了一个惊人的新闻，南海公司在墨西哥和秘鲁发现了巨大的金银矿藏。就好像数不尽的金银就要源源不断运回英国。英国人争先恐后抢购南海公司发行的股票认购证，给南海公司送来了几百万镑的起家资本。随后，他们又说，西班牙马上就要放弃智利、秘鲁沿海的 4 个港口，英国很快就要和西班牙签订协议，利用这些港口进行贸易；墨西哥已经同意用全部金矿来交换英国的羊毛和棉花；南海公司包租的船只可以不受数量限制。

在 1720 年 3 月，英国国会刚刚开始辩论是否给予南海公司经营国债的法案，流言就在伦敦街头巷尾广为流传，包括英国的上议院和下议院很快就要通过南海公司的国债偿付计划等。南海公司的股票价格逐步上升，从每股 120 英镑开始，渐渐上升到每股 200 英镑。英国国会在 3 月 21 日通过了这项法案，南海公司的股票趁势一跃，翻了一番，超过了 400 英镑。4 月初，在人们的疑惑中南海公司的股票价格略有下降。但新的好消息又传播开来，南海公司股票很快就恢复了增长的势头，股价飙升到每股 900 英镑。为了取得现金，融通债务，南海公司于 1720 年 4 月 14 日和 4 月 29 日分两次向公众提供股票预约认购。第一次发行 22 500 股，每股的股价为 300 英镑，认购者需要立即支付股价的 1/5 的现金。第二次发行 15 000 股，每股的股价为 400 英镑，认购者需要立即支付股价 1/10 的现金。这两个举动给南海公司的股票投机打开了大门。人们期待着南海股票再度出现飞涨的奇迹，纷纷抢购。南海公司很容易地从这两次认购中筹集到了一大笔资金。它的第一笔支出就是向贵族、议员和政府官员兑现大约 200 万英镑已经许诺了的贿赂。

在 4 月下旬，南海公司承诺所有持有国债的人都可以把尚未兑换的国债年金转换为南海公司的股票。为了确定需要转换的股票数目，债券持有者可以在 4 月 28 日至 5 月 19 日向南海公司预约。当时，对于持有英国国债的人来说，与其按照国债的面值领取固定的年金，还不如转换成南海公司价格不断飞涨的股票。结果，有 52% 的短期年金和 64% 的长期年金被转换成了南海公司的股票。在南海泡沫膨胀过程中，英国国会议员和政府大员们和南海公司相互勾结，狼狈为奸。达官显贵们从南海公司获得大量贷款来购买其股票。在第一次股票发行中有 128 位议员购买了南海公司的股票，在第二次发行中有 190 位议员，在第三次发行中有 352 位议员卷进了股票交易。有 58 位贵族在第一次发行时购买了南海公司股票，有 73 位参与了第二次股票发行，这个数字在第三次股票发行时增加到 119 位。议员持有的股份总额为 110 万英镑，贵族持有的股份总额为 54.8 万英镑。政府高官、议员和贵族们的积极参与和大肆鼓吹给南海公司股票披上了一层迷彩衣，促使南海公司的股票价格再次上扬，突破了 700 英镑。

南海公司在 1720 年 6 月 17 日进行了第三次股票的现金认购，共发行了 50 000 股，每股价格 1 000 英镑，认购者需要立即支付 1/10 的现金。其余部分可以每半年付一次，分 9 次付清，股民们再度蜂拥而上，股市空前活跃。投机活动把南海公司股票价格越炒越高，由 745 英镑直冲 950 英镑。在约翰劳的理论的影响之下，许多英国的经济学家也站出来证明，扩充货币供给具有超级杠杆作用，它有可能创造新的工作机会，在提高社会需求的同时提高社会生产能力，从而把国民经济带到一个更高的均衡点。可惜，他们的论述都没有能讲清楚这个新的均衡点究竟在哪里以及达到这个均衡的基本机制是什么。

股票市场的狂热使得英国朝野上下都丧失了理智。既然南海公司的股价上涨得如此之快，为什么别的公司不可以如法炮制呢？在英国马上就冒出来许多

泡沫公司，纷纷发行股票，进行投机活动。为了禁止没有取得经营许可证的公司的蔓延，英国国会在 1720 年 6 月通过了一个《反泡沫法案》，并且决定在 8 月 18 日付诸实施。就在这个时候，1720 年 6 月法国密西西比泡沫迸裂了。法国股市一落千丈，坏消息震撼了伦敦，参与投机的人都不知所措，南海公司不得不宣布暂时关闭转移账目。8 月 18 日反泡沫法案正式执行，这个法案打击了那些泡沫公司。持有这些公司股票的股民们不得不抛售手中的股票。几乎没有人愿意在这个关头接收这些股票。垃圾股票价格剧烈下跌，也拖累了南海公司的股票价格，严重地影响了英国人对股市的信心。在 8 月 24 日南海公司再度发行股票，每股 1 000 英镑，总值 125 万英镑，要求认购者立即支付 1/5 的现金，其余部分在 9 个月内分 4 次付清。可是在法国股市崩盘以后，英国的股民已经像惊弓之鸟一样，人心惶恐不安。1720 年 9 月，哈里耶尔和他的南海公司垂死挣扎，用各种优惠来争取流动资金。不少资金从英国流向法国和荷兰，这使得南海公司的处境雪上加霜。尽管南海公司在 8 月上旬连续采取了一系列措施，试图挽救民众的信心，但英国股市终于像雪崩一样彻底瓦解了。南海公司的股票价格从 1720 年 8 月 31 日的 775 英镑暴跌，到了 10 月 1 日只剩下 290 英镑，在一个月内跌幅为 63%。南海公司的资产总值从 1.64 亿英镑跌得只剩下 6 100 万英镑，下降了 1.69 倍。议会的老爷们见南海公司大势已去，马上翻脸不认人，强逼南海公司把部分债权出让给英国银行。随后，议会对南海公司落井下石，没收了南海公司总管和某些政府官员的家产，强令南海公司资产改组。南海公司股票泡沫在轰轰烈烈地折腾了一年之后彻底破灭了。

四、美国 20 世纪 20 年代房地产泡沫

20 世纪是世界经济快速发展的 100 年，房地产业的兴盛无疑是刺激这 100 年间经济增长的重要因素。然而由于各种复杂的原因，在一些国家和地区曾出现过可怕的房地产泡沫，结果使无数投资者转瞬间一贫如洗，从而留下一幕幕悲剧。

20 世纪 20 年代中期，美国经济出现了短暂的繁荣，建筑业日渐兴盛。在这种背景下，拥有特殊地理位置的佛罗里达州出现了前所未有的房地产泡沫。

佛罗里达州位于美国东南端，地理位置优越，冬季气候温暖而湿润。第一次世界大战结束后，这里迅速成为普通百姓的冬日度假胜地。由于佛罗里达的地价一直远低于美国其他州，因此该州成为了理想的投资地。许多美国人来到这里，迫不及待地购买房地产。随着需求的增加，佛罗里达的土地价格开始逐

渐上升。尤其在 1923～1926 年间，佛罗里达的地价出现了惊人的升幅，例如棕榈海滩上的一块土地，1923 年值 80 万美元，1924 年达 150 万美元，1925 年则高达 400 万美元。一股炒卖房地产的狂潮越来越汹涌澎湃。据统计，到 1925 年，迈阿密市居然出现了 2 000 多家地产公司，当时该市仅有 7.5 万人口，其中竟有 2.5 万名地产经纪人，平均每三位居民就有一位专做地产买卖。当时，地价每上升 10%，炒家的利润几乎就会翻一倍。在那几年，人们的口头禅就是"今天不买，明天就买不到了"！在这种狂潮的催动下，一向保守冷静的银行界也纷纷加入炒房者行列。

然而，好景不长，到 1926 年，佛罗里达房地产泡沫迅速破碎，许多破产的企业家、银行家或自杀、或发疯，有的则沦为乞丐。据说美国商界大名鼎鼎的"麦当劳教父"雷克洛克，当年也因此一贫如洗，此后被迫做了 17 年的纸杯推销员。紧接着，这场泡沫又激化了美国的经济危机，结果引发了华尔街股市的崩溃，最终导致了 20 世纪 30 年代的世界经济大危机。

五、日本房地产泡沫

20 世纪 30 年代以后的 60 年间，世界房地产领域基本上没有出现大的波澜，但进入 90 年代后，日本的房地产泡沫再度震惊了世界。

20 世纪 80 年代后期，为刺激经济的发展，日本中央银行采取了非常宽松的金融政策，鼓励资金流入房地产以及股票市场，致使房地产价格暴涨。1985 年 9 月，美国、联邦德国、日本、法国、英国五国财长签订了《广场协议》，决定同意美元贬值。美元贬值后，大量国际资本进入日本的房地产业，更加刺激了房价的上涨。从 1986 年到 1989 年，日本的房价整整涨了两倍。

受房价骤涨的诱惑，许多日本人开始失去耐心。他们发现炒股票和炒房地产来钱更快，于是纷纷拿出积蓄进行投机。到 1989 年，日本的房地产价格已飙升到十分荒唐的程度。当时，国土面积相当于美国加利福尼亚州的日本，其地价市值总额竟相当于整个美国地价总额的 4 倍。到 1990 年，仅东京都的地价就相当于美国全国的总地价。一般工薪阶层即使花费毕生储蓄也无力在大城市买下一套住宅，能买得起住宅的只有亿万富翁和极少数大公司的高管。

所有泡沫总有破灭的时候。1991 年后，随着国际资本获利后撤离，由外来资本推动的日本房地产泡沫迅速破灭，房地产价格随即暴跌。到 1993 年，日本房地产业全面崩溃，企业纷纷倒闭，遗留下来的坏账高达 6 000 亿美元。

从后果上看，20 世纪 90 年代破灭的日本房地产泡沫是历史上影响时间最

长的一次。这次泡沫不但沉重打击了房地产业，还直接引发了严重的财政危机。受此影响，日本迎来历史上最为漫长的经济衰退，陷入了长达15年的萧条和低迷。即使到现在，日本经济也未能彻底走出阴影。无怪乎人们常称这次房地产泡沫是"二战后日本的又一次战败"，把20世纪90年代视为日本"失去的十年"。

在1987年美国股市暴跌之后，率先恢复的是日本股市，并且带动了全球股市的回升。此后，日本股市一直呈上升态势，但另外一个噩梦般的恐慌却在酝酿之中。

1989年12月，东京交易所最后一次开市的日经平均股指高达38 915点，这也是投资者们最后一次赚取暴利的机会。

进入20世纪90年代，股市价格旋即暴跌。到1990年10月，股指已跌破20 000点。1991年上半年略有回升，但下半年跌势更猛。1992年4月1日东京证券市场的日经平均指数跌破了17 000点，日本股市陷入恐慌。8月18日降至14 309点，基本上回到了1985年的水平。

到此为止，股指比最高峰期下降了63%，上市股票时价总额由1989年年底的630万亿日元降至299万亿日元，3年减少了331万亿日元，日本股市的泡沫彻底破灭。

时至今日，日经指数不到10 000点。

六、20世纪90年代东南亚泡沫

继日本之后，泰国、马来西亚、印度尼西亚等东南亚国家的房地产泡沫也是一次惨痛的经历，而其中以泰国尤为突出。

20世纪80年代中期，泰国政府把房地产作为优先投资的领域，并陆续出台了一系列刺激性政策，由此促生了房地产市场的繁荣。海湾战争结束后，大量开发商和投机者纷纷涌入了房地产市场，加上银行信贷政策的放任，促成了房地产泡沫的出现。与此同时，大量外国资本也进入东南亚其他国家的房地产市场进行投机性活动。遗憾的是，当时这些国家没有很好地进行调控，最终导致房地产市场需求大大超过供给，构成了巨大的泡沫。在金融危机爆发以前的1996年，泰国的房地产业已处于全面危险的境地，房屋空置率持续升高，其中办公楼空置率竟达50%。随着1997年东南亚金融危机的爆发，泰国等东南亚国家的房地产泡沫彻底破灭，并直接导致各国经济严重衰退。

东南亚金融危机还直接导致了香港地区房地产泡沫的破灭。香港的房地产热最早可以追溯到 20 世纪 70 年代。当时，李嘉诚、包玉刚等商界巨子纷纷投资房地产领域，香港十大房地产公司也先后公开上市，而来自日本、东南亚和澳大利亚等地的资金也蜂拥而入。在各种因素的推动下，香港的房价和地价急剧上升。到 1981 年，香港已成为仅次于日本的全世界房价最高的地区。

1984～1997 年，香港房价年平均增长超过 20%。中环、尖沙咀等中心区域每平方米房价高达十几万港元，一些黄金地段的写字楼甚至到了每平方米近 20 万港元的天价。受房价飞涨的刺激，香港的房地产投机迅速盛行起来，出现了一大批近乎疯狂的"炒楼族"。当时的香港，人们盲目地投资房地产。为了抓住机遇，许多人往往仅凭地产经纪人电话中的描述，就草草决定购买豪宅。一些经纪人甚至会对顾客说出这样的话："什么？你要考虑一两天？当然不行！有很多人在等，你不买的话，过 3 分钟就没了！" 1996 年，香港竟出现买房前必须先花 150 万港元买一个号的怪事。

就在香港的房地产泡沫达到顶峰时，东南亚金融危机降临了。1998～2004 年，香港楼价大幅下跌，如著名的中产阶级居住社区"太古城"，楼价就从最高时的 1.3 万港元每平方英尺下跌到四五千元。据专家计算，从 1997～2002 年的 5 年时间里，香港房地产和股市总市值共损失约 8 万亿港元，比同期香港的生产总值还多。而对于普通香港市民而言，房地产泡沫的破灭更是不堪回首。在这场泡沫中，香港平均每位业主损失 267 万港元，有 10 多万人由百万"富翁"一夜之间变成了百万"负翁"。

七、纳斯达克股灾

在美国证券史上，大大小小的熊市在过去 80 年内共发生了 14 次，其中有三次被定义为股灾：1929～1933 年的"大萧条"，1987 年的"黑色星期一"，还有就是 2000～2002 年的纳斯达克崩盘。

在 2000～2002 年的纳斯达克股灾爆发前夜，希勒教授的《非理性繁荣》出版了。他用格林斯潘 1996 年的一句话作为该书的书名，系统论述了资产泡沫形成的内在机制和经济后果。和加尔布雷思教授不同的是，他在预示泡沫即将破裂的同时，还论证了泡沫产生的必然性及其对产业创新的积极作用。从这个角度回顾纳斯达克市场的历史，可以看出纳斯达克的繁荣与美国 IT 和生物科技产业的崛起几乎同时发生，克林顿总统提出的"信息高速公路"也正是在 1991～2000 年期间建成的。

纳斯达克市场从 1971 年创始，一直平平淡淡，几百点的变动，几千亿美

元的市值，在1991年之前的20年中不过是从100点爬到300多点，1995年突破1 000点，而后5年几乎是一口气冲上5 000点。在1999年暴涨1倍后，2000年3月急转直下，酿成一场百年不遇的股灾。总市值在18个月内缩水近3/4，纳斯达克综合指数在"9·11"事件发生时跌到1 200多点。从个股看，80%的股票跌幅超过80%，近40%的股票被迫或自愿退市。但是应当注意的是，纳斯达克市场的当时是"两新"：新兴市场加新兴产业。同一时期以传统产业为主导的纽约证券交易所并没有发生如此恐怖的暴跌，只是从11 000点跌到7 000点，跌幅约1/3。科技股本身的性质就是活跃的，科技股占主导的市场在任何时期都有较大的波动，所以在恐慌时期出现超常的暴跌也就不足为怪了。

从上述事件我们可以分析出，泡沫事件发生的几大表象。

第一，20世纪20年代房地产泡沫时，迈阿密市仅有7.5万人口，其中竟有2.5万名地产经纪人，平均每3位居民就有一位专做地产买卖。

第二，"博傻"。今天的经济学家都把那次郁金香狂热视为"博傻理论"的最佳案例。到1636年年底，任何最后残存的理性都早已远离了荷兰的郁金香市场。虽然人们大都知道郁金香球茎的价格早已远离其正常的价值，但是他们宁愿相信别人会比他们更"傻"，会心甘情愿地付出更高的价钱。但无论如何，投机狂潮也不可能永远持续下去，事实也的确如此。郁金香狂热的终结，终于在1637年2月4日不期而至，最大的"傻瓜"终于还是出现了。

第三，背后有黑手推动。如果英国政府和议会的高官显贵们没有直接参与南海公司股票的投机活动，如果英国政府还能够对金融市场保持一定的监督和管理的话，南海泡沫未必就会闹到这个程度。因此，和法国密西西比泡沫的教训一样，保持一个与政府行政部门相对独立的金融机构，防止金融部门的腐败，时刻保持对金融体制的有效的监督和管理，是避免发生泡沫经济的必要条件。

"我能计算出天体运行的轨迹，却难以预料到人们的疯狂。"1720年4月20日，英国伟大的数学家、物理学家、天文学家和自然哲学家牛顿卖出了所持的英国南海公司股票，获利7 000英镑，大概感觉到自己"踏空"的牛顿，之后又买回南海股票，随着南海泡沫的破灭，牛顿以亏损2万英镑了局。

贪婪本身就足以促成股票购买的盛况，而当这股力量同厚颜无耻的社会名流、貌似国家政府的官方许可相互结合时，就能构建起巨大的泡沫市场。群众的判断并不总是可靠的，多数人犯错的几率与少数人其实并无相异。就像彼得林奇所说，人们为买一个几千块钱的冰箱、电视机会多加比较，但花几万块买股票时，往往仅凭一两条小道消息，几秒钟就做了决定。人人都以为自己能逃过最后一棒，但结果呢？

第 2 节　中国股市去泡沫化进程

中国股票市场发展了 20 年，中国股市是否存在着泡沫的争论一直伴随着股票市场的发展。我们倾向认为，近 10 年来，中国股市出现过三个阶段的严重泡沫。第一个阶段是 2001 年恶炒网络股，股票沾网就爆涨的网络股爆炒阶段。第二个阶段是 2008 年股指超过 6 000 点时平均市盈率超过 50 倍的股票全面爆炒阶段。第三个阶段，也就是创业板自 2010 年开盘以后的创业板、中小板等小盘股恶炒阶段。其余时间，中国股票市场的表现平平，似乎都是在为这三次股票爆炒买单，也就是说在"去泡沫化"。我国股市泡沫化的原因以及其破裂，可能对经济发展的负面影响有以下几个方面。

一、中国股市泡沫化的成因

第一，证券市场本身的系统特性是股票市场泡沫的根源。

证券市场交易对象的虚拟化、符号化，使得股票市场上的各类投资者有了自由和充分的理由，去根据自己的需要理解股票的价值。当股票市场的某些权威机构和人士对某只股票做出了某种价值理解后，很容易得到市场的响应和认同，从而产生市场一致认同的偏离真实价值的理解价值，泡沫便产生了。

第二，流动性过剩，大量资金流入股票市场。

人民币升值以及人们对人民币升值的预期，大量国外资金流入股市，导致股价攀升。油价持续高涨，石油美元一直在全球范围及新兴市场寻觅投资机会，部分资本流入中国资本市场。日元利率低，日元的利差交易带来了大量流动资金。中国国内储蓄率居高不下，A 股市场流通部分市值仅占储蓄总额的10%。此外，由于经常账户顺差不断增加，中国的财富亦以每月超过 200 亿美元的速度增长，官方外汇储备总额现已超过 3 万亿美元。拥有如此巨额的流动性资金，股票市场存在出现泡沫的风险。

第三，股票市场的体制不完善。

首先，政府行为发生扭曲。一是政府对股票发行上市的严格管制取代了市

场机制；二是股票交易管制不合理。其次，监管行为发生扭曲。一是监管政策不够稳定、连续、统一，证券市场监管活动的行政化、短期化、随意化造成了股票市场的大起大落，加大了市场的泡沫；二是制度执行不力。监管制度执行不力使投资者的利益得不到应有的保护，从而使中小投资者行为取向短期化，加大市场主体的投机动机。

第四，股票市场可供交易品种少，供求不平衡。

目前我国的资本市场只有股票、债券的现货市场，缺乏期货、期权及其他金融衍生品市场，其结果是资本市场只有做多机制而没有做空机制，远没有期货市场中特有的价值发现功能、套期保值功能和风险规避功能，大大抵销了资本市场本身所固有的优点和优势。

第五，机构投资者扮演庄家角色，具有中小投资者的投机心理。

大量的庄家充斥股市，人为地放大了市场中的"博傻"机制。庄家利用资金、人力、信息、工具、舆论的优势，把自己控制的股票价格拉起来，使它的价格远远大于其实际价值，人为地制造泡沫。投资者的心理因素占据着股市波澜的主导地位。中小投资者有着贪婪与恐惧等心理，他们中的大多数又表现出"羊群效应"和"博傻心理"。伴随着这些因素的作用，股价在短期内震荡不止，长期内又泡沫堆积。

二、中国股市泡沫过大则会产生以下方面的危害

股市泡沫过大乃至泡沫化，不仅会对股市的稳定和健康发展造成危害，而且也会扰乱正常的经济秩序，甚至引起社会政治动荡。从我国来讲，股市泡沫过大的危害主要表现在以下几个方面。

第一，破坏宏观经济稳定。

在金融泡沫泛起之际，整个经济表现出一片繁荣景象。股票指数节节攀升，银行的账面资产也越来越多，政府税收不断提高，人们的财富似乎随着泡沫的不断膨胀而越来越多，整个社会弥漫着过度乐观的情绪。金融泡沫的膨胀会增加人们对资金的需求，银行会提高利率以取得更多的利润，而在投机狂热时，人们不会因为高利率而止步投机，相反会对泡沫膨胀的收益率预期更高。利率升高又会抑制对实质部门的投资，减缓经济的增长。高利率会促使银行扩大信贷，放松银根，投机气氛会越来越浓。按照"博傻"理论，最后一个傻瓜必须承受泡沫破裂的损失，这往往又会形成银行的不良贷款。当泡沫破裂时，股票价格一落千丈，人们对未来的预期也从过度乐观转到极度悲观。

第二，削弱了股票市场的融资功能。

股票市场泡沫过大，股票既缺乏长期投资价值，又使股市风险不断增大，一旦泡沫破裂，股市步入熊市，不仅会套牢一大批投资者，而且也会削弱股市为企业提供直接融资的功能，甚至于使股市长期丧失融资的功能。

第三，损害了股票市场优化资源配置功能。

在市场经济中，股票市场除了为企业提供直接融资的场所外，更重要的是提供一种优化资本资源配置的机制。在我国现阶段，有效发挥后一种功能具有更加重要的意义。但在股市存在严重"泡沫"的情况下，股市优化资源配置的功能难以有效发挥。

第四，滋生地下经济和非法活动。

金融泡沫的泛滥助长了地下经济和非法活动的蔓延。由于金融泡沫膨胀可能给人们带来预期很高的收益，而通过银行借贷额度有限，这就驱使一些人通过非法集资获得资金，用于金融投机来获取泡沫膨胀的收益。此外，有一些人利用泡沫诱发的发财梦，通过许诺高利率进行非法集资，而他们既不将这些资金用于生产，也不用于投资，而是拆东墙、补西墙，借新债、还旧债，使许多受骗者血本无归，损失惨重。

如果金融市场上充满了由于非理性投机而导致的泡沫，那么实体经济就倾向于变成赌场的副产品。当整个社会热衷于泡沫"赌博"时，不仅影响实体部门的生产，而且还会败坏社会风气。人们重投机而轻生产，加剧奢侈浪费和贪污腐败的严重程度，从而破坏社会的稳定。

股市泡沫与去泡沫化过程是相辅相成的。有泡沫并不可怕，重要的是在于如何灭其于摇篮之中，而不让其蔓延，最终伤害经济。因此，去泡沫化的过程也是不尽相同的。如前两次去泡沫化方式都是以股指短期内大幅下跌的方式来完成。第三次去泡沫化的过程则以更加缓慢与更加温和的方式来完成。

从相关迹象中可以看出，中国股市正进入新一轮缓慢而温和去泡沫化、去投机化的过程中。

变化之一：一级市场无风险收益率一去不复返。自中国证券市场成立以来，新股认购就是无风险的，且收益率远高于银行存款。尤其是在 2007 年，全年参与新股认购的资金收益率高达 20% 左右。2011 年形势急转直下，据公开资料显示，截至 12 月 20 日，以上市首日开盘价为准，2011 年以来共上市了271 只新股，其中首日破发的有 62 家，首日破发率为 22.88%。在新股中签率大幅提高后，一旦新股上市跌破发行价，认股资金将遭受重大损失。为避免新股认购的巨大风险，囤积在新股认购市场的万亿资金已经作鸟兽散，一级市场

不再风光无限。

变化之二：一级市场股票供需关系发行逆转，券商发行市场业务风险凸现。以前对于券商来说，一级市场承销业务基本上是没有风险的，只有能拿到股票承销资格，券商就不愁股票发不出去。券商铁定可以获得无风险的承销费收入。而且"破铜"股制定个"白银"发行价，开盘价赶上甚至超过"黄金"价，上市公司、券商与一级市场投资者皆大欢喜，最终二级市场被套的都是中小散户。但 2011 年一级市场也发生了一些本质变化。已经出现股票发行失败的案例。八菱科技不幸成为 A 股史上首家中止发行的公司。发行失败将迫使上市公司与券商双双放下身段，就股票发行价格是否合理进行充分地论证与探讨，以便把最适合市场需要的股票按最合理的价格提供给投资者。换句话说，提供投资品给市场，而非提供投机品给市场。另外，2011 年一级市场还有一大现象是增发股包销屡屡发生，且金额巨大。这些现象也为那些善于在证券市场大海中游泳的券商提了个醒：一级市场并不是没有风险的，而是潜伏着巨大的风险，一不小心，就有可能呛一口水。

变化之三：二级市场上一直受主力资金关注的中小市值股票风光不再，创业板股指连创新低。我国股市长期以来一直对中小市值股票青睐有加。其逻辑是中小市值股票具有很强的送股能力。送股方案实施后，股价多数会走出填权行情。因此，中小市值股票更有"投资"价值。其实，这里的"投资"价值应是"投机"价值。有理性的投资者都知道，送股只不过是一场数字游戏，对企业经营状况不能带来任何有益的帮助。投资者持有这些股票的投资回报也是一块"白板"，收益为零。

随着证券市场向纵深化发展，机构投资者已经率先明白了这一道理。与此同时，低市盈率、低市净率、高分红率股票正受到投资者普通关注，股价有所表现，走势强于大盘。这表明具有投资价值的大盘蓝筹股已逐步走出深闺，被投资者所接受。

变化之四：资金面与政策面对股市的直接影响正逐步淡出。2011 年以来，公募基金发行数量远超前几年。一周通常会有好几只公募基金同时发行，但其对股指运行的影响已十分有限。不再像前几年，公募基金是否集中发行会成为股指运行的风向标。另外，像银行储蓄资金搬家、债券价格回调这些以往与股指涨跌互起跷跷板作用的现象越来越不明显，这些均表明资金面对股指运行的影响趋于淡化。2010 年以来，数次上调存款准备金率、上调利率也未能给市场带来过多的负面影响，股指也一直在一狭窄区间内上下波动。这表明中国证券市场正逐步走出政策市、资金市，正由这"投机市场"向"投资市场"过渡。

而出现些变化的原因在于：第一，股票市场容量已经足够大，投机资金已难掀起大的波涛。截至 2011 年上半年，我国沪、深两市总市值为 27 万亿元。流通市值大约为 20.5 万亿元，而我国 2010 年年底 GDP 总量达 40 万亿元。[①]也就是说沪深两市总市值已经超过 GDP 总量的 60% 以上，流通市值也已经接近 GDP 总量的 50%。国民生产总值证券化率这一指标已经达到或超过一般中等收入国家水平。统计资料表明，一国证券化率一旦达到 50% 左右，这一比例基本上就会停步不前，难以持续有效地提升。目前比较独特的案例是英国与美国的证券市场，其证券化率双双超过了 GDP 的 120%，主要原因是英、美股市国际化程度较高，存在着大量的外国挂牌公司。但与股改前相比，我国证券市场流通市值快速扩展，其容量已足够庞大。就连股票市场中的大鳄——公募资金，其目前股票型资产总值也已不足股票市场流通市值的 10%。股市中任何一股买方力量都不足以在证券市场中呼风唤雨，制造行情，而只能顺势而为，寻找或把握机会。

　　第二，股指期货推出，平抑了证券市场的波动，并寻找到股指的合理定位。在股指期货推出之前，中国股市大起大落，宽幅震荡。如 1997 年上证指数摸高 6 124 点，次年又跌回到 1 664 点。在一年多左右的时间内，股指高低相差 4 460 点，跌幅高达 72.8%。股指大涨大跌主要原因在于市场制度设置方面的缺陷，没有做空机制与套利机制，投资者只能通过单方向做多以及高度投机才能获取超额利润。随着股指期货的推出，股指波动幅度明显收窄。股指波幅进一步收窄的主要原因在于：股指期货推出之后，机构投资者不再仅仅依靠单方向做多赚取差价，没有筹码照样可以获得利润。通过在低位开股指期货多仓、在高位开股指期货的空仓，机构投资者只要能把握住股指变动趋势，不仅能在股指上涨过程中获利，还可以在股指下跌过程中获利。

　　第三，社会投资产品极大丰富，为资金开辟了新的投资领域。投资者以前只熟悉两种理财产品，一种是无风险的银行存款，另一种就是高风险的股票投资。中间低风险、低收益的理财产品缺失迫使投资者要不将钱存在银行，获得极低的银行存款利息，要不就放在股市里去赌一赌运气。最近两年，随着银行理财产品的大规模发展，企业债券、公司债券的不断推出，低风险、低收益的理财产品这一短板已经有所补强。如 2011 年上半年，银行理财产品的发行规模约计 8 万多亿元。已经超过 2010 年全年银行理财产品发行规模的。同时，风险稍高、收益也高的房地产信托产品也销售火爆。目前银行理财产品年收益

---

　　①　数据来源于 Wind 资讯。

率在 5%～6% 之间，信托产品年收益率在 12%～13% 之间。如果风险较高的股票市场不能提供更高的投资回报，资金从股票市场进一步分流出去投资其他理财产品是完全可能的。

第四，证券市场已经出现一批低市盈率、低市净率、低股价的三低股票，投资资金逐步能在现今 A 股市场上寻找到合适的投资品种。如果股市里多数股票都不具有投资价值，那么最受市场青睐的无疑是最有投机价值的小盘股、新股、次新股，它们的炒作会吸引大量投机资金的跟风炒作，成为所谓的市场题材、概念等热点。真正具有投资价值的股票反倒被市场遗忘。"劣币驱逐良币"的规律就会发生作用。例如我国前几年股票市场中 ST 股、垃圾股的股价均被炒上了天，部分跟风炒作的投资者深套其中。但如市场里存在着大量的低市盈率、低市净率的股票，只要持有它们投资回报超过银行存款利息，那么这些股票就有可能被投资资金所追逐，并最终有可能将投机资金适当地引领到价值投资的轨道上来，也就是说市场将发生"良币驱逐劣币"的现象。2011 年上半年，汽车、钢铁、银行、煤炭等大盘蓝筹股联袂走强，而价高质次的小盘股"跌跌不休"，正说明这个道理。当然，由于股票价格最终是由卖方也就是说产业基金所决定，因此，那些大股东增持的股票尤其值得市场关注。

这些变化同时表明中国证券市场正在走向成熟。市场参与各方都应小心呵护这一大好局面，不要让我国证券市场重回高投机化的老路。只要坚持市场化改革的方向不发生逆转或中断，去泡沫化与投机化过程就不会半途而废。所以在未来不长的时间内，国际板、新三板、股票退市制度、新股发行制度改革以及债券市场大力发展等都会有序地推进。

对于广大投资者来说，也应顺应市场，投资那些真正被市场低估的值得投资的上市公司股票，而不可继续沉湎于"投机"中。

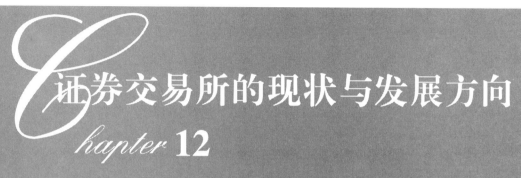

证券交易所的现状与发展方向

Chapter 12

Stock Exchange's Actuality and Development Direction

证券交易所是为证券集中交易提供场所和设施、组织和监督证券交易、实行自律管理的法人，是证券市场发展到一定程度的产物。证券交易所的本质是一个提供上市服务、交易服务、结算服务及市场信息服务的企业，其直接客户包括上市企业、证券中介、信息服务商等、间接客户包括机构投资者、个人投资者以及其他中介等。

第 1 节　我国证券交易所的发展现状

新中国成立初期，我国在天津和北京曾经设立过两个证券交易所，但是由于某些历史原因，很快就关闭了。改革开放后，我国中断了 30 多年的证券市场开始重新起步，当时最主要的市场活动是国债品种的发行。后来随着证券市场规模的不断扩大，起初原始、分散甚至散乱的发行和交易方式越来越不利于我国证券市场的规范、良性发展。1990 年 12 月 19 日，新中国第一家证券交易所——上海证券交易所挂牌成立，中国资本市场开始觉醒。深圳证券交易所成立于 1990 年 12 月 1 日，并于 1991 年 7 月 3 日正式开业。经过 10 多年发展，目前这两大证券交易所都取得了长足发展，并逐步走向成熟，其主要方面有五点。

一、市场规模不断扩大

1990 年上海证券交易所成立时，在该所挂牌交易的有 8 只股票，而几乎同时成立的深圳证券交易所仅有 5 只股票挂牌，至 1991 年年底，两地交易所的上市公司总数为 14 家，总市值为 109.19 亿元。但经过短短十几年的发展，特别是 2005 年中期启动的股权分置改革，以及 2006 年工行、中行等一批大型蓝筹国企的登陆，大大拓展了市场规模，截至 2011 年 9 月 1 日，在上海证券交易所挂牌的上市公司总数为 921 家，上市证券总数为 965 个，股票总市值 169 769.8 亿元；在深圳证券交易所挂牌的上市公司总数为 1 352 家，上市证券总数为 1 394 个，股票总市值为 84 847.4 亿元。两市股市总市值为 254 617.2 亿元，占 GDP（2010 年）的比例达到 63%，较 1991 年的上市公司总数以及股票总市值分别增加了约 162 倍和 2 332 倍，规模明显扩大。此外，2010 年上海证券交易所的股票筹资总额 5 532.14 亿元，列全球第四，上市公司总市值 27 160 亿美元，位列第六，成长为全球第一大新兴市场。[①]

二、交易产品逐步多元化

最初，在我国证券交易所交易的品种主要是股票和债券，经过十几年的发展，尤其是进入 21 世纪后的发展，目前主要交易品种有股票、债券、基金和权证，其中股票分为 A 股和 B 股；债券的交易品种可分为国债、企业债（含金融债）、可转债；基金品种分封闭基金和 ETF，但严格意义上来讲，ETF 是一种衍生类品；权证主要是股票权证。

三、交易系统达到世界先进水平

我国证券交易所设立之时，恰逢电子交易方式开始流行，因此，也就没有采用传统的人工喊价方式，而是直接采用了电子交易方式，实行无纸化交易，交易系统的技术起点较高。而在其投入运行后，又能适应市场发展的需要，多次对交易系统进行升级改造，因而具有很高的世界先进水平。

以上海证券交易所为例，其在成立之初便采用了电子交易方式，是亚洲第一家开业即实现电子交易方式的证券交易所，当时交易系统处理的能力为每秒成交三笔，年交易量 100 亿元。1992 年为适应市场发展的需要，上海证券交易所开发了以超级小型机为主机的第二代交易系统，该系统具有良好的升级功能，使得上海证券交易所的创新业务如网上发行、大宗交易、买断式回购、ETF、权证等都可以非常平稳的运行于其上，系统每秒处理成交为 1 万笔。2009 年 11 月上交所新一代交易系统成功切换上线，新一代交易系统峰值订单处理能力约 80 000 笔/秒，平均订单时延比现用交易系统缩短 30% 以上，系统日双边成交容量不低于 1.2 亿笔/日，相当于单市场 1.2 万亿元的日成交规模，是上证所历史最高峰值的 4 倍，并且具备平行扩展能力。同时，在技术上更加安全可靠，能够保证在峰值数据流量下系统的平稳运行。此外，新一代交易系统技术接口方便了未来国际国内各类参与者接入，为上证所国际化业务的拓展打下坚实的基础。同时，新一代交易系统为会员及其他市场参与者的技术系统今后相应提升开辟了新的途径，也为今后交易所开展模拟交易业务、交易所托管业务、多品种、多平台业务等提供了理想的支撑平台。

---

① 数据来源于 Wind 资讯。

四、特殊的会员制——行政会员制

世界上主要的证券交易所不是会员制就是公司制，但是，由于特殊的原因，我国的证券交易所是具有行政特色的会员制。虽然从组织结构上来判断，我国的证券交易所应归类于会员制。但进一步分析可以发现，我国的会员制不同于传统意义上的会员制，在传统的会员制证券交易所中，会员享有对证券交易所的决策权和控制权，可以通过会员的投票权来对证券交易所的重大事项进行决策。但是我国证券交易所的实际情况却并非如此。首先，会员大会并没有什么权力也几乎不召开会议；其次，交易所的理事长、总经理的委派都由中国证监会决定，故有很明显的行政特征。从所有权归属方面来看，虽然我国《证券法》第一百零五条规定，"实行会员制的证券交易所的财产积累归会员所有，其权益由会员共同享有，在其存续期间，不得将其财产积累分配给会员。"但是证券交易所会员的席位费是否可以等同于出资并没有法律上的明确说法，因此会员对交易所拥有的所有权也不是真正意义上的支配权，从而使得我国的证券交易所并非完全意义上的会员制。此外，证券交易所大多都是市场化的产物，但由于特殊的历史背景，中国的证券交易所发展更多源自政府的推动，具有浓厚的行政色彩，故可称为行政会员制。

五、国际化发展初见成效

在国家政策许可的范围内，我国的证券交易所积极进行证券交易所国际合作与交流，在国际化发展方面取得了初步成效。以上海证券交易所为例，目前上交所已经加入了国际证监会组织、亚洲暨大洋洲交易所联合会、世界交易所联合会，并于2006年10月，在巴西圣保罗举行的世界交易所联合会（WFE）第46届年会上高票当选为董事会成员，在国际交易所领域取得了一定的话语权。此外，上海证券交易所还与国际著名的证券交易所建立了一定的友好协作关系，自1994年与伦敦证券交易所首次签订谅解备忘录以来，截至2010年4月，上海证券交易所已与世界上37个证券交易所签署了谅解备忘录或合作协议，这其中包括世界上著名的纽约证券交易所、纳斯达克、东京证券交易所，以及香港交易所等。

第 2 节　我国证券交易所发展存在的主要问题

改革开放以来，我国证券交易所从无到有，市场规模不断扩大，世界地位日渐提升，取得了长足进步。但是随着我国证券市场的不断开放，证券交易所的行业环境从自然垄断逐步走向竞争，尤其是在海外证券交易所即将进入中国市场，使证券交易所竞争白热化的背景下，其发展中存在的问题也日显突出，引起市场各方的高度重视。

一、交易产品创新不足

目前除了基础类的股票、债券等产品外，我国交易所还推出了 ETF、股票权证，但就总体而言，交易所市场产品线依然很不丰富，目前 ETF 基金仅有针对指数的品种，如上证 50，没有针对个股的 ETF 品种，而针对个股的 ETF 品种在西方成熟的市场中已是非常成熟的产品。权证方面，仅有为股改而配套设计的股票权证，备兑权证尚未推出，其他重要的衍生品种如股票期货，股指期权等还没有。此外，证券交易所的一种新交易产品尤其是新品种从构想到推出往往要花很长的时间，以 ETF 推出为例，2001 年时上海证券交易所便打算推出 ETF，但是直到 2005 年 2 月后才正式推出，并且第一只 ETF 推出后，截至 2011 年，沪、深证券交易所的 ETF 产品总共仅有 37 只。证券交易所的产品创新很大程度上受上级主管部门的控制，因此证券交易所在产品创新上主动性不足，更多的只是被动执行上级主管部门的行政命令，而不是根据市场需要主动推出新交易品种。

二、行政会员制弊端日渐突出，自律功能不能充分发挥

行政会员制下，导致目前我国的两大证券交易所上海证券交易所和深圳证券交易所职能上几乎相同，管理上均归属于证监会，证监会具有对交易所的人事任免权，两所的总经理等均由证监会任命，因此很像分设在两地的行政下属

部门。由于目前公司上市的决定权不在交易所而在证监会，如此便形成了上市资源在两交易所之间的行政性分配，上海、深圳两大证券交易所也就不必为上市资源等方面的事务彼此竞争，再加上行政分配导致的垄断，使得两交易所不用为收入发愁，竞争的动力当然也就不会强化。

三、国际化发展进展缓慢

我国证券交易所在国际化发展方面虽然已经取得了一定的成绩，但是相较于我国证券市场的发展速度，以及世界证券交易所的发展趋势而言，进展还是缓慢的。首先表现为尚未有海外公司在我国证券交易所挂牌，这和我国的证券市场发展规模不相符合，同时也不符合我国经济的开放进程；其次是与海外证券交易所合作交流层次较低，我国证券交易所与海外一些证券交易所甚至著名的证券交易所虽然签署了合作协议、谅解备忘录，但是，就其合作交流的内容而言，一般仅限于人员学习交流、工作互访等低层次内容，对于合作开发产品、市场互联、共同上市等方面的较高层次合作交流很少，至于更深的如新市场、并购等合作还没有涉及。

第3节　海外证券交易所的发展现状与特点

一、国际上有影响的证券交易所

目前国际上有影响的证券交易所主要有纽约证券交易所（NYSE）、纳斯达克证券交易所（NASDAQ）、东京证券交易所（TSE）、伦敦证券交易所（LSE）、香港证券交易所（HKEX）等。

1. 纽约证券交易所

纽约证券交易所是目前世界上规模最大的有价证券交易市场。2005 年 4 月，纽约交易所宣布收购电子交易运营商 Archipelago 控股公司，从非营利性法人团体转化为营利性公司，合并后的新公司名为纽约证券交易所集团公司，集团的股票在纽交所上市。2007 年 4 月 4 日，纽约—泛欧证券交易所于正式成立，总部设在纽约，由来自 5 个国家的 6 家货币股权交易所以及 6 家衍生产品交易所共同组成，其上市公司总数约 4 000 家，总市值达 28.5 万亿美元（21.5 万亿欧元），日平均交易量接近 1 020 亿美元（77 亿欧元）。2011 年 2 月 16 日，德意志交易所集团（Deutsche Boerse）和纽约—泛欧交易所集团（NYX）宣布，双方已经签署了合并协议，将组成一家全球性的巨型交易所运营集团，规模排名世界第一。

在 200 多年的发展过程中，纽约证券交易所为美国经济的发展、社会化大生产的顺利进行、现代市场经济体制的构建起到了举足轻重的作用，也是世界上规模最大、对世界经济有着重大影响的证券交易所。

2. 纳斯达克证券市场

纳斯达克（NASDAQ），全称为"全美证券交易商协会自动报价系统"，是一个基于电子网络的无形市场，目前大约有 3 200 家公司在该市场挂牌上市，是美国上市公司最多、股份交易量最大的证券市场。

1968 年，美国证券商协会（National Association of Securities Dealers Inc，NASD）为解决场外交易（OTC 市场）的分割问题，决定创建"全美证券商协会自动报价系统"。2005 年 2 月，纳斯达克在自己的市场上挂牌交易。2007 年 5 月，纳斯达克以 37 亿美元收购北欧证券市场 OMX 公司，联合组建一个跨大西洋的交易平台。新公司命名为纳斯达克 OMX 集团，总市值高达 71 亿美元，其中纳斯达克拥有 72% 的股权，OMX 公司股东拥有 28% 的股权。

纳斯达克资本市场自 1970 年年初诞生以来，因其更为宽松的上市条件和快捷的电子报价系统，受到新兴中小企业尤其是高科技企业的欢迎，聚集了一批全球最出色的高科技公司，如微软、英特尔、思科、雅虎及戴尔等，在美国新经济的崛起中却发挥了巨大的作用。

纳斯达克的一个重要特点是拥有自己的做市商制度（Market Maker）。做市商是一些独立的股票交易商，为投资者承担某一只股票的买进和卖出。这一制度安排对于那些市值较低、交易次数较少的股票尤为重要。每一只在纳斯达克上市的股票，至少要有两个以上的做市商为其股票报价，一些规模较大、交易较为活跃的股票的做市商往往能达到 40~45 家。

3. 伦敦证券交易所

伦敦证券交易所是世界上历史最悠久的证券交易所之一，它的前身为 17

世纪末伦敦交易街的露天市场，是当时买卖政府债券的"皇家交易所"。1773年正式更名为"伦敦证券交易所"。

证券交易所的成立为英国工业革命提供了重要的融资渠道，为促进当时英国经济的兴旺发挥了重要作用。而英国工业的强劲发展也促进了交易所自身的壮大，从而确立了英国世界金融中心的地位。在长期的发展过程中，英国的证券交易所进行了多次重组合并，1986年10月，伦敦证券交易所于进行了重大改革，其中包括改革固定佣金制，允许大公司直接进入交易所进行交易，放宽对会员的资格审查，允许批发商与经纪人兼营，证券交易全部实现电脑化，与纽约、东京交易所联机，实现24小时全球交易等，这些改革措施巩固了其在国际证券市场中的地位。2000年，伦敦证券交易所于2001年7月在自己的主板上市交易。

4. 东京证券交易所

东京证券交易所的发展历史虽然不长，但作为日本最大的证券交易所，其在世界证券交易市场上具有举足轻重的地位。东京证券交易所的股票交易量占日本全国交易量的80%以上。

1983~1990年是东京证券交易所史无前例的发展时期。1990年，东京证券交易所吸引了全世界60%的股票市场资本，成为当时世界最大的证券交易所。虽然随着证券泡沫的破灭，东京证券交易所已不再有往日的辉煌，但目前仍是世界上最大的证券交易所之一。2001年，东京证券交易结束了以前的会员制，将自己改造成了一家公司。不过，东京证券交易所还没有像伦敦证券交易所及纽约证券交易所一样上市。在重组计划上，东京证券交易所（TSE）和大阪证券交易所（OSE）于2011年11月22日表示，计划在2013年1月份实现合并，此举将打造出全球第三大交易所运营商。东京证交所将专注于股票现货交易，而大阪证交所将运营一个衍生产品交易平台。

5. 香港交易所

香港交易所由香港联合交易所有限公司、香港期货交易所有限公司和香港中央结算有限公司于2000年3月合并而成，提供包括公司上市、股票交易、结算交收、信息服务以及市场监管等各项服务，香港交易所于2000年6月27日上市，并成为亚洲区首个提供纳斯达克股份在亚洲地区买卖的交易所。港交所市值在全球上市交易所中最大，同时拥有全球上市交易所中最为充裕的现金，未来如果港交所寻求并购，最有可能以买家的姿态出现。港交所的发展方向是与内地交易所建立更密切合作，其核心价值仍是作为中资股的主要国际交易平台。此部分业务应不会因近期海外交易所合并潮而受重大挑战。

二、海外证券交易所的发展特点

1. 交易品种多样化，业务多元化

近年来，国际证券交易所正沿着两个方向进行产品拓展，即一方面提供完善的产品系列，扩大产品线的宽度，实现在"一个屋檐下"买卖所有产品的目标；另一方面通过市场层次细分来拓展产品线深度，以便为投资者、发行人和中介机构提供多元化的市场参与维度。例如纳斯达克交易所在成立之初目标定位只是局限于中小企业，随着时代变迁，单一业务模式已经不能满足交易所高速发展的需要，2006 年 2 月，纳斯达克宣布将股票市场分为三个层次：纳斯达克全球精选市场、纳斯达克全球市场（原来的纳斯克达全国市场）以及纳斯达克资本市场（原来的纳斯达克小型股市场），进一步优化市场结构，吸引不同层次的企业上市。

2. 交易所间竞争日趋白热化

（1）资本市场全球化加剧了传统交易所之间的竞争，交易所的垄断地位受到严峻挑战。

（2）由于技术进步，电子交易与另类交易系统对传统交易所构成巨大威胁。电子交易大大降低了交易市场的进入障碍和临界规模水平，证券交易所的自然垄断格局正在逐渐解体。在这种产业格局下，各种各样的另类交易系统（ATS）如雨后春笋般不断涌现。这些新交易系统给投资者提供了下单和进行交易的更多选择，大大降低了交易成本。

（3）监管体制变化鼓励竞争。20 世纪 80 年代以来，金融、能源、运输、电信等传统的垄断行业出现了放松管制和私有化浪潮，一些国家通过推出固定价格协议、开放证券市场、放松对交易所管制，推动证券市场自由化，从而对证券交易所的整个产业结构产生了巨大冲击。激烈的竞争对交易所治理结构产生了深远的影响。

3. 交易所公司化成为主流

目前，世界上许多大型证券、期货交易所由会员制改为公司制成为一种趋势，从传统非营利性的会员制组织改造成为营利性的股份制公司，有的甚至成

为上市公司。目前世界上很多著名的交易所，如纽约证券交易所、纳斯达克交易所、东京证券交易所、伦敦证券交易所、德国证券交易所、泛欧交易所、香港交易所、澳大利亚证券交易所、新加坡交易所、多伦多证券交易所、都已经完成交易所公司制改造，并成功上市，成了公司制上市交易所。一些新兴市场包括发展中国家的许多证券交易所也进行了公司制的改造，例如，菲律宾证券交易所、布达佩斯证券交易所、吉隆坡证券交易所都先后变成公司制交易所。

4. 全球证券交易所出现并购整合潮

进入 21 世纪，先行完成公司化改制的证券交易所在对本土交易所整合基本完成的基础上，在国际利润的驱动下纷纷进入了进一步海外扩张阶段，国际知名证券交易所之间通过收购合并实现新的整合。2000 年法国巴黎证交所、荷兰阿姆斯特丹证交所、比利时布鲁塞尔证交所合并成立泛欧证券交易所（Eu-ronext），2002 年新成立的泛欧证券交易所又先后收购了葡萄牙里斯本证交所和伦敦国际金融期交所（LIFF）。2007 年 4 月，纽约证交所与泛欧证交所合并组成的纽约—泛欧证交所正式成立，由来自 5 个国家的 6 家货币股权交易所以及 6 家衍生产品交易所共同组成，成为全球最大的证券交易所。2011 年 2 月 16 日，德意志交易所集团（Deutsche Boerse）和纽约泛欧交易所集团（NYX）将协议合并组成一家全球性的巨型交易所运营集团，规模排名世界第一，合并最终能否成功还有待政府部门来裁决。此外，各国证券交易所之间还通过建立战略联盟的方式进行合作与整合，从而提高自身竞争优势。

5. 证券交易所的战略定位日渐清晰

在激烈和复杂的竞争环境下，世界各国（地区）证券交易所根据自身的特点和优势，来进行战略定位并制定竞争策略。

（1）全球性交易所。全球性交易所的市值、成交量和流动性在某一经济体系中均处于领先地位，其交易产品包括全球性股票、存托凭证、第二上市股票、本国知名企业的股票以及相应的衍生产品，而其客户则来自全球范围。成为全球交易所必须具备三个基本条件：即丰富的市场资源、悠久的金融文化传统以及完善的系统架构。比如伦敦证券交易所、纽交所、东京交易所彼此联机，实现 24 小时全球交易。

（2）地域性证券交易所。与全球性交易所相比，地域性交易所在一国经济体系中扮演重要角色，成为该国企业的主要上市场所，而投资者主要由国内投资者所构成。另外，地域性交易所主要提供该国上市股票、债券、期货、期权以及其他金融产品的交易，成为这些产品在该国的流动性中心，比如大阪证券交易所等。

第 4 节　证券交易所的发展方向

一、国际证券交易所的发展趋势

1. 推动交易所产品创新，构建金融超市

为了吸引市场参与者的买卖委托流量，证券交易所必须提供不同收益形态、不同投资期限，以及不同风险和收益组合的金融产品，以满足投资者、投机者、避险者和套利者等不同类型市场参与者的多元化需求，增加市场的吸引力和网络外部性。证券交易所一方面通过自己开发新的衍生产品，如各种指数产品，包括指数期货、指数期权等；另一方面通过并购衍生产品交易所来完善产品结构。如纳斯达克通过并购美国交易所延伸其衍生品交易市场，纽约证券交易所本是传统的现货市场，但在并购 Archex 后也开拓了衍生品市场。伦敦交易所由于没有能够成功并购伦敦金融期货交易所，不得不在权证等衍生品领域投入更多的资源。

2. 公司制改造已成为世界证券交易所的一种重要发展趋势

传统的交易所多采用会员所有制的方式，这是一种非营利的互助性组织，只有会员才能直接进入交易系统进行交易，这些会员拥有交易所的资产并参与交易所的治理。为了适应技术发展和全球化竞争，世界各地的证券交易所都在积极推动交易所组织结构的深层次变革，目前欧洲大部分的证券交易所都已完成公司化改制，亚洲和北美地区的证券交易所改制步伐也在加快。至此以上市公司市值或交易量排名世界前 10 位的证券交易所都完成了公司化改革，可见公司制改造已成为世界证券交易所的一种重要发展趋势。与此同时，证券交易所从会员制改制为公司制，尤其是变成上市公司后，追求商业盈利能力的增强将成为公司制交易所运作的重要目标，而这往往会造成交易所监管职能的降低，因此妥善解决改制后交易所自律监管职能问题就显得尤为重要。

3. 加强国际发展提高证券交易所的集中度

在一个开放的时代里，各国证券交易所的生存环境已发生了很大的变化，从前那种垄断已被打破，交易所的全球竞争越来越成为一种必然趋势。面对来自海外对手的强有力挑战，很多证券交易所特别是那些著名的证券交易所除了在产品创新以及组织制度变革方面做出努力外，普遍都将目光投向海外，试图通过国际发展，来谋求自己在未来发展中的地位。具体表现为证券交易所跨国联盟与合并。联盟是证券交易所之间共享资源和网络，合并是证券交易所在更高层面重新整合资源与网络。通过这两种方式，上市公司和交易便会向少数的证券交易所聚集。

4. 多渠道降低交易成本

证券交易所成本的降低首先是来自电子交易系统带来的竞争效应。电子交易系统，相比传统的证券交易所，效率更高，系统的维护成本和人工费用更低，发展较为迅速。在面对来自电子交易系统的竞争时，大部分传统交易所受到较大的压力。随着电子交易系统的普及，交易收费下降的空间逐渐缩小，但关于结算、存管的收费，在交易所纵向整合后，也开始趋于下降。

二、对国内交易所发展的启示

1. 全球证券交易所的发展对我国交易所的变革提出了新要求

目前，我国有上海证券交易所和深圳证券交易所。这两家证券交易所名义上是会员制的组织形式，实际上是一种行政特征明显的"行政会员性组织"，更多的是一个执行国家有关行政法规和相关政策的机构，会员对交易所的重大决策没有参与权，交易所的人员任免完全由证监会负责。两家交易所曾经经历过短暂的相互竞争，当前被赋予了不同的历史使命——上海证券交易所定位于建立中国的蓝筹股市场，而深圳证券交易所则定位于建立中国的创业板市场，两者的竞争关系基本消失。尽管我国证券交易所在国内仍然处于垄断地位，但来自外部交易所的竞争却日益严峻。我国证券交易所不但面临着地区性证券交易所的竞争（如香港交易所、新加坡交易所、韩国交易所），也面临着来自国际性证券交易所的竞争（如纽约交易所、纳斯达克、伦敦交易所、法兰克福交易所）。这种竞争导致我国流失了大量的上市资源。国际证券交易所为应对来自全球范围内的竞争，通过改革治理结构，通过合并与联盟提高集中度，不断降低交易成本，以及增加交易产品的多元化，其最终目的是在全球竞争中获得优势地位，进而争夺世界金融中心。西方发达国家的实践证明，金融中心对促进一国经济发展有重要作用，资本市场已是大国竞争的重要舞台。交易所作为资本市场的载体，是资本市场发挥功能的必要环节。在这种形势下，我国证券交易所必须尽快进行变革，以应对外界的竞争，通过技术、制度创新，提高资本市场的效率。

2. 引入竞争机制对我国证券交易所的发展具有重要意义

国际经验告诉我们，证券交易所创新发展的最大动力是引入竞争机制。引入竞争，并不意味着允许我国各个地方建立自己的证券交易所，然后再通过竞争与整合产生出最后的胜者，这是重走美国证券交易所发展的老路，必将导致资源的巨大浪费。引入竞争，是指给予证券交易所市场主体的身份，创造交易所竞争环境，并不一定是引入新的竞争者。目前我国人为地将两家证券交易所的发展进行定位，而不是通过市场竞争给予的，发展定位是否一定就能促进资本市场的发展，还需要进一步的检验。当前我国证券交易所的改革和创新其推动力不是来自竞争，而主要是来自政府。由于政府固有的信息问题和代理问题，我国证券交易所的改革显得有些缓慢而又曲折。因此，可以考虑放开竞争，把创新和变革的主动权交给证券交易所自身和市场参与主体。政府只负责制定规则和维护规则，保护投资者的利益和维护有序的竞争环境。把市场监管的权力交给交易所，在市场竞争的压力下，交易所会通过加强监管来吸引更多的投资者。给予上市公司选择上市地的自由，会促使交易所改进自己的运作效率，提高服务水平。给予投资者参与私募基金的自由，我国的机构投资者发展步伐将会加速，在与交易所的博弈中有更多的发言权，从而推动交易所进行技术创新和产品创新，不断降低交易成本，丰富交易品种。

3. 公司制改革是保持交易所有效竞争的必要条件

为了避免竞争带来的负面效应，交易所治理结构的变革是必要条件。同是国有产权下的市场主体进行竞争，在政府看来都会造成资源浪费，因为最后的"买单者"始终是政府。因此有必要尽快推动我国证券交易所的公司制改革。公司制改革，不仅仅是法律形态上的转换，而且是产权结构，组织治理特征发生实质的变化，也就是说要引入政府以外的产权主体，这样的改革才能保证证券交易所之间良性的竞争。另外，证券交易所核心竞争力提高的前提是存在一

个运作高效的组织架构和治理机制予以支撑和配合，而不是形式上的。公司制变革的目的是为适应全球资本市场发展趋势以及交易所竞争国际化的要求，通过消除组织中与各项竞争战略、外部环境和内部资源条件等方面不相适应的部分，以完善组织结构，保证核心战略得到顺利实施。

第5节　结　　语

在经济全球化的今天，中国正在逐步融入世界经济金融体系当中。面对全球交易所的公司化和并购化浪潮，我们不应无动于衷更不能逆潮流而动。由于现阶段我国证券市场在我国经济中所起的作用与一般成熟市场经济国家的还不尽相同，因此我们不能简单地模仿国际市场的做法。正确的态度应是在认清发展趋势的基础上根据我国变化着的市场情况着手理清交易所的职责范围和治理机制，为最终与国际市场接轨做好准备。

重设型熊市看跌期权的鞅定价与创新

Chapter 13

Martingale Pricing and Innovation of Bear Market Reset Put Option

期权是 20 世纪 70 年代中期在美国出现的一种金融创新工具，40 多年来它作为一种防范风险和投机的有效手段而得到迅猛发展，为了吸引投资者的兴趣，有不少券商相继推出不同新类型的期权。国际财务公司（IFC）1996 年创新发行了重设型熊市看跌期权，并在纽约股票交易所（NYSE）和芝加哥期权交易所（CBOE）两地交易。它是以标准普尔 500 指数作为标的，但可以于发行后 3 个月重设履约价格。也就是说，从原发行日后满 3 个月的交易日，若当天标准普尔 500 指数的收盘价格高于原履约价，则该期权的履约价可以重设为当日指数的收盘价格。熊市看跌期权适用于组合避险，保护投资组合或共同基金不因股价下跌而遭受损失。但若股价指数不跌反涨，保险面额可随指数上升而重设。这种重设特征不仅提供给投资组合更有价值的保护且具有稳定市场的功能，深受广大券商的青睐。

格雷和威利（Gray and Whaley，1997，1999）介绍了单点重设型看涨和看跌期权，并给出了推导出了准确的定价公式。尽管 Black-Sholes 偏微分方程是非常实用的期权定价方法，但对于复杂的期权求解偏分方程往往显得过于烦琐甚至在很多情况下无法得到封闭解。考克斯和罗斯（Cox and Ross，1976）与哈里森和克雷普斯（Harrison and Kreps，1979）介绍了另一种求解衍生性商品的评价方法，称为鞅定价法。本章正是希望以鞅定价法和随机分析为数学工具得出重设型熊市看跌期权定价公式，并将其模型推广到无风险利率 $r(t)$、指数连续股利率 $q(t)$、指数瞬时波动率 $\sigma(t)$ 分别为依赖于时间 t 的非随机函数的情形，并进一步探讨重设型期权的创新形式，如汇率—股价联动式重设型期权（田存志，2005），多点重设型期权（Cheng and Zhang，2000）。

第 1 节 重设型熊市看跌期权的定义

该期权实际上是一种特殊的欧式指数看跌期权，标的资产为股票指数，执行时间为 T，原定履约价为 K，在事先指定的时间 t（$t = 3$ 个月后的重设日），期权持有者有权对原定的履约价 K 进行重设，若 $S_t \geqslant K$ 时，他不行使此权利；若 $S_t < K$，他将行使将履约价重设为 S_t 的权利，并在 T 时刻按重设后的履约价执行期权。

重设型熊市看跌期权到期时的现金流可以表示为：

$$BMWP_T = \begin{cases} \alpha \times \dfrac{S_t - S_T}{S_t}, & 若\ S_t > K,\ 及\ S_T < S_t \\[3mm] \alpha \times \dfrac{K - S_T}{K}, & 若\ S_t \leq K,\ 及\ S_T < K \\[3mm] 0, & 若\ S_t > K\ 且\ S_T \geq S_t\ 或\ S_t \leq K\ 且\ S_T \geq K \end{cases}$$

也就是到期收益为 $BMWP_T = \alpha \times \text{Max}\big[\text{Max}(S_t,\ K),\ 0\big]$，$\alpha$ 表示支付比例因子，由于重设型熊市看跌期权是以股票指数为标的，因此它的支付只能基于某种变动百分比，所以要乘以一个支付比例因子，若 $\alpha = 50$，那么到期时计算的交割价值为 $50 \times (S_t - S_T)/S_t$ 或 $50 \times (K - S_T)/K$ 或 0。

第 2 节　鞅定价法分析

一、等价鞅测度的转换

定义一个自融资策略来复制期权价值 V_t，$V_t = \alpha(t) \times S_t + B_t$，其中投资于股票 S_t 的部分为 $\alpha(t) \times S_t$，投资于债券 B_t 的部分为 $V_t - \alpha(t)S_t$，所以财富过程可以表示为

$$dV = \alpha(t) \times dS_t + dB_t$$

假设股票指数的变动，它满足以下的随机过程：$dS_t = S_t(u - q)dt + \sigma S_t dW^p$，$u$ 表示风险资产的收益率，q 为支付连续股利率，暂且设定 u，q，σ 均为常数，dW^p 表示概率测度 P 下的一维标准布朗运动；无风险资产的价值变动表示为 $dB_t = B_t \times rdt$，r 为无风险收益率。

财富过程满足以下随机过程：

$$dV_t = \big[(u - r)\alpha(t) \times S_t + r \times V_t\big]dt + \alpha(t)S_t \times \sigma dW_t^P$$

概率测度 P 下带有漂移项，财富过程不是鞅，因此要利用 Girsanov 定理对概率测度进行转换。设 $\beta_t = \dfrac{r - u}{\sigma}$，令 $W_t^Q = W_t^P - \displaystyle\int_0^t \beta_t ds$，根据 Girsanov 定理，$W_t^Q$ 在新的概率测度 $dQ(\omega) = \exp\left(\displaystyle\int_0^t \beta_t dW_t - \dfrac{1}{2}\int_0^t \beta_t ds\right)dp(\omega)$ 下是标准布朗运动。

将 $W_t^Q = W_t^P + \dfrac{r-u}{\sigma}t$ 带入原式得到：

$$dV_t - r \times V_t = \alpha(t)S_t \times \sigma dW_t$$

令 $\tilde{V}_t = e^{-rt}V_t$，因此 $d\tilde{V}_t = e^{-rt}(dV_t - rV_t dt)$

得到 $d\tilde{V}_t = e^{-rt}\alpha(t)S_t \times \sigma dW_t^Q$ 同理令 $\tilde{S}_t = e^{-rt}S_t$

可得 $d\tilde{S}_t = \tilde{S}_t\sigma dW_t^Q$。

即 $d\tilde{V}_t = \alpha(t)\tilde{S}_t \times \sigma dW_t^Q$，因为 W_t^Q 在新的概率测度 Q 下是标准布朗运动，$\tilde{S}_t$ 为鞅，所以在测度 Q 下 $\tilde{V}_t$ 是鞅，即 $e^{-rt}V_t$ 在测度 Q 下是鞅：$V_t = E^Q[V_T \times e^{-(T-t)\times r} \mid F_t]$，也就是说，任意自融资策略资产组合的价值都等于在测度 Q 下未来期望值的贴现。

在新的概率测度 Q 下，股票指数过程变为 $dS_t = S_t r dt + \sigma S_t dW_t^Q$，求解 S_t。

令 $f = \ln S$，$\dfrac{\partial f}{\partial t} = 0$，$\dfrac{\partial f}{\partial s} = \dfrac{1}{S}$，$\dfrac{\partial^2 f}{\partial s^2} = -\dfrac{1}{S^2}$ 利用 *ito* 公式：

$$d\ln S = \left(\frac{\partial f}{\partial t} + \frac{1}{2}\sigma^2 S^2 \frac{\partial^2 f}{\partial s^2} \right)dt + \frac{\partial f}{\partial s}ds$$

$$= -\frac{1}{2}\sigma^2 dt + \frac{1}{S} \times [S(r-q)dt + S\sigma dW_t^Q]$$

$$= \left(r - q - \frac{\sigma^2}{2} \right)dt + \sigma dW_t^Q$$

未来股票指数的随机变动过程可以表示为：

$$d\ln S_t = \left(r - q - \frac{\sigma^2}{2} \right)dt + \sigma dW_t Q$$

因此，股指本身的随机过程为：

$$S_t = S \times \exp\left[\left(r - q - \frac{\sigma^2}{2} \right) \times t + \sigma W_t^Q \right], \quad W_t^Q \sim N(0, \sqrt{t}), \quad S \text{ 为 0 时刻的价格。}$$

我们在确定衍生资产的价值过程是鞅的基础上，进一步研究它的鞅定价法。

二、鞅定价法分析

在等价鞅测度（风险中性测度）下，该期权的定价即期权在 0 时刻的价值 $BMWP0$，可根据其到期价值 $BMWP_T$ 的期望值，按无风险利率 r 折现：

$$BMWP0 = \alpha \times \left[\begin{array}{l} e^{-rT}E^Q\left(\dfrac{S_t - S_T}{S_t} \,\middle|\, S_t > K, \ S_T < S_t \right)P^Q(S_t > K, \ S_T < S_t) \\[2ex] + e^{-rT}E^Q\left(\dfrac{K - S_T}{K} \,\middle|\, S_t \leq K, \ S_T < K \right)P^Q(S_t \leq K, \ S_T < K) \end{array} \right]$$

$$= \alpha \times \left[BMWP1 + BMWP2 \right]$$

我们分别求解两部分的值：

$$BMWP1 = e^{-rT} E^Q \left(\frac{S_t - S_T}{S_t} \,\middle|\, S_t > K, \ S_T < S_t \right) P^Q (S_t > K, \ S_T < S_t)$$

$$= e^{-rT} E^Q (1 \,\middle|\, S_t > K, \ S_T < S_t) P^Q (S_t > K, \ S_T < S_t)$$

$$- e^{-rT} E^Q \left(\frac{S_T}{S_t} \,\middle|\, S_t > K, \ S_T < S_t \right) P^Q (S_t > K, \ S_T < S_t)$$

$$= e^{-rT} E^Q (1 \times I_{\{S_t > K, S_T < S_t\}}) - e^{-rT} E^Q \left(\frac{S_T}{S_t} \times I_{\{S_t > K, S_T < S_t\}} \right)$$

因为 S_T / S_t 是事件从 t 到 T 时刻的价格变动，与 $\{S_t > K\}$ 无关，因此上式可以写成：

$$BMWP1 = e^{-rT} E^Q (I_{\{S_t > K\}}) E^Q (I_{\{S_T < S_t\}}) - e^{-rT} E^Q \left(\frac{S_T}{S_t} \times I_{\{S_T < S_t\}} \right) \times E^Q (I_{\{S_t > K\}})$$

$$= e^{-rT} P^Q (S_t > K) P^Q (S_T < S_t) - e^{-rT} E^Q \left(\frac{S_T}{S_t} \times I_{\{S_T < S_t\}} \right) \times P^Q (S_t > K)$$

分别计算上式的 $P^Q (S_T < S_t)$，$P^Q (S_t > K)$ 和 $E^Q \left(\frac{S_T}{S_t} \times I_{\{S_T < S_t\}} \right)$ 部分：

$$P^Q (S_t > K) = P^Q (\ln S_t > \ln K) = P^Q \left(\ln S + \left(r - q - \frac{\sigma^2}{2} \right) t + \sigma \times W_t > \ln K \right)$$

$$= P^Q \left(\frac{W_t^Q}{\sqrt{t}} > \frac{\ln(K/S) - \left(r - q - \frac{\sigma^2}{2} \right) t}{\sigma \sqrt{t}} \right)$$

$$= P^Q \left(-\frac{W_t^Q}{\sqrt{t}} < \frac{\ln(S/K) + \left(r - q - \frac{\sigma^2}{2} \right) t}{\sigma \sqrt{t}} \right)$$

$$\because W_t \sim N(0, \sqrt{t}), \ W_t^Q / \sqrt{t} \sim N(0, 1)$$

$$= N(d_2)$$

其中，$d_2 = \dfrac{\ln(S/K) + \left(r - q - \dfrac{\sigma^2}{2} \right) t}{\sigma \sqrt{t}}$

$$P^Q (S_T < S_t) = P^Q (\ln S_T < \ln S_t)$$

$$= P^Q \left(\ln S_t + \left(r - q - \frac{\sigma^2}{2} \right) (T - t) + \sigma \times W_{T-t} < \ln S_t \right)$$

$$= P^Q\left(\frac{W_{T-t}^Q}{\sqrt{T-t}} < \frac{-\left(r-q-\dfrac{\sigma^2}{2} \right)(T-t)}{\sigma \sqrt{T-t}} \right)$$

$$= N(-d_2^*),\ \because W_{T-t} \sim N(0,\ \sqrt{T-t}),\ W_{T-t}^Q/\sqrt{T-t} \sim N(0,\ 1)$$

其中，$d_2^* = \dfrac{\left(r-q-\dfrac{\sigma^2}{2} \right)(T-t)}{\sigma \sqrt{T-t}}$

对于 $BMWP1$ 原式我们已经解得 $P^Q(S_T < S_t)$ 和 $P^Q(S_t > K)$，但对于 $E^Q\left(\dfrac{S_T}{S_t} \times I_{\{S_T<S_t\}} \right)$，即到期 $S_T < St$ 时 S_T/St 的期望值，在风险中性的概率测度 Q 下，求解起来会比较困难，因此要用到 Girsanov 定理对风险中性的概率测度进行转换。

Girsanov 定理：设 W_t^Q 代表概率空间 $(\Omega,\ F,\ Q)$ 上的一维布朗运动，β_t 为 $F(t)$ 相适应的随机过程，若 $E\left[\exp\left(1/2 \int_0^T \beta_t dW^Q \right) \right] < \infty$，令 $Z_t = \exp\left[\int_0^t \beta_t dW_t^Q - \dfrac{1}{2} \int_0^t \beta_t ds \right]$，在等价鞅测度下 Z_t 是鞅，因此在定义的新概率测度 $dR(\omega) = Z_t dQ(\omega)$ 下 $W^R = W^Q - \int_0^t \beta_t dt$ 为标准布朗运动。实际上通过这个定理可以进一步推得，在新测度 R 下，令 $Z_t = \exp\left[\int_0^t \beta_t dW_t^Q - \dfrac{1}{2} \int_0^t \beta_t ds \right]$，那么 $\int_A dR(\omega) = \int_A Z_t dQ(\omega) = \int_\Omega Z_t I_A dQ(W) = E^Q[Z_t I_A]$，即：

$$E^R[I_A] = P^R(A) = \int_\Omega Z_t I_A dQ(W) = E^Q[Z_t I_A]$$

该等式对于后面的计算可以大大简化，如下所示：

$$E^Q\left(\frac{S_T}{S_t} \times I_{\{S_T<S_t\}} \right) = E^Q\left(\frac{S_0 \times \exp\left[\left(r-q-\dfrac{\sigma^2}{2} \right) \times T + \sigma W_t^Q \right]}{S_0 \times \exp\left[\left(r-q-\dfrac{\sigma^2}{2} \right) \times t + \sigma W_t^Q \right]} \times I_{\{S_T<S_t\}} \right)$$

$$= E^Q\left(\exp\left[\left(r-q-\frac{\sigma^2}{2} \right) \times (T-t) + \sigma W_t^Q(T-t) \right] \times I_{\{S_T<S_t\}} \right)$$

$$= e^{(r-q)(T-t)} \times E^Q\left(\exp\left[\left(-\frac{\sigma^2}{2} \right) \times (T-t) + \sigma W_t^Q(T-t) \right] \times I_{\{S_T<S_t\}} \right)$$

此处：$\exp\left[\left(-\dfrac{\sigma^2}{2} \right) \times (T-t) + \sigma W_t^Q(T-t) \right]$ 写为 $\exp\left[\int_0^{T-t} \sigma dW_t^Q - \dfrac{1}{2} \int_0^{T-t} (\sigma^2) dt \right]$，

相当于 Z_{T-t} , $\beta_t = \sigma$, 同时因为 $E\left[\exp\left[1/2\int_0^{T-t}\sigma \mathrm{d}t\right)\right] = \exp\left[1/2\sigma^2(T-t)\right] <$

∞ , 根据 Girsanov 定理, 转换概率测度 Q 为 R , $W^R = W^Q - \int_0^{T-t}\sigma \mathrm{d}t = W^Q - \sigma$

$(T-t)$, $E^Q(Z_{T-t}\times I_{\{S_T < S_t\}}) = E^R(I_{\{S_T < S_t\}}) = P^R(S_T < S_t)$ 。

在测度 R 下, 原股价过程变为:

$$\begin{aligned}
S_T &= S_t \times \exp\left[\left(r - q - \frac{\sigma^2}{2}\right)\times(T-t) + \sigma W_t^Q\right]\\
&= S_t \times \exp\left[\left(r - q - \frac{\sigma^2}{2}\right)\times(T-t) + \sigma(W_t^R + \sigma(T-t))\right]\\
&= S_t \times \exp\left[\left(r - q + \frac{\sigma^2}{2}\right)\times(T-t) + \sigma(W_t^R)\right], \quad W_t^R \sim N(0, \sqrt{t})
\end{aligned}$$

$$\begin{aligned}
\text{原式} &= e^{(r-q)(T-t)}P^R(S_T < S_t) = e^{(r-q)(T-t)}P^R(\ln S_T < \ln S_t)\\
&= P^R\left(\ln S_t + \left(r - q + \frac{\sigma^2}{2}\right)(T-t) + \sigma \times W_{T-t}^R < \ln S_t\right)\\
&= P^R\left(\frac{W_{T-t}^R}{\sqrt{T-t}} < \frac{-(r - q + \sigma^2/2)(T-t)}{\sigma\sqrt{T-t}}\right), \quad \because W_{T-t}^R / \sqrt{T-t} \sim N(0, 1)\\
&= e^{(r-q)(T-t)}N(-d_1^*)
\end{aligned}$$

其中, $d_1^* = \dfrac{(r - q + \sigma^2/2)(T-t)}{\sigma\sqrt{T-t}}$, 综合 $P^Q(S_T < S_t)$ 和 $P^Q(S_t > K)$,

$E^Q\left(\dfrac{S_T}{S_t}\times I_{\{S_T < S_t\}}\right)$ 这三项, $BMWP1$ 的值为:

$$\begin{aligned}
BMWP1 &= e^{-rT}N(d_2) \times \left[N(-d_2^*) - e^{(r-q)(T-t)}N(-d_1^*)\right]\\
&= e^{-rT}N(d_2) \times \left[e^{(r-q)(T-t)}N(d_1^*) - N(d_2^*)\right]
\end{aligned}$$

接下来继续计算 $BMWP2$, 与 $BMWP1$ 比较类似:

$$\begin{aligned}
BMWP2 &= e^{-rT}E^Q\left(\frac{K - S_T}{K}\middle| S_t \leqslant K, S_T < K\right)P^Q(S_t \leqslant K, S_T < K)\\
&= e^{-rT}E^Q(1 \times I_{\{S_t \leqslant K, S_T < K\}}) - e^{-rT}E^Q\left(\frac{S_T}{K}\times I_{\{S_t \leqslant K, S_T < K\}}\right)\\
&= e^{-rT}P^Q(S_t \leqslant K, S_T < K) - e^{-rT}E^Q\left(\frac{S_T}{K}\times I_{\{S_t \leqslant K, S_T < K\}}\right)(\text{Girsanov 定理})\\
&= e^{-rT}P^Q(S_t \leqslant K, S_T < K) - \frac{1}{K}e^{-rT}Se^{(r-q)T}P^R(S_t \leqslant K, S_T < K)
\end{aligned}$$

其中:

$$P^Q(S_t \leqslant K,\ S_T < K) = P\left(\frac{W_t^Q}{\sqrt{t}} \leqslant -\frac{\ln(S/K) + \left(r-q-\dfrac{\sigma^2}{2}\right)t}{\sigma\sqrt{t}},\ \frac{W_T^Q}{\sqrt{T}} < -\frac{\ln(S/K) + \left(r-q-\dfrac{\sigma^2}{2}\right)T}{\sigma\sqrt{T}}\right)$$

$$= P\left(\frac{W_t^Q}{\sqrt{t}} \leqslant -d_2,\ \frac{W_T^Q}{\sqrt{T}} < -b_2\right) = N(-d_2,\ -b_2,\ \sqrt{t/T})$$

其中，$b_2 = \dfrac{\ln(S/K) + (r-q-\sigma^2/2)T}{\sigma\sqrt{T}}$

$$\mathrm{Cov}\left(\frac{W_t^Q}{\sqrt{t}}, \frac{W_T^Q}{\sqrt{T}}\right) = \frac{\mathrm{Cov}(W_t^Q,\ W_T^Q)}{\sqrt{Tt}} = \frac{\mathrm{Cov}(W_t^Q,\ (W_T^Q - W_t^Q) + W_t^Q)}{\sqrt{Tt}}$$

$$= \frac{\mathrm{Cov}(W_t^Q,\ W_t^Q)}{\sqrt{Tt}} = \sqrt{\frac{t}{T}}$$

相关系数

$$\rho = \mathrm{Cov}\left(\frac{W_t^Q}{\sqrt{t}}, \frac{W_T^Q}{\sqrt{T}}\right) / 1 \times 1 = \sqrt{\frac{t}{T}}$$

$$P^R(S_t \leqslant K,\ S_T < K) = P\left(\frac{W_t^Q}{\sqrt{t}} \leqslant -\frac{\ln(S/K) + \left(r-q+\dfrac{\sigma^2}{2}\right)t}{\sigma\sqrt{t}},\ \frac{W_T^Q}{\sqrt{T}} < -\frac{\ln(S/K) + \left(r-q+\dfrac{\sigma^2}{2}\right)T}{\sigma\sqrt{T}}\right)$$

$$= N\left(-d_1,\ -b_1,\ \sqrt{\frac{t}{T}}\right)\left(\rho = \sqrt{\frac{t}{T}}\right)$$

其中，$d_1 = \dfrac{\ln(S/K) + \left(r-q+\dfrac{\sigma^2}{2}\right)t}{\sigma\sqrt{t}}$，$b_1 = \dfrac{\ln(S/K) + (r-q+\sigma^2/2)T}{\sigma\sqrt{T}}$，所以

$$BMWP2 = e^{-rt}N(-d_2,\ -b_2,\ \sqrt{t/T}) - e^{-rt}e^{(r-q)T}\frac{S}{K}N(-d_1,\ -b_1,\ \sqrt{t/T})。$$

所以，最终重设型熊市看跌期权的价格为：

$$BMWP = BMWP1 + BMWP2$$

$$= \alpha e^{-rt}N(d_2)\left[e^{(r-q)(T-t)}N(d_1^*) - N(d_2^*)\right]$$

$$+ \alpha e^{-rt}N(-d_2, -b_2, \sqrt{t/T}) - e^{-qT}\frac{S}{K}N(-d_1,\ -b_1,\ \sqrt{t/T})$$

$$d_1 = \frac{\ln(S/K) + \left(r-q+\dfrac{\sigma^2}{2}\right)t}{\sigma\sqrt{t}},\ d_2 = d_1 - \sigma\sqrt{t}$$

$$d_1^* = d_1^* = \frac{(r-q+\sigma^2/2)(T-t)}{\sigma\sqrt{T-t}},\ d_2^* = d_1^* - \sigma\sqrt{T-t}$$

$$b_1 = \frac{\ln(S/K) + (r - q + \sigma^2/2)T}{\sigma\sqrt{T}}, \quad b_2^* = b_1 - \sigma\sqrt{T}$$

若市场无风险利率、指数连续股利率、指数瞬时波动率均与时间有关，即 r，q，σ 不为常数，分别为 $r(t)$，$q(t)$，$\sigma(t)$，则重设型看跌期权的价值为：

$$BMWP' = \alpha e^{-\int_0^T r(t)\,dt} N(d_2)[e^{(\int_t^T r(t)\,dt - \int_t^T q(t)\,dt)} N(d_1^*) - N(d_2^*)]$$

$$+ \alpha e^{-\int_0^T r(t)\,dt} N(-d_2, -b_2, \rho) - e^{-\int_0^T q(t)\,dt} \frac{S}{K} N(-d_1, -b_1, \rho)$$

$$d_1 = \frac{\ln(S/K) + \int_0^t \left(r - q + \frac{\sigma^2}{2}\right)dt}{\sqrt{\int_0^t \sigma^2\,dt}}, \quad d_2 = d_1 - \sqrt{\int_0^t \sigma^2\,dt}$$

$$d_1^* = \frac{\int_t^T \left(r - q + \frac{\sigma^2}{2}\right)dt}{\sqrt{\int_t^T \sigma^2\,dt}}, \quad d_2^* = d_1^* - \sqrt{\int_t^T \sigma^2\,dt}$$

$$b_1 = \frac{\ln(S/K) + \int_0^T \left(r - q + \frac{\sigma^2}{2}\right)dt}{\sqrt{\int_0^T \sigma^2\,dt}}, \quad b_2^* = b_1 - \sqrt{\int_0^T \sigma^2\,dt}$$

第3节　重设型期权的创新

在金融创新领域，如何能够设计出结构简单且更具有保护投资者利益功能的金融产品是券商在当今国际资本市场上获取竞争优势的关键。以上我们讨论的熊市看跌期权是众多重设期权当中的一种，属于单点式欧式期权，重设型期权有很大的创新空间，如在中国台湾有宝来、建弘、元大等券商发行过回顾型多层重设认股权，摩根士丹利1997年在香港发行的公司债就属于多点式期权，最近还有学者提出汇率联动式重设期权，以下我们就简单介绍两种。

一、多点式重设型期权

多点式重设型期权是指在有效期时间内有多个可重设时点，多点式重设型

期权的定价和避险首次由程和张（2000）的论文给出。假设重设时点有 n 个，分别为 $0 < t_1 < t_2 < t_3 \cdots < tn$，$K$ 为原履约价，每个时点期权履约价均可根据当前时点的价格重设，多点重设型看涨期权的重设程序可表示为：

$$K(t_i) = \begin{cases} S(t_i) & 若 S(t_i) < K(t_{i-1}) \ 重设 \\ K(t_{i-1}) & 若 S(t_i) \geqslant K(t_{i-1}) \ 无重设 \end{cases}$$

$$K(t_i) = \min[K(t_{i-1}), S(t_i)]$$
$$= \min\{\min[K(t_{i-2}), S(t_{i-1})], S(t_i)\}$$
$$= \min[K(t_{i-2}), S(t_{i-1}), S(t_i)] \ 重复前面的过程得：$$
$$= \min[K, S(t_1), S(t_2) \cdots S(t_{i-1}), S(t_i)]$$

同样，多点重设式看跌期权重设程序可表示为：

$$K(t_i) = \max[K(t_{i-1}), S(t_i)]$$
$$= \max\{\max[K(t_{i-2}), S(t_{i-1})], S(t_i)\}$$
$$= \max[K(t_{i-2}), S(t_{i-1}), S(t_i)]$$
$$= \max[K, S(t_1), S(t_2) \cdots S(t_{i-1}), S(t_i)]$$

其在风险中立下，看涨期权的价值可表示为：

$$c = e^{-rT}E[S(T) - K(t_n)]$$
$$= e^{-rT}E\{S(T) - \min[K, S(t_1), S(t_2) \cdots S(t_{i-1}), S(t_i)\}$$
$$= e^{-rT}\sum_{i=1}^{n} E[S(T) - S(t_i)]^+ IS(t_i)$$
$$= \min[K, S(t_1), S(t_2) \cdots S(t_{i-1}), S(t_i)]$$
$$+ e^{-rT}E[S(T) - K]^+ I\{K = \min[K, S(t_1), S(t_2) \cdots S(t_{i-1}), S(t_i)]\}$$

看跌期权的价值可表示为：

$$p = e^{-rT}E[K(t_n) - S(T)]$$
$$= e^{-rT}E\{S(T) - \max[K, S(t_1), S(t_2) \cdots S(t_{i-1}), S(t_i)\}$$
$$= e^{-rT}\sum_{i=1}^{n} E[S(t_i) - S(T)]^+ I\{S(t_i)$$
$$= \max[K, S(t_1), S(t_2) \cdots S(t_{i-1}), S(t_i)]\}$$
$$+ e^{-rT}E[K - S(T)]^+ I\{K = \max[K, S(t_1), S(t_2) \cdots S(t_{i-1}), S(t_i)]\}$$

二、重设型汇率联动期权

这种期权的设计不仅考虑到投资者关心股票价格风险的问题，还考虑到了国际投资时的汇率风险问题。这种重设性联动型汇率买权的到期收益可以表示为：$RSFC_T = X_T \max[S_T - \min(K, S_t), 0]$，$S_T$ 为外国股票的价格，X_T 表示到期时的汇率，期权未来现金流的贴现值为：

$$C_0 = e^{-rt}E^Q(X_T S_T - X_T S_t \mid S_t < K, S_T > S_t)P^Q(S_t < K, S_T > S_t)$$
$$+ e^{-rt}E^Q(X_T S_T - X_T K \mid S_t \geq K, S_T > K)P^Q(S_t \geq K, S_T > K)$$

其中：

股票随机过程为：

$$\mathrm{d}S = S(r_f - q)\mathrm{d}t + S\sigma_s \mathrm{d}W^Q$$

外汇随机过程为：

$$\mathrm{d}X = X(r_d - r_f)\mathrm{d}t + X\sigma_x \mathrm{d}Z^Q$$

以本币计价的外国股票价格（XS）为：

$$\frac{\mathrm{d}(XS)}{XS} = (r_d - q)\mathrm{d}t + \sigma_s \mathrm{d}W^Q + \sigma_x \mathrm{d}Z^Q$$

第4节　结　　论

在金融创新领域，如何能够设计出结构简单且更具有保护投资者利益功能的金融产品，是券商在当今国际资本市场上获取竞争优势的关键。国际上期权已形成了一个种类繁多，用途广泛的庞大家族，四十多年来它作为一种防范风险和投机的有效手段而得到迅猛发展，而且随着金融工具的创新，还将有大量新型期权产生。相比之下，中国的资本市场还十分的年轻和幼稚，甚至没有真正意义上的期权产品，无论是从优化资本市场结构，促进券商发展或是保护投资者利益角度我国都应大力发展期权市场，鼓励券商积极探索金融创新的手段和途径，研究衍生金融产品的设计与定价具有现实意义。

持续扎实做好投资者教育工作

Chapter 14

Consistent Solid Effort on Investor Education

中国证监会不断强调要加强对投资者教育，保护投资者合法权益，并且正在采取各种有效措施积极推进这项工作。这表达了证券期货监管机构进一步加强市场监管、保护投资者合法权益的决心和愿望，反映出对证券市场监管工作规律认识的不断深化和驾驭证券市场能力的不断提高。

适应当今经济金融全球化趋势，充分利用互联网工具，世界各国成熟证券市场的监管机构不仅教育境内投资者，而且把教育对象延伸和扩大到境外的投资者，以共同提高市场效率和防范金融风险。我国的证券市场还处于发展的初级阶段，只有充分借鉴境外成熟证券市场开展投资者教育的有益经验和做法，并根据我国证券市场的实际情况，加以创造性的运用，才能使我们的投资者教育工作不断向国际化水平靠拢，为创建一流证券市场发挥应有的积极作用。

第1节　我国证券市场需要特别重视投资者教育

一、投资者教育的概念

投资者是资本市场存在和发展的基础。我国投资者的特点决定了投资者保护和教育工作任务艰巨。保护投资者合法权益，不是保障投资者盈利，根本目的是提高投资者理性参与投资的意识，树立良好的投资理念。

投资者教育（Investor Education），在英国和澳大利亚又被称为消费者教育（Consumer Education），一般被理解为针对个人投资者所进行的一种有目的、有计划、有组织的传播有关投资知识，传授有关投资经验，培养有关投资技能，倡导理性的投资观念，提示相关的投资风险，告知投资者权利及保护途径，提高投资者素质的一项系统的社会活动。这项活动涉及到经济学、政治学、数学、心理学、社会学以及法律等学科，目的就是用简单的语言向个人投资者解释他们在投资决策时所面临的各种问题。

根据其他国家和地区投资者教育的理论和实践，投资者教育主要包含三方面的内容：投资决策教育、个人资产管理教育和市场参与教育。

第一，投资决策教育。投资决策就是对投资产品和服务做出选择的行为或过程。它是整个投资者教育体系的基础，因为最终投资者教育是要落实在投资者的每项投资决策上。投资者的投资决策受到多种因素的影响，但大致可分为两类，一是个人背景，二是社会环境。个人背景包括投资者本人的受教育程度、投资知识的多少、年龄、社会阶层、个人资产、心理承受能力、性格、法律意识、价值取向及生活目标等。社会环境因素包括政治、经济、社会制度、伦理道德、科技发展等。投资决策教育就是要在指导投资者分析投资问题、获得必要信息、进行理性选择的同时，致力于改善投资者的决策条件中的各个变量。目前，许多投资者教育机构在制定投资者教育策略时多着眼于投资者的个人背景因素，编制的各种教育材料或课程也都过分强调提高投资者个人的某项素质，而对于能对投资者最后的投资决策产生重大影响的社会环境因素则很少提及。

第二，个人资产管理教育。它是指导投资者对个人资产进行科学地计划和控制的过程。随着人们生活水平的大幅度提高，个人财富的逐步积累，投资理财无论是在国外还是在中国越来越为人们所接受。人们对个人资产的处置有很多种方式，进行证券市场投资只是投资者个人资产处置及管理中的一个方法或环节，投资者的个人财务计划会对其投资决策和策略有重大影响。因此，许多投资者教育专家都认为投资者教育的范围应超越投资者具体的投资行为，深入到整个个人资产管理中去。只有这样才能在根本上解决投资者的困惑。

第三，市场参与教育。它是号召投资者为改变其投资决策的社会和市场环境进行主动参与的过程。这不仅是市场化的要求，也是公平原则在投资者教育领域中的体现。投资者的市场参与包含保护自身合法权益和实现投资者利益在资本市场制度体系中的代表两个层次。投资者权利保护是营造一个公正的政治、经济、法律环境，在此环境下，每个投资者在受到欺诈或不公平待遇时有充分的法律救助。另一个层面是，投资者的声音能够上达立法者和相关的管理部门，参与立法、执法和司法过程，创造一个真正对投资者友善（Investor Friendly）的、公平的资本市场制度体系。

上述三个方面相辅相成，缺一不可。从境外主要证券市场投资者教育活动情况可以看出，投资者教育的策略安排以及内容和方式的选择都是围绕这三方面的内容进行的。

二、投资者教育的作用和地位

纵观世界各国资本市场，特别是证券市场的发展，投资者教育经历了一个从分散到集中，从自发到自觉的过程。它已从早期被作为消费者教育的一部分

发展到目前相对独立的领域。其对投资者个人、社会以及资本行业的健康发展的巨大作用越来越被业内人士、投资者以及政府所重视。目前，境外主要证券市场的监管部门都将投资者教育作为保护投资者权益、维护市场健康有序发展、加强市场监管效率的重要途径之一。投资者教育在各国资本市场的发展中的作用和地位主要表现在：

第一，投资者教育能够增强投资者信心，提高参与市场运作的效率。投资者不同于普通商品或服务的消费者，他们面临的是无形的、复杂的，有时是前所未见的投资产品和服务。在选择和购买这些产品或服务时，投资者会遇到信息与技能上的困难，而投资产品及服务日新月异的变化更加大了这种困难。国外调查表明，如果投资者了解他们所面对的产品或服务的技术性特征，他们在决策时就会有掌握自己命运的感觉。而一旦他们感觉到自己的资产是通过自己的努力增值或实现财务目标，他们参与资本市场投资的信心就会大增。同样，如果投资者了解自身权益以及基本的证券法规、消费者权益法规，他们参与市场的信心也会增强。另一方面，投资者教育帮助投资者提高分析问题和解决问题的能力，使他们有能力对所有的投资产品和服务进行合理地质疑，并能对相关的信息进行初步的分析和判断。由此而来，他们的投资决策就是在质疑、分析、选择后做出的，不仅更具理性，而且提高了他们参与证券市场运作的效率。

第二，投资者教育有助于保护投资者权益。保护投资者权益是各国证券法的立法目的之一，也是各国证券市场监管部门的重要职责。过去，保护投资者合法权益主要是通过制定严格的法律、法规以及有效地实施这些法律、法规来实现。早在 1697 年英国议会就通过一项法案，限制经纪人的数量和防止各种欺诈行为。开创现代证券市场管理先河的 1844 年英国公司法则建立了通过招股说明书进行强制性披露公司信息的制度。1900 年英国又制定了董事责任法案，明确了对在招股说明书中做虚假陈述的董事或发起人的处罚。这种以投资者保护为取向的证券管理立法理念被美国 1933 年以后的证券立法加以发扬光大。经过几十年的努力，美国投资者权益保护法律体系已非常完备。但是，即使在美国，有识之士也认识到单有法律的保护是不够的，投资者还必须具备一定的金融和管理知识才能有效地对上市公司进行监督，对侵犯自身权利的行为有所意识，并采取行动。对投资者提供金融、证券、管理等方面的知识和教育，提高投资者对自身权益的认识，实际上是对投资者权益提供的一种间接的保护。美国证券交易委员会委员昂格尔女士认为，受过投资教育的投资者是对证券欺诈最好的防范，因为他们在决策之前知道问哪些问题，也更容易识别欺诈等不法行为。更为主要的是他们还知道向证券交易委员会举报不法行为，使监管部门能够在第一时间发现问题并对违法者进行查处。

第三，投资者教育是弥补和改善证券市场信息不对称问题的重要途径。根据有效市场假说（Efficient Market Hypothesis，EMH），证券市场的有效性决定于市场信息在证券价格上的表现程度。但实际上，任何国家的证券市场远非完美，投资者享有信息的不对称，如影随形，永远伴随着投资者的投资决策。澳大利亚证券委员会曾在 1995 年 11 月公布了一份名为《执照审查报告》，其中提到尽管在澳大利亚咨询市场的竞争非常激烈，但市场不完善仍非常严重，具体表现为：（1）投资者掌握信息不充分以及投资者与咨询机构之间知识不对称；（2）由于各种投资协议都是长期的，在购买时投资者难于判断投资服务的质量；（3）投资者倾向于使用不完善的信息，例如朋友的推荐或广告；（4）投资者与咨询机构之间的利益冲突问题；（5）投资市场的复杂性以及某些投资产品的技术性。各国证券监管部门试图通过强制性信息披露来改善投资者的困境，或者是通过对信息披露提出更高要求以让投资者获得更多的信息，比如美国证券交易委员会开展的信息披露普通英语化运动（Plain English），以及最近要求的普通消费者需与机构同一时间获得公司披露信息等。但是，这些努力并不足以保证所有的甚至是大多数投资者能够获得所有必要的信息，或者能真正利用所能得到的信息。在证券市场日趋复杂的今天，获得和分析市场信息需要投资者具备必要的基础知识和投资技能。投资者教育是投资者获得上述知识和技能的主要渠道。

第四，投资者教育有助于保障证券市场健康发展及社会稳定。首先，投资者是证券市场的重要主体，他们对证券市场的秩序和产品有信心，参与的人数和资金就会增多，市场交投就活跃，证券市场就能发展。研究表明，投资者对投资产品、风险及市场本身越了解，越能对自己的投资行为有合理的期望，越能对风险有心理承受能力，同时他们的要求也越容易得到满足。其次，证券市场还是一个不断发展与创新的市场，任何发展和创新都需要投资者理性的参与，对他们进行相应的教育是推出创新产品或服务的必要步骤。再次，有效的投资者教育还对社会稳定有不容忽视的作用。随着投资大众化，越来越多的公众成为证券市场投资者。投资者的稳定一定程度上决定了社会的稳定。投资者教育使公民对政治、经济、社会问题采取更为主动、参与的态度，能够促进全社会的民主化进程。最后，投资者教育还有助于建立公民的主人翁意识，因为他们的最终福祉通过他们的投资与社会稳定发展联系在一起，即使社会有某种结构上的缺陷，他们也只希望和平地弥补而不希望剧烈的社会动荡。国外有研

究表明，投资者教育可增强投资者对现行经济及政治体制的满意程度，有利于创造更为和谐及稳定的社会环境。

三、境外证券市场监管部门强化投资者教育职能的背景

境外主要证券市场开展投资者教育的历史可谓源远流长。最早它是作为消费者教育的一部分，因为投资者在法律上也被定义为消费者。在西方发达国家，消费者教育早已经成为一种文化，是市场经济的平等观念与政治民主在经济生活中的体现。最初，投资者教育是由消费者组织、证券中介机构、专业的投资教育机构、学校等进行的，政府的作用只是组织协调，提供法律上和财务上的协助。但是，在20世纪90年代，投资者教育的发展发生了重大变革，各证券市场的监管者纷纷将投资者教育作为重要的工作内容。美国证券交易委员会在1994年设立投资者教育及协助中心，协调并直接进行全国的投资者教育活动。英国则是在1998年金融服务及市场法实施后，金融服务局（FSA）被赋予促进公众对金融体系广泛了解的法定职责，通过其下设的投资者关系部开始实施系统的投资者教育战略。香港证监会的投资者教育及传讯科也是在90年代才设立的，证监会主持下的系统的投资者教育活动也不超过10年的历史。澳大利亚在2000年7月才向社会发布投资者教育纲要咨询文件，表述自己的投资者教育战略，征求意见和建议。那么，为什么监管机构在最近10年纷纷加强投资者教育的职能呢？我们认为主要的原因是最近10年的证券市场发生了深刻的变革，具体表现为：

第一，证券市场监管理念的变化。世界上主要证券市场的监管模式大致可分为美国模式、英国模式及中国香港模式三种。其划分标准是监管部门的独立性和权限上的差别。但不论采取那种模式，证券监管部门都笃信通过强化信息披露、严格执法等措施来实现证券市场的公平、公开、公正等目标。经过多年的实践，上述措施已非常完备，事实上，有些国家的法律法规已到了繁复的程度，不仅普通投资者难于掌握，就是律师也难参其详。因此，进一步加强监管，必须另辟蹊径。同时，道高一尺，魔高一丈，证券市场上的欺诈手法层出不穷，监管部门执法的成本越来越高。在这种情况下，各国监管部门改变了他们的监管理念，从投资者教育着手，提高投资者权益保护的能力和意识，促进投资者对市场的参与。英国金融服务局在其政策性文件《新千年的新监管机构》中，强调投资者教育应作为一种重要的监管手段，并深刻地指出，提高投

资者的自我保护能力，将大大降低监管者的负担。

监管理念的另一个变化是市场监管的透明化趋向，即从过去注重审查投资产品的实质内容制度逐渐向强调信息披露的形式审查制度过渡。监管者不再依据对某种产品是否安全或是否对投资大众有投资价值的判断去批准或不批准某种投资产品的问世。他们允许公司在符合法定标准并披露所有相关信息的前提下推出投资产品，由投资大众自己进行判断和决策。这种转变再加上英美法系国家奉行的买者自负（Caveatemptor）的法律传统（根据这个普通法原则，在商业活动中，如果没有卖方的保证承诺，买方自行承担所购商品或服务的风险），投资者处于非常弱势的地位。市场监管者要实现保护投资者正当权益的目标，就必须对投资者进行投资知识与技能的教育，让他们成为理性的、掌握充分信息的投资者。

第二，各国个人投资者人数急剧增多，投资证券市场已成为个人投资理财的主要选择。在美国，根据联邦储备委员会的统计，在 1989 年直接或间接通过共同基金、退休账户持有股票的家庭占比是 31.7%，1992 年上升到 37.2%，1995 年为 41.1%，而到了 1999 年，这个数字上升到 48% 左右。美国人投资在股票市场的资金是 11 万亿美元，相当于所有美国家庭资产的 1/4。美国证券业协会的另一项调查揭示了美国家庭资产逐渐从银行资产向证券资产转化的趋向。在 1975 年，美国家庭流动资产中的 55% 是银行存款，而到了 1998 年这个比例下降到 23%。在 1975 年，证券占美国家庭流动资产的 45%，其中股票占 29%，债券占 14%，共同基金占 2%。在 1998 年，证券占到了 77%，其中 44% 是股票，17% 是共同基金，16% 是债券及其他货币市场基金。其他国家和地区的证券市场也呈现投资市场个人化的趋势。

上述变化的根本原因是随着社会、经济的日新月异变化以及人类寿命的逐渐延长，人们对于退休后的财务状况计划更加重视。美国雇员福利研究院的一份研究表明，过去是政府机构或者雇主负责对雇员的财务进行安排（如社会保障制度、医疗福利、退休计划等），而现在由于寿命的延长以及退休后生活费用的增高使得政府或雇主的安排不足以维持生活水准，这个责任主要由个人来完成。虽然财务计划对个人越来越重要，许多美国人对于财务计划的安排却信心越来越小。美国 1998 年退休信心调查发现，只有 25% 的美国人对此有信心，而在 1997 年有信心的占比还是 32%。重树信心一定要加强投资者的教育工作，美国证券业协会在 1998 年做的第四次投资者年度调查印证了这个观点。调查显示，绝大多数的投资者，占被调查人数的 77%，要求证券业应该加强对投资者的教育。投资者还特别要求学习基本的投资知识，例如资产配置、退

休计划、风险管理等。英国也作了类似于美国的各种调查，共同结论是个人投资者越来越多，投资者教育的需求越来越大，监管机构在投资者教育方面的责任也越来越重。

第三，各国证券市场的金融创新日新月异，投资产品的技术复杂性以及风险越来越高。国际清算银行数据表明，1999 年年底世界柜台交易的衍生产品名义本金达到 88 万亿美元，利率衍生产品占据其中的最大份额，而同期美国的 GDP 约为 9 万亿美元。传统衍生产品包括期权、期货、远期利率协议。另外还有利率调期、利率保底合同和利率封顶合同，还有各种隐含期权，比如可提前赎回债券、可提前兑换债券、可转换债券等；新兴的衍生产品包括资信衍生证券、各种形式的专用期权等；衍生产品的未来发展趋势将主要表现为资信衍生证券的应用将日益广泛，而以实物商品为标的物的调期合同、以非金融产品（如通讯频带带宽、半导体或天然气）为标的物的衍生产品市场也将逐渐发展起来。在成熟的资本市场，投资者在选择投资产品时，一定要非常小心，因为监管部门不可能告诉他们哪些产品是高风险的，哪些是安全的。理解这些产品的含义、特征、投资价值需要投资者具有广泛的投资知识，对大多数投资者来说最好的途径就是投资者教育。即使对于那些对金融创新产品毫无兴趣的人，了解基本的知识也非常重要，因为只有这样他们才懂得如何去躲开这些高风险的投资。而从监管者角度来说，让投资者了解这些金融创新产品，乃至于了解整个金融体系，往往是他们的法定职责。单单依靠社会各界的力量，已不足以实现他们的法定目标。

第四，网络技术在投资服务中的广泛运用及其飞速发展。证券市场的网络化具体表现为：（1）互联网已成为投资者了解市场信息、上市公司信息的重要途径；（2）网上交易；（3）网上路演；（4）网上首次公开发行。网络的广泛应用降低了证券市场交易成本。在美国，很多网上交易的佣金只是正常佣金的 1/10。通过网络，投资者可以享受的市场信息更多、更及时。过去投资者都是从经纪人那里得到有关股票的信息，费时耗力，而现在一个点击就可以得到诸如股票的实时行情、研究报告、历史交易数据等。基于其快捷、方便、成本低等特点，网上证券交易在美国越来越普及。据美国证券交易委员会的统计，到 1999 年上半年网上交易已占到整个交易的 37%。网上交易账户的开户数量也在逐年增加，1997 年为 370 万户，1998 年为 730 万户，1999 年为 970 万户，网上交易账户的总资产已达到 6 080 亿美元，比加拿大的 GDP 还要多。但是，证券市场的网络化给普通投资者带来的挑战也非常大。例如，如何消化、评价网络上浩如烟海的信息？如何在网络上完成交易等？这些挑战不是所有的投资者都能应付，很多投资者因为对网上投资的不了解而与经纪人发生纠纷。美国证券交易委员会统计，1998 年接到的有关网上交易的投诉是 1 207 件，比 1997 年的 259 件增加了 366%。1999 年接到投诉 3 290 件，又比 1998 年增加了 273%。如此众多的投诉以及注意到网上欺诈的巨大风险，美国证券交易委员会投入了巨大的技术和人力资源，向投资者介绍有关网上交易的基本知识，警示相关的风险，并在 1998 年 4 月开展了"储蓄与投资基本常识"宣传活动，其中主要内容就是宣传网上交易方面的知识。

第 2 节　重视借鉴境外投资者教育的有益经验

经过多年的实践，境外主要证券市场的投资者教育已经非常成熟，均已形成了由证券监管部门、证券交易所、证券公司、证券咨询机构、投资者权益组织、专业投资教育机构、学校等构成的投资者教育网络。下面以从事投资者教育的机构为线索，分别介绍美国、英国、澳大利亚以及中国香港等境外及地区主要证券市场开展投资者教育活动的概况。

一、美　　国

1. 消费者（投资者）组织

美国早期的投资教育是作为消费者教育的一部分进行的，消费者组织，如全国消费者教育协会、美国消费者权益协会、美国个人投资者协会、全国经济学教育协会、全国消费者教育联合会等，纷纷面向普通消费者介绍个人理财、投资等方面的知识和技巧。他们采用的方式包括开办专门课程、出版书籍或宣传册、电话咨询、见面会、网上咨询等。到目前为止，虽然深入的投资者教育工作主要由其他机构来承担，上述消费者组织还在进行较为基础的金融知识和个人理财教育。消费者组织还凭借庞大的政治力量，游说政府提供消费者教育的各种条件。美国的联邦政府从杰弗逊总统开始对消费者教育都非常重视，而且在消费者组织的呼吁下，通过教育部将消费者教育，其中主要是金融知识的教育，纳入到中小学教育中，目标是让每个学生在毕业后能够有能力了解和利

用美国发达的资本市场。1994 年的联邦中小学教育法案修正案正式将个人金融知识教育纳入课程安排中。

2. 证券中介机构

美国证券市场的中介机构包括证券公司、经纪人、证券咨询机构的服务非常发达。尽管目前网上交易越来越多，大多数美国人的投资还是通过经纪人完成的，或者是在咨询投资顾问后进行的。一份调查显示，超过 60% 的开有投资账户的家庭会寻求投资顾问的咨询意见。因此，所有的证券中介机构为开发市场都非常重视投资者教育。根据自身特点，他们主要强调的是一对一的咨询，即每个经纪人在充分了解客户情况的基础上，向客户推介各种投资产品，回答他们所有的问题。这种方式当然是投资者教育最好的方式，但局限性也很大。首先不是每个投资者都能得到这样的服务，其次是成本太高，最后由于双方存在利益冲突，经纪人的介绍难保公正、客观。除一对一的咨询外，中介机构还凭借自己的强大经济实力，开展面向社会大众的教育活动。措施包括免费寄送投资宣传册、举办各种免费的学习班、开设专门的网址等。中介机构的投资者教育活动从根本上是作为市场营销的手段，注重对投资产品或服务的介绍，但对权益保护等却鲜有提及。有些时候，为争取客户，他们的教育会有一定的误导性，加之他们与投资者之间存在的利益冲突，美国中介机构的投资者教育有一定的局限性。

3. 证券交易所

美国的证券交易所也非常重视投资者教育。虽然与中介机构或美国证券交易委员会相比，交易所的投资者教育不是那么引人注意，但是也非常有特点。纽约证券交易所致力于向大众介绍储蓄与投资的基本知识，宣传交易所的各项规则和服务，鼓励投资者到纽约交易所进行投资。其有特点的教育方式包括：（1）与康奈尔（Cornell）大学合作，在互联网上举办讲座，由交易所的专业人员与投资者探讨有关交易所和证券市场的相关问题。讲座是在每个星期一早晨开市前进行。（2）举办许多针对教师、新闻工作者、大学生的教育活动。每年夏天有一个 5 天的培训班，由交易所的专业人员向中小学负责金融知识教育的教师介绍交易知识，教师们可以参观交易大厅，与现场交易员直接沟通。另外还不定期地邀请大学教授、新闻工作者到交易所的交易大厅与专业人员进行交流，参观监控区，时间是一整天。面对大学生的教育活动是不定期地举办投资讲座，时间一般是一个半小时。内容是对证券交易的一般性介绍，回答大学生的提问，并当场散发一些宣传材料。（3）向投资者发送关于纽约交易所、投资知识的宣传手册。目前宣传手册的种类不是很多，仅涵盖仲裁、交易所介绍、如何投资、你与投资世界等几个题目。（4）纽约证券交易所正在准备在自己的网站上开设网上教育课程，课程会分成不同的层次，由浅入深地向投资者介绍证券市场及纽约交易所的相关知识。现在这个工作还处于征求意见阶段，可能 2001 年年底前会面世。

NASDAQ 本身没有开展投资者教育活动，此职能是由其母公司全国证券商协会（NASD）完成的。NASD 在 1997 年设立了投资者服务中心，中心的职能一是在 NASD 及其下属机构中表达个人投资者的要求，二是开展投资者教育及投资者权益保护的各项活动。NASD 投资者服务中心教育活动具体内容有：（1）编制了大量的投资者知识读本，并在网上发布。读本采用单行本的方式，题目包括投资须知、投资选择、投资团队、投资策略、如何开户、安全投资、争议解决、投资与互联网、信息来源等。（2）与纽约交易所类似，NASD 非常重视在中小学开展金融知识的教育，除编制一些针对中小学教师的教材外，还从 2000 年 4 月开始在全国各大城市举办免费的教师培训班，推广其被称为"储蓄与投资基本知识——教师指南"的教学指南和课程计划。（3）NASD 在 1994 年设立了 NAS-DAQ 教育基金会。该基金会向各种投资者教育活动提供资助，而且还在大学商学院中设立奖学金，资助在融资和证券市场运作方面的深层次研究。（4）在网站上发布各种投资计算工具，方便投资者了解自己的投资需求。同时还举办投资模拟游戏，帮助投资者掌握基本的投资技巧。（5）NASD 与美国个人投资者协会（AAII）共同建立了一个网址，叫做"投资者流动大学"。该网址面向有经验的投资者，由 NASD 和 AAII 的高级职员讲解信用交易、限价委托等内容。

美国其他的证券交易所也开展了类似的教育活动，但是纽约交易所和 NASD 的投资者教育最有代表性。

4. 美国证券交易委员会（SEC）

SEC 自亚瑟·莱维特（Arthur Levitt）担任主席后更加重视投资者教育。他在 1994 年建立了投资者教育与协助办公室，专职负责投资者教育工作。现在该办公室有 30 多位工作人员，其中大部分是律师。与上面谈到的投资者教育机构不同的是，SEC 开展投资者教育的重要理念是良好的投资者教育是对投资者权益的最好保护，投资者教育是投资者权益保护的内容和重要途径。它的所有活动安排都是围绕这个理念来进行的。这也是为什么投资者教育与协助办公室的名称中包含协助（Assistance），以及大多数工作人员都是律师的原因。

作为政府机构，SEC 在进行投资者教育活动中不带有任何利益色彩，纯粹以投资者的利益为取向。它借鉴其他机构的经验，印发了大量的投资者知识、权益保护等方面的书面资料，种类可达 38 种之多，投资者既可以免费索取，也可以在它的网站上浏览。这些书面资料基本涵盖了投资者关心的所有问题，其中包括：（1）投资基本知识及各种投资产品的介绍，如储蓄与投资基本知识、理性投资指南、定期存单投资、股票一级市场投资、可转换年金投资等；（2）投资者权益保护指南，如一旦投资者与经纪人、投资咨询人员发生争议如何解决，程序是什么，如何选择经纪人、投资咨询人员，如何应付敌意收购，网络上的交易及各种风险、欺诈，上市公司破产后怎么办，如何避免各种欺诈以及市场监察部如何运作等；（3）投资者如何了解上市公司的披露资料，如何获取证券公司或经纪人的注册资料等；（4）关于网上交易的系列资料，如如何防止网上证券欺诈、网上 IPO 的风险、网上投资者指南、网上交易投资者须知等。

除印发书面材料并在网站上公布外，SEC 还采取了如下有特色的教育方式，其中大都被其他国家的监管机构所仿效：（1）投资者见面会。在莱维特主席的倡导下，投资者教育及协助办公室从 1994 年 10 月开始在美国各个地区举办投资者见面会。到 2000 年 5 月，已举办过 37 次，直接听众人数超过 3 万人，通过媒体则有近 800 万的投资者听众。莱维特主席参加了大多数的投资者见面会，并亲自做演讲。演讲内容主要是向投资者介绍证券交易委员会保护投资者权益的职能、投资者教育活动内容、投资者如何保护自身权益、网上交易的风险及防范、投资的基本理念等。会上投资者会与主席交流对证券市场各种问题的看法，提出各种建议和意见。这种方式拉近了投资者与监管机构之间的距离，在投资者中反映非常好。（2）信息披露普通英语化运动（Plain English）。表面上看这不是一个投资者教育的内容，但因为它的目的是为了投资者更清楚地了解上市公司的信息，这项运动给投资者教育的顺利进行奠定了基础。上市公司上报给证券交易委员会的资料不仅是法律责任文件，还是上市公司与投资者之间沟通的主要途径。但是随着公司融资交易及投资产品的日益复杂，上市公司向投资者披露的资料也变得越来越深奥，专业词汇越来越多，普通投资者越来越难于理解这些信息，更不用说去分析这些信息。从 1996 年开始，SEC 要求上市公司在编制招股说明书或其他披露资料时要使用简单日常英语，避免法律或技术性的专业词汇，并尽量用简洁的句子结构。投资者对证券交易委员会的措施非常欢迎。（3）在 1998 年年初，证券交易委员会与其他政府机构、消费者组织、证券业机构等共同发起了一个"储蓄与投资基本知识宣传活动"，在全国范围内向大众宣传投资理财的知识与技能。宣传活动的口号是"了解事实，这是你的钱，这是你的未来"。在这项活动中，还对全国的投资者进行了全方位的调查，获得了投资者在哪些方面需要辅导、需要哪些方面知识的量化信息。（4）1998年4月，证券交易委员会还与其他机构一起共同向社会推出了"投资知识工具箱"，其中包含投资理财策略、选择投资顾问、保护自身权益、投资产品介绍等内容。该"工具箱"先是在一些报纸专栏中发布，然后又上载到证券交易委员会的网站上，投资者反应非常强烈。每个星期都会有2 000以上的投资者下载这些资料。（5）从1998年9月开始，证券交易委员会与其他机构合作，在中小学校中开展投资知识的普及活动。

二、英 国

1. 投资中介机构与自律组织

英国是世界上第一个股票交易所诞生的地方，资本市场已经发展到非常成熟的阶段，与之相应的投资者教育也非常发达。与美国一样，早期的投资者教育都是由社会上的投资咨询机构、消费者组织、证券公司等自发地进行。由于投资中介机构管理严格，从业人员非常自律，他们的投资咨询和对投资者关于投资市场的宣传教育在广大投资者中享有很高的信誉。英国金融（包括证券）监管机构金融服务局在2000年4月做的一份调查表明，中介机构的证券咨询在投资者中受到的信任程度比金融服务局还高。

2. 证券交易所

同美国情况不同的是证券交易所基本上没有开展投资者教育的工作。伦敦股票交易所只是在其"另类交易市场"（AIM）开设后，印制了一份投资者指南，内容包括对AIM的简单介绍，企业上市要求，信息披露原则，市场参与者情况介绍，上市公司信息披露要求，AIM股票交易方式和特点等。

3. 金融服务局（FSA）

FSA及其前身作为资本市场的监管者，虽然根据1986年金融服务法进行了一些投资者教育方面的工作，但在1998年前的教育活动既不系统也不完善。促使FSA全面介入投资者教育的是1998年颁布的金融服务与市场法，该法第四条规定FSA负有促进公众对英国金融体系全面了解的法定职责，其中既包括让公众了解不同投资产品或投资交易的风险与收益，还要求FSA向公众提

供相应的信息和咨询（Advice）。为了不引起误解，FSA 对其提供的咨询进行了界定，即不是向投资者推荐某项投资产品、某个品牌或告诉投资者应该储蓄多少钱，而是向投资者提供一些财务计划的一般性信息和建议，帮助他们了解什么样的投资产品或服务可以实现他们的计划，有哪些选择，以及这些选择的利与弊。为协调、整合全国的投资者教育活动，FSA 建立了一个由投资咨询机构、证券公司、政府、投资者代表组成的"消费者教育论坛"。该论坛定期集会，协调各个组织所进行的教育活动，研讨在开展教育活动中遇到的各种问题及拟采取的策略等。

投资者教育在 FSA 被称为消费者教育，由其下属的消费者关系部负责。该部由举报监督与政策处、消费者政策与研究处、消费者教育处、公众调查处、比较信息处以及赔偿监督与政策处 6 个职能处构成。消费者教育处直接负责协调和开展各项投资者教育活动，而其他处室则进行相应的研究和调研工作，发布各种政策研究报告、消费者调查报告等，为 FSA 的投资者教育策略提供理论和实证准备。在 1998 年 12 月，消费者关系部向社会各界发布了一份投资者教育战略纲要咨询文件，征求全社会的意见和建议。在 2000 年，该部还发表了 6 份消费者研究报告，根据社会专业调查机构针对消费者做的抽样调查，对消费者教育的作用、消费者购买养老基金的决策过程、消费者金融知识现状、儿童的金融知识教育、投资产品信息在投资者购买决策中的作用、消费者中断长期储蓄或投资的原因进行了深入地分析和研究。这些报告的发布提高了全社会对投资者教育的认识，也为投资者教育活动的有效进行奠定了基础。

FSA 的投资者教育活动包括如下内容：（1）消费者教育宣传资料。1999 年 1 月，FSA 首先推出了一套 5 本的小册子，随后又逐步推出了 20 多本小册子，内容涵盖投资领域的大部分内容。在编制这些小册子过程中，FSA 在内容上非常关注那些对投资知之甚少的投资者，并在语言上尽量做到通俗易懂，不使用专业术语。除小册子外，FSA 还印发各种单页宣传品，主要是就某个事件或问题，向投资者提供准确、客观的信息或建议。投资者可以通过电话免费得到上述宣传资料，也可以从金融服务局的网站上下载。FSA 在 1999 年一年的时间里就向投资者寄送了 50 万份宣传资料。同时，在某个小册子或宣传页刚刚面世时，FSA 会主动邮寄给咨询机构、图书馆、中介机构等。（2）消费者服务热线。FSA 的消费者服务热线已存在多年，每个月能接到 1 万次投资者咨询电话。（3）消费者教育网站。在 2000 年 3 月，FSA 在其网站上开通了消费者帮助（Consumer Help）网页，内容包括对网页的详细介绍、消费者权利保护法规的介绍、如何投诉以及赔偿细节、如何选择各种投资产品或服务、投资者经常询问的问题、某一特定产品项下的投资者权利等。最近，该网页又增加了针对学生和教师的内容。为方便投资者查询中介机构是否得到 FSA 的核准，该网页新设了"金融服务局注册库"窗口，使投资者很容易就会获得与其打交道的中介机构的相关材料。（4）成人投资知识培训班。尽管提高年轻人的金融知识是金融服务局的一项长期目标，FSA 认识到尽快向成年人普及金融投资知识与技能是当务之急。为此，FSA 开设了各种个性化的、满足投资者现实需求的投资知识培训班。（5）学生投资知识教育项目。FSA 一直致力于将投资知识列入中小学教育的课程中，并为此提供相关的教育资源。FSA 还参与了一项泛欧洲的年轻人教育活动，该活动旨在向年轻人提供各种信息和知识，其中包括个人理财方面的内容。另外，金融服务局还与 BBC 合作，向在校大学生宣传投资知识和技能。（6）投资者见面会。金融服务局主办这些见面会的目的是让投资者了解它的职能，并向投资者介绍投资知识。见面会由金融服务局的专家向投资者做讲解并回答投资者的问题。为评估投资者教育活动的成效，金融服务局在 2000 年做了一份调查，结果显示书面宣传册最受投资者欢迎，然后依次是消费者热线、电视电台节目、报纸、网站、培训班、投资者见面会。

三、中国香港

1. 香港联交所

香港联交所没有专门机构负责投资者教育工作，相关职能是在公共关系部门完成。其投资者教育项目有：（1）24 小时信息服务热线。（2）定期举办投资知识讲座。（3）印发各种教育资料。（4）针对创业板的推出，编写出版了一本投资者指南，讲解 100 个有关创业板市场的问题。指南分市场风险，GEM简介，上市规则，GEM 网站，交易系统，存管结算，赔偿与相关法律事务 7个部分。投资者通过阅读这份指南，可以全面了解香港创业板市场的相关知识以及市场风险。

2. 香港证券及期货事务监察委员会（香港证监会）

香港证监会在梁定邦先生担任主席期间，开始将投资者教育工作作为香港证监会的重要职能。为此建立了投资者教育及传讯科，负责协调、开展投资者教育。其教育活动包括：（1）印发投资知识宣传册。宣传册内容涵盖广泛，形

式活泼，语言通俗易懂。所有的宣传册都是免费派发。（2）与《明报》、《星岛日报》、《香港经济日报》合作编写了多篇参照投资者的真实经历而改变的中文故事。每篇故事后，向投资者提供一些建议，解释在类似的情况下，他们可以怎样保障本身的权益。这些文章也可以在证监会的网站上浏览。（3）设立一个独立网站——网上投资者资源中心（eIRC），旨在帮助投资者搜寻有关投资的信息。该网站设有一个多元化的直接链接目录，投资者可以直接浏览各国证管机构、交易所及其他内容供应商的网站。另外还设有"专题"窗口，深入浅出地探讨热门话题。（4）在电视台或广播电台上做 30 秒或一分钟的公益广告，内容主要是市场风险提示或讲解市场热点问题。为增加效果，经常请一些明星来做这些广告。（5）进行了两次散户投资者调查，调查内容包括公众对具风险的投资产品的认知情况、散户投资者的社会背景及经济概况、散户投资者的投资行为、投资者如何管理及保障自己的投资、公众对监管职能的认识、对投资者教育工作的观感等。通过调查，了解投资者的状况，并对已采取的投资者教育措施进行评估。

四、澳大利亚

1. 政府机构

在澳大利亚，除澳大利亚金融（包括证券）业的监管机构澳大利亚证券与投资委员会（ASIC）外，出于保护投资者权益的动因，其他的政府机构，如税务局、家庭与社区服务局、中联局特别是它的金融信息服务处、财政部下属的消费者事务局、联邦、州、领地的教育部、消费者事务委员会、竞争与消费者委员会、公司委员会等也对投资者教育负有职责或感兴趣。他们分别通过主办一些与消费者相关的活动或出版宣传资料，向公众介绍投资方面的知识和技能。他们的教育活动都是与各自职能相关，缺乏长期的战略安排，内容涵盖上既不完全，也不深入，无法满足投资者的需求。

2. 投资中介机构

证券公司、咨询机构以及以营利为目的的投资者教育机构等投资中介机构出于开展业务的需要，通过印发书面宣传品、讲座、各种媒体宣传、网站、对客户提供咨询服务等方式，向投资者提供两个方面的信息。一是有关该机构的介绍，包括它的服务内容、特色、专业人员的背景及经验；二是有关投资知识与技能的一般介绍。根据 ASIC 的评价，由于投资中介机构在投资领域具有丰富的知识与经验，他们开展的投资者教育活动更能促进大众对投资产品和服务的认知水平，减少潜在的误解和投诉，增强投资者对资本市场的信心，提高他们主动的参与程度。

3. 消费者组织

各种类型的消费者组织在澳大利亚的投资者教育网络中也起到非常重要的作用。通常，他们的教育材料更有针对性，往往是根据消费者的需求或看到哪些方面有欠缺而准备的。但是，由于经费的限制，他们的作用没有得到充分地发挥。

4. 证券交易所

与英国的证券交易所不同，澳大利亚证券交易所（ASX）投入了大量的精力开展投资者教育工作。除印发出版物、开设专门网页、与媒体合作宣传等方式外，比较有特色的做法有：（1）股票市场课程。课程分四个部分，分别向对股票市场没有了解的中小投资者介绍投资股票的基本知识。该课程有实地教学和网上教学两种方式。（2）ASX 投资者日活动。ASX 每一年在 4 个城市举办一次投资者日活动，主题是股票市场展览，内容包括投资者可与证券专业人士直接对话、参观展览了解股票市场的运作情况、与经纪人、上市公司以及其他市场参与者交谈。（3）ASX 投资者见面会。ASX 不定期的在不同的城市举办投资者见面会，由市场专业人士向新老投资者介绍最新市场问题。见面会采取收费形式。（4）投资竞赛活动。ASX 有两个经常性的股票市场投资竞赛活动，其中一个是面向全社会，另一个是面向在校学生。

5. 澳大利亚证券与投资委员会（ASIC）

澳大利亚的投资者教育也是由来已久，但在 1998 年之前，与英国类似，主要的投资者教育活动都是各个机构，包括政府机构、消费者组织、投资中介机构、咨询机构等自发地进行的，在全国没有统一的战略和协调。根据一份澳大利亚消费者教育调查，由于缺乏协调，投资者教育各自为政，信息不能共享，结果造成很多教育内容相互重叠，同时又有些内容无人负责。1998 年"金融服务改革法案"赋予 ASIC 更大的投资者保护方面的职能，其中包括增强投资者的信心，提高投资者对金融市场的理性参与程度。自此，ASIC 担负起协调、整合全国投资者教育的工作，并设立专门机构，从监管机构的立场出

发，主持了许多投资者教育的活动和项目。

为顺利开展投资者教育，ASIC 主持了两项重要调查项目。一项是关于投资领域投资者教育现状的调查，目的是了解在社会上有哪些投资者教育资料，在哪些方面还存在不足的地方。该项调查涉及到 150 个组织，100 个左右的网站。最后形成的调查报告显示，现有的资料在信贷、预算以及消费者权益等问题上内容很多，但在股票投资、网上交易、避税投资工具、退休计划等领域则有明显的不足。该报告还提出了如下建议：建立投资者教育资料中心数据库；采取措施加强全国投资者教育工作的协调整合；研究系统评估投资者教育资料质量的办法；制定投资者教育工作的一般指引；以及对投资者教育的焦点问题进行深入研究。ASIC 的另一项调查是关于投资者教育机构和投资者的现状。调查采用抽样分析的方式，结果显示了不同地域的投资者有不同的教育需求。该调查结果成为 ASIC 制定投资者教育策略的重要依据。

在上述调查的基础上，ASIC 向社会各界公布了一份投资者教育咨询文件，广泛征求社会各界的意见和建议。在这份咨询文件中，ASIC 明确了它的投资者教育目标和自身定位。ASIC 希望通过开展投资者教育能够促进公众对不同投资产品或服务的性质的了解；提高投资者对投资产品或服务进行比较并做出理性决定的能力；提高投资者预防欺诈的能力；提高投资者在遇到问题时采取相应行动的能力和意识。根据这个目标，ASIC 将自己的投资者教育功能定位为：向投资者提供信息和建议，帮助他们了解自身的投资需求并作出明智的投资决策；告诫投资者证券市场上的欺诈行为，并提出如何避开的建议；向投资者宣传他们的正当权利；普及投资者的金融及算术常识；告知投资者 ASIC 的职责以及何处可以获得进一步的信息等。

根据拟定的教育策略，ASIC 开展了如下的教育活动：（1）为了整合全国的教育资源，实现资源共享，ASIC 采取了三项措施：一是与澳大利亚证券研究所合作建立了投资者教育资料数据库；二是设立了投资者教育论坛，由政府机构、投资机构、业内人士、消费者组织等构成。论坛的宗旨是研讨各种教育活动或项目的可行性及意义，交流各自进行的投资者教育活动的信息等；三是建立了专门的网页，供各个教育机构进行信息交流。（2）对投资者教育进行深入的调查研究，题目包括投资者的金融知识、非英语投资者的教育问题、投资者教育方式、投资产品的比较信息、学校金融知识教育等。（3）传统的教育活动，如印发各种投资知识宣传资料、开设网页、电话热线、投资者见面会、媒体宣传等。（4）为强化投资者自我保护意识，ASIC 开设网页，让投资者交流投资被骗的故事。最有代表性的故事可以获得奖项——"The Gull Awards"。

第 3 节　不断完善我国投资者教育体系

搞好投资者教育，是一项既符合中国证券市场实际，又符合国际证券市场惯例的重要举措。投资者教育的根本出发点是保护投资者的合法权益。境外证券市场监管部门大都设有专门的投资者教育机构负责实施，取得了很好的成效。正如他们所说，开展投资者教育是对证券欺诈的最好防范。

我国证券市场一开始就建立在社会化大生产基础上，面临着众多国有大中型企业发行股票并上市的要求，发展势头迅猛，我们来不及立刻在上层建筑的法律和意识形态等方面作出及时和全面地调整，因而目前规范市场和教育投资者的任务仍然十分繁重和艰巨。

我们需要借鉴境外证券市场成功经验，从中国证券市场的实际出发，创建投资者教育体系，把这项工作真正落到实处，坚持常抓不懈，切实抓出成效，使我国日益增多的投资者素质有一个明显地提高，为我国证券市场健康持续稳定发展奠定坚实的基础。

一、我国投资者队伍的基本状况

经过 20 年的发展，我国证券市场的规模迅速扩大，投资者开户人数持续增加。截至 2011 年年底，深沪两个证券交易所的开户数已达 19 029 万户。据初步分析，我国投资者队伍呈现如下特点：

1. 散户为主

我国证券市场的个人投资者比例一直占绝对多数，投资者高度分散，与国际上投资机构化的趋势相反，我国是投资大众化。据统计，在 19 029 万个投资账户中，个人投资者开户数为 18 972 万户，占开户总数的 99.7%，机构投资者开户数仅为 57 万户，占 0.3%。虽然中国证监会一直在努力推进超常规发展机构投资者的思路，但在短期内，我国的证券市场还将是一个以散户为主的市场。

2. 弱势群体占很高比例

我国投资者队伍的另一个特点是弱势群体占很高比例。投资者队伍老龄化表现明显。《中国证券报》1999年个人投资者年度调查显示，我国1999年投资者年龄的平均值为43.5岁，60岁以上者占15.5%。另外，工薪阶层，特别是中低收入阶层占个人投资者的主体。根据该项调查，90%以上的投资者属工薪阶层，而其中的86%是中低收入群体。弱势群体比例过高，导致个人投资者群体的抗风险能力不强。

3. 投资知识缺乏

我国资本市场，特别是证券市场的开设是近20年的事情。在过去计划经济体制下，个人的财富极为有限，既不需要也不可能做任何的投资理财安排。而各级学校中除大学的财经院系外，基本上没有投资理财方面的教育。因此，虽然很多人通过购买股票、债券、基金成为投资者，他们的投资知识还很不系统、很不全面。

4. 短期投资的投资理念为主流

基于各方面的原因，我国个人投资者做长期投资者的少，做短期投资者的多，与其他成熟证券市场相比，换手率非常高。这种现象反映我国证券市场投机气氛较浓，具有潜在风险。

二、我国投资者教育的历史和现状

投资者教育尽管对大多数的投资者来说还是个新概念，但是投资者教育的实践早在我国资本市场建立的时候就开始了。经过20年的努力，广大公众已经对投资理财的观念、证券市场基本知识、风险意识、个人权益保护意识有了初步的认识。因此，有人将证券市场比作市场经济的大学校。

在过去20年里，我国的投资者教育活动主要是由下述机构进行的：

1. 新闻媒体及出版业

各专业证券报纸、一般性报刊、证券杂志以及各种出版的书籍，以知识介绍、专题报道、答投资者问、投资案例、股市分析、投资建议等各种形式向广大投资者介绍证券市场的基本知识和投资技能。有很多投资者在入市前，以及在投资过程中都购买了大量的证券投资方面的书籍，订阅证券类报纸或期刊等。这种形式具有触及面广、时效性强、可反复查询的优点，但是由于出版这些资料的主要目的不是投资者教育，投资者所需要的知识或技能的介绍经常会夹杂在其他的信息中，投资者不容易分辨，有的时候还经常被作者的观点所误导。

2. 证券中介机构

为开拓市场，吸引投资者，证券中介机构经常以讲座、印发宣传册、证券市场通讯、投资者沙龙、投资咨询等方式向广大投资者传播如何开立账户、如何交割、证券市场的基本知识，以及一些投资技能。证券中介机构具有专业的投资知识和丰富投资经验，加上能够与投资者面对面进行交流，他们的教育活动的实际效果最好，更能直接解决投资者的各种困惑。但是，由于证券中介机构的所有活动都是以市场推介为导向，投资者教育并不是上述活动的直接目的。客观的证券市场知识与技能往往是与中介机构对证券市场的主观预测、对某种股票的建议与评价、对某项服务的推介结合在一起。大多数证券中介机构还没有有意识地将对投资者的教育与自身的经营行为区别开来。另外，因为投资者与中介机构之间存在着某些利益冲突，他们所提供的教育资料难于保持客观性，有时甚至会误导投资者，而且在内容上会忽视投资者权益的保护。

3. 证券交易所

沪、深证券交易所也各自开展了大量的投资者教育活动。上海证券交易所2000 年 10 月成立了投资者教育中心，并在该所的网站中增设了投资者教育"频道"，开通了联系投资者的专用电子信箱，在《上海证券报》开办了"投资者教育园地"专栏，编印了"投资者教育"系列教育丛书等宣传资料，寄赠到全国 2 600 多家证券营业部，免费向投资者发送。同年 12 月 17 日又在北京、上海、深圳、成都、武汉 5 城市同时举行了"投资者教育暨市场服务座谈会"。2001 年以来，上海证券交易所还邀请了部分会员加盟，正在编织一个能覆盖全国的投资者教育网络。深圳证券交易所曾在 1996 年开展过服务周活动，在全国各大城市举办投资者见面会，介绍深圳证券交易所的各项规则和服务，讲解投资的一般知识。同时开辟了投资者服务热线。据统计，自该热线开通以来，每周接听投资者电话少则 200 多个，多则上千个。通过热线电话，投资者进行信息查询，问题咨询，了解证券市场的基本知识，以及投诉等。但是，深圳交易所的教育活动也是和其市场服务功能紧密联系的，不够系统，也不深入。

与其他国家和地区相比，我国的投资者教育还处于非常低的层次，远远不能

适应保护投资者权益、促进我国证券市场健康发展的需要。首先，全社会尚未形成投资者教育的意识。投资者教育对绝大多数的人来说还很陌生，投资者中还普遍存在着对投资者教育不信任的现象。另外，由于投资者教育，甚至消费者教育在我们国家都是新生事物，我们还缺乏对它的内在规律的认识和研究。其次，过去20年的各种教育活动都是证券中介机构和社会组织自发开展的，均以市场营销为导向，既缺乏教育应该具有的公正性和客观性，也缺乏统一筹划和战略安排；再次，以往的教育内容不全面、不深入，往往存在着重知识技能，轻权益保护，重市场推介，轻风险提示的现象。教育方式没有经过科学论证，导致教育效果不显著，投资者心理上不接受，甚至排斥。此外，与其他国家和地区相比，教育方式还很落后，尚没有充分利用网络等现代传播技术；最后，缺乏专业的投资者教育人员来从事这项事业。在从事投资者教育的机构中，都没有专门的机构从事投资者教育，相关职能都是放在市场营销或对外宣传等部门中。

三、我国开展投资者教育的紧迫性

当前中国证券市场已经发展到了一个新的历史阶段，在规模发展的总要求下，市场化、国际化已成为不可逆转的趋势。虽然过去20年不系统的投资者教育基本上满足了我国证券市场建立初期的需要，但却无法适应新的10年里我国证券市场将要发生的更为深刻地变革。我们非常需要借鉴境外证券市场投资者教育经验，从我国证券市场的实际出发，建立我国投资者教育体系。现阶段，我国开展投资者教育的紧迫性可以从以下方面认识：

第一，投资者人数大幅增加，证券市场的影响力越来越大。随着我国证券市场规模越来越大，投资者的人数也越来越多。仅2000年一年，新开户数就有1 300万。虽然投资者人数占我国总人口的比例不到5%，远低于其他发达的证券市场，但考虑到我国的城乡差别和地域差别，投资者群体在我国的经济生活中具有重大的影响力。他们对于我国证券市场的信心与参与，关系到我国证券市场的繁荣和发展，也直接会影响到我国改革开放事业的顺利进行以及社会的长治久安。面对如此众多的投资者，增强他们的信心，提高他们对市场乃至社会的满意程度，除加强市场监管，增加市场透明度外，重要的一条措施就是投资者教育。投资者教育既能补充市场监管的不足，还能降低监管的成本。投资者人数增多需要加强投资者教育的另一个理由是，现在的证券市场的复杂程度与前些年已不可同日而语，政府监管机构及证券界有责任向新入市的投资者传授基本的投资知识与技能，以减少由于缺乏必要知识而带来的投资风险，最大限度地维护市场的信心。

第二，我国证券市场上的理念创新、制度创新、工具创新层出不穷，证券市场日趋复杂。我国的证券市场用 20 年的时间走过了其他证券市场上百年走过的路，各种新的理念、制度、投资工具甚至市场形态的逐步推出都给投资者现有的知识结构带来重大挑战。在交易品种上，B 股市场已向境内居民开放；开放式基金的试点工作也在有条不紊地进行，股指期货在不久的将来也可能正式推出。在证券市场制度上，实行股票发行核准制度，取消发行额度；上市公司退市机制目前正式开始实施；投资者赔偿机制、诉讼机制的设立和推出也已提上日程；网上交易制度逐渐完善，网上交易越来越普遍；各项交易、交收、存管等制度经常被修改以适应新的形势。随着创业板的即将推出，股份全流通、保荐人制度、股票期权、独立董事等新的制度和实践也要逐步面世。因此，我国证券市场的技术复杂性日益增加，投资者必须提高自身的投资知识水平，加强投资技能的培训方能适应市场的变化。我们必须尽快开展全社会的投资者教育，一方面通过它的规模效应，迅速大规模地普及投资知识，另一方面通过各种精心设计的活动安排满足不同层次投资者的需求。

第三，面对加入 WTO，我国证券市场将更加开放，更加国际化。加入WTO 后，随着市场的逐步开放，我国将允许中外合资证券公司以及中外合资基金管理公司的设立。境外的投资银行将通过上述机构给中国的投资者带来更多新的投资理念、投资产品和操作方式。另外，随着外资的进入，证券市场的竞争会越来越白热化。谁赢得投资者的信任，谁就赢得了市场。因此，为适应我国证券市场的对外开放，我国证券业也必须大力开展投资者教育。

第四，我国投资者权益受到各种违规、违法行为侵犯的现象比较严重，受过教育的投资者将是对违规违法行为的最好防范。虽然在过去的 20 年里，我国证券市场已取得了举世瞩目的成就，但不容否认的是，证券市场还存在着许多不规范问题，其中最为突出的是投资者权益的保护问题。上市公司、证券中介机构运作的不规范，甚至是故意欺诈已严重侵害了投资者的正当权益。证券市场上内幕交易、操纵股市、恶意炒作、散布虚假信息等违法行为非常普遍。针对这种情况，中国证监会提出"保护投资者特别是广大中小投资者的利益是市场建设与市场监管诸多工作中的重中之重。"同时指出，保护投资者利益的工作是方方面面的，既要有制度方面的保证，也要加强对投资者的教育。通过投资者教育，投资者可以掌握投资的知识和技巧，懂得分析市场信息，避开市场上的各种欺诈陷阱；了解我国投资者权益保护的法律框架，并利用这些法律救济手段与上市公司、中介机构抗争；及时将违法违规行为向监管机构举报，

使监管机构能尽快查处不法行为，维护市场秩序。

四、建立我国投资者教育体系的若干思考

1. 要切实加强中国证监会投资者教育职能

20年来，境外证券市场的监管部门纷纷加强了投资者教育职能，以适应证券市场的发展要求。根据他们的经验，监管部门开展投资者教育有很多优势：首先，监管部门处于比较超脱的地位，又是制定各种市场规则的部门，具有权威性，开展投资者教育容易取得投资者的信任。其次，基于其在证券业的权威地位，监管部门能够协调全国的投资者教育活动，整合各种投资者教育资源。最后，由于监管部门拥有查处违规违法行为的职权，可以直接处理投资者的举报、投诉，使投资者教育中的权益保护教育更容易落到实处。

2. 制定长期投资者教育战略

投资者教育是一项系统工程，需要有众多的组织和机构共同参与和合作来承担这项工程。投资者教育又是一项任重道远的事业，需要统筹规划各种资源，制定具有可操作性的战略目标和工作方案。投资者教育也是一个完全互动的过程，需要对投资者的状况、心理、学习规律进行深入研究，调动投资者主动参与的意识和积极性。为顺利开展这项事业，应当制定长期的投资者教育战略，明确各个投资者教育机构的定位、职能、近期目标及远期目标、教育内容和教育方式的选择，人力、物力的投入等。

在制定教育战略前，应对我国投资者队伍现状、投资者教育情况作全面地调查。过去，很多媒体和调查机构对我国投资者状况作了一些调查，但一方面是范围较小，代表性不强；另一方面是不全面、不系统，而且不是针对投资者教育进行的。因此，他们的调查结果不宜作为制定投资者长远规划的基础。此外，在教育战略制定完毕后，还应向社会公布，公开征求社会各界，特别是投资者的建议和意见。

3. 投资者教育内容重点和方式的选择

在教育内容选择上，应侧重那些因投资者缺乏这类知识而面临巨大风险的领域，同时还要关注那些法律法规不完善的地方，通过教育向投资者提示风险，以弥补法律法规存在的某种缺陷或法律法规无法规定的内容。现在在市场上

Chapter 14　Consistent Solid Effort on Investor Education

关于证券交易操作的书非常多，许多投资者也是通过这些资料了解证券市场，但这些资料或者因为不准确、不完全，或者因为正确的信息以错误的方式包装，无法达到教育投资者的目的。我们认为，投资者现在最需要了解的知识与技能包括：（1）中国证监会和上海、深圳证券交易所在投资者教育上负有的职责和拟采取的策略及方案；（2）新市场或新的交易、结算制度的介绍，如即将开通的创业板市场、网上交易；（3）风险提示和风险教育；（4）证券投资的基本知识和技能；（5）投资者权益保护，争端解决及相应的法律法规；（6）一般金融投资知识的普及。

在方式选择上，需要考虑如下因素：（1）投资者的状况。中国创业板市场投资者的职业背景、投资经验、个人财力、知识技能、年龄层次千差万别，对投资者教育的需求和接受理解能力各不相同，因此在选择教育方式时一定要加强针对性；（2）教育的内容。投资者教育的内容非常丰富，有的是知识类的，有的是技能方面的。为了便于投资者理解和吸收，不同类型的内容应采用不同的载体，采取投资者容易接受的方式。（3）教育的时间性。最为有效的教育应该是在投资者最需要的时候进行，这样他们才能根据所接受的知识和技能做出正确的判断和理性的投资决定。（4）教育的成本。在选择教育方式时一定要考虑到成本问题，根据我国证券市场情况，我们建议现阶段的投资者教育方式应以开辟报刊专栏、印发各种形式的知识读本为主，并充分利用各种新闻媒体宣传，再辅以开设投资者教育网站、投资者见面会。

4. 注意评估投资者教育成效

检验和评估成效是教育方案的重要一环。在制订任何具体的教育计划前，我们应该对能否满足需要做到心里有数。在一个教育项目完成后，我们要根据项目的重要性对其给投资者和投资者的行为带来的影响做出评价。对投资者教育成效做整体评估非常耗时，还需要大量的资源投入。因此，不可能对每个教育项目都做效果评估，只能在预算许可的情况下定期选择重要项目进行。香港证监会的做法很值得推荐。他们在投资者教育及传讯科成立前，对全港的投资者进行了广泛的摸底调查，借此了解公众对投资者教育的需求。3 年后，又委托专业市场调查公司对 3 年来的教育情况进行调查，评估所有教育活动的成效。我们建议，通过如下的方式对投资者教育活动进行评估：（1）阶段性的评估。对某一教育活动，针对特定投资者群体，采取问卷、访问或网络调查的方式进行评估。（2）定期全面评估。每隔 3~5 年，委托专业机构对前一阶段投资者教育的整体状况进行调查评估。

主要参考文献

［1］［美］罗伯特·希勒：《终结次贷危机》，中信出版社 2008 年版。

［2］次贷风波研究课题组：《次贷风波》，中国金融出版社 2008 年版。

［3］翟晨曦：《美国次贷危机引发全球金融危机的思考》，经济科学出版社 2009 年版。

［4］张明：《次贷危机的传导机制》，中国社会科学院世界经济与政治研究所国际金融研究中心，Working Paper No. 0809，2008 年 5 月。

［5］哈继铭：《美国金融危机原因、政策反映及对中国的影响》，载于《中国国际金融公司研究报告》，2008 年 9 月 24 日。

［6］宋国友：《美国次贷危机的影响与启示》，载于《解放日报》，2008 年 4 月 22 日。

［7］孙磊：《美国政府在次贷危机中的干预措施》，载于《上海证券报》，2008 年 9 月 13 日。

［8］彭兴韵、吴洁：《从次贷危机到全球金融危机的演变与扩散》，载于《经济学动态》，2009 年第 2 期。

［9］国研网：《美国次贷危机的根源、影响及对我国的启示》，http：//www. drcnet. com/DRCNet. Channel. Web/gylt/20080926/gylt_24. html。

［10］潘大财经专题站：《美国次贷危机一周年祭》，http：//www. cre-ate. hk/archives/263。

［11］谭小芬：《量化宽松货币政策专题系列之一，天相投资顾问有限公司》。

［12］李明亮：《美联储即将推出第二轮量化宽松的货币政策》，海通证券。

［13］张明：《美国量化宽松政策的退出及其对中国经济的影响》，中国社科院世界经济与政治研究所国际金融研究中心。

［14］杨琳：《美国第二轮量化宽松政策：原因、效应及对策》，中国社会科学院财政与贸易经济研究所。

［15］米什金：《货币金融学》（第四版），中国人民大学出版社 2005

年版。

［16］潘成夫：《量化宽松货币政策理论、实践与影响》，载于《上海金融》，2009 年第 7 期。

［17］王维安、徐澄：《次贷危机中美联储非常规货币政策应对、影响和效果》，载于《国际金融研究》，2011 年第 1 期。

［18］尚姝：《数量宽松货币政策的效果研究——基于日本经验的分析》，载于《价格理论与实践》，2008 年。

［19］《2010 年中国公司美国 IPO 研究报告》，纽约证券交易所北京代表处，2010 年。

［20］乔迪：《萨班斯法案及其对我国公司赴美上市的影响》，2008 年。

［21］刘戈：《疯狂赴美上市正在毁中国名声》，载于《中国小企业》，2011 年。

［22］王晓慧：《赴美上市：时间会证明一切》，载于《新财经》，2011 年。

［23］张新华：《赴美上市潮》，载于《新经济导刊》，2010 年。

［24］廖榛：《赴美上市过程有瑕疵》，载于《IT 时代周刊》，2011 年。

［25］刘建华：《赴美上市能否成就中小民企》，载于《当代经理人》，2006 年。

［26］李鲁辉、李红：《赴美上市融资成本大清单》，载于《新理财》，2010 年。

［27］杨佳、郎傲男、韩艾琳：《谈我国互联网企业赴美上市热潮》，载于《企业管理》，2011 年。

［28］刘燕：《我国创新型中小企业赴美上市情况分析》，载于《证券市场导报》，2008 年。

［29］詹浩勇、陈成：《我国赴美上市企业遭遇的诉讼困境及对策探析》，载于《金融与经济》，2011 年。

［30］巫彬：《中概股的危与机》，载于《商周刊》，2011 年。

［31］孙立坚：《中国的金融强国战略务求内实外虚》，载于《IT 时代周刊》，2011 年。

［32］张锐：《中国赴美上市企业的诚信大考》，载于《中外企业文化》，2011 年。

［33］杨威：《中国概念股六月寒流》，载于《中国经济和信息化》，2011 年。

［34］杜舟：《中国概念股的罪与罚》，载于《IT 时代周刊》，2011 年。

［35］李杨：《中国概念企业面临艰难决定》，载于《上海信息化》，2011 年。

[36] 李玮栋：《中国公司赴美上市热的背后》，载于《中国新时代》，2011年。

[37] 彭慧斌：《中国企业赴美上市的优势分析》，载于《时代金融》，2011年。

[38] 李硕、刘志安：《中国企业赴美上市的再思考》，载于《经济导刊》，2011年。

[39] 迈克尔·伯斯金：《欧美经济动荡和政治剧变持续很久》，财经网，2011年。

[40] 辛恩：《再见欧元?》，财经网，2011年。

[41] 辛恩：《欧央行秘密救市》，财经网，2011年。

[42] 马与雄：《法国主权信用评级亮红灯、银行盈利大幅下滑》，载于《中华工商时报》，2011年11月15日。

[43] 郑联盛：《欧洲主权债务问题：演进、影响与启示》，中国社会科学院世界经济与政治研究所国际金融研究中心内部研究报告，2010年。

[44] 沈建光：《欧洲主权债务危机：下一个拉美危机?》，中国国际金融公司海外市场研究部内部报告，2010年。

[45] 屈绍辉：《希腊债务危机：成也高盛，败也高盛》，新华网，http：//www.xinhuanet.com/，2010年。

[46] 叶檀：《欧洲主权债务危机或是美国阳谋》，东方财富网，http：//finance.eastmoney.com，2010年。

[47] 李慧勇、孟详娟：《风险总体可控解决尚需时日：希腊主权债务危机成因及前景分析》，申银万国研究所内部报告，2010年。

[48] 郑联盛：《主权债务拖延全球复苏》，联合早报网，http：//www.zaobao.com，2010年。

[49] 陈听雨：《同意建立拯救希腊机制，欧盟尚未具体措施达成一致》，新华网，http：//www.xinhuanet.com/，2010年。

[50] 江滨：《上海金融》，1997年第6期。

[51] 罗正英：《中小企业融资问题研究》，经济科学出版社2004年版。

[52] 陈文晖：《中小企业信用担保体系国际比较》，经济科学出版社2002年版。

[53] 马连杰、陈捍宁：《美国中小企业融资方式及其启示》，载于《世界经济研究》，1999年第2期。

[54] 刘鹤扬、盛立军、潘蒂：《私募融资230问》，华夏出版社2005

年版。

［55］康晶、王树文：《日本中小企业融资方式对我国的启示》，载于《技术经济》，2000 年。

［56］吕国胜：《中小企业研究》，上海财经大学出版社 2000 年版。

［57］李永宁：《科技型中小企业融资缺陷的根源及化解途径》，载于《经济纵横》，2009 年第 3 期。

［58］田小霞：《小企业融资理论及实证研究综述》，载于《经济研究》，2004 年第 5 期。

［59］林汉川：《中小企业存在与发展》，上海财经大学出版社 2001 年版。

［60］萧琛：《美国微观经济运行机制》，北京大学出版社 1995 年版。

［61］张承惠：《中小企业融资——一个尚未解决的难题》，载于《化工管理》，2007 年第 2 期。

［62］温跃宽：《美国中小企业的融资途径》，载于《新财经》，2007 年第 1 期。

［63］陈丽华：《民营中小企业融资困境的制度性障碍分析》，载于《福建省委党校学报》，2007 年第 1 期。

［64］陈松南：《金融工程学》，复旦大学出版社 2002 年版。

［65］林元烈：《应用随机过程》，清华大学出版社 2002 年版。

［66］田志存：《重设式汇率联动股票买权的创新与定价》，载于《世界经济》2005 年第 1 期。

［67］欧辉、杨向群：《重设型牛市认购权证的鞅定价》，载于《湖南师范大学自然科学学报》，2000 年。

［68］杜雪樵、唐玲：《亚式期权定价中的鞅方法》，载于《合肥工业大学学报》，2005 年。

［69］Besley M. The Creative Methods In Company Financing［J］. Quarterly Journal of Economics, 2007（1）: 264 - 269.

［70］Cheng, W. and Zhang, S. The Analytics of Reset Options. *Journal of Derivatives*, 2000, 59 - 71.

［71］Fama, E. F. Efficient Capital Markets: A Review of Theory and Empirical Work. *The Journal of Finance*, 1970, 25（2）: 383 - 417.

［72］Fama, E. F. Efficient Capital Market: Ⅱ. *The Journal of Finance*, 1991, 46（5）: 1575 - 1617.

［73］Gray S. F. and Whaley, R. E. Valuing Bear Market Reset Warrants with periodic Reset. *Journal of Derivatives*, 1997, 99 - 106.

后　记

　　《全球资本市场风险与监管——危机、拯救新生与前景》一书剖析了从2008 年以来美国次贷危机引发的全球金融危机中，全球资本市场面临的风险，以及各国（地区）采取的一些监管措施。这是境内外普遍关注并且颇觉困惑的问题。

　　著名经济学家刘李胜教授和著名证券基金专家刘传葵博士担任本书主编，负责指导撰稿和定稿。投资银行家刘铮和经济学博士后袁秀明担任副主编，协助主编做了大量工作，并亲自撰稿。承担本书各章撰稿者为：第 1 章（袁秀明、曹占涛）、第 2 章（袁秀明、张安晓）、第 3 章（袁秀明、王琛）、第 4 章（袁秀明、谢群）、第 5 章（王欣、方旭）、第 6 章（刘铮）、第 7 章（刘铮）、第 8 章（袁秀明、曹占涛）、第 9 章（袁秀明、谢群）、第 10 章（宋淮松）、第 11 章（宋淮松）、第 12 章（袁秀明、李良）、第 13 章（李华翌）、第 14 章（刘李胜、马江河）。本书写作还参考和引用了大量境内外文献资料，借鉴了许多新的研究成果，在此一并向这些资料及研究成果的提供者、拥有者表示诚挚的感谢！

　　对于本书的不足，我们期待各位专家和读者不吝指正，以便我们进一步深入研究，并在再版时修正。我们作为全球资本市场实践的直接参与者，会继续保持敏锐的嗅觉，关注重点、难点、热点问题，并尽所能去求解，通过各种途径和努力，尽到自己的责任。

作　者

2012 年 5 月 28 日